Uta Asmus-Hersener, Roland Dosch, Ulrike Hopbach, Reinhold Nowak

Betrifft Sozialkunde

Ausgabe Thüringen

Lehr- und Arbeitsbuch für das Fach Sozialkunde
an beruflichen Schulen

8. Auflage, 1. korrigierter Nachdruck 2015

Bestellnummer 0080A

Bildungsverlag EINS

Aus Gründen der besseren Lesbarkeit wird bei geschlechtsspezifischen Bezeichnungen in der Regel auf die gleichzeitige Verwendung der männlichen und der weiblichen Form verzichtet.

service@bv-1.de
www.bildungsverlag1.de

Bildungsverlag EINS GmbH
Ettore-Bugatti-Straße 6-14, 51149 Köln

ISBN 978-3-8242-**0080**-1

Inhaltsverzeichnis

Vorwort

Demokratie aktiv mitgestalten

Politik betrifft uns alle

Täglich übermitteln uns die Medien die aktuellen Nachrichten aus Deutschland und der ganzen Welt. Hinter Schlagworten wie Arbeitslosigkeit, EU-Erweiterung, Gesundheitsreform, Globalisierung, Klimawandel, Rechtsextremismus usw. verbergen sich wirtschaftliche und politische Entscheidungen, Prozesse und Probleme, die jeden von uns betreffen.

Die Demokratie braucht aktive Bürgerinnen und Bürger, die mitdenken und mitwirken.

Nun könnten wir uns natürlich bequem zurücklehnen und sagen: „Die Politiker werden schon richtig handeln". Aber wir leben in einem demokratischen Staat. Die Demokratie braucht aktive Bürgerinnen und Bürger, die sich mit gesellschaftlichen und politischen Themen auseinandersetzen, sich in die Politik einmischen und den eigenen Standpunkt vertreten.

„Betrifft Sozialkunde" will dazu einen Beitrag leisten. Autoren und Verlag haben nach dem Lehrplan für die Berufsschule in Thüringen ein Sozialkundebuch entwickelt, das einerseits den notwendigen Stoff für die Vorbereitung auf die Abschlussprüfung enthält, andererseits aber auch genügend Möglichkeiten zur Diskussion und Auseinandersetzung mit geschichtlichen, gesellschaftlichen und politischen Sachverhalten eröffnet.

„Betrifft Sozialkunde" will mit seinen vielfältigen Materialien einen lebendigen Sozialkundeunterricht ermöglichen.

Die einzelnen Kapitel beginnen mit einem interessanten und lebendigen Einstieg zu der nachfolgenden Thematik. Informationstexte vermitteln die notwendigen Kenntnisse und stellen die Verbindung zwischen den vielfältigen Materialien her. Grafische Darstellungen, Statistiken, Fotos, Karikaturen und Quellentexte bilden die Grundlage für die Unterrichtsarbeit, sie lassen aber auch Freiraum für eine flexible und differenzierte Gestaltung des Unterrichts. Die Marginalspalte gibt ergänzende Informationen (z. B. Definitionen von Fachausdrücken, statistische Angaben, biografische Daten zu wichtigen Persönlichkeiten) und verdeutlicht durch das Schlüsselsymbol, dass an dieser Textstelle eine enge Beziehung zu den zentralen Problemen des Sozialkundeunterrichts besteht: „Ich-Du-Beziehungen", „Demokratie", „Ungleichheit", „Frieden" und „Internationalisierung".

Auf einen Blick: Zusammenfasssung und Aufgaben

Am Ende jedes Kapitels – bzw. bei großen Kapiteln am Ende jedes größeren thematischen Abschnitts – gibt es einen grafisch besonders hervorgehobenen Block:

- Die **Zusammenfassung** nennt noch einmal knapp die wichtigsten Inhalte.
- **Wiederholungsaufgaben** prüfen das erworbene Wissen ab und dienen der inhaltlichen Abrundung des Themas.
- **Handlungsimpulse** bieten Ideen und Vorschläge für kleine Projekte und praxisorientierte Aufgabenstellungen.

Wir wünschen Ihnen bei der Arbeit mit „Betrifft Sozialkunde" viel Spaß und Erfolg. Kritik und Anregungen nehmen wir gern entgegen.

Das Autorenteam und der Verlag

Demokratie in der Berufsbildung

Jugendliche wollen ihre Zukunft selbst gestalten

Werkzeugbau GmbH
in Thüringen
stellt ab sofort ein:
- Polierer/-innen
- Auszubildende Feinmechaniker, auch weiblich ab Ausbildungsjahr 2014/2015

Mitarbeiter/-in
Verkauf/Disposition

Sie sollten über eine abgeschlossene Berufsausbildung (zum Beispiel als Groß- und Außenhandelskaufmann/-frau), technisches Verständnis sowie über Erfahrung in ähnlicher Position, Flexibilität und Teamgeist verfügen.

Wir suchen zum nächstmöglichen Zeitpunkt eine/einen

Pflegedienstleiter/-in

Wir erwarten eine fachlich qualifizierte und verantwortungsvolle Persönlichkeit. Sie sollten eine mehrjährige Berufs- und Leitungserfahrung vorweisen können und die Fähigkeit und Bereitschaft zur Kommunikation und Kooperation im Leitungsteam besitzen.

Nutzen Sie als junger Mensch diese Chance für Ihre berufliche Zukunft durch eine

→

Ausbildung ab 2014
zum Elektroniker/zur Elektronikerin
für Betriebstechnik

1. ***Welche Berufe standen für Sie zur Auswahl?***
2. ***Welche Faktoren beeinflussen die Berufswahl der jungen Menschen? Erstellen Sie dazu eine Liste und ordnen Sie nach der Wichtigkeit.***
3. ***Nennen Sie Anforderungen, die in Ihrem Beruf vorrangig erfüllt werden müssen.***

1 Berufsschule im dualen System

In der Bundesrepublik Deutschland arbeiten zwei unterschiedliche und voneinander unabhängige Ausbildungsträger – Ausbildungsbetrieb und Berufsschule – mit dem gemeinsamen Ziel der beruflichen Ausbildung zusammen. Dieses Ausbildungssystem wird als „duales System" bezeichnet.

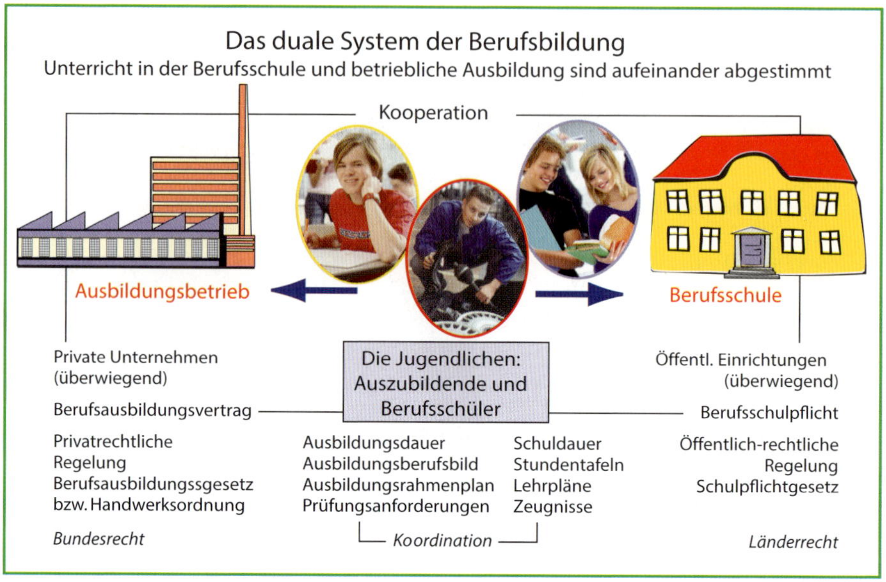

Berufsfelder
- **Wirtschaft/Verwaltung**
- **Metalltechnik**
- **Elektrotechnik**
- **Bautechnik**
- **Holztechnik**
- **Textiltechnik und Bekleidung**
- **Chemie, Physik und Biologie**
- **Drucktechnik**
- **Farbtechnik und Raumgestaltung**
- **Körperpflege**
- **Gesundheit**
- **Ernährung und Hauswirtschaft**
- **Agrarwirtschaft**

Die Auszubildenden besuchen die Berufsschule ein- bis zweimal wöchentlich **(Teilzeitunterricht)** oder in mehreren Wochenblöcken täglich **(Blockunterricht)**. Durch den Berufsschulunterricht werden **berufsbezogene Kenntnisse** vermittelt und die **Allgemeinbildung** erweitert.
In der **Grundstufe** ist der Unterricht für verwandte Berufe nach **Berufsfeldern** zusammengefasst. Die meisten Auszubildenden durchlaufen die Grundstufe im Teilzeitunterricht.
Für einige Berufsfelder ist das Berufsgrundbildungsjahr (BGJ/k) eingerichtet worden. Unabhängig von der jeweiligen Organisationsform soll die Grundstufe durch ein breit angelegtes Bildungsangebot eine solide Basis für die nachfolgende spezialisierte berufliche Fachbildung in den **Fachklassen** (Fachstufe 1, 2 und 3) schaffen.

Berufsschulen ermöglichen Jugendlichen, die kein Ausbildungsverhältnis eingehen können, entsprechend des vorhandenen Schulabschlusses ein Bildungsangebot in den Wahlschulformen.
Schülerinnen und Schüler ohne Schulabschluss und ohne Berufsausbildungsverhältnis können die **Berufsschulpflicht** durch den Besuch eines **Berufsvorbereitungsjahres** (BVJ) in Vollzeitform erfüllen.
Jugendliche mit Hauptschulabschluss haben die Möglichkeit, in der **Berufsfachschule** eine berufliche Grundbildung zu erhalten. Sie führt darüber hinaus zur mittleren Reife und ermöglicht eine anschließende Ausbildung in einem anerkannten Ausbildungsberuf.

Die **Fachoberschule** führt Schülerinnen und Schüler mit Abschluss der 10. Klasse innerhalb von zwei Jahren zur Fachhochschulreife.
Die gesetzlichen Grundlagen für eine Berufsausbildung sind das **Berufsbildungsgesetz** (BBiG) und die **Handwerksordnung** (für handwerkliche Berufe).

§ 2 BBiG Lernorte der Berufsausbildung

(1) Berufsausbildung wird durchgeführt

1. in Betrieben der Wirtschaft, in vergleichbaren Einrichtungen außerhalb der Wirtschaft, insbesondere des öffentlichen Dienstes, der Angehörigen freier Berufe und in Haushalten (betriebliche Berufsausbildung),
2. in berufsbildenden Schulen (schulische Berufsausbildung) und
3. in sonstigen Berufsbildungseinrichtungen außerhalb der schulischen und betrieblichen Berufsbildung (außerbetriebliche Berufsbildung).

Berufsbildungsgesetz vom 01.04.2005

Das Berufsbildungsgesetz vom 1. April 2005 enthält u. a.
- die wichtigsten **Verpflichtungen** von Ausbildenden und Auszubildenden,
- **Voraussetzungen**, die ein Ausbildungsbetrieb erfüllen muss,
- **Ausbildungsordnungen** mit Ausbildungsplänen.

Pflichten der Auszubildenden

§ 13 BBiG Verhalten während der Berufsausbildung

Auszubildende haben sich zu bemühen, die berufliche Handlungsfähigkeit zu erwerben, die zum Erreichen des Ausbildungsziels erforderlich ist. Sie sind insbesondere verpflichtet,
1. die ihnen im Rahmen ihrer Berufsausbildung aufgetragenen Aufgaben sorgfältig auszuführen,
2. an Ausbildungsmaßnahmen teilzunehmen, für die sie nach § 15 freigestellt werden,
3. den Weisungen zu folgen, die ihnen im Rahmen der Berufsausbildung von Ausbildenden, von Ausbildern oder Ausbilderinnen oder von anderen weisungsberechtigten Personen erteilt werden,
4. die für die Ausbildungsstätte geltende Ordnung zu beachten,
5. Werkzeug, Maschinen und sonstige Einrichtungen pfleglich zu behandeln,
6. über Betriebs- und Geschäftsgeheimnisse Stillschweigen zu wahren.

Pflichten der Ausbildenden

§ 14 BBiG Berufsausbildung

(1) Ausbildende haben
1. dafür zu sorgen, dass den Auszubildenden die berufliche Handlungsfähigkeit vermittelt wird, die zum Erreichen des Ausbildungsziels erforderlich ist, und die Berufsausbildung in einer durch ihren Zweck gebotenen Form planmäßig, zeitlich und sachlich gegliedert so durchzuführen, dass das Ausbildungsziel in der vorgesehenen Ausbildungszeit erreicht werden kann,
2. selbst auszubilden oder einen Ausbilder oder eine Ausbilderin ausdrücklich damit zu beauftragen,
3. Auszubildenden kostenlos die Ausbildungsmittel, insbesondere Werkzeuge und Werkstoffe zur Verfügung zu stellen, die zur Berufsausbildung und zum Ablegen von Zwischen- und Abschlussprüfungen, auch soweit solche nach Beendigung des Berufsausbildungsverhältnisses stattfinden, erforderlich sind,

Eine große Auswahl
Berufsfelder: 22;
anerkannte Ausbildungsberufe: 350;
79 Berufe wurden neu entwickelt; 215 weitere modernisiert

Neue Ausbildungsberufe zum 01.08.2005
(Auswahl)
Baustoffprüfer
Fachkraft für Agrarservice
Kaufmann/Kauffrau für Kurier-, Express- und Postdienstleistungen
Papiertechnologe
Servicefahrer
Technischer Produktedesigner/-in
ab 01.08.2009
(Auswahl)
Fotomedienfachmann/-frau
Personaldienstleistungskaufmann/-frau
Servicekraft für Schutz und Sicherheit

BBiG – Reform im Bundestag
Das neue Berufsbildungsgesetz ist zum 01.04.2005 in Kraft getreten.
(zuletzt geändert durch Artikel 9b des Gesetzes vom 07.09.2007)
Neue Broschüre zur Dualen Ausbildung
Hrgs: Bundesministerium für Bildung und Forschung
http://www.bmbf.de/publikationen/2711

4. Auszubildende zum Besuch der Berufsschule sowie zum Führen von schriftlichen Ausbildungsnachweisen anzuhalten, soweit solche im Rahmen der Berufsausbildung verlangt werden, und diese durchzusehen,
5. dafür zu sorgen, dass Auszubildende charakterlich gefördert sowie sittlich und körperlich nicht gefährdet werden.

Berufsbildungsgesetz vom 01.04.2005

Das Berufsbildungsgesetz legt auch fest, dass bereits zu Beginn der Ausbildung ein schriftlicher Vertrag **(Ausbildungsvertrag)** zwischen den Ausbildenden und Auszubildenden abzuschließen ist.

Industrie- und Handelskammer (IHK)
Interessenvertretung der Handel- und Gewerbetreibenden eines Bezirks

Der Ausbildungsvertrag

Privatrechtlicher Vertrag, der folgende Elemente enthalten muss:

- **Ausbildungsberuf**
- **Sachliche und zeitliche Gliederung der Ausbildung**
- **Beginn und Dauer der Ausbildung**
- **Ergänzende Ausbildungsmaßnahmen**
- **Ausbildungszeit**
- **Dauer der Probezeit**
- **Höhe der Ausbildungsvergütung**
- **Dauer des Urlaubs**
- **Kündigung**

Dieser Vertrag wird auf Antrag des oder der Auszubildenden bei der zuständigen Stelle in ein Verzeichnis der Berufsausbildungsverhältnisse eingetragen. Aufsichtsbehörden für die Berufsausbildung sind in der Regel **IHK** bzw. **HK**, die unter anderem für das Prüfungswesen zuständig sind.

Handwerkskammer (HW)
Interessenvertretung gewerblicher Wirtschaftsbetriebe eines Bezirks

In jedem Ausbildungsbetrieb müssen neben den wichtigen Gesetzen die für den Betrieb infrage kommenden Ausbildungsordnungen vorliegen. Ist ein Ausbildungsbetrieb nicht in der Lage, die Anforderungen einer **Ausbildungsordnung** zu erfüllen, kann er sich einer überbetrieblichen Ausbildungsstätte bedienen, die seine eigene Ausbildung ergänzt.

Anerkannte Ausbildungsberufe
Derzeit sind rund 350 Ausbildungsberufe staatlich anerkannt. Ziel der Anerkennung ist es, die Ausbildungsberufe an die technische, wirtschaftliche und soziale Entwicklung anzupassen.

Chance auf Traumberuf so groß wie nie

Noch 34 000 Lehrstellen in Industrie und Handel frei. Wirtschaft wirbt um Schulabgänger und mehr Flexibilität.

Die zehn meist angebotenen Lehrstellen in Thüringen

Kaufmann/-frau im Einzelhandel	467
Koch/Köchin	435
Verkäufer/-in im Einzelhandel	380
Zerspanungsmechaniker/-in	347
Mechatroniker	335
Industriemechaniker/-in	321
Bürokaufmann/-frau	316
KFZ-Mechatroniker/-in	309
Industriekaufmann/-frau	237
Fachkraft Lagerlogistik	296

Bäcker, Tischler, Dachdecker, Metallbauer,
Anlagenmechaniker für Heizung und Klimatechnik usw.

Agentur für Arbeit, Ostthüringer Zeitung, 10.06.2013, S. 4

Erwartungen an den zukünftigen Beruf

Wie Auszubildende einen guten Eindruck machen

Am 3. September beginnt für 10 000 Jugendliche in Thüringen der Start ins Berufsleben.
Damit der Start in den Berufsalltag gelingt, empfiehlt die Industrie- und Handelskammer folgende Punkte zu beachten:

1. Pünktlich sein und ausgeruht
2. Freundlich, offen und zurückhaltend sein
3. Sich den neuen Kollegen vorstellen
4. Die Mitarbeiter erst einmal siezen
5. Sich nach der üblichen Kleiderordnung richten
6. Die Aufgaben auflisten und die Zeit einteilen
7. Den Kunden freundlich als Azubi begegnen
8. Persönlichen Einsatz zeigen
9. Um eine Einschätzung der Leistung bitten

Woran Auszubildende denken müssen:

- Unterschriften unter Ausbildungsvertrag
- Eintragungsbestätigung bei IHK und Handwerkskammer
- Berufsschulanmeldung
- Versicherungen

Britta Hinkel, Ostthüringer Zeitung, 27.08.2012, S. 6

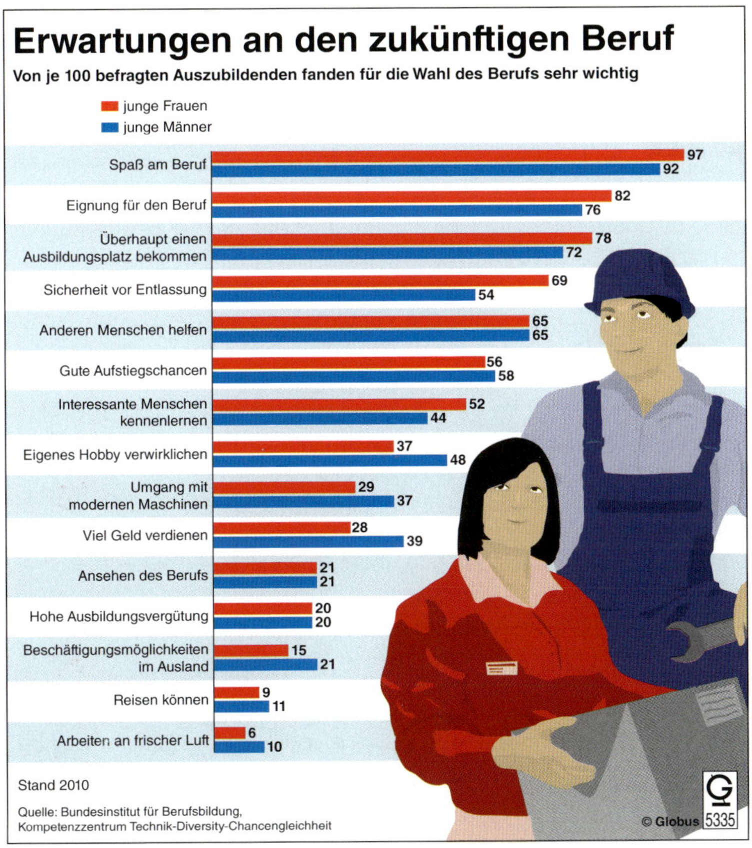

2 Über die Berufsschule zur Weiterbildung

Die Berufsschule ist eine Schulform innerhalb der berufsbildenden Schulen in Thüringen. Während oder nach der Ausbildung bieten sich als weitere Schulformen die **Berufsaufbauschule** (BA), die **Fachschule** (FS), die **Höhere Berufsfachschule** (HBF) und das **berufliche Gymnasium** (BG) mit eigenen Lernangeboten und Abschlüssen an.

Wer informiert?
Informationen über Aufnahmemöglichkeiten, Lernanforderungen, Abschlüsse und Lernorte der einzelnen Schulformen sind über das Thüringer Kultusministerium, Werner-Seelenbinder-Straße 1, 99096 Erfurt zu erhalten.
Des Weiteren informieren auch die Schulämter in den jeweiligen Schulamtsbereichen, die Berufsberatung der Arbeitsagenturen und die Schulen der gewünschten Schulform.

Wer seine allgemeine und fachtheoretische Bildung über das Ziel der Berufsschule hinaus erweitern will, kann die **Berufsaufbauschule** besuchen.
Ziel dieses Bildungsganges ist die dem Realschulabschluss gleichwertige Fachschulreife als Zulassungsbedingung für die schulische Weiterbildung auf der Fachoberschule oder dem beruflichen Gymnasium.

Die Fachoberschule kann nach der Berufsausbildung besucht werden. Das Abschlusszeugnis der **Fachoberschule** berechtigt zum Studium an der Fachhochschule **(Fachhochschulreife)**.
Strebt ein Schüler die allgemeine Hochschulreife **(Abitur)** an, so ist dies über ein **berufliches Gymnasium** möglich.
Fachschulen gibt es für viele Fachrichtungen. Das Lernangebot richtet sich an Praktikerinnen und Praktiker, die eine Berufsausbildung abgeschlossen und danach einige Zeit in dem erlernten Beruf gearbeitet haben.

§ 72 Thüringer Schulordnung (ThürSchulO) – Wahl des Bildungsganges

(1) Die Wahl des Bildungsganges einer Berufsfach-, Berufsaufbau-, Fachober-, Fachschule oder eines beruflichen Gymnasiums steht frei, sofern die Aufnahmevoraussetzungen für die einzelnen Bildungsgänge erfüllt sind.

3 Berufsausbildung in Europa

Bildung und Ausbildung nehmen im Zusammenhang von Wirtschafts- und Sozialpolitik der Europäischen Union eine bedeutende Stellung ein. Ein Europa, das im internationalen Wettbewerb bestehen will, benötigt gut **ausgebildete Fachleute**.
Die freie Wahl des Arbeitsplatzes und des Aufenthaltsortes sowie die Niederlassungsfreiheit setzt die **Anerkennung von Ausbildungsabschlüssen** und **beruflichen Qualifikationen** in allen 28 Mitgliedstaaten der EU voraus.
Seit Januar 1991 wird jeder erworbene Universitäts- und Hochschulabschluss in den Mitgliedstaaten der EU anerkannt. Die gegenseitige Anerkennung der Ausbildungsabschlüsse hat deutliche Fortschritte gemacht und wurde bereits für viele Ausbildungsberufe erreicht.

Die Rechte der Unionsbürger, sich überall in der EU niederzulassen oder Dienste zu erbringen, sind gemeinschaftliche Grundprinzipien.

Immer mehr Azubis zieht es ins Ausland

Rund 30 000 lernen fern von Deutschland. Die beliebtesten Zielländer waren 2012 Großbritannien, Spanien und Frankreich.
In diesem Jahr absolvierten mehr als 20 000 Auszubildende aus Deutschland im Rahmen des europäischen Leonardo-da-Vinci-Programms einen Teil ihrer Ausbildung im Ausland.
Interkulturelle Kommunikation pflegen, eigene Kompetenz fördern und auslandsbezogenes Fachwissen sammeln sind Gründe, warum Auszubildende einen Auslandsaufenthalt in Betracht ziehen sollten.
Bis zu einem Viertel ihrer Ausbildungszeit dürfen Lehrlinge im Ausland verbringen.

Eigene Zusammenfassung nach verschiedenen Texten der Ostthüringer Zeitung vom 01.06.2013 und 10.06.2013

Art. 126 EG-Vertrag
Die EU trägt zur Entwicklung einer qualitativ hochstehenden Bildung bei, indem sie die Zusammenarbeit der Mitgliedstaaten fördert und deren Tätigkeit im Bildungsbereich unterstützt.

Informationen erteilen

Presse- und Informationsamt der Bundesregierung, Dorotheenstraße 84, 11044 Berlin
Telefon: 01888/272-0
Fax: 01888/272-1365
Internet: www.bundesregierung.de

Europäisches Parlament, Informationsbüro für Deutschland, Unter den Linden 78, 10177 Berlin
Telefon: 030/2280-1000
Fax: 030/2280-1111

Europäische Kommission, Vertretung in der Bundesrepublik Deutschland, Unter den Linden 78, 10177 Berlin-
Telefon: 030/2280-2000
Fax: 030/2280-2222
Internet: www.eu-kommission.de

Europäische Bewegung Deutschland e. V., Deutsche Sektion der internationalen Europäischen Bewegung, Jean-Monnet-Haus, Bundesallee 22, 10717 Berlin
Telefon: 030/88412245
Fax: 030/88412247

Szenen aus dem Schulalltag

Sven Schneider möchte nach dem Abschluss der Berufsausbildung die Fachoberschule besuchen. Er überlegt, ob er sich einen Rat bei seinem Klassenlehrer holen soll.

Im Auftrag der Klasse schlägt die Klassensprecherin Kerstin dem Sozialkundelehrer vor, in den Unterricht mehr Diskussionen einzubauen.

Heike gehört zur Jugendorganisation einer im Landtag vertretenen Partei. Zwecks Mitgliederwerbung verteilt sie auf dem Schulhof Handzettel. Die aufsichtführende Lehrerin verbietet ihr das.

Alexander weiß über das neue Thema im Sozialkundeunterricht bereits gut Bescheid. Er fehlt deshalb in der nächsten Stunde im Unterricht, um sich auf eine Klassenarbeit in Fachkunde vorzubereiten. Der SK-Lehrer akzeptiert dies nicht.

Martin soll im Jahreszeugnis im Fach SK die Note „ausreichend" bekommen. Er wehrt sich dagegen und meint mit seinen Leistungen von 3,33 müsste die Note „befriedigend" sein.

4 Schulordnung und Schülervertretung

Auszug aus der Schulordnung berufsbildender Schulen und dem Thüringer Schulgesetz (vom 06.08.1993)

§ 25 ThürSchulG Rechte des Schülers
Jeder Schüler hat das Recht, eine seiner Befähigung und Leistung entsprechende schulische Bildung und Förderung zu erhalten; außergewöhnliche Begabungen werden in besonderer Weise gefördert. Der Schüler hat das Recht auf Auskunft über seinen Leistungsstand und die Möglichkeiten seiner Förderung. Das Persönlichkeitsrecht des Schülers ist zu achten. Jeder Schüler kann sich bei als ungerecht empfundener Behandlung oder Beurteilung an den Lehrer, den Vertrauenslehrer, an die Schülervertretung, den Schulleiter und an die Schulkonferenz wenden.

§ 26 ThürSchulG Recht auf freie Meinungsäußerung, Schülerzeitung
(1) Jeder Schüler hat das Recht, in der Schule seine Meinung in Wort, Schrift und Bild frei zu äußern und zu verbreiten, so weit die Rechte anderer sowie die Sicherung des Bildungsauftrages der Schule keine Einschränkungen insbesondere hinsichtlich des Zeitpunktes, des Umfangs und des Gegenstands der Meinungsäußerung innerhalb des Unterrichts und sonstiger Schulveranstaltungen erfordern. [...]
(2) Im Rahmen der Schülermitwirkung machen die Schüler in der Schülerzeitung von ihrem Recht auf freie Meinungsäußerung Gebrauch. [...]

§ 4 ThürSchulO Teilnahme und Mitarbeitspflicht
(1) Jeder Schüler hat die Pflicht, am Unterricht und an den sonstigen verbindlichen Schulveranstaltungen teilzunehmen (§ 23 Abs. 1 ThürSchulG) [...]

§ 58 ThürSchulO Leistungsnachweise
(1) Zum Nachweis des Leistungsstandes erbringt der Schüler in angemessenen Zeitabständen entsprechend der Art des Faches, schriftliche, mündliche und praktische Leistungen. Art, Zahl, Umfang, Schwierigkeit und Gewichtung der Leistungsnachweise richten sich nach den Erfordernissen der jeweiligen Schulart, Klassenstufe und Kursart sowie der einzelnen Fächer – [...] Leistungsnachweise dienen der Leistungsbewertung und der Beratungsgrundlage.

Zu den Aufgaben und Rechten der Schülervertretung gehört es

1. in allen sie betreffenden Angelegenheiten durch die Schule informiert zu werden (*Informationsrecht*),
2. Wünsche und Anregungen der Schüler an die Lehrer, den Schulleiter zu übermitteln (*Anhörungs- und Auskunftsrecht*),
3. Beschwerden allgemeiner Art bei Lehrern, beim Schulleiter und in der Schulkonferenz vorzubringen (*Beschwerderecht*),
4. die Schule betreffende Dinge mitzuberaten (*Beratungsrecht*),
5. auf Antrag eines Schülers/einer Schülerin Hilfe und Vermittlung zu gewähren.

Schülervertretung – eine Form der Mitwirkungsmöglichkeit

Zwischen den notwendigen Anpassungen in Betrieb und Schule und dem Wunsch nach Selbstständigkeit bzw. der Verwirklichung eigener Vorstellungen entsteht manchmal ein Widerspruch. Dabei können Probleme auftreten, die zu Konflikten führen. Für Jugendliche gibt es deshalb Möglichkeiten, an der Berufsausbildung mitzuwirken und ihre Interessen gegenüber Betrieb und Schule zu vertreten.

Berufsschülerinnen und -schüler vertreten ihre Interessen durch gewählte Schülervertretungen (SV).

Demokratie

Ein Azubi berichtet
Als ich Schwierigkeiten mit meinem Meister hatte, ging ich zu einer Jugendvertreterin und es ist uns gelungen, gemeinsam eine Lösung des Problems zu finden.

Eine Schülersprecherin über die SV:
Wenn es Probleme mit Lehrern, dem Stundenplan oder bei Klassenarbeiten gibt, dann versuchen wir über die SV, der jeweiligen Klasse zu helfen. Außerdem machen wir z. B. Vorschläge, wie man den Unterricht interessanter gestalten und das Schulleben verbessern kann.

§ 28 Thüringer Schulgesetz

(2) Zu den Aufgaben der Schülermitwirkung gehören insbesondere die Wahrnehmung schulischer und sozialer Interessen der Schüler in der Schule und bei den Schulaufsichtsbehörden, die Durchführung gemeinsamer Veranstaltungen, die Mithilfe bei Lösung von Konfliktfällen sowie die Beteiligung bei schulübergreifenden Entscheidungen der Schulaufsichtsbehörden nach Maßgabe der dazu ergangenen Rechtsordnungen.

Zusammenfassung

Die **Berufsausbildung** erfolgt nach dem Berufsbildungsgesetz in Partnerschaft zwischen Betrieb und Berufsschule (duales System).
Das Grundgesetz garantiert das **Recht auf freie Berufswahl**. Welchen Beruf ein junger Mensch ergreift, hängt neben vielen persönlichen Faktoren auch von der Frage ab, ob eine ausreichend große Zahl von Ausbildungsplätzen angeboten wird. Um die Ausbildungsplatzkrise zu bewältigen, schlagen Arbeitgeber, Gewerkschaften und Regierung verschiedene Lösungen vor.
Die **Berufsschule** führt zu berufsqualifizierenden Abschlüssen, vermittelt die für den Beruf erforderlichen Kenntnisse und vertieft die Allgemeinbildung. Die Berufsschule gliedert sich in die Grundstufe und die darauf aufbauenden Fachstufen.
Das berufsbildende Schulwesen in Thüringen bietet mehrere Übergangsmöglichkeiten von der Berufsschule zu weiterführenden Schulformen, wie z. B. von der Berufsschule zur Berufsaufbauschule und zur Fachoberschule.
Die Schulordnung für die öffentlichen berufsbildenden Schulen in Thüringen erfasst wichtige Rechte und Pflichten der Schülerinnen und Schüler. Die Schüler machen ihre Interessen über Schülervertretungen geltend.
Mehrere **Gemeinschaftsprogramme der EU** haben speziell die Aus- und Weiterbildung Jugendlicher zum Inhalt. Im Hinblick auf Bildungssysteme herrscht in Europa große Vielfalt.

Zur Wiederholung

1. Nennen Sie Vor- und Nachteile der Berufsausbildung, die sich aus den unterschiedlichen Standorten ergeben.
2. Diskutieren Sie aufgrund eigener Erfahrungen, inwieweit ihre Erwartungen an ihre Ausbildung bis jetzt erfüllt worden sind.
3. Erarbeiten Sie die im BBiG genannten Rechte und Pflichten von Auszubildenden.
4. Stellen Sie fest, wer der Schülersprecher ihrer Schule ist und welche Schulform der berufsbildenden Schule er besucht.
5. Nennen Sie am Beispiel Ihrer Klasse Möglichkeiten und Schwierigkeiten einer aktiven Schülervertretung.
6. Sammeln Sie Beispiele aus Ihrem Betrieb, bei denen die Jugend- und Auszubildendenvertretung an der Berufsausbildung mitwirkt.
7. Informieren Sie sich über die Berufsausbildung zu Ihrem Beruf in einem Land der EU.

Handlungsimpulse

1. Fertigen Sie eine Übersicht an über die wichtigsten rechtlichen Regelungen der Berufsausbildung und der Berufsausübung in Ihrem Beruf. Vergleichen Sie Ihre Ausarbeitung in der Gruppe und erarbeiten Sie gemeinsam die Inhalte der rechtlichen Regelungen. Stellen Sie fest, inwieweit diese unmittelbar auf Sie zutreffen.
2. An den meisten beruflichen Schulen gibt es neben der Teilzeit-Berufsschule des dualen Systems weitere Schularten. Stellen Sie diese zusammen und erläutern Sie, welche Bildungsmöglichkeiten die beruflichen Schulen heute bieten.
3. Führen Sie eine Pro-und-Kontra-Diskussion zu den Möglichkeiten einer Ausbildung im Ausland durch.

Formen des sozialen Zusammenlebens

Familie – Was ist das?

Familie ist Familie – klar doch!
Nichts ist klar. Familie ist so vielfältig, wie es die Menschen selbst sind, immer anders, immer in Bewegung. Genau deshalb ist Familie anpassungsfähig und keineswegs von gestern.
Familie bezeichnet man als Ort für gelebte Beziehungen: Ehepaare, die ein Kind erwarten, die mit Kindern zusammenleben, alleinerziehende Mütter und Väter mit ihren Kindern, getrennt Lebende, Geschiedene und Verwitwete, Ehepaare oder Alleinstehende, deren Kinder den elterlichen Haushalt verlassen haben – also ein Leben in vielen Formen.
Einerseits nennen die meisten Menschen die Familie die wichtigste Gemeinschaft in ihrem Leben.
Andererseits wird viel von Krise der Familie geredet und geschrieben. Die in den letzten Jahren zunehmende Zahl der Ehescheidungen, Alleinerziehenden und Singles sowie der Rückgang der Kinderzahl sind deutliche Zeichen von Veränderungen in der Gesellschaft, die die Familie betreffen. Manche Eltern schaffen es nicht, mit den Anforderungen fertig zu werden. Partnerschafts- und Erziehungsprobleme, berufliche Belastung, Geldmangel, Arbeitslosigkeit, schlechte Wohnverhältnisse können erdrückend sein und negative Auswirkungen auf das Familienleben haben.
Sind unsere Gesellschaft und der Staat familien- und kinderfreundlich? Oder liegen andere Gründe vor?

Eigene Zusammenstellung aus Zeitlupe 37, Bundeszentrale für politische Bildung

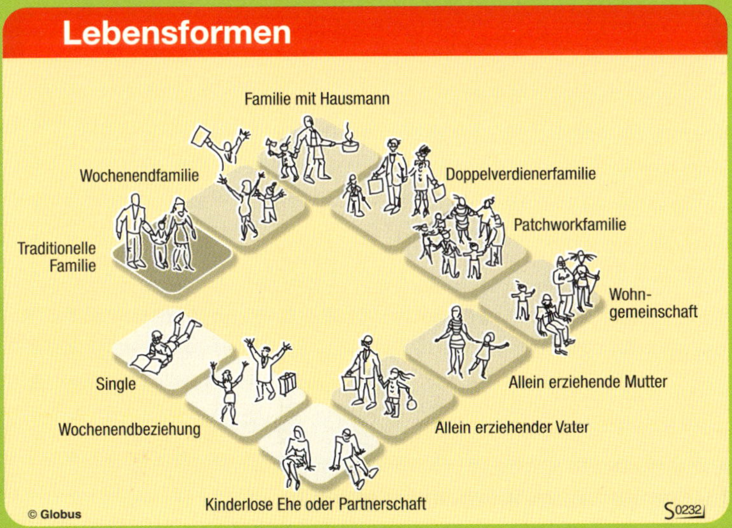

1 Formen des Zusammenlebens

Ich-Du-Beziehung

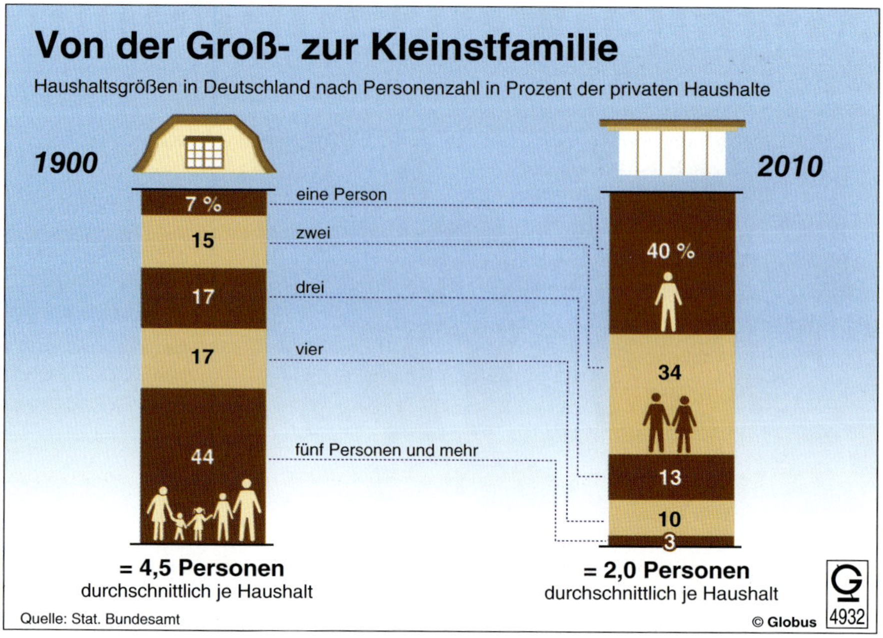

Familie vor 200 Jahren
Vor der Industrialisierung bestand eine Familie meist aus Angehörigen mehrerer Generationen. Diese Großfamilie hatte Aufgaben, die mittlerweile vom Staat oder anderen gesellschaftlichen Einrichtungen übernommen wurden. Dazu gehören z. B. Produktion von Gütern, schulische und berufliche Ausbildung, finanzielle Absicherung und Versorgung kranker und alter Menschen.

Geburten (in Tausend)

	West	Ost
1950	**813**	**304**
1960	**969**	**293**
1970	**811**	**237**
1980	**621**	**245**
1990	**722**	**178**
2000	**656**	**111**
2003	**715 bundesweit**	
2006	**673**	
2007	**685**	
Thüringen:		
2012	**17 342**	

Eigene Zusammenstellung nach Zahlen des Stat. Bundesamtes

Die Familie ist für den Menschen die wichtigste Gruppe. In ihr wird der Einzelne am stärksten geprägt und zwar im positiven wie im negativen Sinn. Die heute in Deutschland – wie in fast allen Industriestaaten – vorherrschende Form des Zusammenlebens ist die **Kleinfamilie**.

Die Familie übernimmt in der Gesellschaft wichtige Aufgaben:

- Sie ist Lebens- und Wirtschaftsgemeinschaft.
- Sie sorgt für Nachkommen.
- Sie ist für die Erziehung der Kinder und deren gesellschaftliche und soziale Zukunft verantwortlich.
- Sie gibt ihren Mitgliedern Halt und Geborgenheit.

Ebenso wie die gesamte Gesellschaft verändert und entwickelt sich auch die Familie. **Neue Formen des Zusammenlebens** treten immer häufiger neben die traditionelle Familie. Auch wegen sinkender Geburtenzahlen und steigenden Scheidungsziffern wird befürchtet, dass sich die Familie als grundlegende Einrichtung unserer Gesellschaft mehr und mehr auflöst.

Die Familie ist die beständigste Form menschlichen Zusammenlebens. Sie hat für die Entwicklung und das Leben des Menschen große Bedeutung und gilt als **Grundwert unserer Gesellschaft**. Das Grundgesetz verpflichtet den Staat, Ehe und Familie besonders zu schützen, zu fördern und bei der Erfüllung ihrer Aufgaben zu unterstützen. Deshalb hängt die Zukunft der Familie auch sehr stark davon ab, wie die **Familienpolitik** gestaltet wird. Umstritten ist dabei allerdings, ob nur verheiratete Paare mit Kindern oder auch andere Formen des Zusammenlebens als Familie betrachtet werden. Die wichtigste Frage wird sein, ob Familie heute den Kindern und Jugendlichen noch **genügend Orientierungsmöglichkeiten** bieten kann.

Grundgesetz Artikel 6
(1) Ehe und Familie stehen unter dem besonderen Schutz der staatlichen Ordnung.

Thüringer pflegen traditionelle Familie

Das Zusammenleben von Familien hat sich in den vergangenen zehn Jahren drastisch verändert. Immer weniger Familien betreuen immer weniger Kinder.
Es leben nur noch 39 Prozent der Deutschen in Familien zusammen. Der Rückgang beschränkt sich jedoch fast ausschließlich auf Ostdeutschland. Auch die Anzahl der Kinder sinkt. Mehr als die Hälfte der Familien hat heute nur noch ein Kind. Die traditionelle Familie mit verheiratetem Elternpaar ist auf dem Rückzug. Die Anzahl alternativer Familienformen – alleinerziehende oder unverheiratete Paare mit Kindern – legen dagegen in den letzten zehn Jahren um deutliche 30 Prozent zu. Trotz der Verschiebung in der Familienstruktur überwiegt nach wie vor die traditionelle Form des Familienverbundes. In den neuen Bundesländern leben rund 40 Prozent der Familien „alternativ" zusammen. In Thüringen gibt es den höchsten Anteil traditioneller Familien.

Peter Hahne: Thüringer pflegen traditionelle Familie, in: Ostthüringer Zeitung, 29.11.2008

Thüringer Verfassung Artikel 17
(2) Wer in häuslicher Gemeinschaft Kinder erzieht oder für andere sorgt, verdient Förderung und Entlastung.
(3) Jede Mutter hat Anspruch auf den Schutz und die Fürsorge der Gemeinschaft.

Das Elterngeld

Regelung ab Januar 2007

- zusätzlich zum Kindergeld
- 67 % des Nettogehaltes des Elternteils, der nach der Geburt des Kindes zu Hause bleibt; max. 12 Monate
- mindestens 300 € pro Monat, maximal 1 800 € pro Monat
- Teilzeit-Beschäftigung unter 30 Stunden wöchentlich möglich
- Geschwisterbonus von je 10 % des Elterngeldes (mind. 75 €) für Haushalte mit mind. 2 Kindern unter 3 Jahren oder 3 und mehr Kindern unter 6 Jahren
- zusätzliche Unterstützung für Geringverdiener mit unter 1 000 € im Monat

Beispiele:

Nettogehalt	0	300	448	900	1 500	2 200	2 687	3 200
Elterngeld	300	300	300	603	1 005	1 474	1 800	1 800

- Wenn auch der zweite Elternteil mindestens zwei Monate zu Hause bleibt, verlängert sich das Elterngeld um zwei auf 14 Monate
- Allein Erziehende haben ebenfalls Anspruch auf 14 Monate

© Globus 0957

Familienformen in Thüringen
Traditionelle Familie 55,7 %
Alleinerziehende 22,7 %
Lebensgemeinschaften 22,2 %

Stat. Bundesamt, Mikrozensus 2012, in: Familienhaushalte nach Ländern und Familienform, veröff. 07.12.2012, abgerufen unter: www.bpb.de/nachschlagen/zahlen-und-fakten/soziale-situation-in-deutschland/61600/haushalte-nach-laendern-und-familienform [19.12.2013]

Das Bundesverfassungsgericht stärkt die Rechte lediger Väter.
Ab sofort müssen Mütter das Sorgerecht mit dem Vater teilen, wenn ein Gericht festgestellt hat, dass es dem Wohl des Kindes dient.
(Az: 1BvR 420/o9)

Neue Regelungen zum Elterngeld:
Neu ab Januar 2011 u. neu ab Januar 2013
Weitere Informationen zum Elterngeld finden Sie im Internet unter: www.elterngeld.net

2 Die Erziehung von Kindern und Jugendlichen

Erziehung
soll den Heranwachsenden helfen zu lernen, wie sie später als Erwachsene handeln sollen. In einer demokratischen Gesellschaft, die Freiheit und Gleichheit ihrer Mitglieder zum Ziel hat, sollten junge Menschen dazu befähigt werden, ihr Leben als mündige Bürgerinnen und Bürger zu gestalten.

Sozialisationsinstanzen
Sozialisation umfasst alle Einflüsse auf Kinder und Jugendliche. Die Einrichtungen, welche die Sozialisation bewusst oder unbewusst steuern und bestimmte Verhaltensweisen, Ziele und Wertvorstellungen vermitteln, bezeichnet man als Sozialisationsinstanzen.

Nachfrage nach Erziehungsberatung steigt: 37 Thüringer Beratungsstellen verzeichnen Zulauf
481 Fälle bei 361 Neuanmeldungen betreute das dreiköpfige Beratungsteam von Psychologinnen und Sozialpädagoginnen 2002 in Gera-Lusan – bedeutend mehr als noch in den Jahren zuvor. Immer mehr Familien nehmen das streng vertrauliche, freiwillige und anonyme Beratungsangebot an.

Grundgesetz Artikel 6

(2) Pflege und Erziehung der Kinder sind das natürliche Recht der Eltern und die zuvörderst ihnen obliegende Pflicht. Über ihre Betätigung wacht die staatliche Gemeinschaft.
(3) Gegen den Willen der Erziehungsberechtigten dürfen Kinder nur auf Grund eines Gesetzes von der Familie getrennt werden, wenn die Erziehungsberechtigten versagen oder wenn die Kinder aus anderen Gründen zu verwahrlosen drohen [...]

Das Grundgesetz überträgt den Eltern die große Verantwortung der **Kindererziehung**. Dazu gehört nicht nur die Befriedigung materieller Bedürfnisse wie Wohnung, Nahrung und Kleidung. Ebenso wichtig ist die geistige und seelische Entwicklung. Wenn Liebe, Zuwendung und Anerkennung fehlen, kann es zu schweren Fehlentwicklungen kommen. Je älter ein Kind wird, desto wichtiger werden andere **Sozialisationsinstanzen**. Beispiele dafür sind der Kindergarten, die Schule, die Gruppe der Gleichaltrigen, Vereine oder der Betrieb. Die Medien gewinnen immer mehr an Bedeutung. Dieser Prozess verläuft nicht immer reibungslos. Jugendliche entwickeln ihre eigenen Vorstellungen, die mit denen der Eltern oft nicht übereinstimmen. Es kann zu Konflikten kommen, und beide Seiten sollen versuchen, diese zu lösen. **Toleranz** und die Fähigkeit, **Kompromisse** zu schließen, sind dafür eine wichtige Voraussetzung.
Es ist Sache der Eltern, wie sie die Erziehung ihrer Kinder gestalten und welche Ziele sie dabei verfolgen wollen. Auch die Art und Weise der Erziehung ist gesetzlich nicht geregelt. Während früher die unbedingte Autorität der Eltern galt, wird heute in den meisten Familien eher ein partnerschaftlicher Erziehungsstil angewendet. Für den staatlichen Einfluss auf die Sozialisation von Kindern und Jugendlichen sind in der **Verfassung** des Freistaates **Thüringen**, in den Gesetzen, Verordnungen und Lehrplänen **Erziehungsziele** festgelegt.

Aus der Länderverfassung des Freistaates Thüringen

Artikel 21

Das natürliche Recht und die Pflicht der Eltern, Erziehung und Bildung ihrer Kinder zu bestimmen, bilden die Grundlage des Erziehungs- und Schulwesens. Sie sind insbesondere bei dem Zugang zu den verschiedenen Schularten zu achten.

Artikel 22

(1) Erziehung und Bildung haben die Aufgabe, selbstständiges Denken und Handeln, Achtung vor der Würde des Menschen und Toleranz gegenüber der Überzeugung anderer, Anerkennung der Demokratie und Freiheit, den Willen zu sozialer Gerechtigkeit, die Friedfertigkeit im Zusammenleben der Kulturen und Völker und die Verantwortung für die natürlichen Lebensgrundlagen des Menschen und die Umwelt zu fördern.

Artikel 25

(1) Religions- und Ethikunterricht sind in den öffentlichen Schulen ordentliche Lehrfächer.

Neben dem Elternhaus und der Schule hat die gesamte Gesellschaft eine Verantwortung für die Entwicklung der Kinder und Jugendlichen. Der Erziehungsprozess muss so gestaltet werden, dass Kinder und Jugendliche frühzeitig Verantwortung übernehmen können.

Die Umwelt – das soziale Umfeld – trägt dazu bei, inwieweit junge Menschen optimal gefördert werden und sich entsprechend entfalten können. Der Kinderschutzbund richtet angesichts der Armut von Kindern und Familien in Deutschland einen eindringlichen Appell an Gesellschaft und Politik, diese Situation nicht länger hinzunehmen.

Familien sind zunehmend überfordert

Familien in Deutschland sind nach Einschätzung des Berufsverbandes Deutscher Psychologen zunehmend überfordert.
Vor allem durch gesellschaftliche und persönliche Anforderungen wie die Bildung und Erziehung der Kinder, den eigenen beruflichen Erfolg oder das eigene Überleben in Krisenzeiten werden Familien immer stärker belastet.
Die Überforderung gilt nicht nur für die 2,7 Mio. alleinerziehenden Elternteile. Insbesondere die immer schwierigere Vereinbarung von Familie und Beruf macht den Familien und Paaren zu schaffen. Für viele Familien heißt berufliche Flexibilität nichts anderes als ständige Erreichbarkeit und Verfügbarkeit, Arbeit außerhalb des Wohnortes und keine fest definierten Familienzeiten. Da jede dritte Ehe geschieden wird, verbringt etwa ein Fünftel aller Kinder in den alten und ein Drittel in den neuen Bundesländern ihre Kindheit nicht mit beiden leiblichen Eltern.
In Deutschland wurden 2012 etwa 40000 Kinder und Jugendliche von Jugendämtern in Obhut genommen, davon 44 Prozent wegen Überforderung der Eltern und 24 Prozent wegen Beziehungsproblemen der Eltern.

Vgl. Jan Bösche: Keine Zeit für Kinder, MDR, 12.08.2013, www.mdr.de/mdr-info/inobhutnahme100.html

Jährlich wird tausenden Familien in den bundesweit 1100 Erziehungsberatungsstellen geholfen. Die große Kluft zwischen Erwartung und Wirklichkeit bedrückt manche Jugendliche. Familiäre Beziehungsstörungen, Schulprobleme, Ess-Abnormitäten – der Hilfebedarf ist groß. Bei den Eltern nehmen Unsicherheiten und Probleme bei der Erziehung zu.

In staatlicher Obhut befanden sich 2012 mehr als 40 000 Kinder und Jugendliche: Rückkehr zu den Sorgeberechtigten 39 %; Beginn einer Erziehungshilfe 32 %; keine anschließende Hilfe 15 %; staatliche Unterbringung im Krankenhaus 13 %; Rückkehr in Pflegefamilie/Heim 3 %

vgl. dpa/sebi: Jugendämter nehmen mehr Kinder in Obhut als je zuvor, 07.08.2013, abgerufen unter: www.sueddeutsche.de/panorama/jugendschutz-jugendaemter-nehmen-mehr-kinder-in-obhut-als-je-zuvor-1.1740724 [19.12.2013]

Inobhutnahme von Minderjährigen durch Jugendämter

1998	31415
2000	31124
2002	28887
2004	25916
2006	25998
2008	32253
2011	38481
2012	40227

Stat. Bundesamt 07.08.2013

Merkmale eines Familienrates

- Gleichwertigkeit aller Mitglieder
  Gleichwertigkeit ist unabhängig von Alter und Stellung in der Familie.
- Gegenseitige Achtung
  Jeder Beitrag ist es wert, gehört zu werden.
- Blick auf das Positive
  Das, was gelingt in der Familie, ist wichtiger als das, was schief geht.
- Regelmäßigkeit
  Fest vereinbarter Termin, zu dem jeder Zeit hat, ohne auf etwas zu verzichten, z.B. sonntags nach dem Frühstück.
- Gemeinsam vereinbarte Regeln
  Jede Familie legt die Regeln gemeinsam fest und diese gelten für alle in gleicher Weise.
- Gemeinsame Beratung
  Jeder kann einen Vorschlag machen und seine Meinung zu den Vorschlägen der anderen äußern.
- Gemeinsame Entscheidung
  Jeder soll an dem Zustandekommen einer Entscheidung mitwirken. Die Entscheidung sollte nach Möglichkeit einstimmig sein.
- Wechselnde Verantwortung
  Bei jedem Familienrat-Treffen gibt es einen Vorsitzenden und einen Protokollführer. Diese Aufgaben sollen regelmäßig wechseln.

Was kann eine Familie mit dem Familienrat erreichen?

1. Der Familienrat verbessert die Beziehungen in der Familie.
2. Der Familienrat erleichtert die Arbeit, die in der Familie erledigt werden muss.
3. Kinder lernen, sich auszudrücken und Konflikte mit Worten zu lösen.

Verein für praktizierte Individualpsychologie e. V. (Hg.): Der Familienrat: Praxis, www.familienrat.eu/fr_praxis.html [13.05.2014]

3 Das elterliche Sorgerecht

Der Begriff **„elterliche Sorge"** steht erst seit 1979 im Bürgerlichen Gesetzbuch. Er löst die Bezeichnung „elterliche Gewalt" ab. Damit wird deutlich gemacht, dass die Sorge für das Kind bei der Erziehung im Vordergrund stehen soll. Trotzdem gibt es Familien mit Problemen, weil Eltern ihr Sorgerecht nicht vernünftig wahrnehmen oder gar missbrauchen. Da der Staat nur eine Art „Wächterfunktion" übernimmt, kann er oft erst eingreifen, wenn es schon zu spät ist, oder um Schlimmeres zu verhindern. Zuständig für alle Fragen des Sorgerechts sind **Vormundschaftsgerichte und Jugendämter**.

Bürgerliches Gesetzbuch (BGB)

§ 1626

(1) Die Eltern haben die Pflicht und das Recht, für das minderjährige Kind zu sorgen (elterliche Sorge). Die elterliche Sorge umfasst die Sorge für die Person (Personensorge) und das Vermögen (Vermögenssorge).

§ 1627

Die Eltern haben die elterliche Sorge in eigener Verantwortung und in gegenseitigem Einvernehmen zum Wohle des Kindes auszuüben. Bei Meinungsverschiedenheiten müssen sie versuchen, sich zu einigen.

§ 1631

(1) Die Personensorge umfasst insbesondere die Pflicht, das Kind zu pflegen, zu erziehen, zu beaufsichtigen und seinen Aufenthalt zu bestimmen.

(2) Kinder haben ein Recht auf gewaltfreie Erziehung. Körperliche Bestrafungen, seelische Verletzungen und andere entwürdigende Maßnahmen sind unzulässig.

§ 1666

(1) Wird das körperliche, geistige oder seelische Wohl des Kindes oder sein Vermögen gefährdet und sind die Eltern nicht gewillt oder nicht in der Lage, die Gefahr abzuwenden, so hat das Familiengericht die Maßnahmen zu treffen, die zur Abwendung der Gefahr erforderlich sind.

(2) In der Regel ist anzunehmen, dass das Vermögen des Kindes gefährdet ist, wenn der Inhaber der Vermögenssorge seine Unterhaltspflicht gegenüber dem Kind oder seine mit der Vermögenssorge verbundenen Pflichten verletzt oder Anordnungen des Gerichts, die sich auf die Vermögenssorge beziehen, nicht befolgt.

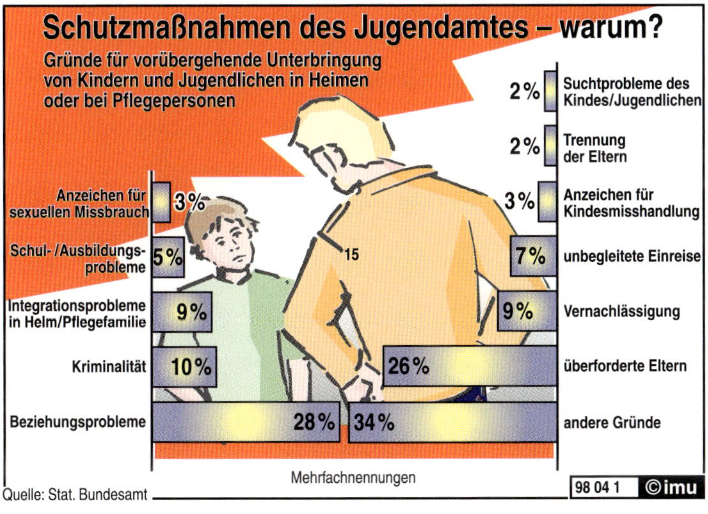

BGB § 1618a
Eltern und Kinder sind einander Beistand und Rücksicht schuldig.

BGB § 1619
Das Kind ist, solange es dem elterlichen Hausstand angehört und von den Eltern erzogen oder unterhalten wird, verpflichtet, in einer seinen Kräften und seiner Lebenseinstellung entsprechenden Weise den Eltern in ihrem Hauswesen und Geschäft Dienste zu leisten.

Vormundschaft
ist eine Ersatzeinrichtung für elterliche Sorge. Dabei ist die Vormundschaft die volle elterliche Sorge mit allen Rechten und Pflichten.

Pflegschaft
umfasst nur Teile der elterlichen Sorge.

Umfang der elterlichen Sorge
Personensorge:
- Erziehung zu selbstständigem und verantwortungsbewusstem Handeln
- Beaufsichtigung, d.h. das Kind vor Schaden bewahren und auch Dritte vor Schädigung durch das Kind schützen

Vermögenssorge:
- Die Eltern verwalten das Vermögen des Kindes, indem sie es erhalten und vermehren, jedoch nicht verbrauchen.

Zusammenfassung

Die Familie ist nach wie vor die am weitesten verbreitete Form menschlichen Zusammenlebens. Sie übernimmt wichtige gesellschaftliche Aufgaben und steht gemäß Artikel 6 des Grundgesetzes unter dem besonderen Schutz des Staates.
Zurückgehende Geburtenzahlen und steigende Scheidungsraten gefährden jedoch die Familie, und **neue Lebensformen** gewinnen an Bedeutung. Ob die Familie eine Zukunft hat, wird ganz wesentlich davon abhängen, wie der Staat und die Gesellschaft die Familien fördern und unterstützen.
Das Grundgesetz legt fest, dass die **Kindererziehung** Aufgabe der Eltern ist. Welche Ziele sie dabei verfolgen und welche Methoden sie anwenden, bleibt im Wesentlichen ihnen überlassen. Der Staat greift erst dann ein, wenn die Eltern dieser Pflicht nicht nachkommen.
In den Fragen des **elterlichen Sorgerechts**, festgelegt im Bürgerlichen Gesetzbuch (BGB), übernimmt der Staat lediglich eine Art „Wächterfunktion". Er darf erst eingreifen, wenn das Wohl des Kindes gefährdet ist oder wenn die Schwierigkeiten so groß sind, dass Eltern und Kinder nicht mehr allein damit fertig werden. Zuständig für alle Fragen im Zusammenhang mit dem elterlichen Sorgerecht sind die Jugendämter und Vormundschaftsgerichte.

Zur Wiederholung

1. Beschreiben Sie die Veränderungen in den Lebensformen der letzten 20 Jahre. Worauf sind die Änderungen zurückzuführen?
2. Erstellen Sie ein Zukunftsbild: Welche Lebensformen werden sich wahrscheinlich in Zukunft durchsetzen? – Welche Lebensform wünschen Sie sich?
3. Erklären Sie den Unterschied zwischen Erziehung und Sozialisation.
4. Nennen Sie die wichtigsten Ziele, die in der Verfassung Thüringens für die Erziehung von Kindern und Jugendlichen festgelegt sind.
5. Stellen Sie sich vor, sie müssten selbst Kinder erziehen. Welche Ziele sind ihnen dabei besonders wichtig?
6. Erarbeiten Sie Vorschläge zur Verbesserung der Situation von Kindern (in der Gesellschaft, Familie und Schule).

Handlungsimpulse

Lesen Sie den Text „Merkmale eines Familienrates".
Schreiben Sie zwei Rubriken an die Tafel:
Ich stimme zu/Ich lehne ab.

a) Füllen Sie anonym je eine Wortkarte zu jeder Rubrik aus und heften Sie diese an die Tafel.

a) Diskutieren Sie über das Ergebnis. Vorschlag:
   - Worin liegen heute die größten Schwierigkeiten, solche Regeln einzuhalten?
   - Welche Form des Zusammenlebens in der Familie wünschen Sie sich?
   - Wie viele unterschiedliche Meinungen sind nach der Diskussion übrig geblieben?

4 Die Ehe

Herzlichen Dank für die Glückwünsche und Geschenke zu unserer Hochzeit

Gabi ❧ Klaus

Katarina (30)

Ich bin immer für Dich da
Größe: 1,74, Familienstand: Getrennt lebend, Meine Stärken: Ich bin ordentlich, sparsam, häuslich und sehr liebevoll.
Meine Hobbys: Tiere, Natur, Garten, Kochen, Tanzen, Videos. Mein Wunschpartner: ist 28–35, 1,80–1,90, tierlieb, aus Thüringen. Du solltest ein warmes Herz haben und mich nie belügen. Chiffre SI 1984

Gemeinsam leben, lieben u. genießen. Zusammen planen, gestalten u. erfahren – das wäre schön. Mir fehlt dazu nur noch eine Partnerin. Wenn es dir genauso geht, dann melde Dich doch einfach bei mir (männl./32/175) unter BT 65773

Das Zusammenleben von Frau und Mann hängt von zwei wesentlichen Fragen ab:

- Welche Rollen weist die Gesellschaft den Geschlechtern zu? Dabei muss beachtet werden, dass sich diese Rollenzuweisung im Laufe der Geschichte ändert und sehr stark von der kulturellen Tradition eines Volkes beeinflusst ist.
- Welche rechtlichen Bestimmungen legt der Staat im Hinblick auf die Ehe fest?

4.1 Gleichberechtigung – heute noch aktuell?

Keine Gleichberechtigung im Job

Eine Studie der EU zeigt, dass Frauen im Beruf nach wie vor benachteiligt werden: Trotz eines höheren Bildungsniveaus machen sie seltener Karriere und bekommen weniger Gehalt als ihre männlichen Kollegen. Drei von vier neu geschaffenen Arbeitsplätzen werden mit Frauen besetzt und 59 Prozent der Hochschulabsolventen sind weiblich. Jedoch sind Frauen weiterhin unterbezahlt. Ihr Einkommen liegt 15 Prozent unter dem der Männer.
Besonders negativ sieht es für die Frauen in Deutschland aus. Sie verdienen im Job 22 Prozent weniger als die männlichen Kollegen, nur in Estland, Zypern und in der Slowakei sind die Unterschiede noch größer. Nur 26 Prozent der leitenden Positionen sind von Frauen besetzt, damit liegt Deutschland im EU-Vergleich abgeschlagen auf Platz 21. Mehr Gleichberechtigung im Job kann nur erreicht werden, wenn Familie und Beruf besser vereinbar sind.

Vgl. miro: Studie: Keine Gleichberechtigung im Job, 08.03.2007, abgerufen unter www.brigitte.de/job-geld/karriere/studie-gleichberechtigung-2007-558273/ [19.12.2013]

Das AGG im Arbeitsrecht (2006) (Allgemeines Gleichbehandlungsgesetz)

Verbot der Benachteiligung
- **bei Zugang zum Arbeitsplatz**
- **bei Arbeitsbedingungen**
- **beim beruflichen Aufstieg**
- **aus Gründen der Rasse, wegen ethnischer Herkuft, des Geschlechts, der Religion oder Weltanschauung, einer Behinderung, des Alters oder der sexuellen Identität**

Die über Jahrhunderte gültige **traditionelle Rollenverteilung** weist Mann und Frau ganz bestimmte Aufgabenbereiche und Tätigkeiten in der Familie und Gesellschaft zu. Sie ist das Ergebnis von kultureller Entwicklung, Erziehung, Sozialisation und bestehenden Machtverhältnissen in der Gesellschaft.

Rollenverteilung nach dem BGB

§ 1336 in der Fassung von 1896
Die Frau ist [...] berechtigt und verpflichtet, das gemeinsame Hauswesen zu leiten.

§ 1356 in der Fassung von 1977
(1) Die Ehegatten regeln die Haushaltsführung in gegenseitigem Einvernehmen. [...]

Im **Artikel 3 Grundgesetz** wird die Gleichstellung von Frauen und Männern verfassungsmäßig verankert. 1994 wird ein Zusatz eingefügt, der den Staat verpflichtet, die **Gleichberechtigung** schneller zu verwirklichen. Gleichstellungsgesetze, Frauenbeauftragte und Quotenregelungen sollen dazu beitragen, die Benachteiligung in der Gesellschaft zu beseitigen.

Handlungsbedarf besteht unter anderem in folgenden Bereichen:
- Gleichberechtigter Zugang von Frauen zu Entscheidungspositionen auf allen Ebenen unserer Gesellschaft,
- Verbesserung der Situation der Frauen in der Wirtschaft und auf dem Arbeitsmarkt,
- Durchsetzung der Menschenrechte und die Beseitigung von Gewalt gegen Frauen und Mädchen.

4.2 Rechtliche Bestimmungen für die Ehe?

Sehr geehrtes Brautpaar!

Sie treten heute vor den Standesbeamten, um vor dem Gesetz den Ehebund zu schließen. Damit vollendet sich nach außen hin, was Sie einander wohl schon längst im Herzen gelobt haben; ein neuer Abschnitt in Ihrem Leben, tief einschneidend in Ihre gesamten Rechtsverhältnisse, beginnt.

Doch so bedeutungsvoll diese Stunde auch für Ihr Leben ist, so vermag sie eben nur diese Rechtsverhältnisse zu regeln, nicht auch Ihr nun gemeinsames Leben. Wenn Ihre Ehe Bestand haben soll, ist gegenseitige Rücksichtnahme, Achtung, Liebe und Treue die unbedingte Voraussetzung.

Die Ehe verpflichtet auch zu gegenseitiger Hilfe im Kampf des Lebens und gegen die Mühen und Sorgen des Alltags, die niemandem erspart bleiben.

Aber nicht nur helfend sollen Sie sich zur Seite stehen, fast wichtiger noch ist gegenseitiges Vertrauen und gegenseitiges Verständnis. Ein hartes Wort ist schnell gesprochen. Es verletzt den Stolz und reizt zur Widerrede. Wie ein schleichendes Gift dringt es in die Herzen zweier Menschen.

In solch einer Stunde erweist sich die wahre Stärke nicht durch Trotz und Pochen auf Recht, sondern durch den ersten versöhnlichen Schritt, der den Weg zum anderen wieder findet. Nur so wird Ihre Ehe eine wirkliche Gemeinschaft.

Der heutige Höhepunkt in Ihrem Leben ist deshalb nicht nur freudiges Erleben, sondern auch ernstes Besinnen.

In diesem Bewusstsein sollen und wollen Sie sich Ihr Ja-Wort geben, das Sie für Ihr ganzes Leben aneinander bindet. Ich bitte nun das Brautpaar, sich zu erheben. Reichen Sie sich die rechte Hand.

Ich frage Sie, Herr ..., wollen Sie mit Frau ... die Ehe eingehen, dann antworten Sie mit ja. Frau ..., wollen Sie mit Herrn ... die Ehe schließen, dann antworten Sie mit ja.

Nachdem Sie beide vor mir als dem zuständigen Standesbeamten erklärt haben, die Ehe miteinander eingehen zu wollen, sind Sie nun kraft Gesetz rechtmäßig verbundene Eheleute.

Ansprache eines Standesbeamten bei der Trauung

Mit der **Eheschließung** gehen Frau und Mann weitreichende rechtliche Verpflichtungen ein. Das **Eherecht** ist im Bürgerlichen Gesetzbuch festgelegt. Besonders im Eherecht sind aufgrund des gesellschaftlichen Wandels immer wieder Änderungen notwendig. So ist gegenüber früher in den heutigen Bestimmungen die **vollständige Gleichberechtigung** der Ehepartner verwirklicht.

Um eine Ehe rechtskräftig schließen zu können, müssen folgende Bedingungen erfüllt sein:
- **Die Eheschließung muss vor einem Standesbeamten stattfinden.**
- **Die Heiratswilligen müssen vor dem Standesbeamten bei gleichzeitiger Anwesenheit persönlich erklären, dass sie die Ehe miteinander eingehen wollen.**
- **Die Partner müssen ehemündig, d.h. volljährig sein. Eine Befreiung von dieser Vorschrift erteilt das Vormundschaftsgericht.**
- **Es dürfen keine Ehehindernisse vorliegen, wie beispielsweise bestimmte Verwandtschaftsverhältnisse.**

Verwandtschaft
Rechtsbeziehung zwischen natürlichen Personen, die auf Abstammung beruht
a) gerade Linie:
Großeltern
Eltern
Kinder
Enkel
b) Seitenlinie:
Geschwister
Onkel
Neffen

Bürgerliches Gesetzbuch

§ 1353

(1) Die Ehe wird auf Lebenszeit geschlossen. Die Ehegatten sind einander zur ehelichen Lebensgemeinschaft verpflichtet.

§ 1355

(1) Die Ehegatten sollen einen gemeinsamen Familiennamen bestimmen [...] Bestimmen die Ehegatten keinen Ehenamen, so führen sie ihren zur Zeit der Eheschließung geführten Namen auch nach der Eheschließung.

(2) Zum Ehenamen können die Ehegatten durch Erklärung gegenüber dem Standesbeamten den Geburtsnamen des Mannes oder den Geburtsnamen der Frau bestimmen [...]

(3) Ein Ehegatte, dessen Geburtsname nicht Ehename wird, kann durch Erklärung gegenüber dem Standesbeamten den Ehenamen seinem Geburtsnamen [...] vorstellen oder anfügen [...] Besteht der Name eines Ehepartners aus mehreren Namen, so kann nur einer dieser Namen hinzugefügt werden.

§ 1363

Die Ehegatten leben im Güterstand der Zugewinngemeinschaft, wenn sie nicht durch Ehevertrag etwas anderes vereinbaren.

Manche junge Ehe wird schon gleich bei der Hochzeit auf eine ernste Probe gestellt – wenn die Partner sich auf einen Familiennamen einigen sollen. Das seit 1994 geltende **Namensrecht** lässt freie Wahl bei der Festlegung des Ehenamens:
- Ehename = Geburtsname der Frau
- Ehename = Geburtsname des Mannes
- Kein gemeinsamer Ehename

Ein wichtiger Bestandteil des Eherechts ist das eheliche **Güterrecht**. Wenn die Ehepartner keinen Ehevertrag abschließen und darin Gütertrennung oder Gütergemeinschaft vereinbaren, leben sie im gesetzlichen Güterstand einer **Zugewinngemeinschaft**. Das heißt, dass beide ihre Vermögen selbst verwalten und am Ende einer Ehe, z.B. einer Scheidung, der entstandene Zugewinn ausgeglichen wird.

	Mann	Frau
Vermögen am Anfang der Ehe	20 000,00 €	10 000,00 €
Vermögen am Ende der Ehe	70 000,00 €	40 000,00 €
Zugewinn	50 000,00 €	30 000,00 €
Ausgleichsforderung der Ehefrau gegen den Ehemann	$\frac{50\,000{,}00\ € - 30\,000{,}00\ €}{2}$ = **10 000,00 €**	

Unterhaltspflicht: Das Bürgerliche Gesetzbuch fordert die Unterstützung von Angehörigen einer Familie. Grundsätze:
- Unterhaltsberechtigt ist nur, wer außerstande ist, sich selbst zu unterhalten.
- Grundsätzlich muss jeder für seinen Lebensunterhalt sorgen.

Das Erbrecht bestimmt die gesetzliche Erbfolge.

5 Die Ehescheidung

GERECHT ODER UNGERECHT?

Sabine und Peter sind beide 18 Jahre alt, als sie heiraten. Peter hat eine Stellung als Großhandelskaufmann. Sabine arbeitet als Angestellte bei einer Gemeindeverwaltung. Nach der Geburt des ersten Kindes einigen sich beide darauf, dass Sabine ihre Berufstätigkeit aufgibt, um sich ganz der Haushaltsführung und Kindererziehung widmen zu können.
Nach zwölf Jahren wird die Ehe geschieden. Da während dieser Zeit nur Peter Beiträge in die Rentenversicherung eingezahlt hat, muss er beim Versorgungsausgleich die Hälfte der in den zwölf Ehejahren erworbenen Rentenansprüche an Sabine abtreten.

Obwohl die Ehe eine Gemeinschaft auf Lebenszeit sein sollte, steigt die Zahl der Ehescheidungen seit Jahren. Auch diesen Fall regeln die Bestimmungen des Bürgerlichen Gesetzbuches. Dabei gelten folgende Grundsätze:

- **Zerrüttungsprinzip:** Eine Ehe gilt als zerrüttet, wenn die Ehepartner drei Jahre getrennt leben.
- **Unterhaltsverpflichtung:** Der finanziell „Stärkere" ist verpflichtet, dem „Schwächeren" Unterhalt zu bezahlen.
- **Versorgungsausgleich:** Die während des bisherigen Berufslebens erworbenen Rentenansprüche werden gegeneinander ausgeglichen.
- **Scheidungsfolgen:** Eine Ehe sollte erst geschieden werden, wenn alle Scheidungsfolgen (Sorgerecht, Unterhalt, Vermögensfragen, Versorgungsausgleich) geregelt sind.

Das **Scheidungsrecht** wird vor allem von Männern in einigen Punkten als ungerecht empfunden. Es geht nicht mehr von der traditionellen Vorstellung aus, dass der Mann berufstätig und die Frau für Haushalt und Kindererziehung zuständig ist, sondern dass beide in gleicher Weise zum Lebensunterhalt beitragen.

Die minderjährigen **Scheidungsopfer** haben den geringsten Einfluss auf die Entwicklung und zählen dennoch zu den Hauptbetroffenen. Die Trennung der Eltern stellt häufig einen tiefen Einschnitt in ihre Persönlichkeitsentwicklung dar, der sie nachhaltig prägt.

Güterstand
ist die rechtliche Aufteilung des Vermögens der Ehepartner.

Zugewinn
Endvermögen abzüglich Anfangsvermögen

Ehescheidungen in Deutschland

1990	**154 786**
2000	**194 408**
2003	**213 975**
2007	**187 072**
2011	**187 640**
2012	**179 470**

Stat. Bundesamt 2012

Reform des Unterhaltsrechts ab 01.01.2008 gilt:

Ist nicht genügend Geld vorhanden, erhalten Kinder Vorrang vor allen anderen Unterhaltsberechtigten.

1. Rang
minderjährige Kinder

2. Rang
- **geschiedener Ehegatte, der Kinder betreut**
- **aktueller Ehegatte, der Kinder betreut**
- **nicht verheirateter Partner, der Kinder betreut**
- **geschiedener Ehegatte nach langer Ehe**

3. Rang
geschiedener Ehegatte nach kurzer Ehe

Eigener Text nach Informationen des Bundesjustizministeriums

Zusammen ohne Ehering in Deutschland/in Mio.

1992	**1,5**
1994	**1,7**
1996	**1,8**
1998	**2,0**
2000	**2,1**
2002	**2,5**
2004	**3,0**
2006	**3,1**
2008	**3,5**
2010	**5,9**

Eigene Zusammenstellung nach Zahlen des Stat. Bundesamtes 2011

Entwicklung gleichgeschlechtlicher Lebensgemeinschaften

2005	**173 000**
2009	**177 000**

Eigene Zusammenstellung nach Zahlen des Stat. Bundesamtes 2012

Single-Haushalte im Freistaat
Es leben zurzeit 38 % der Bevölkerung allein, Prognose: Anstieg bis 2020 auf 40 %.

Eigene Zusammenstellung nach Mikrozensus 2012

Gesetz über die Eingetragene Lebenspartnerschaft
Das Lebenspartnerschaftsgesetz (LPartG) ermöglicht zwei Menschen gleichen Geschlechts in der Bundesrepublik Deutschland die Begründung einer Lebenspartnerschaft.
Internet: *www.gesetze-im-internet.de/lpartg/*

6 Ehe ohne Trauschein – die ideale Lösung?

Weniger Ehen, aber mehr Paare ohne Trauschein

Die Zahl der Ehepaare ist im vergangenen Jahrzehnt gesunken, die der Alleinstehenden und Lebensgemeinschaften ohne Trauschein hingegen gestiegen: 2010 lebten in Deutschland 18,2 Millionen Ehepaare - 1,3 Millionen oder 7 Prozent weniger als im Jahr 2000.
Laut der vom Statistischen Bundesamt vorgestellten Studie stieg im selben Zeitraum die Zahl der Lebensgemeinschaften unverheirateter Partner um 24 Prozent auf 2,6 Millionen und die Zahl der kinderlosen Alleinstehenden um 18 % auf 17,4 Millionen.
Für bis zu 80 % der Menschen ist die Familie wichtig: "Seit 1988 hat diese positive Einstellung zur Familie sogar zugenommen". Allerdings sei ein längeres Zusammenleben für Jüngere weniger ein Heiratsgrund, als für Ältere.

Ingo Linsel, Ostthüringer Zeitung, 12.10.2011, S. 5

In Deutschland wächst die Zahl der Paare, die **ohne Trauschein** zusammenleben. Diese Entwicklung hat hauptsächlich zwei **Gründe**: Zum einen wird es für junge Leute immer selbstverständlicher, mit dem festen Partner zusammenzuleben, auch wenn eine Heirat (noch) nicht geplant ist. Zum anderen entstehen oftmals nacheheliche Lebensgemeinschaften, in denen wenigstens einer der Partner bereits eine geschiedene Ehe hinter sich hat.

Seit 1. Juli 1998 gilt das neue Sorgerecht für Kinder nicht verheirateter Paare. Den Eltern steht ein gemeinsames Sorgerecht zu, wenn sie dies erklären (Sorgeerklärung).

Trotzdem sind Ehen ohne Trauschein nicht unproblematisch. Wer sich für diese Lebensform entscheidet, sollte auf jeden Fall einen Vertrag mit seinem Partner bzw. seiner Partnerin abschließen. Fragen des Unterhalts oder der Altersversorgung lassen sich allerdings nicht vertraglich regeln.

Bei vielen nicht ehelichen Lebensgemeinschaften handelt es sich um eine „Probeehe", die nach einiger Zeit doch in eine „richtige" Ehe mündet, und zwar meist dann, wenn ein Kind unterwegs ist. In letzter Zeit beantragen auch immer mehr homosexuelle Paare die Möglichkeit zur Heirat. Im Gegensatz zu einigen anderen europäischen Staaten gibt es in Deutschland keine Genehmigung dieser Anträge.

Neben der eheähnlichen Gemeinschaft gibt es noch andere Formen des Zusammenlebens. **Wohngemeinschaften** finden vor allem das Interesse junger Menschen. In letzter Zeit steigt auch die Zahl derjenigen, die überhaupt keine festen Bindungen eingehen und allein leben wollen. Man schätzt, dass rund 3,5 Millionen Bürgerinnen und Bürger als echte **„Singles"** in Deutschland leben.

Zusammenfassung

Die **Ehe** ist die häufigste Form des Zusammenlebens von Mann und Frau. Artikel 6 des Grundgesetzes bestimmt, dass Ehe und Familie unter dem besonderen Schutz des Staates stehen.

Das Zusammenleben von Frau und Mann ist häufig immer noch von der traditionellen Rollenverteilung geprägt, die zu finanzieller Abhängigkeit und gesellschaftlicher Benachteiligung der Frau geführt hat. Trotz des im Grundgesetz verankerten Gleichberechtigungsgebots gibt es heute noch viele Bereiche, in denen Frauen benachteiligt sind.

Alle rechtlichen Bestimmungen für die Ehe, wie das Namensrecht, die Gütergemeinschaft, die Unterhaltspflicht und das Erbrecht, sind im Bürgerlichen Gesetzbuch festgelegt.

Die Zahl der **Ehescheidungen** ist in den letzten Jahren beständig angestiegen. Jede dritte Ehe wird wieder geschieden. Auch die rechtlichen Bestimmungen zur Ehescheidung sind im BGB geregelt. Die wichtigsten, bei einer Ehescheidung zu lösenden Fragen sind Unterhaltszahlungen, Versorgungsausgleich, Vermögensverteilung und Sorgerecht für die Kinder.

Seit einigen Jahren nimmt die Zahl der **nicht ehelichen Lebensgemeinschaften** in Deutschland zu. Auch wenn es mittlerweile gesetzliche Regelungen wie das gemeinsame Sorgerecht für Kinder gibt, ist die „Ehe ohne Trauschein" nicht unproblematisch. Unterhalt und Altersversorgung können nicht durch einen möglichen Partnerschaftsvertrag geregelt werden.

Zur Wiederholung

1. Erklären Sie, warum die traditionelle Rollenverteilung von Mann und Frau zur Abhängigkeit der Frau geführt hat.
2. Nennen Sie die Bereiche, die das Familienrecht regelt. Erklären Sie deren Inhalt.
3. Einerseits geht der Gesetzgeber von lebenslanger Ehe aus (§ 1353 BGB), andererseits räumt er Scheidungsmöglichkeiten ein (§ 1564 BGB). Begründen Sie diesen Widerspruch.
4. Immer mehr Ehen scheitern nach kurzer Zeit. Welche Ursachen führen Ihrer Meinung nach zu ernsten Konflikten im Eheleben?
5. „Zugewinngemeinschaft" ist eine Kombination von Gütertrennung und Gütergemeinschaft. Erklären Sie diesen Zusammenhang.
6. Diskutieren Sie Vor- und Nachteile von Ehe und nicht ehelichen Lebensgemeinschaften. Wie würden Sie sich heute entscheiden? Begründen Sie Ihre Meinung.

Handlungsimpulse

Bilden Sie zwei Gruppen und erstellen Sie je ein Szenario – etwa für das Jahr 2030.
Szenario 1: Was wäre, wenn die Menschen nur noch als Singles oder in relativ unverbindlichen Zweierbeziehungen leben würden?
Szenario 2: Was wäre, wenn allseits die Familie (oder eine andere Form des Zusammenlebens) zur alleinig anerkannten Lebensform geworden wäre? Diskutieren Sie zum Schluss die Frage: Was wird wahrscheinlich eintreten, was soll realisiert werden?

Erscheinungsformen sozialer Ungleichheit im Alltag und in der Gesellschaft

Benjamin ist 15 und auf der Suche nach sich selbst

Benjamin besucht die 9. Klasse einer integrierten Gesamtschule in Frankfurt am Main. Seine Eltern haben ihm das gelassen, was er für sich fordert: Freiraum. Benjamin ist auf der Suche nach sich selbst: „Ich genieße meine Jugend jetzt. Ich lebe sie aus."

Zurzeit ist er viel unterwegs: Hobbys wie Snowboardfahren und Tauchen (am liebsten mit den Eltern in Thailand) haben Konjunktur, dazu kommen Diskos und Partys. „Meine Eltern haben sich viel Mühe gegeben, herauszufinden, was für Kinder richtig oder falsch ist." Er unternimmt heute noch viel mit der Familie. „Wir gehen essen oder mal ins Kino. Das macht Spaß und es ist kein Zwang." Aber genauso wie er gern mit vielen Leuten zusammen ist, braucht Benjamin auch die Einsamkeit: „Jeder Mensch hat das Recht, sich zurückzuziehen."

Nicole, 19, ihre Freunde sind ihr am wichtigsten

Die 19-jährige Nicole liebt das Leben. Sie hat viele Freunde in der Technoszene, mit denen sie ihre Nächte in Klubs und auf Partys verbringt. Da die Eltern berufstätig sind, haben Nicole und ihre Zwillingsschwester viele Freiheiten. „Ich muss immer weg, ich kann es einfach nicht zu Hause aushalten", begründet sie ihre ausgiebigen Ausflüge in die „Szene". Ihre Freunde dort sind ihr wichtig: „Ich bin auf Gesellschaft angewiesen, ich brauche das zur Bestätigung, dass man mich mag." Ihr Bekanntenkreis wird von den Eltern rigoros abgelehnt. „Sie behaupten, wer Techno höre, sei bekloppt und habe nichts im Kopf."

Als herauskommt, dass Nicole ab und zu Ecstasy-Pillen schluckt, reagieren die Eltern bestürzt. „Die denken gleich, wer so was nimmt, muss irgendwelche Probleme haben." Dabei will sie „nur etwas Neues" ausprobieren. „Man ist einfach neugierig", sagt sie und: „Ich habe das unter Kontrolle." Trotzdem haben ihre Eltern ein Ultimatum gestellt. Wenn sie sich nicht mehr am Familienleben beteilige und ihr „unfreundliches und egoistisches" Verhalten nicht ändere, wollen sie ihr den Koffer vor die Tür stellen. Trotzdem will Nicole ihren Freundeskreis nicht aufgeben: „Ich muss mich doch wohlfühlen."

Eigene Zusammenfassung nach Susanne Maier, Klaus Borgmann, Karl-Heinz Kirchner, Andrea Tratner, in: Politische Zeitschrift, hrsg. von Bundeszentrale für politische Bildung, Nr. 912/1997, S. 16–18

?

1. ***Ordnen Sie Textaussagen den folgenden Begriffen zu: Besinnung – Gemeinschaft – Geborgenheit – Vertrauen – Schutz – Verständnis – Hilfe – Rücksicht – Freiheit***
2. ***Suchen Sie Gründe für das Wohlfühlen Benjamins in der Familie und Nicoles in ihrem Freundeskreis der Technoszene.***
3. ***Reagieren Nicoles Eltern mit dem „Ultimatum" ihrer Ansicht nach richtig? Diskutieren Sie andere Verhaltensmöglichkeiten der Eltern.***

1 Der Mensch als soziales Wesen

Der Mensch ist von Natur aus ein **soziales Wesen**. Die soziale Wirklichkeit wird vom einzelnen Menschen unterschiedlich erlebt. Dies gilt insbesondere im Verhältnis zur Familie und den Verwandten, zur Schule und dem Arbeitsplatz, zur Gruppe, in der die Freizeit verbracht wird, zu den Freunden und Nachbarn.
Jeder Mensch besitzt als Individuum unverwechselbare Fähigkeiten, Neigungen, Veranlagungen und Charaktereigenschaften. Diese Besonderheiten kennzeichnen die **Persönlichkeit** des Menschen.

Die Integration (Eingliederung) der Jugendlichen/jungen Erwachsenen in die soziale und damit auch in die berufliche Wirklichkeit ist vom **sozialen Umfeld** unter den jeweiligen gesellschaftlichen Bedingungen und der **Erziehung** in der Familie abhängig (**Sozialisation**).

Erst in der **Gemeinschaft** fühlt sich der Mensch geborgen und sicher. Nur im Zusammenleben mit anderen kann er seine geistigen, seelischen und körperlichen Eigenschaften voll entfalten. Diese **sozialen Beziehungen** werden vom Verhalten und Handeln gegenüber anderen Menschen, dem **sozialen Verhalten** bestimmt.

Im Wesentlichen kennzeichnet **soziales Verhalten**
- Rücksichtnahme auf andere,
- Verständnis für deren Interessen,
- Einordnung in die Gemeinschaft,
- Unterordnung unter den Willen anderer,
- Toleranz,
- Mäßigung eigener Wünsche und Neigungen.

Wenn es zu Konflikten kommt ist es wichtig, Konfliktlösungen anzustreben, die durch die Beachtung der Menschenwürde, durch Kompromissbereitschaft, durch Nachgeben (als kluge Verhaltensweise) und durch Konfliktentschärfung geprägt sind.

Ich-Du-Beziehung

Sozial:
gesellschaftlich hilfreich und verantwortlich handeln gegenüber anderen, besonders Schwächeren

Soziale Beziehungen:
Begriff, der alle wechselseitigen Einwirkungen und Verhaltensformen zwischen Personen, Gruppen, Organisationen und Institutionen einer Gesellschaft charakterisiert

Sozialisation:
umfasst alle Einflüsse auf Kinder und Jugendliche. Die Einrichtungen, welche die Sozialisation bewusst oder unbewusst steuern und bestimmte Verhaltensweisen, Ziele und Wertvorstellungen vermitteln, bezeichnet man als Sozialisationsinstanzen

Sozialwissenschaften:
Gesellschaftswissenschaften – befassen sich mit den Voraussetzungen und Erscheinungen im menschlichen Zusammenleben

Soziale Wirklichkeit ist gesellschaftliche Wirklichkeit: Tägliches Erleben des Zusammenlebens und -arbeitens mit anderen in unterschiedlichen Bereichen – am Arbeitsplatz, in der Schule, in der Familie, mit Verwandten, in politischen Organisationen. Wie beurteilt der Einzelne seine Situation?

Soziale Wirklichkeit ist immer auch gesellschaftliche Wirklichkeit. Der **gesellschaftliche Wandel** ist geprägt durch einen umfassenden ökonomischen, sozialen und strukturellen Modernisierungsprozess. Neue Produktionstechniken und soziale Auswirkungen (hohe Arbeitslosigkeit) führen zu tiefgreifenden **Veränderungen individueller Lebensläufe**.

Trotz der für die Heranwachsenden heute höheren Leistungsanforderungen und Risiken sieht die junge Generation ihre Zukunft positiv. Die ideologisch unterfütterte Proteststimmung früherer Generationen ist vorbei. Die Leitwerte der Jugend haben sich insgesamt denen der Erwachsenen angenähert. Auf die neuen gesellschaftlichen Bedingungen des 21. Jahrhunderts reagieren die meisten Jugendlichen mit positivem Denken und erhöhter Leistungsbereitschaft. Sie entwickeln ihre eigenen Perspektiven und überprüfen ihre soziale Umwelt aufmerksam auf Chancen und Risiken, wobei sie Chancen ergreifen und Risiken minimieren wollen. Übergreifendes Ziel ist vielmehr, in einer leistungsorientierten Gesellschaft erfolgreich zu sein.

Die soziale Wirklichkeit bestimmt das

Bedürfnisse:

- Solidarität,
- soziale Stellung und
- Weiterbildung u.a.

sind die Voraussetzung für die Entwicklung vielfältiger Initiativen.

Gesellschaft:

- soziale Schichten
- Familie
- Schule
- Nachbarn
- Sportgemeinschaft
- Freizeitgruppe
- politische Parteien
- Massenmedien
- Kirche

Interessen:

- Soziale Interessen,
- materielle Interessen,
- Kunst, Literatur,
- Politik, Sport u.a.

sind von gesellschaftlichen Verhältnissen abhängig.

Verhalten, Handeln

des einzelnen Menschen durch
- Wandel im sozialen Milieu
- Veränderung kultureller Muster und Wertmaßstäbe
- Wechsel an Mode, Lebensstil und Gefühlsgrundlagen

Ideale:

- Eltern
- Lehrer
- Verwandte
- Persönlichkeiten u.a. bestimmen das Verhalten durch Vorstellungen und Leitbilder.

Soziale und ökonomische Bedingungen:

- neue Technologien
- neue Arbeitsbedingungen
- beruflicher Strukturwandel
- steigende Anforderungen
- Mobilitäts- und Umstellungsbereitschaft

Das **soziale Verhalten und Handeln** der Menschen hängt wesentlich von seinen Wünschen, Träumen und auch Sorgen ab.
Die **soziale Wirklichkeit** wird unterschiedlich erlebt.

Soziale Wirklichkeit – Jugend in der Krise?

Andrea – Zukunft – aber wie?
Von Politik habe ich keine Ahnung. Meine Familie macht ja viel im Umweltschutz, so Mülltrennung und so was. Ich höre auch schon mal Berichte über Umweltverschmutzung. Richtig vorstellen kann ich es mir aber nicht, dass es mal nicht mehr so sein wird, wie es jetzt ist.

Ronnie – Angst vor der Zweiklassengesellschaft
Ich weiß nicht, ob unser Sozialstaat in Zukunft noch bestehen kann, oder ob wir solche Verhältnisse bekommen wie in den USA, wo der Mittelstand ausstirbt. Ich habe Angst, in so einer Gesellschaft dann zur unteren Klasse zu gehören. Man muss ja mit allem rechnen. Ich bin im Sportverein engagiert. Sport sollte man viel mehr fördern. Zum Sport gehören immer Freundschaft und das Gemeinschaftsgefühl.

Michael – Sozialstaat am Ende?
Ich wünsche mir, dass diese große allgemeine Unsicherheit abgebaut wird. Es kann ja wohl nicht aufgehen, wenn ich demnächst für drei Leute die Rente zahlen soll. Ich trau keinem derzeitigen Politiker zu, dass er die großen Probleme unserer Zeit in den Griff kriegt. Wir brauchen Leute mit einer ganz neuen Einstellung und neuen Ideen.

Michaela – ob ich nach der Lehre übernommen werde?
Ich frage mich, ob wir nach der Lehre alle übernommen werden, ich muss mich halt anstrengen. Viele meiner Bekannten sind arbeitslos, das ist schlimm. Meine Freunde bedeuten mir wirklich viel. Wir fahren ins Kino, gehen Schlittschuhlaufen, in die Disko oder auf Konzerte. Sonst gibt es ja kaum was, wo wir uns treffen können.

Die 16. Shell-Studie Jugend 2010 fasst zusammen:

Jugend trotzt der Finanz- und Wirtschaftskrise

Die heutige junge Generation in Deutschland bleibt zuversichtlich. Sie lässt sich weder durch die Wirtschaftskrise noch durch die unsicher gewordenen Berufsverläufe und Perspektiven von ihrer optimistischen Grundhaltung abbringen. Tatsächlich ist der Anteil der Optimisten sogar noch gestiegen Die Zuversicht der Jugendlichen aus sozial schwachen Haushalten ist dagegen weiter gesunken. Die Kluft zwischen den Milieus hat sich mithin noch verstärkt.

Anstieg im Optimismus, aber Verstärkung der sozialen Unterschiede

Gegenüber der letzten Shell Jugendstudie hat sich der Anteil der positiv in die Zukunft schauenden Jugendlichen deutlich erhöht 59 % (2006: 50 %). 35 % äußern sich unentschieden und nur 6 % sehen ihre Zukunft eher düster.
Dagegen ist die Zuversicht von Jugendlichen aus sozial benachteiligten Familien rückläufig. Hier äußern sich nur noch 33 % zuversichtlich. Diese soziale Kluft wird auch bei der Frage nach der Zufriedenheit im Leben deutlich. Während fast drei Viertel im Allgemeinen zufrieden mit ihrem Leben sind, äußern sich Jugendliche aus unterprivilegierten Verhältnissen nur zu 40 % positiv.

Jugend 2010
16. Shell Jugendstudie
Für die 16. Shell Jugendstudie wurden über 2 604 Jugendliche im Alter zwischen 12 und 25 Jahren befragt. Die repräsentative Untersuchung fand im Frühjahr 2010 statt. (Der Erscheinungstermin der 17. Shell-Jugendstudie steht bei Redaktionsschluss noch nicht fest.)

Die Jugend von heute
„Die Jugend liebt heutzutage den Luxus. Sie hat schlechte Manieren, verachtet die Autorität, hat keinen Respekt vor den älteren Leuten und schwatzt, wo sie arbeiten sollte."
Sokrates, griechischer Philosoph, ca. 400 v. Chr.

Einschätzung der persönlichen Zukunft (15–24 Jahre)
eher zuversichtlich

West	44 %
Ost	40 %

Einschätzung der Bedeutung für die Lebensgestaltung (15–24 Jahre)

Sicherheit	79 %
Familie	85 %
Fleiß	76 %
Kreativität	83 %
Unabhängigkeit	80 %
Politik-Engagement	22 %
Althergebrachtes	20 %

Als politisch interessiert bezeichneten sich:

1991	57 %
1996	47 %
1999	43 %
2002	34 %
2006	39 %

Gerade einmal 35 % der Jugendlichen würden sicher an Wahlen teilnehmen, weitere 37 % nur „wahrscheinlich".
Eigene Zusammenstellung auf der Grundlage der 14., 15. und 16. Shell-Jugendstudie 2002, 2006, 2010

Bildung bleibt der Schlüssel in der Biographie

Auch weiterhin bleibt der Schulabschluss der Schlüssel zum Erfolg. In Deutschland hängt er so stark wie in keinem anderen Land von der jeweiligen sozialen Herkunft der Jugendlichen ab. Junge Leute ohne Schulabschluss finden seltener eine qualifizierte Arbeit oder eine Ausbildung.
Entsprechend pessimistisch blicken Jugendliche, die sich unsicher sind, ihren Schulabschluss zu erreichen, auch in die Zukunft. Zu Ausbildung und Berufseinstieg hat sich die Einstellung der Jugendlichen klar verbessert. 76 % der Auszubildenden glauben, nach der Ausbildung übernommen zu werden. 71 % der Jugendlichen sind überzeugt, sich ihre beruflichen Wünsche erfüllen zu können.
Bei den Jugendlichen aus sozial schwierigen Verhältnissen sind es hingegen nur 41 %. Ungebrochen ist der geschlechtsspezifische Trend beim Thema Bildung. Junge Frauen haben ihre Altersgenossen bei der Schulbildung überholt und streben häufiger bessere Bildungsabschlüsse an.

Familienorientierung bei Jugendlichen auch weiterhin hoch im Kurs

Mehr als 3/4 der Jugendlichen (76 %) stellen für sich fest, das man eine Familie braucht, um wirklich glücklich leben zu können. In Zeiten, da die Anforderungen in Schule, Ausbildung und den ersten Berufsjahren steigen, findet der Großteil der Jugendlichen bei den Eltern Rückhalt und emotionale Unterstützung. Mehr als 90 % der Jugendlichen haben ein gutes Verhältnis zu ihren Eltern. Auch mit deren Erziehungsmethoden sind die meisten einverstanden. Fast 3/4 aller Jugendlichen würden ihre eigenen Kinder so erziehen, wie sie selbst erzogen wurden. Fast 3/4 aller Jugendlichen wohnen noch bei ihren Eltern, insbesondere weil es kostengünstig und bequem ist. Wieder zugenommen hat der Wunsch nach eigenen Kindern. 69 % der Jugendlichen wünschen sich Nachwuchs.

Die Jugend ist online

Auch das Freizeitverhalten der Jugendlichen unterscheidet sich je nach sozialer Herkunft. Während sich Jugendliche aus privilegierten Elternhäusern verstärkt mit Lesen und kreativen Tätigkeiten befassen und vielseitige soziale Kontakte pflegen, sind Jugendliche aus sozial benachteiligten Familien vornehmlich mit dem Computer und Fernsehen beschäftigt. Allen gemeinsam ist jedoch eines:
Fast alle Jugendlichen (fast 96 %) haben mittlerweile Zugang zum Internet. Gestiegen ist auch die Zahl der Stunden, die Jugendlichen im Netz verbringen: fast 13 Stunden pro Woche. Bei der Art der Nutzung des Internets zeigt sich eine soziale Spaltung – insbesondere bei den männlichen Nutzern. Die Gamer (24 % der Jugendlichen) – vor allem jüngere männliche Jugendliche aus sozial benachteiligten Familien – verbringen ihre Zeit im Netz hauptsächlich mit Computerspielen. Digitale Netzwerker (25 %) – vor allem jüngere weibliche Jugendliche – nutzen vor allem die soziale Netzwerke (Facebook, StudiVZ). Für Funktions-User (17 %) ist das Internet Mittel zum Zweck. Sie gebrauchen es für Informationen, E-Mails und Einkäufe von zu Hause. Die Multi-User (34 %) – eher ältere Jugendliche aus den oberen Schichten – nutzen schließlich die Bandbreite des Netzes.

Interesse an Politik steigt wieder leicht an

Auch wenn das politische Interesse bei Jugendlichen weiterhin deutlich unter dem Niveau der 1980er Jahre liegt, ist der Anteil der politisch Interessierten wieder leicht angestiegen. In der politischen Ausrichtung ordnet sich die Mehrheit der Jugendlichen weiterhin links von der Mitte ein. Auch beim Vertrauen in gesellschaftlicher Institutionen hat sich wenig geändert. Hohe Bewertungen gab es für Polizei, Gerichte, Bundeswehr sowie Menschenrechts- und Umweltschutzgruppen, niedrige hingegen für die Regierung, Kirche, große Unternehmen und Parteien, ausgeprägter Missmut sogar gegenüber Wirtschaft und Finanzen.

Mehr soziales Engagement und Verständnis für Ältere

Im Vergleich zu den Vorjahren sind immer mehr Jugendliche sozial engagiert. 39 % setzen sich häufig für soziale und gesellschaftliche Zwecke ein. Auch hier zeigen sich soziale Unterschiede. Aktivität und Engagement sind bildungs- und schichtabhängig. Je gebildeter und privilegierter die Jugendlichen sind, desto häufiger sind sie im Alltag aktiv für den guten Zweck. Mehr als die Hälfte sehen das Verhältnis zwischen Jung und Alt als eher angespannt. Dennoch zeigen immer mehr Jugendliche Respekt vor der älteren Generation und Verständnis für deren Lebensweise.

Globalisierung zumeist positiv bewertet

Mit Globalisierung verbinden 84 % der Jugendlichen an erster Stelle die Freiheit, in der ganzen Welt reisen, studieren oder arbeiten zu können. Globalisierungsbefürworter sehen vor allem die Chance auf wirtschaftlichen Wohlstand, Frieden und Demokratie. Globalisierungsgegner erkennen in ihr mehrheitlich Umweltzerstörung, Arbeitslosigkeit, Armut und Unterentwicklung.

Großes Problem Klimawandel

76 % der Jugendlichen sehen durch das sich verändernde Klima die Existenz der Menschheit bedroht. Kritiker des Klimawandels geben den reichen Industrieländern die Schuld für die ökologischen Veränderungen; die Klimaoptimisten, auch wenn sie den Klimawandel problematisch finden, halten die öffentliche Darstellung jedoch übertrieben. Ein Teil der Jugendlichen zieht inzwischen persönliche Konsequenzen und achtet auf ein umweltbewusstes Verhalten. Jeder zweite spart im Alltag bewusst Energie, 44 % fahren häufiger Fahrrad und 39 % entscheiden sich für ein kleineres Auto mit geringem Verbrauch.

Religion weiter im Abseits

Weiterhin spielt Religion für die Mehrheit der Jugendlichen in Deutschland nur eine mäßige Rolle. Während Religion für junge Menschen in den neuen Bundesländern zumeist bedeutungslos geworden ist, spielt sie in den alten Bundesländern noch eine mäßige Rolle. Ganz anders hingegen sieht es bei Jugendlichen mit Migrationshintergrund aus: Sie haben einen starken Bezug zur Religion, der sogar noch zugenommen hat.

Anteile der Jugendlichen, die sich im ökonomischen Bereich sorgen:

Sorgen um die allgemeine wirtschaftliche Entwicklung:

- **Jugendliche insgesamt 73 %**
- **in Schule 67 %**
- **in beruflicher Ausbildung 77 %**
- **erwerbstätig 75 %**
- **arbeitslos 83 %**
- **inaktive 71 %**

Sorgen um die eigene wirtschaftliche Situation:

- **Jugendliche insgesamt 71 %**
- **in Schule 63 %**
- **in beruflicher Ausbildung 76 %**
- **erwerbstätig 71 %**
- **arbeitslos 92 %**
- **inaktive 76 %**

SOEP, DIW, Berlin 2002

Pragmatisch, aber nicht angepasst

Die Werte und Lebenseinstellungen von Jugendlichen sind weiterhin pragmatisch. Der persönliche Erfolg in einer Leistungs- und Konsumgesellschaft ist für Jugendliche von großer Wichtigkeit. Leistung ist jedoch nicht alles: Auch wenn Fleiß und Ehrgeiz hoch im Kurs stehen, darf der Spaß nicht zu kurz kommen. 57 % wollen ihr Leben intensiv genießen. Junge Leute fordern gerade heute sozial moralische Regeln ein, die für alle verbindlich sind und an die sich alle halten. Eine funktionierende gesellschaftliche Moral ist für sie eine Voraussetzung, ihr Leben eigenverantwortlich und unabhängig gestalten zu können.

Vgl. Shell Deutschland Holding (Hg.), Prof. Dr. Mathias Albert, Prof. Dr. Klaus Hurrelmann, Dr. Gudrun Quenzel, TNS Infratest Sozialforschung: Jugend 2010, 16. Shell Jugendstudie, Fischer Taschenbuch Verlag, Frankfurt am Main 2010.

Die Sorgen der Erwachsenen sind die Sorgen der Jugendlichen geworden. Das Bild der Jugendlichen ist vielfältig, verwirrend und widersprüchlich. Jeder oder jede sucht sich aus der reichen Palette der Trends, Moden, Werte, Verhaltensmuster und Lebensweisheiten das heraus, was ihm oder ihr sinnvoll erscheint. Nur wenige sehen einen Sinn darin, sich politisch zu engagieren. Stoff zum Nachdenken für die Parteien. Und doch gilt: Wer etwas verändern will, braucht Ideen, muss dafür kämpfen, darf nicht darauf vertrauen, dass bessere Lösungen vom Himmel fallen. An dieser Einsicht führt kein Weg vorbei – nicht für Erwachsene und nicht für die Jugend von heute.

1.1 Überblick über soziale Beziehungen

Ein Tag aus dem Leben des Auszubildenden Felix Meier

Felix, im dritten Lehrjahr und 18 Jahre alt, lernt den Beruf eines Elektronikers für Geräte und Systeme. Heute und morgen ist Berufsschultag angesagt: Eine Möglichkeit für Felix, an diesen Tagen länger zu schlafen, da die Schule erst um 8.00 Uhr beginnt und er in der Nähe der Schule wohnt.
Er lebt bei seinen Eltern in einer thüringischen Kleinstadt und kann an diesen beiden Tagen mit seinen Eltern und den zwei kleinen Geschwistern frühstücken.

Das Gespräch mit seinen Eltern will nicht so richtig in Gang kommen, zu viele Gedanken, die Felix nicht aussprechen möchte, bewegen ihn.
Den Tag hat er für sich geplant. Am Nachmittag wird er in der neugebildeten Basketballmannschaft der Schule als Centerspieler sein Bestes geben müssen. Anschließend ist er mit seinem Freund Arne in der Schwimmhalle verabredet. Weil er am nächsten Tag um 7.00 Uhr mit der praktischen Ausbildung beginnen muss, hat er seine Freundin Patricia in die Disko eingeladen, die um

20.00 Uhr beginnt. Dazwischen ist gerade mal Zeit, die notwendigen Aufgaben für den nächsten Schultag zu erledigen. Er weiß, dass es mit den Eltern Zoff geben wird, weil das Abendessen mit der Familie ausfällt. Mit Unbehagen denkt er an den Streit, als er ihnen vor zwei Tagen eröffnete, dass er zu seiner Freundin ziehen möchte, die in einer Wohngemeinschaft lebt.
Er hat ein wenig Verständnis für den Widerstand seiner Eltern und ihre Argumente von sittlichen und moralischen Normen, denen auch er unterworfen ist – und das besonders in der Kleinstadt: Was wohl die Nachbarn sagen werden? Er spürt auch die Sorge der Eltern und versteht ihren Wunsch, dass er wenigstens das Wochenende bei ihnen verbringt. Aber gerade das Wochenende hat er besonders für seine Freundin Patricia reserviert, die für ein Familienwochenende kein Verständnis zeigt. Felix befindet sich in arger Gewissensnot, weil er zurzeit weder den Ansprüchen seiner Eltern noch denen seiner Freundin gerecht werden kann. Manchmal möchte er sich von allem lösen und sein eigenes Leben leben. Einerseits will er seinen Eltern nicht wehtun, die ja bisher alles für ihn getan haben (dabei denkt er nicht nur an das große Weihnachtsgeschenk – ein Motorrad). Andererseits ist er verliebt in Patricia und möchte mit ihr beginnen, ein selbstständiges Leben aufzubauen.
Mit einem mulmigen Gefühl im Bauch verabschiedet er sich von seinen Eltern und geht zur Schule, in der Gewissheit, dort erst einmal Freunde zu haben, die ihn verstehen ... Dabei hatte er es gar nicht leicht, als er vor einem Jahr den Ausbildungsbetrieb und die Schule wegen des Umzugs seiner Eltern aus Berlin wechseln musste. Außerdem fehlen ihm die in Berlin zurückgebliebenen Großeltern. Es hat schon ein wenig gedauert, bis er anerkannt wurde und neue Freunde gefunden hat.

Felix Meier gehört verschiedenen sozialen Gruppen an. Als Gruppe wird hier keine zufällig zustande gekommene Ansammlung von Menschen bezeichnet, sondern die menschliche Gesellschaft und ihre Gruppierungen, denen jeder Einzelne angehört. **Soziale Gruppen** sind beispielsweise die Familie, die Schulklasse, der Sportverein, der Freundeskreis oder die Arbeitskollegen im Betrieb.

- **Primärgruppen**
  (erste, vorrangige Gruppe) Die **Familie**, Freunde, Nachbarn bezeichnet man als Primärgruppen. Sie umfassen Menschen, die sich besonders eng verbunden fühlen, denen es an Geborgenheit und Wohlbefinden, an gegenseitiger Hilfe und Unterstützung gelegen ist.

Gruppen
Zusammentreffen von Personen mit einem bestimmten Bewusstsein, Ziel und Zweck.
Arten:
- **Familiengruppe**
- **Erziehungs-, Bildungsgruppierung**
- **wirtschaftliche Gruppe**
- **religiöse Gruppe**
- **Freizeit-, Erholungsgruppe**

Grundlage: Gruppenleben
- **formal organisiert (Turnverein mit Satzung)**
- **informell, spontan organisiert (Spielgruppe bei Kindern)**

Dauer:
- **kurzfristig (Treffen von Freunden)**
- **langfristig (Beruf, Gemeinde, Ehe)**

- **Sekundärgruppen**
  (Gruppen zweiter Ordnung) Den Sekundärgruppen, wie Kindergarten, **Schule**, Betrieb, Club oder Verbände (Sportverein, Gesangsverein, Gewerkschaft, politische Parteien), liegen bestimmte gleiche Ziele (zweckorientiert) zugrunde. Auf die Zusammensetzung hat der Einzelne meist keinen Einfluss. Verwandtschaftliche und freundschaftliche Beziehungen spielen in der Regel keine Rolle. Solidarität aber auch Rivalität ist in Untergruppen und Cliquen häufig vorzufinden.

Status = soziale Position
Stellung, die eine Person aufgrund bestimmter Merkmale (Beruf, Einkommen, Bildungsniveau, Vermögen, Einfluss, Prestige) zu anderen Gesellschaftsmitgliedern einnimmt.

- **Politische Großgruppen**
  Gemeinde und Staat bezeichnet man als politische Großgruppen. Diese Gruppen sind geprägt von der Sprache, der Kultur, ethnischen Besonderheiten, der Landschaft, dem Brauchtum.

  Während einzelne Gruppen, wie Geschlecht oder Staat und Gemeinde, eine Art Zwangsmitgliedschaft bedingen, kann die Zugehörigkeit zu anderen Gruppen, wie Vereinen und Parteien, freiwillig erworben werden.

Rollen **Normen**

Summe von Erwartungen, die eine Person in einer bestimmten Position zu erfüllen hat.

Rollen können:
- **altersbedingt,**
- **geschlechtsbedingt,**
- **freiwillig erworben sein.**

↑

Rollenkonflikte entstehen, wenn die „zugedachte Rolle" nicht mit den eigenen Vorstellungen und Erwartungen übereinstimmt.

Soziale Rolle und Ansprüche der Gesellschaft

Felix Meier nimmt als Mitglied einer Gruppe einen bestimmten Platz (**Position**) ein. Die Position ist die Stellung von Felix im Geflecht sozialer Beziehungen. So ist er als Mitglied der Gruppe „Familie" der Sohn. Weitere Positionen sind Freund, Basketballspieler, Motorradfahrer, Schüler und Enkel.

Als Centerspieler hat Felix in der Basketballmannschaft eine besondere Verantwortung. Die **Stellung** in einer **Rangordnung** hängt vom **sozialen Ansehen** ab und wird als **Status** bezeichnet (Status als Arbeiter oder Arzt).

Felix steht als Inhaber einer bestimmten Position mit **Bezugspersonen** (Eltern) oder **Bezugsgruppen** (Basketballmannschaft) in enger Verbindung. Diese erwarten von ihm, dass er sich in einer bestimmten Weise verhält und Aufgaben und Erwartungen erfüllt. Wird er diesen Anforderungen gerecht, dann spielt er eine **soziale Rolle**.

Jeder Mensch nimmt im Laufe seines Lebens mehrere Positionen ein (im Kindergarten, in der Schule, in der Ausbildung, im Freundeskreis u. a.).

Das Leben in verschiedenen Gruppen zwingt zu einem ständigen **Rollenwechsel**.

So wird sich Felix in der Ausbildung zu seinem Ausbilder anders verhalten, als zu seinen Kollegen; er wird zu Hause mit seinen Eltern und Geschwistern anders verkehren als in der Schule mit seinen Lehrern und er wird sich mit seinen Freunden anders unterhalten als mit seiner Freundin.

Rollenerwartungen und soziale Normen

Das Zusammenleben in einer Gesellschaft ist nur möglich, wenn die **Rollenerwartungen** von dem **Rollenträger** nahezu erfüllt werden. Diese Erfüllung der an den Menschen gestellten Erwartungen bezeichnet man als soziale Normen. **Soziale Normen** sind allgemein geltende **Verhaltensvorschriften**, die das Zusammenleben in einer sozialen Gruppe regeln sollen.

Gibt es noch allgemein gültige Regeln für das Zusammenleben von Menschen?

Gegenüber dem letzten Jahrhundert, das im mitmenschlichen Bereich von Werten wie Moral, Anstand, Würde und Sittlichkeit gekennzeichnet war, zeichnet sich unsere heutige Zeit durch Toleranz, Einsichtsverhalten, antiautoritäres und partnerschaftliches Verhalten aus. In Familien und Betrieben ist beobachtbar, dass die Rollen nicht nur vertauscht werden, sondern vernünftigerweise auch abgebaut oder durch besseres Handeln ersetzt werden. Dadurch ergeben sich bessere Beziehungen und durch Kritik zumeist auch bessere Leistungen. Die Menschen haben sich verändert, die Regeln gewandelt.

Timo Herbst, 20 Jahre

Es gibt sie und es wird sie immer geben. Auf einen Nenner gebracht besagen diese Regeln: „Behandle andere so, wie Du selbst von ihnen behandelt werden möchtest."

Katja Steffens, 16 Jahre

1.2 Jugendliche im Rollenkonflikt

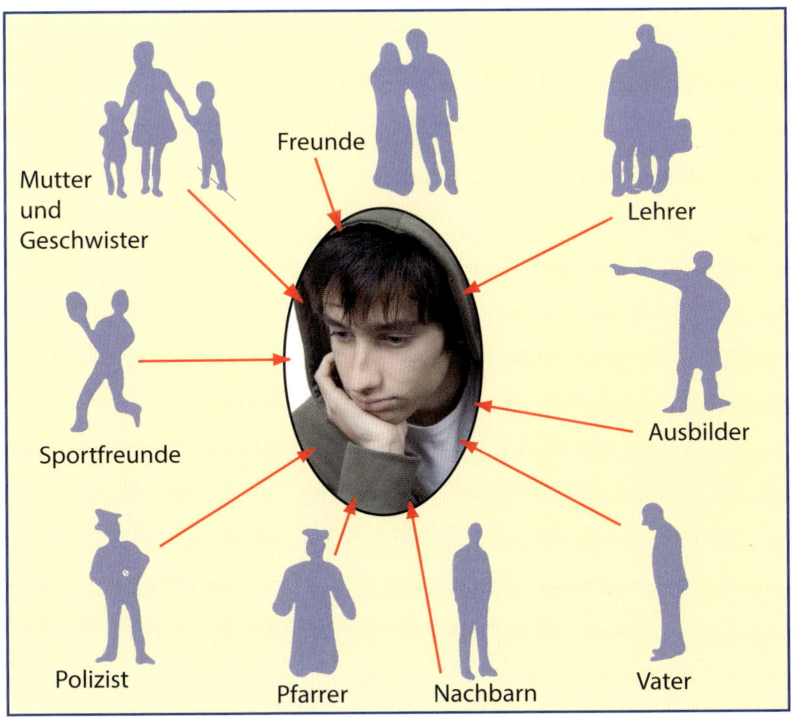

Merkmale unterschiedlicher Rollen:

- **Integrationsrolle**
  Eingliederung in eine Gruppe oder einen Staat, gemeinsame Ziele und Anerkennung allgemeiner Regeln
- **Mitläuferrolle**
  Anschluss an politische Auffassungen oder für die Gruppe gültige Auffassung ohne selbst aktiv zu werden
- **Führungsrolle**
  Unterordnung der Mitglieder einer Gemeinschaft unter ihren Leiter, dem besondere Fähigkeiten zugeschrieben werden
- **Außenseiterrolle**
  Rand-(Marginal-)situation durch extreme Meinung, sozialen Druck oder Ablehnung
- **Oppositionsrolle**
  Auflehnung gegen vorherrschende Normen, Leitbilder und Werte
- **Sündenbock**
  Schuldzuweisung aufgrund nicht norm- und wertgerechten Verhaltens

Die Erfüllung oder Nichterfüllung von Erwartungen und Normen hat ganz bestimmte Reaktionen der Gruppe zur Folge. Man nennt diese Reaktionen auch **Sanktionen**. Eine Erwartung, deren Erfüllung durch harte Strafen erzwungen wird, ist eine **Musserwartung**. Daneben gibt es Erwartungen, die ein Rollenträger erfüllen soll, die **Sollerwartungen**.
Felix Meier hat also, wenn er nicht zu seiner Freundin in die Wohnung zieht, mit **positiven Sanktionen** seiner Eltern zu rechnen (Lob, Anerkennung, Geschenk).
Erwartungen, die eine besondere Eigeninitiative und Leistung erfordern, werden als **Kann-Erwartungen** bezeichnet.
Felix Meier gehört als Mitglied der Gesellschaft vielen Gruppen an, die zahlreiche, oft gegensätzliche Rollenerwartungen an ihn stellen (Eltern, Freundin). Je widersprüchlicher und je vielfältiger die Rollenerwartungen sind, desto schwieriger wird es für Felix, sie alle auszuführen. Es kommt zum **Rollenkonflikt**.
Man unterscheidet zwischen Inter- und Intra-Rollenkonflikt. Der **Inter-Konflikt** bezeichnet Konflikte zwischen verschiedenen Rollen. Beispielsweise werden an Felix durch Bezugspersonen aus zwei oder mehreren Rollen unterschiedliche Erwartungen gestellt. Wenn Konflikte innerhalb einer Rolle auftreten, bezeichnet man dies als Intra-Rollenkonflikt.

Soziale Konflikte
Bei sozialen Konflikten sind die beteiligten Parteien darauf bedacht, durch Einsatz von Macht und Einflussmitteln Ziele zu erreichen, und gleichzeitig die Niederlage des Gegners herbeizuführen oder aber wenigstens die eigene Niederlage zu verhindern. Das bedeutet jedoch nicht, dass soziale Konflikte ungeregelt (anämisch) verlaufen. Tarifauseinandersetzungen sind z.B. vertraglich geregelt.

Konfliktlösungen

In den beiden folgenden Gesprächen geht es um **Interessengegensätze** und **Meinungsverschiedenheiten**. Auseinandersetzungen dieser Art wird es im Zusammenleben von Menschen immer geben: in der Familie, im Unternehmen, unter Freunden, in Parteien und Verbänden. Entscheidend ist, wie Meinungsverschiedenheiten ausgetragen werden.

Verhalten 1

Der Vater sitzt gegen Abend im Wohnzimmer und liest Zeitung. Sein Sohn Felix kommt ins Zimmer.

S: Guten Abend!
V: Guten Abend!
S: Ich ziehe mit Patricia zusammen.
V: Lass mich in Ruhe, ich will Zeitung lesen.
S: Nie hast du Zeit, wenn man mit dir reden will.
V: Warum? Zeitungen lesen ist sehr wichtig, du könntest sie auch öfters mal lesen.
S: Immer dasselbe. Ich ziehe trotzdem zu ihr.
V: Was, du willst zu Patricia in die Wohngemeinschaft ziehen? Das kommt überhaupt nicht infrage!
S: Aber können wir nicht in Ruhe darüber reden?
V: Da gibts nichts zu bereden. Du bleibst bei uns und Schluss.
S: Ich ziehe aber trotzdem zu ihr.
V: Du wirst nirgendwo hinziehen, schon gar nicht, solange du deine Füße unter meinen Tisch steckst.
S: Ja, aber ...
V: Ich will jetzt nichts mehr davon hören. Lass mich jetzt endlich in Ruhe meine Zeitung zu Ende lesen.
S: Ich ziehe doch zu ihr, ob es euch passt oder nicht.
V: Jetzt werde bloß nicht noch frech, was fällt dir überhaupt ein, so mit deinem Vater zu sprechen.
S: Aber verstehe doch ...
V: Ich verstehe schon, und jetzt Ruhe, sonst gibt es noch Ärger, verstanden?

Verhalten 2

Der Vater sitzt gegen Abend im Wohnzimmer und liest Zeitung. Sein Sohn Felix kommt ins Zimmer und setzt sich seinem Vater gegenüber.

S: Guten Abend!
V: Guten Abend, Felix!
S: Ach, du liest gerade Zeitung.
V: Ja, ich bin gleich fertig.
S: Ich würde gern einmal mit dir reden.
V: Hat es auch noch Zeit? Ich möchte gern den Kommentar zu Ende lesen.
S: Na gut.
V: So, mein Sohn, was möchtest du denn? (Nach 3 Minuten)
S: Ich würde so gern zu Patricia ziehen.
V: Was willst du? Zu Patricia ziehen? Doch nicht etwa in die Wohngemeinschaft? Das kommt überhaupt nicht infrage.
S: Aber wir haben uns doch so gern und wollen uns dadurch etwas näher kennenlernen.
V: Sie wohnt in einer Wohngemeinschaft und damit bin ich sowieso nicht einverstanden.
S: Ach bitte, Patricia hat ja ein eigenes Zimmer.
V: Aber so einen Umzug muss man richtig planen und es gibt vieles zu bedenken. Dann bist du ja auch nicht mehr jeden Tag bei uns.
S: Aber Mutti hat gesagt, wenn ich euch oft besuche, dann hätte sie auch nichts dagegen. Patricia kann ja nicht zu uns ziehen, wir haben keinen Platz.
V: Ach, so ist das. Mit Mutti hast du schon gesprochen. Na, wenn Mutti nichts dagegen hat, werde ich auch nicht so kleinlich sein. Aber du musst mir versprechen, dass wir dich auch besuchen dürfen.
Wenn wir uns mindestens zwei Mal in der Woche sehen und ihr öfters am Sonntag zum Mittagessen kommt, bin ich einverstanden.
S: Einverstanden. Danke, Vati.

Ein Rezept für die Lösung des Konfliktes, in dem sich Felix Meier befindet, gibt es nicht. Die Möglichkeit einer **Konfliktsteigerung** oder **Konfliktlösung** hängt wesentlich davon ab, inwieweit Zuneigung oder Ablehnung im Verhalten der Gruppenmitglieder Vater, Mutter und Sohn von ausschlaggebender Bedeutung sind. Felix drängt auf keine Entscheidung. So haben beide (Eltern und Sohn) Zeit, ihren Standpunkt zu überdenken, miteinander nochmals zu reden, um dann einen **Kompromiss** zu finden.

Es gibt drei zu verallgemeinernde Möglichkeiten, Konflikte zu bewältigen:

- **Konfliktbewältigung durch Zwang**
  Im Verhalten 1 setzt der Vater seine Autorität und Stellung in der Familie ein, um seine Vorstellung und Meinung durchzusetzen. Für den Sohn ist der Konflikt damit nur beigelegt, der mit seiner Freundin nicht gelöst.
- **Konfliktaustragung durch Nachgeben bzw. Gewährenlassen**
  Sie wäre die einfachste Art (hier nicht an einem Beispiel aufgezeigt), Konflikten aus dem Weg zu gehen. Der Vater lehnt Zwang ab und hofft, dass der Sohn allein zur Einsicht kommt. Die Konfliktlösung ist nur aufgeschoben.
- **Konfliktlösung durch Kompromiss (Übereinkunft)**
  Im Verhalten 2 wird der Konflikt in seiner wohl schwierigsten Art und Weise ausgetragen und für beide Seiten annehmbar gelöst. Vater und Sohn weichen von ihren ursprünglichen Vorstellungen ab und einigen sich.

Konfliktminderung
- **Übereinkunft durch Beteiligung an einer Entscheidung (Interessenausgleich)**
- **Konfliktbewältigung durch Verständnis für den anderen möglich**
- **Kompromiss wird von allen getragen**
- **am Weiterbestehen der Gruppe interessiert**

Konfliktsteigerung
- **keine Kompromissbereitschaft**
- **Verständnislosigkeit gegenüber dem anderen**
- **Konfliktbewältigung durch starke Interessengegensätze und starre Vorstellungen nicht möglich**
- **Sich-Zurückziehen aus einer Gruppe**

Zusammenfassung

Der Mensch als soziales Wesen erlebt die soziale Wirklichkeit unterschiedlich. Sein Verhalten und Handeln werden sowohl durch das familiäre und gesellschaftliche Umfeld, als auch durch soziale und ökonomische Bedingungen bestimmt. Die sozialen Beziehungen werden wiederum von seinem Verhalten reguliert.

Menschliches Leben ist nur in Gemeinschaft vorstellbar. Der Mensch kann auf Dauer nicht allein leben. Er braucht als Mitglied der Gesellschaft und ihrer Gruppierungen den Kontakt zu seinen Mitmenschen. Die Gruppen der Gesellschaft mit ihren Primär-, Sekundär- und politischen Großgruppen bieten Geborgenheit.

Die Gesellschaft stellt an jeden Menschen eine Reihe von Anforderungen und Erwartungen, d. h., er muss in seinem Leben verschiedene Rollen einnehmen. Zugewiesene Rollen können durch Menschen nicht beeinflusst werden. Sie entwickeln sich ohne sein Zutun (Sohn oder Tochter). Erworbene Rollen können durch eigenen Einfluss oder durch besondere Leistungen angeeignet werden (Heirat, Beruf). Menschliches Zusammenleben ist undenkbar ohne Regeln für das Verhalten. Die sich in Gruppen herausbildenden Regeln für das Verhalten bezeichnet man auch als Normen. Die Normen begegnen dem Rollenträger als Grundsätze, die für alle Gruppenmitglieder verbindlich sind (Verbote, Gebote, Erlaubnis).
Die Stellung eines Menschen innerhalb einer Gruppe oder Gesellschaft wird als Status bezeichnet und ergibt sich aus Geschlecht, Alter, Familienstand, Beruf, Parteimitgliedschaft, Ausbildung und körperlichem Aussehen.

Im Netz sozialer Beziehungen spielt der Mensch eine Vielzahl von Rollen. Die Erwartungen an die jeweilige Rolle sind unterschiedlich. Sie können im Widerspruch zueinander stehen und einerseits zu einer Sicherheit im Verhalten, andererseits zu Konflikten führen.
Ein Verhalten, das von den Normen und Erwartungen der Gruppe abweicht, wird mit Sanktionen belegt („konformes" Verhalten – Lob, Belohnung; „abweichendes" Verhalten – Tadel, Strafe). Werden Normen nur wegen eines Vorteils eingehalten, wird dieses Benehmen als „opportunistisch" bezeichnet.
Rollen können sich entwickeln oder zugewiesen werden. Wird die damit eingenommene Position oder Regel verletzt, ergeben sich Spannungen. Eine Beschränkung des Handlungsspielraumes wird als Zwang empfunden. Interessengegensätze und Meinungsverschiedenheiten als nicht vermeidbare Konflikte im Zusammenleben sind durch Kompromissfindung, Verständnis und Kontrolle der eigenen Handlungsweise menschenwürdig zu bewältigen.

Zur Wiederholung

1. Begründen Sie an ihrem eigenen Beispiel die Notwendigkeit des Zusammenlebens mit anderen.
2. Nennen Sie Voraussetzungen für ein harmonisches Zusammenleben mit anderen.
3. Gesellschaftliche und soziale Bedingungen bestimmen Ihre persönliche Lebensplanung. Stellen Sie Bedingungen mit einem positiven Einfluss denen mit einem negativen Einfluss auf Sie gegenüber.
4. Prüfen Sie, welchen Gruppen Felix Meier angehört und ordnen Sie diese nach den Arten von Gruppen.
5. Stellen Sie typische Merkmale und Verhaltensweisen von Angehörigen folgender Gruppen zusammen: Familie, Sportverein und Gemeinde.
6. Stellen Sie Vor- und Nachteile gegenüber, die für Sie selbst mit der Zugehörigkeit zur Familie, zur Gruppe der Auszubildenden in Schule und Unternehmen verbunden sind.
7. Erklären Sie die Rollen des Felix Meier infolge der an ihn gestellten Erwartungen.
8. Rollenerwartungen stehen am Beispiel Felix Meier zueinander im Widerspruch und verursachen einen Rollenkonflikt. Überlegen Sie, wie dieser Konflikt gelöst werden kann.
9. Versetzen Sie sich in die Lage von Felix und überprüfen Sie, wie Sie an seiner Stelle handeln würden.
10. Obwohl Ihre Klasse oder Ihr Arbeitsteam eine einheitliche Gruppe darstellt, kommt es zu Konflikten. Listen Sie mögliche Ursachen auf und erstellen Sie Alternativen zur Lösung der Konflikte.

Handlungsimpulse

1. Erarbeiten Sie ein Meinungsbild zum Thema „Jugend".
   a) Setzen Sie sich in kleinen Gruppen zusammen und schreiben Sie – ohne Diskussion – ihre Probleme, Erwartungen und Ziele auf, die sich aus ihrer gesellschaftlichen und persönlichen Wirklichkeit ergeben.
   b) Ordnen Sie Ihre Notizen. Fassen Sie Ihre Probleme, Erwartungen und Ziele zusammen; vergleichen Sie sie mit denen der Gruppe und halten Gemeinsamkeiten fest.
   c) Überprüfen Sie, ob ihr Ergebnis mit den Aussagen der Shell Jugendstudie 2010 übereinstimmt.
   d) Setzen Sie sich mit den Thesen „Die Jugend ist politikverdrossen" und „Die Jugend hat keine Perspektive" in einer Diskussion auseinander.
2. Im Beispiel „Ein Tag im Leben des Felix Meier" sind Muss-, Soll- und Kann-Normen aufgezeigt. Suchen Sie diese heraus und erstellen eine Tabbelle.
3. Diskutieren Sie Rollenkonflikte aus Ihrem Lebensbereich und deren Lösungen durch die Arten der Konfliktbewältigung.
4. Führen Sie eine Pro-Kontra-Diskussion zu den Aussagen „stabile Wertorientierung" (S. 38) durch. Bereiten Sie sich in Gruppen darauf vor und bilden eine Gruppenmeinung zu Pro und Kontra.

2 Soziale Verantwortung der Familie in der Gesellschaft

Ich-Du-Beziehung

Ungleichheit

Soziale Verantwortung zu tragen, bedeutet für sein eigenes Handeln und für Handlungen anderer einzustehen (z. B. Eltern für ihre Kinder). Die Bedeutung der Erziehung oder Einwirkung liegt insbesondere darin, bewusst Einstellungen, Verhalten, Können und Fertigkeiten zu lenken und zu fördern. Ziel ist die Persönlichkeitsentwicklung der zu Erziehenden und ihr Hineinwachsen in die Gesellschaft (= **Sozialerziehung**). Insofern ist die Erziehung ein Teil der Sozialisation. Den Erziehenden werden die in ihrer Umwelt als notwendig und normal erachteten Verhaltensweisen als **Werte** vermittelt. Einer dieser Werte ist **Toleranz** gegenüber den Mitmenschen. Allzuoft ist diese Wertvermittlung von **Vorurteilen** geprägt.

Der Abbau von Vorurteilen ist eine familiäre und gesellschaftliche Aufgabe.

Fremd = Feind

Vorurteile
Vorurteile haben eine „Blitzableiterfunktion". Der Inhaber von Vorurteilen reagiert sich ab, lädt Aggressionen (= Angiffsenergien) auf andere ab. Aufgrund besonderer Merkmale wie Hautfarbe, fremde Sprache, kulturelle Eigenheiten, besondere Gruppenzugehörigkeit u.a. werden andere Menschen diskriminiert. D.h., sie werden ungerecht behandelt, verächtlich gemacht, verdächtigt und oft auch sogar verfolgt oder getötet.

Fremdenfeindlichkeit ist die Einstiegsdroge

Rechtsextreme Einstellungen gibt es nicht nur am Rand, sondern auch in der Mitte der Gesellschaft.

[...]

Antisemitismus ist ja nur eine Dimension von Rechtsextremismus. Welche sind denn die anderen?
Decker: Fremdenfeindlichkeit ist natürlich das zentrale Element, sozusagen die Einstiegsdroge. Dann gibt es Befürworter einer rechtsautoritären Diktatur, den Wunsch nach einem Führer. Weitere Merkmale sind der Chauvinismus – also ein ausgeprägter Nationalismus, dem das Schicksal anderer Länder egal ist –, der Sozialdarwinismus – die Idee, dass es wertes und unwertes Leben gibt –, und schließlich die Verharmlosung des Nationalsozialismus. Jemanden, der auf allen Dimensionen zustimmt, bezeichnen wir als einen manifesten Rechtsextremen mit geschlossenem Weltbild. Und wie viele gibt es davon? Wir müssen von Wellen bei einem hohen Niveau sprechen, das bei 8 %– 10 % liegt – und das sind nicht die Schläger. 5 % befürworten eine Diktatur.

Welche Rolle spielen die Eltern?
Decker: Eine große. Jemand der in seiner Kindheit Gewalt und geringe emotionale Wärme bekommt, neigt eher zu solchen Weltbildern. Das demokratische Klima im Elternhaus entscheidet. Da geht es nicht nur um Schläge, sondern auch darum, dass der kindliche Fantasieraum und die kindlichen Bedürfnisse als gleichberechtigt anerkannt werden. Nicht dass Erwachsene keinen Wissensvorsprung hätten, aber die Frage ist: Wie viel Akzeptanz und Wärme gibt es und welches Gespür für kindliche Bedürfnisse? Wir müssen feststellen, dass es bei Kindern, die autoritär erzogen werden, eine Identifikation mit Macht und Stärke gibt. irgendwann muss das Kind sich unterwerfen, und dann bejaht es die Unterwerfung, neigt dadurch als Erwachsener einem Macht –und Führertum zu und lehnt demokratische Aushandelsprozesse ab.

[...]

Oliver Gehrs: Fremdenfeindlichkeit ist die Einstiegsdroge, Interview mit Oliver Decker, in: Thema Nazis, Fluter, 42/2012, hrsg. von der Bundeszentrale für politische Bildung, S. 5 ff.

Vorurteile: Wegbereiter für Hass und Gewalt

Die Liste der Übergriffe mit fremdenfeindlichem Hintergrund ist lang. Es folgen einige Beispiele:

- Berlin Neukölln im Mai 2011: Ein 46-Jähriger greift eine Burka tragende Frau an. Sie wurde beleidigt, bespuckt, angegriffen und verletzt und musste sich in medizinische Behandlung begeben.
- Berlin, U-Bahnhof Osloer Straße im November 2011: Ein Angolaner wird von vier männlichen Personen rassistisch beleidigt und geschlagen.
- Ballstädt im Februar 2014: Neonazis überfallen brutal eine Feier. Zehn Personen werden teilweise schwer verletzt.

Hinter diesen und anderen Gewalttaten stecken Vorurteile. Das sind kritiklose, ohne eigene Erfahrung übernommene Meinungen, die einer sachlichen Argumentation nicht standhalten. Sie setzen sich leicht in den Köpfen fest und sind damit oft der Wegbereiter für Hass und Gewalt.

Fremd = Feind?

Gewalt beginnt im Kopf

Überall, wo Menschen zusammenleben, äußern sie gegenseitige Überzeugungen und Urteile, deren Gültigkeit nicht überprüft wird. Mithilfe von Vorurteilen versetzen sich Menschen in die Lage, von einer Gruppe oder von ihren einzelnen Mitgliedern in günstiger oder ungünstiger Weise zu denken. Bei **sozialen Vorurteilen** stehen negative Vorurteile im Vordergrund. Sie entstehen auch, wenn ungeprüfte Einstellungen übernommen werden: Dunkelhäutige sind dümmer als Weiße – Behinderte stören nur – Arbeitslose sind selbst Schuld – Ausländer nehmen uns die Arbeit weg.

Gesellschaftlicher Wandel, der einhergeht mit knapper werdenden ökonomischen Ressourcen, gilt ebenfalls als vorurteilsfördernd. Wenn durch eine solche Entwicklung persönliche Nachteile oder Unsicherheiten ausgelöst werden, versucht man, diese dem vermeintlichen „Verursacher" anzulasten. Für viele Menschen ist klar: An ihren eigenen Problemen können nur die anderen Schuld sein. Sie suchen sich deshalb ihre Sündenböcke. Immer wieder die gleichen müssen als Feindbilder herhalten: Ausländer, Juden, Behinderte.

Durch bewusst machen von Mechanismen, die Vorurteile nach sich ziehen, durch Kontaktaufnahme zweier „Gegengruppen", durch **Verständnis und Toleranz** zueinander ist die Auflösung von Vorurteilen möglich.

Ursachen für Vorurteile

1. Nur wer echtes Selbstbewusstsein hat, kann sich Toleranz leisten. Wem das Selbstbewusstsein fehlt, der benötigt Feindbilder.
2. Für Fremdenfeindlichkeit trifft der Satz zu: „Hasst du was, bist du was!"
3. Vorurteile zwischen Gruppen kann man mit einer Waage vergleichen: Was der Fremdgruppe negativ angelastet wird, erscheint bei der eigenen Gruppe positiv. Aufwertung durch Ablehnung, Weißmalerei durch Schwarzmalerei.
4. Mit Vorurteilen kann man Verantwortung abschieben: Für das eigene Versagen oder für den eigenen Frust wird einfach ein anderer verantwortlich gemacht. Die andere Guppe wird zum „Sündenbock" zum „Feindbild".
5. Vorurteile zwischen Gruppen werden vor allem dann gefährlich, wenn kein Gleichgewicht der Kräfte besteht. Für Minderheiten kann das sehr bedrohlich werden. Steigt z.B. die Arbeitslosigkeit, heißt es rasch: „Ausländer raus!".

Ausländerzahl Dez. 2008 in Thüringen
33 194 aus 150 Staaten (Auswahl)

Europa	19 259 davon;
EU	9 180
(Polen	1 720
Ungarn	943
Italiener	878)
europäische Staaten	10 078
Asien	10 570
Amerika	1 494
Afrika	1 267
Australien	52
Vietnam	3 154
Russland	3 069
Ukraine	2 122
Türkei	1 844
China	1 252

Thüringer Landesamt für Statistik, Pressemitteilung, Nr. 082, 23.03.2009

6. Oft „bekriegen" sich Minderheiten untereinander. Da die „Hauptgruppen" (die Mehrheit der Gesellschaft) zu stark ist, suchen sie sich eine andere Minderheit, eine „Außenseitergruppe", als Gegnerin.
7. Jugendliche werden in ihren Vorurteilen bestärkt, wenn sie annehmen können, dass viele Erwachsene ähnlich denken und sich nur nicht trauen, das zu sagen.

Vgl. Arbeitsgemeinschaft Jugend & Bildung e. V., Elemente unterrichtlicher Konzepte, 12.02.2003, abgerufen unter www.bpb.de/izpb/24911/elemente-unterrichtlicher-konzepte [16.01.2014]

2.1 Fremde bei uns

Opfer rechtextremer Gewalt

Über die Anzahl der Todesopfer rechtsextremer Gewalt gibt es unterschiedliche Angaben: Laut Bundesregierung sind es seit der Wende 58. Bei der Zählung sind die Morde, die von der NSU begannen wurden, nicht berücksichtigt, weil es sich um ein schwebendes Verfahren handelt. Nach Recherchen des „Tagesspiegel" in der Wochenzeitung „Die Zeit" wurden hingegen insgesamt 148 Menschen von 1990–2011 durch rechtsextreme Gewalt getötet. [...]

Fascho Fashion

Früher war alles so einfach: Glatze und Springerstiefel waren der Einheitslook der Nazis. Doch das ist schon lange vorbei. [...]
In der rechtsextremen Szene gibt es etliche Symbole und Codes, mal wird auf den Nationalsozialismus Bezug genommen, mal auf die germanische Mythologie. [...] Die alten Bilder von Glatzköpfen und Springerstiefeln und Baseballschlägern, die viele Medien immer noch heranziehen, wenn sie über Neonazis berichten, haben heute kaum noch etwas mit der Realität zu tun. [...] Modisch hat sich die rechtsextreme Szene in den vergangenen Jahren komplett gewandelt. Viele Neonazis sind an ihrem Äußeren kaum noch zu erkennen. Nur Eingeweihte können die Codes und Symbole auf ihren Buttons und T-Shirts zu entschlüsseln. An der rechtsextremen Ideologie, dem Hass auf Flüchtlinge, Juden und die Demokratie, hat sich jedoch nichts geändert, das alles wird jetzt nur anders verpackt. „Die jungen Neonazis suchen nach kulturellen Abgrenzungsmöglichkeiten gegen ihre als altbacken und Klischee beladen empfundenen Vorgänger", sagt der Politikwissenschaftler Christoph Schulze, der die Entwicklung der Szene seit Jahren beobachtet. [...]

Thomas Radke: Fascho-Fashion, in: Fluter – Thema Nazis, hrsg. von der Bundeszentrale für politische Bildung, Heft 42/2012, S. 24 ff.

Ende 2008 erhielten 2 947 Personen **Leistungen nach Asylbewerberleistungsgesetz**, 381 Personen weniger als 2007, Asylbewerber kamen aus:

Asien	60,1 %
Europa	28,8 %
Russische Föderation	26,2 %
Türkei	22,4 %

Thüringer Landesamt für Statistik, Pressemitteilung Nr. 212, 23.06.2009

Im Jahr 2010 werden etwa acht Millionen Ausländer in Deutschland leben, sagt das Deutsche Institut für Wirtschaftsforschung. Zurzeit sind es 6,76 Millionen. Fast zwei Drittel dieser Ausländer leben zehn Jahre oder länger hier, mehr als zwei Drittel der ausländischen Kinder und Jugendlichen sind in der Bundesrepublik geboren.

In Berlin leben rund 180 Nationalitäten. Der Ausländeranteil an der Gesamtbevölkerung liegt bei 9 %. Die Zahl der Flüchtlinge geht seit 2002 kontinuierlich zurück.

Situation der ausländischen Arbeitnehmer

In den Jahren 1961–1973: In Zeiten des Wachstums und der Vollbeschäftigung nimmt die Bundesrepublik Deutschland eine ständig **steigende Zahl ausländischer Hilfskräfte** (damals als Gastarbeiter bezeichnet) auf, sodass der Anteil der Ausländer an der Gesamtbevölkerung zwischen 1961 und 1973 von 1,2 % auf 6,4 % steigt.

Als sich 1973 die wirtschaftliche Situation abschwächt und Arbeitsplätze knapp werden, versucht die Bundesregierung den Zustrom aus dem Ausland durch einen Anwerbestopp für Arbeitskräfte aus Nicht-EG-Ländern zu begrenzen. Es gibt jedoch eine weitere starke Zuwanderung durch Nachzug von Familienmitgliedern, durch Einreisen aus den EG-Ländern und durch Zuzug von Asylbewerbern.

Viele Ausländer in Deutschland schneiden in vielen gesellschaftlichen Bereichen noch immer weitaus schlechter ab als die einheimische Bevölkerung. Das gilt nicht nur für den schulischen Erfolg, die berufliche Stellung und Einkommenssituation. Auch mit Armut und Arbeitslosigkeit sind Migranten häufiger konfrontiert. Ursachen hierfür sind nicht nur mangelnde Sprachkenntnisse, sondern auch die schlechteren wirtschaftlichen und sozialen Voraussetzungen der Einwanderer und ihrer Nachkommen. Die wirtschaftlichen und sozialen Verhältnisse gleichen sich nur langsam an.

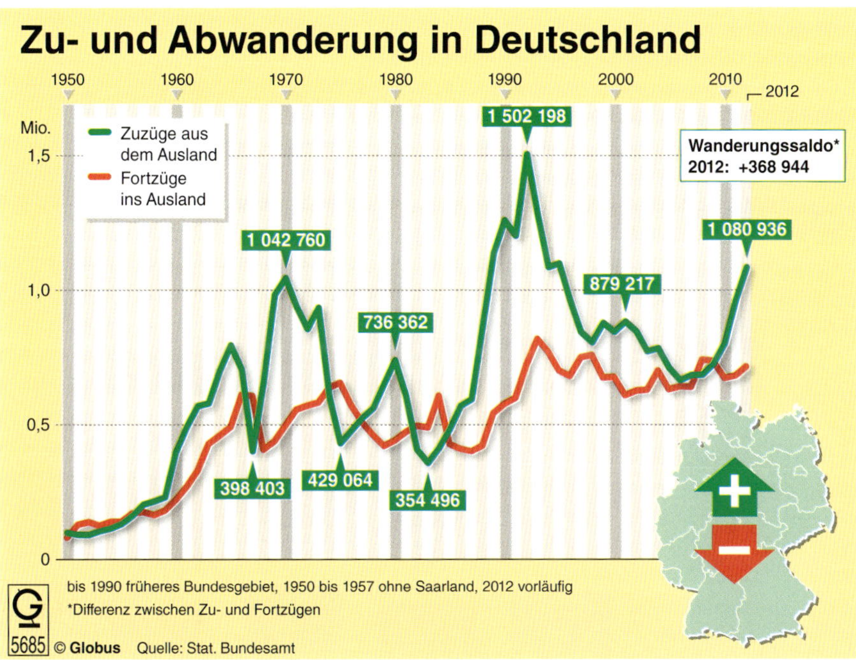

In den letzten Jahren hat sich gezeigt, dass insbesondere Jugendliche ausländischer Herkunft von fehlenden Ausbildungsplätzen besonders betroffen sind. Ihr Anteil an den nicht zu vermittelnden Bewerberinnen und Bewerbern liegt um ca. 1/3 höher als bei den Deutschen. Die wichtigste Voraussetzung für den Einstieg in das Berufsleben ist eine **qualifizierte berufliche Ausbildung**.

Einbürgerungen 2008 in Thüringen
345 (180 Männer, 165 Frauen)
12 % weniger als 2007,
21 % lebten 15 Jahre,
50 % 8 bis 14 Jahre in Deutschland;
16 % unter 18 Jahre,
70 % unter 45 Jahre,
39 % unter 60 Jahre.

Thüringer Landesamt für Statistik, Pressemitteilung Nr. 201, 12.06.2009

De-Fakto-Flüchtlinge haben kein Asyl erhalten; werden aus humanitären, politischen oder rechtlichen Gründen nicht in ihre Heimatländer abgeschoben.

Anteile der Schulabschlüsse von deutschen und ausländischen Schulabgängern 2012:

Schulabschluss	Ausländer	Deutsche
ohne Abschluss	11,4 %	4,9 %
Hauptschule	33,1 %	16,6 %
Realschule	37,7 %	39,8 %
Fachhochschulreife	1,6 %	1,6 %
allg. Hochschulreife	16,1 %	37 %

Statistisches Bundesamt: Schulabschlüsse von deutschen und ausländischen Schulabgängern im Abgangsjahr 2012, Statista 2013, abgerufen unter: http://de.statista.com/statistik/daten/studie/73753/umfrage/schulabschluss--anteil-auslaender-und-deutsche/ [19.12.2013]

Bildung als Schlüssel für Integration

Neben einer erfolgreichen schulischen Bildung ist eine qualifizierte Berufsausbildung entscheidend für die Eingliederung in den Arbeitsmarkt. [...] Jugendliche mit Migrationshintergrund erreichen formale Berufsabschlüsse erheblich seltener als Deutsche ohne Zuwanderungshindergrund. Weit häufiger sind sie als un- und angelernte Arbeitskräfte beschäftigt. [...] Damit folgen weitreichende soziale Probleme von niedrigqualifizierter Beschäftigung, Arbeitslosigkeit und des damit einhergehenden Fehlens gesellschaftlicher Akzeptanz.

Die Beauftragte der Bundesregierung für Migration, Flüchtlinge und Integration (Hrsg.): 7. Bericht der Beauftragten der Bundesregierung für Migration, Flüchtlinge und Integration über die Lage der Ausländerinnen und Ausländer in Deutschland, Berlin, Dezember 2007, S. 47

Ungleichheit

Ausländische Jugendliche und ihre Integrationschancen

Für ausländische Jugendliche wird deren Integration (Eingliederung in unsere Gesellschaft) nicht nur durch Vorurteile, sondern durch objektive Bedingungen erschwert: Bildungssituation, Grad der Eingliederung, traditionell betontes Elternhaus, Leben in zwei Kulturen, familiäre Konflikte, Sprachbarrieren.

Zahl der arbeitslosen Ausländer in Thüringen sinkt

Die Zahl der arbeitslosen Ausländer ist auch im Jahr 2011 gesunken. Im Jahresdurchschnitt waren 2900 arbeitslos, ein Rückgang von 6,8 %.

Bei Arbeitslosen fehlen häufig Schul- oder Berufsabschlüsse. Hier spielen auch die persönlichen Voraussetzungen eine Rolle. Rund 57 % der ausländischen Arbeitslosen haben keine abgeschlossene bzw. anerkannte Berufsausbildung. 18 % der arbeitslosen Ausländer haben keinen Schulabschluss.

Arbeitslose Ausländer sind häufig in Hartz-IV-Bezug. Zudem ist die Situation mit anderer Staatsangehörigkeit wesentlich komplexer. Rund 85 % der arbeitslosen Ausländer beziehen Hartz IV und werden in den Jobcentern betreut.

Arbeitslose mit anderer Staatszugehörigkeit verharren häufig länger in der Arbeitslosigkeit und finden wesentlich schwerer eine Beschäftigung.

Bundesagentur für Arbeit, (Hg.), Presseinfo 05/2012, 17.01.2012

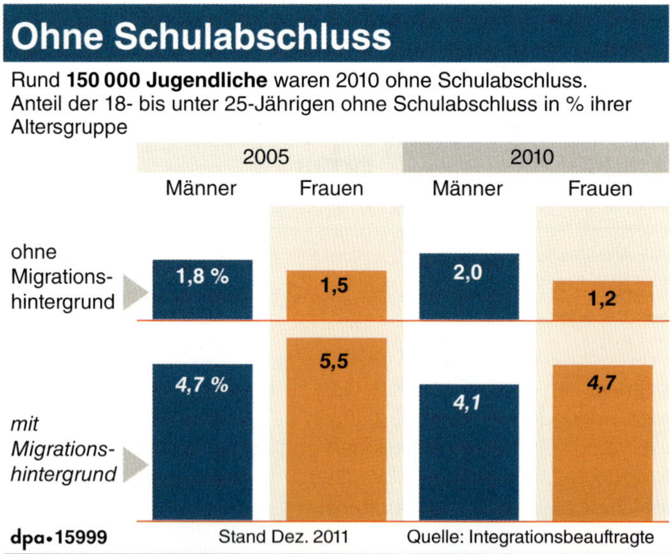

Zuwanderung nach Deutschland – Deutschland ein Einwanderungsland?

Mit dem Inkrafttreten des Zuwanderungsgesetzes (ZuWG) am 5. August 2004 ergeben sich neue Strukturen der Zuordnung bisheriger Rechtsverordnungen und Aufgaben des neuen Bundesamtes für Migration und Flüchtlinge.

Warum Zuwanderung?

Deutschland ist auf Einwanderer angewiesen, weil die eigene Bevölkerung älter wird und schrumpft. Nach einer Berechnung des Statistischen Bundesamtes wird die Bevölkerungszahl – selbst bei einem Wanderungsgewinn von 200 000 Personen – von heute 82,5 auf 75 Millionen im Jahr 2050 sinken.

Migranten wollen nicht in Thüringen leben

Migranten wollen einer Studie zufolge Thüringen so schnell wie möglich den Rücken kehren.
„Die meisten Befragten haben ein Verbleiben im Freistaat abgelehnt", sagte der Autor der Studie, Doran Kiesel, bei der Vorstellung des Migrationsberichtes. „Thüringen wird in Zukunft auf Migranten angewiesen sein", sagte Kiesel voraus. Im Freistaat sind Kiesels Aussagen zufolge nur etwa mehr als 2 % der Bevölkerung Ausländer. 6,4 % der Einwohner hätten einen Migrationshintergrund. Die Zuwanderer in Thüringen kommen aus 155 Staaten, die meisten aus Vietnam, Russland und der Ukraine. Die Studie hat ergeben, das sich eine Vielzahl der Migranten im Freistaat nicht wohl fühlt. „Sie fühlen sich zum Beispiel in den Behörden ausgegrenzt und diskriminiert", sagte Kiesel. Außerdem gebe es in Schulen und der Polizei gewisse Ressentimens gegenüber den Migranten. „Um eine Willkommenskultur zu erreichen, muss die Politik einen Plan entwickeln und ein Netzwerk aufbauen." Unter anderem riet Kiesel dazu, Behördenmitarbeiter für den Umgang mit Migranten zu schulen. Es müssten jedoch auch die Migranten mit den Spielregeln der hiesigen Gesellschaft bekannt gemacht werden.

dapd: Migranten wollen nicht in Thüringen leben, 01.03.2012, abgerufen unter www.thueringer-allgemeine.de/web/zgt/politik/detail/-/specific/Migranten-wollen-nicht-in-Thueringen-leben-1421975316 [19.12.2013]

Ursachen und Gründe für Migration

- Wirtschaft (Bedarf an Arbeitskräften)
- Globalisierung (Zunahme weltweiter Wirtschaftsaktivitäten und -abhängigkeiten)
- Flucht und Vertreibung (infolge von Kriegen)
- Politische Verfolgung (von Minderheiten und Oppositionellen)
- Umwelt (Zerstörung von Lebensgrundlagen)
- Staatsangehörigkeitsrecht (Zuwanderungsrecht aufgrund deutscher Volkszugehörigkeit)
- Familienzusammenführung (Nachzug von Ehegatten und Kindern)
- Demografie (Rückgang und Alterung der Bevölkerung in den Industriestaaten)
- Multikulturelle Gesellschaft (Bereicherung der eigenen Kultur und Lebenswelt)

Wichtige Kernpunkte des Zuwanderungsgesetzes vom August 2004 sind: (Auszug)

Steuerung und Begrenzung der Zuwanderung
Erleichterung der Zuwanderung zum Zweck der Erwerbstätigkeit, Steuerung und Begrenzung des Zuzuges von Ausländern, Verbesserung der Integration der Zuwanderer

Arbeitsmigration
Zuzug von ausländischen Arbeitnehmern wird flexibel entsprechend den Bedürfnissen auf dem Arbeitsmarkt gesteuert, Anwerbestopp für Nicht- und Geringqualifizierte, Hochqualifizierte erhalten die Genehmigung für einen Daueraufenthalt

Kindernachzug
Nachzugsanspruch von Kindern bis 18 Jahre von Asylbewerbern; Ermessensregelung, die das Kindeswohl und die familiäre Situation berücksichtigt

Unionsbürger
Es besteht nur noch – wie für Deutsche – eine Meldepflicht bei den Meldebehörden

Europäische Harmonisierung
Asylverfahren
Integration
Spätaussiedler
Sicherheitsaspekte

Weitere Informationen zum ZuWG, dessen Reform am 28.08.2007 in Kraft getreten ist, sind abzurufen unter: www.auswaertiges-amt.de

Behinderte
In der Bundesrepublik gibt es etwa 6,6 Millionen Menschen, die geistig oder körperlich behindert sind, darunter
- 3,5 Mio. Männer,
- 3,1 Mio. Frauen.

Art der Behinderung

körperlich	69 %
geistig/seelisch	16 %
Sonstige	15 %

Ursachen

Krankheit	85 %
angeboren	5 %
Unfall	3 %
Kriegs-, Wehrdienst-, Zivildienstbeschäftigte	2 %
Sonstige	5 %

Rehabilitation
= Gesamtheit aller Maßnahmen
- medizinische
- schulische
- berufliche
- soziale

zur Schaffung bestmöglicher körperlicher, seelischer und sozialer Bedingungen zur Eingliederung in die Gesellschaft

Schwerbehindertengesetz (SchwbG)
§ 33,1/3; 2/6
- Anspruch auf besondere Förderung der Einstellung und Beschäftigung Schwerbehinderter durch Bundesagentur für Arbeit
- schreibt Betrieben mit mindestens 16 Arbeitsplätzen vor, einen Anteil von 6 % Schwerbehinderten zu beschäftigen.

2.2 Behinderte – soziale Randgruppe der Gesellschaft

Artikel 1 (1) Grundgesetz
Die Würde des Menschen ist unantastbar. Sie zu achten und zu schützen ist Verpflichtung aller staatlichen Gewalt.

Was ist eine Behinderung und wie kann sie sich auswirken?
Eine Behinderung liegt vor, wenn ein Mensch durch Krankheit, angeborenes Leiden oder durch Verletzung mit funktionellen Einschränkungen körperlicher, geistiger und seelischer Art in seiner persönlichen, familiären, beruflichen und gesellschaftlichen wie sozialen Entfaltung beeinträchtigt ist.

(Eigener Text nach einer Information der Bundesagentur für Arbeit)

Schwerbehinderte sind im Sinne des Gesetzes Personen mit einem Grad der Behinderung von wenigstens 50 %. Von 6,7 Millionen Schwerbehinderter sind zwei Drittel 60 Jahre und älter. Behinderungen sind entweder angeboren oder sie werden durch Krankheit verursacht.
Solche Behinderungen können sein: Einschränkung der Bewegungsfähigkeit oder der Seh-, Hör- und Sprechfähigkeit. Durch schwere chronische Erkrankungen oder durch Unfall kann es zu Einschränkungen des formalen Denkens mit Störungen der Lernfähigkeit oder des sozialen Verhaltens kommen.
Durch **Rehabilitation** sollen solche Menschen befähigt werden, aus eigener Kraft einen möglichst normalen Platz in der Gesellschaft zu behalten oder wieder zu gewinnen.

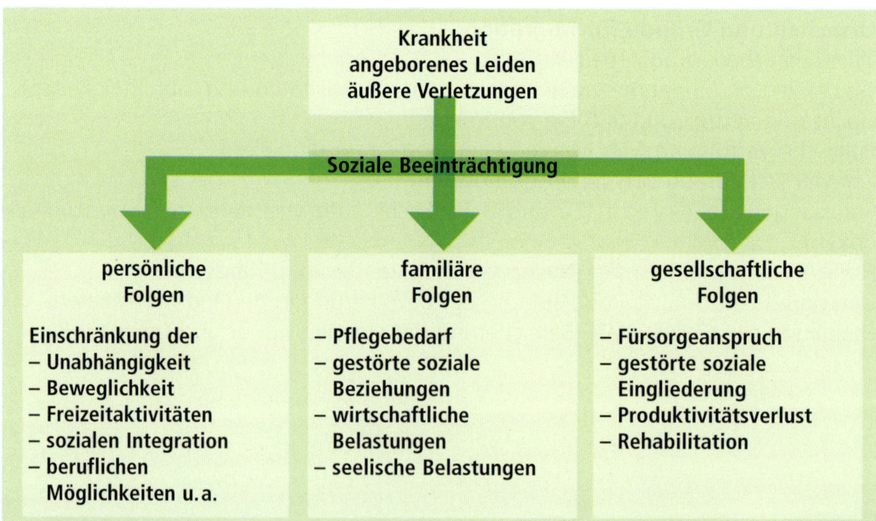

Nicht selten ist das Ausgeschlossensein Behinderter aus dem täglichen Leben in der Gesellschaft schlimmer als die Behinderung selbst. Wir alle müssen im Beeinträchtigten zuerst den Menschen und dann erst den Behinderten sehen, Gedankenlosigkeit und Vorurteilen entgegenwirken und Verständnis aufbauen. Beschimpfungen und Rücksichtslosigkeit sind mit der Wahrung der Würde des Menschen unvereinbar.

Interessenverbände und Behindertenbewegung

Der Weg in ein selbstbestimmtes Leben in Gesellschaft ist für viele Menschen mit Behinderung bis heute schwer. Interessensvertretungen bieten ihnen Unterstützung und geben ihnen eine selbstbewusste Stimme in Gesellschaft und Politik. Neben den großen Behindertenhilfeverbänden gibt es seit den späten 1970er Jahren die Behindertenbewegung, eine soziale Bewegung von Menschen mit Behinderung, die ihre Interessen selbst vertreten und die Gesellschaft für ihre Bedürfnisse sensibilisieren wollen. [...]

Auf dem Weg zur Inklusion

Um die Beeinträchtigungen bei der Teilhabe im gesellschaftlichen Leben, die im Zentrum des modernen Begriffes von Behinderung stehen, wenigstens teilweise auszugleichen, geben Gesetze wie das Sozialgesetzbuch 9 über „Rehabilitation und Teilhaben behinderter Menschen" oder auch das Sozialgesetzbuch 11, das frühere Sozialhilferecht, Menschen mit Behinderung einen Anspruch auf Teilhabeleistung. [...] Wichtig bei diesen Teilhabeleistungen ist das Recht der behinderte Menschen auf Selbstbestimmung und das Ziel, diesen einen inklusives Leben zu ermöglichen. [...]
So soll langfristig das Ziel einer inklusiven Gesellschaft – an der jeder Teil hat, unabhängig von Fähigkeiten, Herkunft, Geschlecht oder Alter – erreicht werden. [...]

Behinderung und Teilhabe, hrsg. von Aktion Mensch, 16.08.2013, abgerufen unter www.aktion-mensch.de/inklusion/behinderung-und-teilhabe.php [19.12.2013]

Berufsfördernde Leistungen durch den Staat

- **berufliche Anpassung und Fortbildung**
- **Umschulung in einen neuen Beruf**
- **Vermittlung in einen anderen Betrieb**
- **freie Unterkunft und Verpflegung am Ort der Ausbildungsstätte**
- **Kostenbeteiligung beim Erwerb einer Fahrerlaubnis**
- **Kostenzuschuss bei Umzug u.a.**

Computer mit Braille-Tastatur im Büro

Ungleichheit

2.3 Obdachlose – gesellschaftlicher Abfall?

Mit der **Wahrnehmung sozialer Ungleichheit** im Alltag verbinden wir meist unmittelbar **eine Bewertung**. Was der eine als „himmelschreiendes Unrecht" anklagt, nimmt der andere als „unvermeidbares Risiko" hin. An neuen schwerwiegenden Ungleichheiten, zu der die Obdachlosigkeit und Armut zählen, wird immer mehr deutlich, dass sie nicht nur **individuell verschuldet**, sondern auch **gesellschaftlich verursacht** sind und deshalb politische Antworten erfordern. Politische Richtungen und Parteien unterscheiden sich im Kern darin, dass sie soziale Ungleichheiten unterschiedlich wahrnehmen, erklären und bewerten.

Im Bericht des Bundesministeriums für Familie, Senioren, Frauen und Jugend über die Eingliederung von Personen mit **besonderen sozialen Schwierigkeiten** werden vor allem drei Personengruppen, die in unserem Staat unter Bedingungen leben, die menschenunwürdig sind, genannt: Obdachlose – Nichtsesshafte – Landfahrer.

Barfuß zu gehen, schickt sich nur für die, die Schuhe besitzen.
Stanislaw Jerzy Lec

Wir unterscheiden:

Obdachlose sind Menschen, die in Notunterkünften leben müssen. Diese Unterkünfte, oft auch Parkbänke, Hauseingänge, Bahnhofshallen u. a., entsprechen nicht den Anforderungen, die an ein menschenwürdiges Wohnen gestellt werden. Eine Vielzahl der Obdachlosen hat einen niedrigen Bildungsstand und keine ausreichende Berufsausbildung. Sie sehen oft keine Möglichkeit, ihre Situation zu ändern, und es entsteht Gleichgültigkeit gegenüber ihrem eigenen Schicksal.

Nichtsesshafte sind sogenannte Stadt- und Landstreicher. Sie haben keine Bindung zu ihren Familien, zu ihrem Beruf und gehen keiner geregelten Arbeit nach.

Landfahrer sind Personen, die mit dem ganzen Familienverband von Ort zu Ort ziehen (die meisten von ihnen sind Sinti und Roma).

Immer mehr Menschen haben keine Wohnung

Zahl der Wohnungslosen stieg gegenüber 2010 um 15 %. Hauptgrund: höhere Mieten. In Deutschland waren 2012 284 000 Menschen ohne Wohnung. 2016 könnten 380 000 Menschen wohnungslos sein. Als wohnungslos gelten Menschen, die nicht über einen mietvertraglich abgesicherten Wohnraum verfügen. Die meisten Wohnungslosen leben bei Bekannten und Verwandten oder in Hilfseinrichtungen. Die Zahl der Menschen ohne Obdach – jene, die ohne jede Unterkunft auf der Straße leben – ist in den Jahren 2010–2012 um 10 % auf rund 24 000 angewachsen. Geschätzt 32 000 Kinder und minderjährige Jugendliche leben mit ihren Eltern nicht in einer eigenen Wohnung. Viele Harz-IV-Empfänger unter 25 Jahren haben ihre Wohnung verloren, weil ihnen als Sanktionierungsmaßnahmen die Kosten für ihre Wohnung gestrichen wurden.

Eigener Text nach Informationen der Ostthüringer Zeitung, 02.08.2013

Ursachen und Folgen von Obdachlosigkeit

Soziale Ungleichheit der Lebenschancen entspringt nicht nur aus der ungleichen Teilhabe an materiellen und symbolischen Gütern, an Reichtum und Wissen, sondern auch aus dauerhaft ungleich strukturierten Beziehungen. Nützlichkeit und Anerkennung in unserer Gesellschaft haben einen Rang, der oft nur Eitelkeit und Machtwillen befriedigt. Wenn es ausschließlich um mehr Leistung geht, ist die Ausgliederung bestimmter Bevölkerungskreise zwangsläufig.

Problem Wohnungsloser
↓
einmal obdachlos
↓
negatives Ansehen
↓
immer obdachlos
↓
Randgruppendasein

Entmutigung, Scham, Resignation, Angst vor der Zukunft und soziale Isolation führen bei den Betroffenen nicht selten zu Ernährungsproblemen, psychosomatischen Erkrankungen und zum Alkoholkonsum.

Durch die Alltagssolidarität und soziales Engagement vieler Gruppen und Wohlfahrtsverbände wird die Not der Obdachlosen gelindert.

Zusammenfassung

Die **Familie übernimmt** in der Gesellschaft **soziale Verantwortung**, indem sie ihre Kinder bewusst sozial erzieht. Wertevermittlung wird noch zu oft von Vorurteilen geprägt. Eine Erziehung, die Toleranz, Verständnis und Achtung der Würde des anderen vermittelt, hilft, negative Vorurteile abzubauen.
Negative Vorurteile sind kritiklose, ohne eigene Erfahrung übernommene Meinungen, die einer sachlichen Argumentation nicht standhalten. Sie setzen sich leicht in den Köpfen fest und sind damit oft Wegbereiter für Hass und Gewalt. Vorurteile haben eine Blitzableiterfunktion, d. h., persönliche Nachteile oder Unsicherheiten werden dem vermeintlichen „Verursacher" angelastet und es werden Feindbilder geschaffen, an denen man seine Aggressionen ausleben kann.

In den Zeiten des Arbeitskräftemangels (1961–1973) werden mit den Ländern Italien, Spanien, Griechenland, Portugal, Jugoslawien und der Türkei Vereinbarungen zur Anwerbung von sogenannten Gastarbeitern abgeschlossen. Als 1973 die Anwerbung gestoppt wird, sind 2,6 Millionen ausländische Bürger in der Bundesrepublik. Viele Familien der ersten Gastarbeitergeneration umfassen heute drei Generationen. Durch das Zuwanderungsgesetz vom August 2004 wird die Zuwanderung begrenzt und gesteuert. Die Arbeitsmigration wird an den Bedürfnissen des Arbeitsmarktes ausgerichtet. Die Lebenschancen der Migrantenkinder werden durch umfangreiche Maßnahmen erhöht. Unionsbürger unterliegen, wie Deutsche, nur noch einer Meldepflicht. Spätaussiedlern soll die gesellschaftliche und berufliche Eingliederung erleichtert und Asylsuchenden durch veränderte Regelungen humanitär geholfen werden.

Körperliche und geistige Schäden **behinderter Personen** sind von den Betroffenen in der Regel nicht selbst verschuldet. Ihre Meidung, Verachtung und Diskriminierung ist ein Verstoß gegen den Grundsatz der Menschenwürde (Art. 1 (1) GG). Soziale Wiedereingliederung bedeutet die Aufnahme in die Gesamtheit zwischenmenschlicher Ordnungen über Arbeit und Beruf hinaus in die Gemeinschaft. Behinderte in alle Bereiche des gesellschaftlichen Lebens einzubeziehen, bedeutet Chancengleichheit auch im familiären, politischen, kulturellen und sportlichen Bereich entsprechend ihren Neigungen und Fähigkeiten. Sie haben das Recht auf besondere Beachtung und Hilfe der Mitmenschen und des Gesetzgebers.

Obdachlosigkeit und persönliche Armut haben zumeist viele Gründe, die aufeinander einwirken und einander bedingen. Das wird oft übersehen, wenn die Verantwortung für ein Leben am Rande der Gesellschaft einseitig dem einzelnen oder den gesellschaftlichen Umständen angelastet wird. Bei der Randgruppe der Obdachlosen zeigt sich das besonders deutlich. Alltagssolidarität und soziales Engagement vieler können helfen, den Obdachlosen Unterstützung und Mut zu geben, ihre Zukunft selbst zu gestalten und die Isolation zu überwinden. Das ist wichtig, um die soziale Ungleichheit zu überwinden.

Zur Wiederholung

1. In Deutschland lebende Menschen aus anderen Ländern kann man als „Fremde", „Ausländer", „ausländische Gäste" oder „Mitbürger" bezeichnen. Für welchen Begriff entscheiden Sie sich? Begründen Sie Ihre Meinung.
2. Fremde in Deutschland – was macht sie den hier Geborenen fremd? Stellen Sie sich vor, Sie wären gezwungen, in einem anderen Land zu leben. Welche vertrauten Gewohnheiten, Gebräuche und Wertvorstellungen möchten Sie dann nicht aufgeben?
3. Welche gesamtgesellschaftlichen und wirtschaftlichen Interessen spielen bei der Zuwanderung eine Rolle?
4. Stellen Sie aus ihrem eigenen Erleben fest, inwieweit die im Grundgesetz verankerte Menschenwürde und das Recht auf gleiche Behandlung aller Menschen auch für ausländische Mitbürger und Behinderte gelten.
5. Erläutern Sie das Zustandekommen von Vorurteilen und die Haltung vieler Menschen gegenüber Behinderten und ihren Angehörigen.
6. Nennen Sie andere Randgruppen der Gesellschaft und vergleichen Sie diese mit der Situation der Behinderten.
7. Erörtern Sie die Ursachen von Obdachlosigkeit und die Möglichkeiten der Betroffenen, ihre Situation zu verändern.
8. Äußern Sie Ihre Gedanken zum Aphorismus von Lec: „Barfuß zu gehen, schickt sich nur für die, die Schuhe besitzen."
9. Soziale Ungleichheit wird unterschiedlich bewertet. Diskutieren Sie, warum und wodurch soziale Ungleichheit entsteht. Nennen Sie Möglichkeiten, diese aufzuheben.

Handlungsimpulse

1. Schreiben Sie einen Kurzbericht über eine Situation aus Ihrem Erlebnisbereich in der durch Vorurteil, Missverständnis oder Intoleranz eine Eskalation entsteht. Halten sie an der Tafel Wechselwirkung und Eskalation fest.
   a) Außenseiter – Gruppe
   a) Minderheit – Mehrheit
2. Setzen Sie sich mit den auf Seite 47 f. aufgelisteten Thesen zu den Ursachen von Vorurteilen in Gruppenarbeit auseinander:
   a) Be- oder widerlegen Sie alle Thesen mit konkreten Beispielen.
   b) Suchen Sie in der Gruppe die drei Thesen, die Sie für die wichtigsten halten, aus. Begründen Sie Ihre Auswahl.
   c) Tragen Sie Ihre Begründung der Klasse vor und diskutieren das Ergebnis der Gruppenarbeit.

Jugendliche in Freizeit und Arbeitswelt

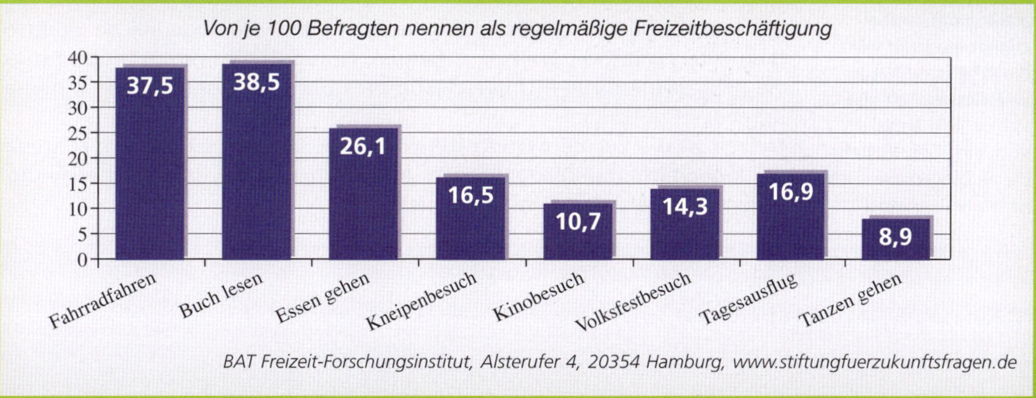

1 Aufgaben und Möglichkeiten der Freizeitgestaltung

Freizeit – eine Zeitfalle
Noch nie hatten wir so viel arbeitsfreie Zeit wie heute und trotzdem plagt uns die Zeitnot! Jeder von uns verspürt es: Nicht nur arbeiten, sondern auch konsumieren kostet Zeit und darüber hinaus auch viel Geld. Zeitnot ist für viele von uns zu einem Alltagsproblem geworden. Wer sich gehetzt fühlt, versucht dann noch mehr in die Stunde zu quetschen, um dann ein paar Minuten für sich zu gewinnen.

Eine Zeitfalle: Man rennt und rennt und hat am Ende keine Minute gewonnen. Kennen Sie selbst auch solche Situationen? Ich bin davon überzeugt, dass es für die persönliche Lebensgestaltung ganz entscheidend ist, ob der Zugewinn an Zeit als Chance für eine selbstbestimmte, kreative Gestaltung des Lebens begriffen wird oder ob Freizeit als genauso verplant und fremdbestimmt erscheint wie die Arbeitszeit. Weder eine Gesellschaft, die sich zu Tode amüsiert, noch eine Gesellschaft, die an Langeweile stirbt, ist wünschenswert.

Unter **Freizeit** versteht man die Zeit außerhalb der Arbeit, die jeder nach seinen Vorstellungen und Bedürfnissen gestalten kann. Die gewonnene Freizeit hat heute die **Aufgabe,** neben der Wiederherstellung der Arbeitskraft dem Einzelnen die Möglichkeit zur freien Entfaltung seiner Persönlichkeit zu geben.

Besonders für Jugendliche ist die Freizeit wichtig. Es stellt sich die Frage nach sinnvoller oder sinnloser **Freizeitgestaltung**. Diese ist jedoch immer subjektiv zu betrachten und hängt stark von den Erwartungen jedes Einzelnen ab. Der Jugendliche sucht nach neuen Wert- und Orientierungsmaßstäben und beginnt, die berufliche und private Zukunft zu planen und erste Entscheidungen alleine zu treffen.

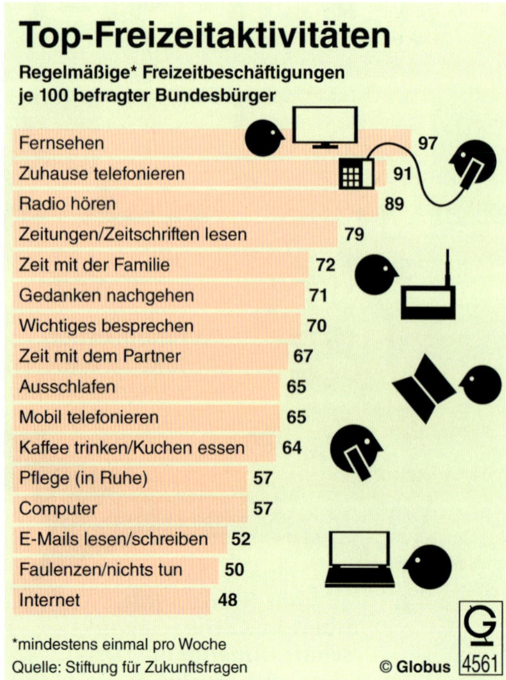

Das Freizeitverhalten von Jugendlichen

Das Freizeitverhalten der Jugendlichen ist nicht nur die Folge eigener Entscheidungen. Vielmehr wirkt eine Vielzahl von Einflüssen, die miteinander in Beziehung stehen, auf die Jugendlichen ein und bestimmen so ihren Freizeitbereich:

- Alter
- Geschlecht
- Gruppe von Gleichaltrigen
- die verfügbare Zeit
- Eltern/Familie
- soziale Schicht

Untersuchungen des Freizeitverhaltens zeigen, was Jugendliche unterschiedlichen Alters mit ihrer Freizeit anfangen. Grundsätzlich gibt es auch Tätigkeiten, die keine wesentlichen Unterschiede zwischen den Altergruppen innerhalb der Jugendzeit aufzeigen.
Freizeit ist die zur Verfügung stehende Zeit. Die temporären Freizeitressourcen der Jugendlichen sind angestiegen. Außerdem sind die Jugendlichen heute in der Lage, über mehr Zeit selbst zu entscheiden.

Inhalte der Internetnutzung bei Jugendlichen Lokalisten, Facebook, Schüler- oder Studi-VZ nutzen	
• mehrmals täglich	24 %
• so gut wie täglich	26 %
• regelmäßig in der Woche	22 %
• eher unregelmäßig	15 %
• nie	13 %

Häufigste Freizeitbeschäftigungen: Internet surfen, Musik hören, Leute treffen, Fernsehen, Disco, Partys,Vereinssport, Freizeitsport, Bücher lesen, Jugendzentrum

Wie verbringen Jugendliche ihre Freizeit?		
Kreative Freizeitelite	65 %	Bücher lesen
Gesellige Jugendliche	87 %	Leute treffen
Medienfreaks	84 %	Fernsehen
Engagierende Jugendliche	74 %	Vereinssport

Zugang zum Internet Jugend 2010 (in %)		
Shell-Jugendstudie	14:	64
	15:	83
	16:	97

Eigene Zusammenstellung nach der 16. Shell-Jugendstudie, Stand 2010, abrufbar unter: www.shell.de/aboutshell/our-commitment/shell-youth-study/2010/internet.html [19.12.2013]

Führt der Anstieg medialer Freizeitaktivitäten zu einem Verarmen sozialer Kontakte?

In der heutigen Gesellschaft haben sich die sozialen Beziehungen verlagert und neu gruppiert. Es bestehen immer mehr soziale Kontakte zwischen Gleichaltrigen und immer weniger zwischen Menschen unterschiedlichen Alters. Das Zusammensein und die gemeinsamen Unternehmungen mit Freunden zählen – neben dem Medienkonsum – zu den attraktivsten Freizeitbeschäftigungen von Jugendlichen. Die Freizeitindustrie (Medien, Sport, Kultur und Konsum) hat sich zu einer gewaltigen Erlebnisindustrie entwickelt. Die Balance zwischen wirklichen und unwirklichen Erlebnissen, zwischen Realität und Reality-Simulation droht verloren zu gehen. Und weil Erlebnisse als Waren inflationär in Serie gehen, werden auch das Gefühlsleben und die zwischenmenschlichen Beziehungen beeinträchtigt.

Jugend und Konsum
Von je 100 Jugendlichen geben monatlich Geld aus für: (Auswahl)

Kleidung	**25 €**
Handy	**18 €**
Computer-Software	**13 €**
DVDs, Videos	**9 €**
Bücher	**5 €**

Eigene Zusammenstellung nach Angaben von Schufa und IJF, 2005

Medien spielen eine immer wichtigere Rolle im Leben der Jugendlichen. Sie verfügen heute über mehr Geld und infolgedessen auch mehr von dem, was man mit Geld kaufen kann. Ein Großteil verfügt über einen eigenen „medialen Werkzeugschrank". Die Zahl derjenigen, die Computer besitzen, hat sich kontinuierlich erhöht. Hier sind Parallelen zur gesamtgesellschaftlichen Lage zu sehen. Produktion, Verwaltung und Ausbildung sind ohne Computereinsatz undenkbar. Sich intensiv mit dieser Technologie vertraut zu machen, bringt gerade auch für den Einzelnen (wettbewerbs-)entscheidende Vorteile.
PC weisen multimediale Freizeitqualitäten auf, von denen die besonders unter Jugendlichen beliebten Computerspiele nur eine Facette sind. Tatsächlich steckt in einem Heimterminal ein Freizeitpotenzial, das vom globalen Internetsurfen bis zur Nutzung als Musikinstrument samt dazugehöriger Produktion von Musik-CDs reicht.

Unkontrolliertes konsumierendes Freizeitverhalten

Eine häufige Ursache und auch Folgen von Armut Jugendlicher ist ihre Verschuldung durch unkontrollierte Nutzung der Handys und der Kreditkarten. Jeder fünfte Jugendliche im Alter von 15–20 Jahren ist verschuldet. 7 % der Jugendlichen sind überschuldet.

Vgl. Prof. Dr. Karsten Müller, Universität Mannheim: Überschuldung von Jugendlichen, www.frei-starten.de/problem-jugendueberschuldung [13.05.2014]

Warum Facebook unser Leben ist

Facebook hat den Alltag junger Leute merklich verändert: Das Online-Netzwerk schützt uns vor unliebsamen Überraschungen, peinlichem Schweigen und Unerreichbarkeit. [...]
Facebook ist unersetzlich. Denn das Internet-Netzwerk erfüllt unseren Wunsch, alles zu wissen und alles zu kontrollieren zu können. Wir wollen wissen, wer wo ist, was er tut und mit wem er es tut. Diese belanglosen Dinge versetzen uns in einen Zustand der inneren Ruhe, ohne Angst vor Überraschungen und plötzlichen Schocks. Schon bevor wir abends feiern gehen, wissen wir, wen wir treffen werden. Wir wissen, wer sich von wem getrennt hat. Und wer sich die neue Jacke bei H&M kaufen wollte.
Wer den Überblick darüber behält, wer zu den echten Freunden gehört und wer nur Facebook-Freund ist, kann mithilfe des Portals seine maßlose Neugier befriedigen. Ohne dabei Spuren zu hinterlassen. Klammheimlich kann man alles durchforsten, ohne dabei entdeckt zu werden.
Auch der Wunsch der Erreichbarkeit ist ins Unendliche gestiegen. Früher gehörte es zum täglichen Ritual, nach der Schule den Computer anzuschalten und die vergangenen Statusmeldungen seiner Freunde zu durchstöbern. Selbst auf dem Handy ist Facebook nicht mehr wegzudenken. In der Bahn, im Bett, beim Feiern, überall wird sich schnell mal eingeloggt, jeder schnell mal auf den neusten Stand gebracht.
Am nächsten Tag hat man dadurch massenhaft Gesprächsthemen, auch mit Leuten, die man nicht so gut kennt. Wenn sich dann zum Beispiel eine unangenehme Bahnfahrt voller Schweigen ankündigt, muss man sich nur schnell die am Vortag geposteten Statusmeldungen seines Gegenübers ins Gedächtnis rufen, schon hat man einen Aufhänger.
Nicht zu unterschätzen ist auch der Reiz, sich selbst neu zu schaffen. Man kann ein Bild seiner selbst erstellen, ohne dabei seine wahre Identität preiszugeben. Man veröffentlicht Partybilder, witzige Sprüche und gibt zum Besten, ständig in andere Städte zu reisen: Schon ist man das humorvolle Jetset-Partygirl, obwohl man samstagabends eigentlich viel lieber zu Hause sitzt, fernsieht und alle seine Witze nur geklaut hat. Facebook ist eben der perfekte Spielplatz zur Selbstdarstellung. Noch Fragen?

Claire Devlin: Warum Facebook unser Leben ist, in: Kölner Stadtanzeiger, 05.03.2011, abgerufen unter www.ksta.de/debatte/online-netzwerk-warum-facebook-unser-leben-ist,15188012,12563160.html [19.12.2013]

Zusammenfassung

Der Freizeitbereich hat sich in den letzten Jahren erheblich gewandelt. Mit zunehmender Freizeit haben die Menschen mehr Möglichkeiten das zu tun, was ihren persönlichen Wünschen und Vorstellungen entspricht. Eine stark expandierende Freizeitindustrie wie auch die Einflüsse der neuen elektronischen Medien haben das Freizeitangebot in völlig neue Richtungen gelenkt. Diese Entwicklungen bergen Chancen für eine kreative und selbstbestimmte Nutzung der freien Zeit; sie beinhalten aber auch Risiken, die zu einer immer stärkeren fremdbestimmten und kommerzialisierten Gestaltung der Freizeit führen können.
Unter Freizeit versteht man die Zeit außerhalb der Arbeit. Sie dient vor allem dem Ausgleich und der Entspannung vom Beruf; sie hat aber auch die **Aufgabe**, dem Einzelnen Möglichkeiten zur Entfaltung seiner Persönlichkeit zu geben.
Freizeit ist wichtig für die **Lebensqualität**, doch viele Menschen sind nicht in der Lage, sie dafür richtig zu nutzen. Die Bedürfnisse und Erwartungen der Menschen sind dabei unterschiedlich. Vor allem für junge Menschen hat die Freizeit heute eine besondere Bedeutung, da Jugendliche einerseits nach eigenen Werten und Orientierungen suchen, andererseits mit immer vielfältiger werdenden Angeboten der Freizeitindustrie konfrontiert werden.

Zur Wiederholung

1. Schreiben Sie auf, was Sie unter Freizeit verstehen. Vergleichen Sie Ihre Antworten. Gibt es unterschiedliche Vorstellungen? Wenn ja, worauf lassen sie sich zurückführen? Diskutieren Sie in der Klasse darüber.
2. Erstellen Sie eine Liste von Freizeitmöglichkeiten für Jugendliche, die in Ihrem Wohnort angeboten werden.
3. Setzen Sie sich mit dem Inhalt der Seite „Zum Nachdenken" auseinander und erörtern Sie Vor- und Nachteile der Freizeitindustrie und die Möglichkeit der Freizeitgestaltung innerhalb der Schule.
4. Empfinden Sie auch gelegentlich Freizeitstress? Tauschen Sie Ihre Erfahrungen im Rahmen eines Klassengespräches aus.
5. Immer weniger Jugendliche haben Interesse, in Vereinen, Parteien und Organisationen mitzuarbeiten. Welche Ursachen sehen Sie?

Handlungsimpulse

1. Erstellen Sie in Ihrer Klasse eine Rangfolge der Erwartungen, Vorstellungen und Wünsche, die sich im Hinblick auf Ihre Freizeitvorstellungen ergeben. Die Rangfolge können Sie bilden, indem Sie die einzelnen Vorstellungen, die für Sie besonders wichtig sind, sammeln und bewerten (z. B. Punktvergabe 1–12).
2. Wenn Sie das Freizeitverhalten von Jugendlichen näher untersuchen wollen, können Sie mithilfe eines Fragebogens eine Umfrage unter Jugendlichen durchführen und die Ergebnisse anschließend auswerten. Sie können auf diese Weise feststellen, welchen Freizeittätigkeiten die befragten Personen nachgehen, wie viel Zeit sie dazu verwenden, wie viel Geld sie dafür ausgeben, welche Freizeitaktivitäten bevorzugt bzw. vermisst werden.

2 Probleme und Gefahren der Freizeitgestaltung

Ich-Du-Beziehung

Immer wieder müssen wir uns in der Gesellschaft mit Problemen auseinandersetzen, deren Ursachen unter anderem auch mit der mangelnden Fähigkeit zusammenhängen, Freizeit sinnvoll zu verbringen: mit dem „Leben aus zweiter Hand" durch die Medien, mit Alkoholismus und Tablettenmissbrauch. Drogenkonsum, Aggressivität und Gewaltbereitschaft, Bandenkriminalität oder der zunehmende Rechtsradikalismus bei Jugendlichen beschäftigen die Gesellschaft immer stärker.

Jugendliche und Schulden
14- bis 24-Jährige
Hatten Sie schon einmal Schulden?

22 %	JA
78 %	NEIN

Hatten Sie schon einmal mehr Schulden, als sie zurückzahlen konnten?

	Ja	Nein
2003	14 %	86 %
2006	9 %	81 %
2009	8 %	92 %
2012	6 %	94 %

Gläubiger:
Telefonanbieter
Eltern, Freunde
Bank, Sonstiges

Bankenverband: Jugendstudie 2012, Nürnberg 2012, abgerufen unter: https://bankenverband.de/downloads/072012/120712-chartspk-jugendstudie-2012.pdf [20.12.2013]

2.1 Problem Langeweile und Gewalt

Langeweile – Wenn du nichts mit dir und deiner Zeit anzufangen weist

Im Augenblick fühlst du dich irgendwie unzufrieden. Vielleicht hast du tausend Ideen im Kopf und doch reizt dich keine, sie umzusetzen. Vielleicht siehst du eine umfassende Liste mit Pflichten, vor deinem inneren Auge und du weißt nicht, womit du beginnen sollst. Möglicherweise hast du aber auch überhaupt keine klare Vorstellung davon, was dir fehlt, was du tun könntest und was dich zufrieden machen könnte. Du spürst nur eine innere Unzufriedenheit, langweilst dich den ganzen Tag, bist lustlos und weißt nichts mit dir anzufangen. Dich nicht aufraffen zu können, keine Energie verspüren, an nichts Freude haben, gereizt, frustriert und unruhig sein, sinnlosen und unbefriedigenden Beschäftigungen nachgehen, um dir die Zeit zu vertreiben, etwas anfangen und wieder abbrechen, unzufrieden mit dir sein, mehr schlafen als nötig, um das unangenehme Gefühl der Langeweile nicht zu verspüren, Unruhe, Antriebslosigkeit.

Fast drei Viertel der Freizeit wird von Jugendlichen täglich mit der Nutzung der Massenmedien verbracht. Als Ursache ist u. a. durchaus Langeweile anzusehen. Fest steht, dass Fernsehen, neue Medien wie „Video on Demand", Multimedia und Internet das Freizeitverhalten der meisten Menschen stark beeinflussen und oft dazu führen, dass Kontakt- und Kommunikationsfähigkeit sowie eigene Freizeitaktivitäten vernachlässigt werden. Jedoch bietet die **Informationsgesellschaft** auch große Chancen. Es ist deshalb sehr wichtig, dass Jugendliche den sinnvollen Umgang mit den neuen Medien frühzeitig lernen.

Süchtig nach Computerspielen

Mindestens 12500 Jugendliche in Thüringen sind computerspielabhängig. Bezogen auf die Gruppe der 15- bis 25-Jährigen sind das 9 %. Jeder Dritte davon gilt sogar als süchtig. Analog zur Drogensucht treten Kontrollverlust, Frustintoleranz oder auch Depressionen auf. Betroffene spielten wöchentlich mehr als 35 Stunden am Computer. Die Süchtigen kapseln sich ab, Sozialkontakte nehmen ab.

Inwieweit durch den Konsum von Gewaltfilmen, Video- und **Computerspielen** aggressives und gewaltbereites Verhalten entsteht, ist unter Fachleuten umstritten.

Regen gewalttätige Computerspiele zur Nachahmung an?

Pro

Ganz bestimmt. Auf diese Weise gewöhnen sich Kinder und Jugendliche immer mehr an die Gewalt und stumpfen ab. Vom Schmerz der Opfer bemerkt man in diesen Spielen nichts. Alles wird mit Gewalt gelöst. Sie ist erlaubt, weil man selbst in Notwehr handelt. Es geht immer um ein Freund-Feind-Verhältnis, ein Feindbild. Vernichtung der Gegner ist das Ziel. Man hält Gewalt für normal, und einige schlagen und treten dann auch selbst einmal zu.

Kontra

Für die allermeisten Jugendlichen ist das nicht gefährlich. Es sind interessante Geschicklichkeitsspiele mit fantastischer Grafik. Da gibt es gute Spiele, die viel Kombinationsgabe erfordern. Das ist auch nicht schlimmer als ein Western. Mit solchen Spielen verringert man sogar seine Aggressivität, wenn man mit Frust aus der Schule kommt. Während und nach den Spielen geht es friedlich zu.

Arbeitsgemeinschaft Jugend & Bildung (Hg.), basta 89, S. 20f.

Im **Internet** gibt es bereits heute vielfältige technische Möglichkeiten zur Information, Unterhaltung und Kommunikation.
Wer sich im World Wide Web auskennt, findet dort fast alles. Natürlich nicht nur Gutes – die Möglichkeiten des Internets werden durchaus auch für kriminelle Zwecke missbraucht. Es gibt die **Schattenseiten** des Internets mit links- und rechtsextremistischer Propaganda, Rassismus und Kinderpornografie. Das Gesetz zum Schutz der Jugend verbietet solche Inhalte, jedoch hat man auf der Welt recht unterschiedliche Vorstellungen vom Jugendschutz. Es gibt Anbieter in Ländern, in denen wenig oder gar keine Kontrolle stattfindet. Letztlich liegt es in der **Verantwortung** der Nutzer selbst, die Verbreitung solcher Inhalte zu verhindern.

Streitschlichter in der Schule:
Bei einem Konflikt sind trainierte Schüler als Streitschlichter die Vermittler. Ihr erstes Ziel ist es, für eine gute Gesprächsatmosphäre zu sorgen, möglichst in einem „Streitschlichterzimmer". Der Streitschlichter achtet auf die Einhaltung von zwei Spielregeln: Sich nicht beschimpfen und den anderen ausreden lassen. Die Streitenden tragen ihre Sehweise, Gefühle und Motive vor. In der Verständigungsphase werden Vorschläge zur Beilegung des Streits diskutiert und schriftlich festgehalten. Beide Parteien sollen dabei das Gesicht wahren können.

Mit Gewalt gegen den Frust!

Gewalt auf dem Schulhof und im Kindergarten, Nötigung und Erpressung von Mitschülern, sexuelle Anmache, schwere Straftaten und von den Tätern sogar in Kauf genommener Mord – von nichts bleiben Kinder und Jugendliche heute verschont. Oft sind es zunächst nur Kleinigkeiten, aus denen aber sehr schnell mehr werden kann: üble Anrede, Rempeleien, Schläge und zum Schluss echte Keilereien. Oder: anzügliche Blicke, „Na komm schon, stell dich nicht so an". Sprüche, Grabschereien und am Ende handfeste Übergriffe.
Gewalt ist alltäglich. Sie findet überall statt, auch in der Familie, in der Schule und im Freundeskreis. Unter Jungen und Männern gelten Anmache & Co nach wie vor nicht selten als Kavaliersdelikt. Jeder zweite Schüler fühlt sich täglich von Mitschülern beschimpft, verspottet oder ausgelacht. Gewalt fängt mit Sprüchen an, die verletzen und wehtun. Den meist schwächeren Opfern wird dann zunehmend massiv und aggressiv „zu Leibe" gerückt. Gerade Jugendliche mit Problemen entwickeln Lust auf Gewalt. Sie fühlen sich oft mit ihrem Frust allein gelassen. Sie wirken ausgebrannt, verunsichert und verwirrt. Die Überreizung wird zur Übersättigung. Alles ist und wird zu viel. Die Lust auf Gewalt ist eigentlich ein Signal, um auf die eigenen Probleme aufmerksam zu machen.

Vgl. Helmut E. Erb: Gewalt in der Schule, Vebereuter Verlag, Wien 2001, S. 8f.

Ursachen von Gewalt

Unbewältigte Konflikte in der Familie und Gesellschaft bergen scheinbar berechtigtes Abreagieren in Gewalt und Hass gegen andere Menschen. Wenn aufgestaute Aggression und soziale Verunsicherung zusammenkommen, erleben wir tagtäglich die vielfältigsten Formen der Gewalt. Gewaltbereite Jugendliche brauchen keinen besonderen Anlass. Langeweile, Frust, Spaß, Hass, das Rechts-Links-Schema und erst zuletzt die politische Motivation sind die Auslöser.

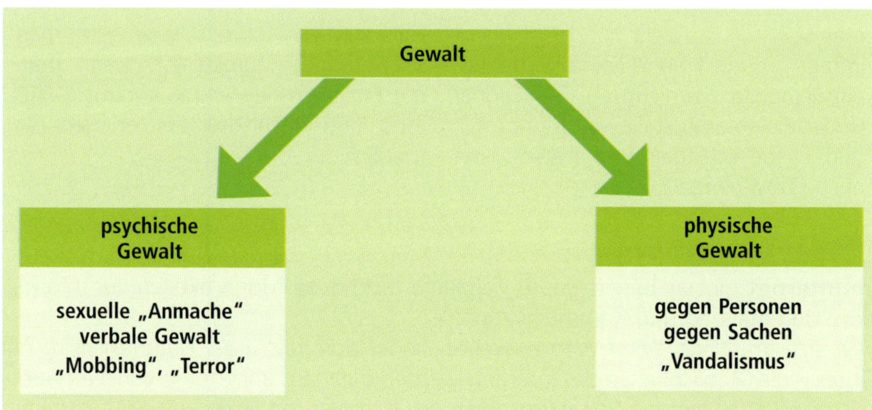

Die Mehrheit der Jugendlichen bekennt sich zu Menschlichkeit, Ehrlichkeit, Offenheit und Gewaltfreiheit. Gewalt geht alle an. Auch diejenigen, die zuschauen – und nichts tun. Jeder kann helfen, Gewalt zu vermeiden.

Rassisten? Wir doch nicht!

Rechtsextreme Vorfälle an Thüringer Schulen

Ein Hakenkreuz an der Tafel, SS-Runen im Schulheft. Die Zahl der gemeldeten einschlägigen Vorfälle ist allerdings gering.
Aus den rund 900 Schulen in Thüringen sind im vergangenen Jahr 23 rechtsextreme Vorfälle gemeldet worden. Nach Angaben des Bildungsministeriums wurden bei Schülern unter anderem Neonazi-Schmierereien in den Schulheften oder an der Tafel und Szenesymbole entdeckt. Außerdem konfiszierten die Schulen vorübergehend Handys mit einschlägiger Musik und einschlägigen Videos. In drei Fällen erstatteten sie Anzeige gegen Schüler wegen Verdachts der Volksverhetzung. Die Schulen sind verpflichtet, derartige Vorfälle an die Schulämter und weiter an das Ministerium zu melden.

Britta Hinkel, Ostthüringer Zeitung, 19.04.2013, S. 4

Rechte Szene nach Aufdeckung der NSU-Morde eher motiviert

Nach Aufdeckung der NSU-Morde haben sich die Neonazis nicht zurückgehalten. Besonders gewalttätige Täter kommen sehr oft aus der rechtsextremen Szene. Es gibt mehr lose Strukturen, Kameradschaften, Zusammenschlüsse oder Hooligans mit guten Kontakten zu ihnen. Den klassischen Skinhead mit Springerstiefeln und Bomberjacke gibt es kaum noch. 2012 wurden 73 rassistische Fälle gezählt. Schwerpunkt war eindeutig Erfurt, wo es 20 Übergriffe gegeben hat. 2012 hat die rechtsextreme Gewalt zugenommen.

Britta Hinkel, Ostthüringer Zeitung, 01.02.2013, S. 4

„Kein Mensch"
„Siehst du seine FARBE, seine Farbe siehst du nicht.
Ist sie SCHWARZ und hässlich, ja dann schlag ihm ins Gesicht."

„Kein Mensch" ist ein Lied der rechtsextremen Band „Macht und Ehre". – Hass, Verachtung und Gewalt kommen darin unverhohlen zum Ausdruck.

Straftaten mit extremistischen Hintergrund (2012)

rechts	**17 134**
links	**16 142**
Ausländerkriminalität	**618**

Eigene Zusammenstellung nach Informationen des Verfassungsschutzberichts

Was ist Rassismus eigentlich?

Rassismus liegt vor, wenn behauptet wird, dass bestimmte Gruppen von Menschen aufgrund naturgegebener Merkmale minderwertig seien. Maßstab ist dabei in der Regel die eigene Gruppe. Die anderen werden abgewertet und dürfen diskriminiert und ausgegrenzt werden. Der Hintergrund: Wer andere abwertet, wertet sich selbst auf und lenkt von seinem eigenen Versagen ab. Manche fassen den Rassismusbegriff heute weiter und beziehen zum Beispiel auch die Ablehnung fremder Kulturen und Religionen mit ein.

Trotz Unterschieden im Einzelnen kann man Personen, Gruppen und Organisationen als rechtsextrem bezeichnen, die unter anderem autoritäres, antiparlamentarisches und nationalistisches Gedankengut vertreten und bei denen ein einfaches Entweder-oder-Gedankenschema dazukommt. Die Wurzeln rechtsextremer Weltanschauung sind der Nationalismus und der Rassismus. Mit der Ideologie der Ungleichheit lehnen Rechtsextreme die Gleichbehandlung der Menschen ab und Fremde werden als minderwertig betrachtet.

Werteverluste, fehlende Sinn-Angebote und leichte Verführbarkeit führen nicht selten zu einer Eskalation der Gewalt in Form von **Radikalismus**, Rechts- und Linksextremismus, Terrorismus und Anarchismus. Menschen mit einer rechtsradikalen Einstellung sind oft Außenseiter, die sich über das Zugehörigkeitsgefühl der Gruppe identifizieren. Sie versuchen, ihre eigenen Probleme und Minderwertigkeitsgefühle zu überwinden, indem sie sich über andere erheben. Sie suchen also Menschen, die in ihren Augen „unter ihnen stehen", nur weil sie einer Minderheit angehören. Das sind meist Ausländer, Homosexuelle, Obdachlose und Andersdenkende, die von Neonazis angefeindet werden. Dabei sind es die Rechtsextremen selbst, die eine gesellschaftliche Randgruppe darstellen.

2.2 Problem Drogen und Suchtverhalten

Heute verkürzen viele Menschen ihre Lebenserwartung durch Drogenmissbrauch. Sie trinken zu viel Alkohol, rauchen stark, nehmen gewohnheitsmäßig Medikamente oder Rauschmittel [...]

Österreichische Apothekenkammer: Drogen: Abhängigkeit, Sucht und Therapie, abgerufen unter: www.apotheker.or.at/internet/oeak/NewsPresse.nsf/print/EFED068B3820AC59C1256AB80038B681 [20.12.2013]

Viele junge Menschen treibt die **Neugier** oder der empfundene Druck der Clique dazu, zu „kiffen", sich den ersten Alkoholrausch anzutrinken oder mal eine Zigarette zu probieren. Man darf sich nicht ausschließen, glauben sie. Wer alles mitmacht, fühlt sich von den anderen anerkannt. Dieser **Gruppendruck**, das Bedürfnis nach gemeinsamem Erleben, nach Erfahrung und Selbsterkenntnis im Kreis von Freunden ist eine wichtige Ursache für den ersten Drogenkonsum. Aber auch die Wandlung von Normen, unbefriedigende Arbeitsbedingungen, berufliche und soziale **Ängste**, familiäre **Schwierigkeiten**, **Entfremdung** sowie die falsche Erwartung, dass das Leben weitgehend frei von Enttäuschungen verlaufen sollte, tragen dazu bei, dass immer mehr Menschen, vor allem Jugendliche, ihren **Alltag mithilfe von Drogen** zu bewältigen versuchen.

Alkohol – Volksdroge Nr. 1!

0,5 Promille:
ein Bier (0,5 l)
ein Glas Wein (0,2 l)
2 Glas Sekt (0,2 l)
bei 1,1 Promille absolute Fahruntüchtigkeit

Alkohol im Straßenverkehr kein Kavaliersdelikt

Bei einem durch Alkohol verursachten Unfall:
- mit 0,3 Promille: 7 Punkte, Freiheitsstrafen bis zu 5 Jahren, Entzug der Fahrerlaubnis
- 0,5 Promille ohne Unfall: Geldstrafen von 250,00 bis 750,00 €
- ab 1,1 Promille: Entzug der Fahrerlaubnis, 7 Punkte

Alkohol bleibt die Droge Nr. 1 in Deutschland. Rund 2,5 Millionen Menschen sind alkoholabhängig mit daraus resultierenden Erkrankungen, davon 200000 Jugendliche bis 25 Jahre. Der ständige Alkoholkonsum schwächt den Körper.

Folgen des Alkoholmissbrauchs:
- Erkrankung der Leber, Magenschleimhautentzündungen
- Gehirn- und Herzschäden, Nierenschäden
- Nervenschädigungen (Lähmungserscheinungen, Händezittern)

Außerdem stellen sich Veränderungen der Intelligenz und der Gefühlslage ein, verminderte Leistungsfähigkeit, Depressionen, Angst und die Enttäuschung über sich selbst. Es treten Probleme mit der Familie, am Arbeitsplatz, mit den Freunden auf.
Soziale Folgen können sein: Arbeitsplatzverlust, das Geld reicht nicht mehr, um die notwendige Menge Alkohol zu kaufen, die Miete kann nicht mehr bezahlt werden, Führerscheinentzug, auf körperlicher Pflege und Sauberkeit wird kein Wert mehr gelegt – der soziale Abstieg bis zur Obdachlosigkeit ist vorprogrammiert.

Nikotin – Mehr als Qualm!

Nikotin führt Todesstatistik an

Nikotin als Ursache führt die Statistik der Drogentoten in Thüringen vor Alkohol und illegalen Drogen an. 1 166 Menschen sind 2011 an den Folgen des Rauchens gestorben, zwei Prozent mehr als ein Jahr zuvor. Bei Raucherkrankheiten stieg 2 011 die Zahl auf 7 319 Fälle.

dpa: Nikotin führt Statistik der Drogentoten an, 22.07.2013, www.focus.de/regional/erfurt/gesundheit-nikotin-fuehrt-statistik-der-drogentoten-an_aid_1050227.html

In der Bundesrepublik gelten von insgesamt 21 Millionen Rauchern und Raucherinnen bereits 6 Millionen als behandlungsbedürftig. Rauchen ist eines der verbreitetsten **Missbrauchverhalten**. Nach den Männern greifen immer mehr Frauen zum „Glimmstängel". 12 % der Kinder und Jugendlichen kommen auf einen Verbrauch von täglich 20 und mehr Zigaretten. Bei ihnen besteht ein Verhältnis zwischen jugendlichen Männern und Frauen von 1:1.
Folgen eines **zu starken Rauchens** können sein: Gefäßerkrankungen und Durchblutungsstörungen (Raucherbein), Raucherhusten und Lungenkrebs sowie Gefahren für Säuglinge.
Nichtraucher sollen geschützt werden. An immer mehr öffentlich zugänglichen Orten gilt Rauchverbot. Denn auch vom sogenannten **Passivrauchen** gehen große gesundheitliche Gefahren aus. In Deutschland befindet sich ein Gesetz zum Schutz der nichtrauchenden Mehrheit in Vorbereitung. Rund 50 Millionen Bundesbürger, mehr als 73 % der Bevölkerung (ab 10 Jahre) rühren Tabakwaren nicht oder nicht mehr an.

Thüringen hat sein Nichtraucherschutzgesetz geändert und den Vorgaben der Rechtsprechung des Bundesverfassungsgerichts angepasst
(Gesetz zur Änderung des Thüringer Nichtraucherschutzgesetzes vom 26.06.2010, GVBl, S.250)
Aktuelle Rechtsänderung: 07.09.2010

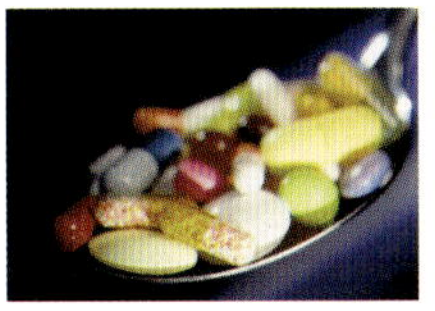

Medikamente – Sucht auf Krankenschein!

Die Zahl der Abhängigen wird in der Bundesrepublik auf etwa 1,4 bis 1,9 Millionen geschätzt. Hier überwiegen die Frauen im Verhältnis 2:1. Die **Gewöhnung an Medikamente** führt allzu oft zu körperlicher und seelischer Abhängigkeit. Zu diesen Medikamenten zählen im Wesentlichen Schmerzmittel, Schlafmittel und Psychopharmaka mit Suchtpotenzialstoffen (z. B. Dopingmittel). **Arzneimittelmissbrauch** stellt nicht nur einen schweren Eingriff in den Organismus dar – Gehirn, Nervensystem und Nieren werden durch Vergiftungen geschädigt – sondern kann **gefährliche Folgen** im Straßenverkehr und am Arbeitsplatz haben.
Alkohol, Nikotin und Arzneimittel sind **legale Drogen**. Das heißt, dass Erwerb, Besitz und Konsum gesetzlich zulässig sind. Die Schwierigkeit mit dem Umgang dieser legalen Drogen besteht vor allem darin, dass kontrollierter Konsum möglich ist und nicht zur Abhängigkeit führen muss.

Drogen – eine Scheinlösung!

Freistaat bei harten Drogen in der Spitzengruppe

Suchtberatung wird mehr in Anspruch genommen – Steigende Zahl bei Drogenkonsumenten

Bei Ecstasy rutscht jede Menge Angst nach hinten

Drogenbeauftragte warnen vor Crystal

Das tägliche Leben kann besonders für Jugendliche eine Vielzahl von Problemen mit sich bringen. Rollenunsicherheit, Probleme in der Ausbildung, Zukunftsängste ... Es kostet Kraft und Mut, sich dem allen zu stellen und Lösungen herbeizuführen. Immer öfter wählen Jugendliche einen **Ausweg: Drogen**. Der Übergang von legalen zu illegalen Drogen ist fließend. Viele Drogenabhängige konsumieren gleichzeitig z. B. Alkohol, Tabletten, Haschisch und Heroin. Drogengebrauch kann zu einer verführerischen **Scheinlösung** werden. Drogen entführen in eine angenehme Gefühlswelt, in der Probleme nicht mehr existieren oder unwichtig werden. Die Flucht in die **Fantasiewelt** erspart die Auseinandersetzung mit Problemen. Aber Drogen hindern auch daran, solche Probleme zu bewältigen. Mit dem Konsum beginnt ein kaum mehr zu durchbrechender **Teufelskreis** aus **Sucht**, körperlichem und seelischem Verfall und Kriminalität. Um ihre Sucht finanzieren zu können, benötigen Abhängige täglich bis zu 250,00 €. Entweder sie beschaffen sich

Beratungsstellen finden Sie u. a. unter http://www.futurejump.de/index.php?id=suchtdrogen0

dieses Geld durch Einbrüche oder Prostitution, oder sie handeln selbst mit Drogen. Skrupellose Großhändler und Geschäftemacher haben ein ausgeklügeltes System des **Drogenhandels** aufgebaut, um immer mehr Konsumenten zu gewinnen.

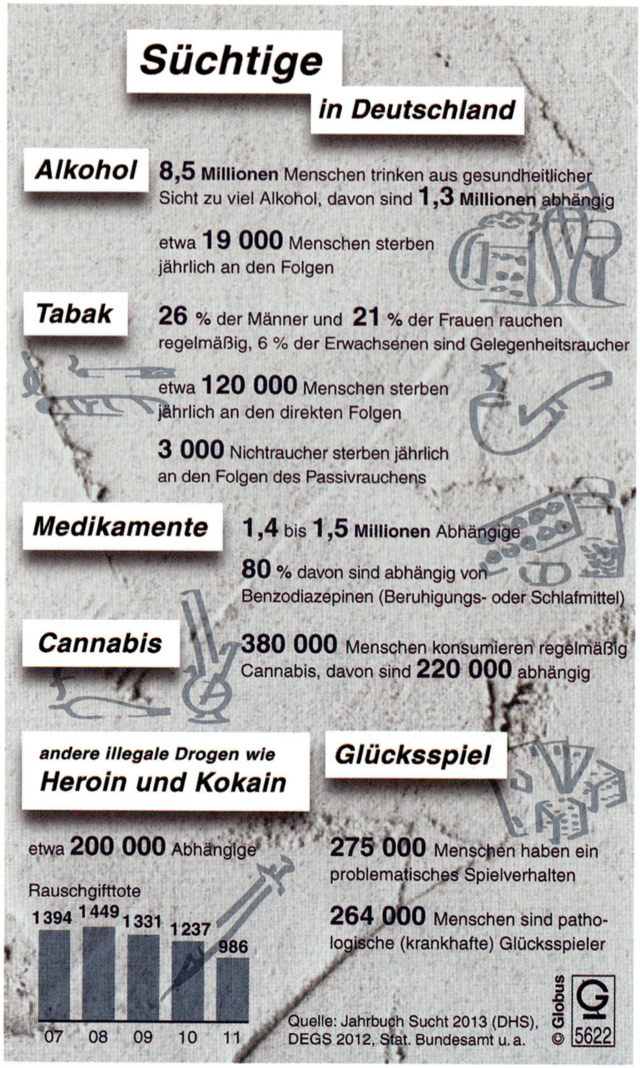

Illegale Drogen		Wirkung/Abhängigkeit	Erscheinungsformen
	**Cannabis** Haschisch Marihuana	Denken und Sinneswahrnehmung ändern sich, dämpft und entspannt, führt in der Regel zu seelischer Abhängigkeit, reduzierter Leistungsbereitschaft, Verkehrsuntüchtigkeit	(Wasser-)Pfeifen Pillendosen, Briefwaage
	**Kokain** (Pulver weiß) **Crack** (bröckelig)	stark aufputschend, Sinnestäuschung, enthemmend, Angst- und Aggressionszustände, zunehmender körperlicher Verfall, psychische Abhängigkeit sehr stark bei Crack	Papierbriefe, „Kokser-Mäppchen": Spiegel, Löffel, Spritze, bei Crack-Pfeifen

Illegale Drogen		Wirkung/Abhängigkeit	Erscheinungsformen
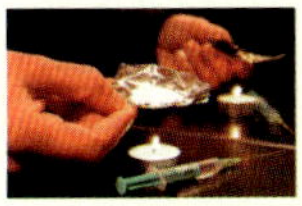	Heroin (Opiat)	Schmerz- und Angstzustände werden eingeschränkt, starke psychische und physische Abhängigkeit schon nach kurzer Zeit, Überdosis führt zum Tod	Papierbriefe, Löffel, Spritze, Band zum Abbinden der Vene
	Schnüffelstoffe	erstes Stadium: Übelkeit und Erbrechen, zweites Stadium: Sinnestäuschung, drittes Stadium: leichte Narkose, Endstadium: Lähmung des Atemzentrums – Tod	organische Lösungsmittel in Farben, Klebstoffen, Reinigungsmitteln

Relativ neue Drogen sind **Ecstasy und Crystal**. Jugendliche greifen mit zunehmender Bereitschaft zur vermeintlichen „**Glücks-Pille**“. Ecstasy gilt als Trenddroge der 1990er-Jahre und erreicht auch mittelschichtorientierte, sozial integrierte Menschen. Mit 37 % ist **bei Ecstasy** und **Amphetaminen** die **höchste Steigerungsrate** zu verzeichnen.

NEIN zu Drogen! „Tipps zum Wohlfühlen“

1. **Genieße den Augenblick!**
2. **Konzentriere dich auf eine Sache!**
3. **„Be happy, don´t worry!“ Beginne den Tag mit einem Lächeln im Spiegel!**
4. **„Pflege“ deine Freundschaften!**
5. **Tu das, was dich fordert!**
6. **Bleib cool! Entspanne dich und schlaf mal wieder richtig!**

Illegale Drogen im Straßenverkehr

Amphetamine und Ecstasy senken das Risikoempfinden, das Müdigkeitsgefühl bleibt aus. Das führt zu Fehleinschätzungen des eigenen Könnens und damit zur Fahruntüchtigkeit. Gleichzeitige Einnahme von illegalen Drogen und Alkohol lässt die Wirkung und Gegenwirkung unberechenbar werden. Dies stellt eine nicht zu unterschätzende Gefahr im Straßenverkehr dar.

Näheres erfahren Sie unter:
Deutsche Landesverkehrswacht (Hrsg.): Illegale Drogen im Straßenverkehr, http://www.landesverkehrswacht.de/themen/alkohol-drogen-medikamente/illegale-drogen-im-strassenverkehr.html

Crystal Meth = „Kristalle für alle“

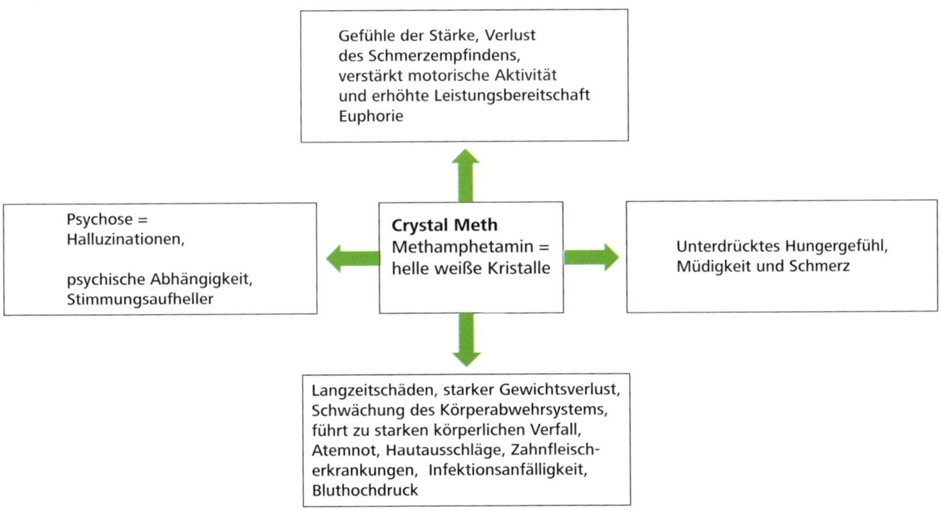

Eigene Darstellung nach Informationen von Matthias Bastigkeit: Crystal Meth: Kristalle für alle, 07.04.2014, http://news.doccheck.com/de/44076/crystal-meth-kristalle-fuer/

Glücksspiel – ein verlorenes Spiel!

In der Bundesrepublik verbringen etwa 300 000 Menschen ihre Freizeit vorwiegend in Spielhallen. Die **Spielsucht** beschränkt sich nicht nur auf Automaten, sie äußert sich in Wetten und anderen Glücksspielen. Glücksspiele bewirken einen Verlust der Selbstkontrolle, die **Folgen**:
Verschuldung, Beschaffungskriminalität, Zerstörung des Familienlebens, Wohnungsverlust und psychische Abhängigkeit. Die Selbstmordrate liegt bei 14 %.

Jugendliche kommen leicht an Glücksspiele heran

Erst Neugier und Lust auf schnelles Taschengeld – und dann Sucht. Glücksspiel ist für unter 18-Jährige eigentlich tabu. Doch trotz des gesetzlichen Verbots hat 2011 fast jeder dritte Jugendliche im Alter von 16 und 17 Jahren daran teilgenommen. Grund: Die Zugänge sind leicht. Gerade im Internet gelangen die jungen Spieler an verbotene Angebote. Das Internet verhindert zudem eine soziale Kontrolle. Die Hauptfaszination fürs Zocken ist groß. Etwa 8 000 Thüringer sind spielsüchtig.

Carolin Eckenfels (dpa): Jugendliche kommen leicht an Glücksspiele heran, in: Ostthüringer Zeitung, 10.06.2013, abrufbar unter www.otz.de/web/zgt/leben/detail/-/specific/Jugendliche-kommen-leicht-an-Gluecksspiele-heran-951040300 [20.12.2013]

In den Innenstädten, aber auch in Randgebieten und Wohnbezirken haben sich Spielhallen etabliert. In vielen Gaststätten hängen Geldspielautomaten, die für den Besitzer eine zusätzliche Einnahmequelle darstellen. Die Gefährdungen, denen wir in unserer Freizeit ausgesetzt sind, beschränken sich also nicht auf Alkohol, Nikotin und illegale Drogen. Andere, neue Süchte kommen hinzu.

Thüringer Glücksspielgesetz vom 18.12.2007:
Das Glücksspielrecht wurde hinsichtlich der Suchtgefahr geändert.

Satzung über die Erhebung einer Vergnügungssteuer
§ 1 Die Stadt erhebt eine Vergnügungssteuer.
§ 2 Die Vergnügungssteuer beträgt je Kalendermonat
a) bei einem Gerät mit Gewinnmöglichkeit 35,79 €,
b) bei einem Gerät ohne Gewinnmöglichkeit 25,56 €.

2.3 Problem Jugendsekten

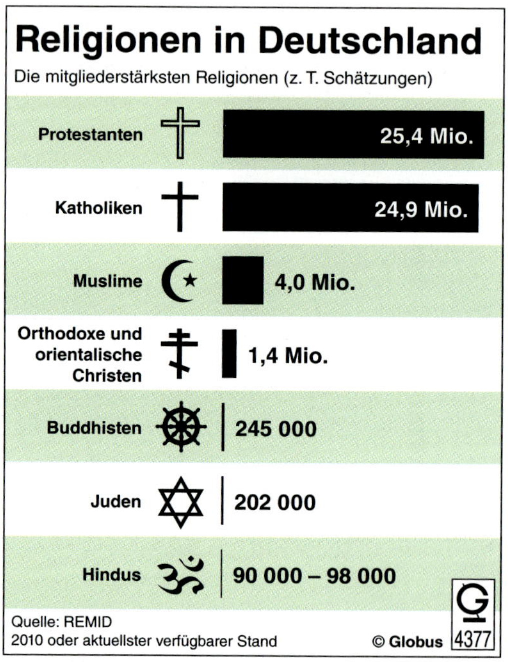

Das **Suchen der Menschen** nach einer neuen Identität, verbunden mit allen Freuden, Ängsten, mit allen Zweifeln, die dieses Suchen begleiten, ist das wichtigste **religiöse Anliegen** der Zeit.
Das Religionsbedürfnis kann in einer pluralistischen Gesellschaft in sehr verschiedenen religiösen Gemeinschaften befriedigt werden. Das Grundgesetz der Bundesrepublik Deutschland (Art. 4 GG) garantiert die **Glaubens- und Bekenntnisfreiheit**.
Ein Missbrauch der Freiheit zum religiösen Bekenntnis durch andere (z. B. Sekten) kann **negative Folgen** für den Einzelnen haben.

Sekten – falsche Propheten!

Jugendsekten

Bezeichnung für religiös-weltanschauliche Bewegungen, die seit dem zweiten Weltkrieg überall entstanden sind und deren Anhänger ausschließlich Jugendliche zwischen 16 und 25 Jahren umfassen (u. a. Hare-Krishna, Kinder Gottes, Scientology, Bhagwan). Ihnen ist gemeinsam eine zentrale Führergestalt, eine strenge Hierarchie, ein Elitebewusstsein sowie strengste Lebens- und Gütergemeinschaft. Als größte Gefahr, die von den Jugendsekten ausgeht, wird die psychische Abhängigkeit gesehen, in die ihre Mitglieder geraten können, sowie ein erheblicher Realitätsverlust.

Bibliografisches Institut (Hrsg.): Meyers kleines Lexikon Politik, Mannheim 1990, S. 221

Es wird heute immer schwieriger, sich in der Vielfalt der religiösen Vereinigungen und Gruppen auszukennen. Immer undurchsichtiger wird die religiöse Szene, immer diffuser das Phänomen der **„Auswahlreligionen“.**

Ein typischer Weg in die Sekte

Die Anwerbephase: Die erste Begegnung mit einer fragwürdigen weltanschaulichen Gruppe geschieht über Kontakt einer persönlichen Mission an der Haustür, am Arbeitsplatz oder auch durch Anzeigen und Werbekampagnen.
Das „Love-Bombing“: Kommt der Angesprochene mit ins Zentrum, zu einem Vortrag oder zur Meditation, wird er je nach Einschätzung seiner Persönlichkeit mit Freundlichkeit und Zuwendung überschüttet. Seine Schwierigkeiten, seine Probleme, seine Krisen stehen plötzlich im Vordergrund.
Das „Snapping“: Spätestens zu diesem Zeitpunkt beginnt das Drängen, der Gruppe beizutreten. „Wir haben viel für dich getan – was bringst Du?“, heißt es.
Das Programmieren: Das neue Mitglied steht auf der untersten Stufe der Hierarchie und ist bereit, alles mitzumachen. Der Alltag in der Gruppe lässt soziale Kontakte außerhalb der Gemeinschaft abbrechen.

nach: Joachim Keden (u. a.): Sekten, Geister, Wunderheiler. Orientierungshilfen für den Markt der Sinnanbieter, Neukirchen-Vluyn, Aussaat Verlag, 1995, S. 20–23

Die wichtigsten Sekten in Deutschland (Sekte/Anzahl der Mitglieder)

Neuapostolische Kirche	445 000	Zeugen Jehovas	192 000
Mormonen	36 000	Neugermanen	25 000
Christengemeinschaft	20 000	Bruno Gröning	12 000
Christliche Wissenschaft	8 000	Universelles Leben	6 000
Bahai	5 000	Fia Lux	700
Vereinigungskirche	500	Scientology	5 500

IDEA-Spektrum Nr. 4, 28.01.2001, S. 18

Jugendsekten und Psychokulte, die in Thüringen aktiv sind
- **Scientology-Kirche**
- **Hare-Krishna (ISKCON)**
- **Vereinigungskirche/Mun**
- **Transzendentale Meditation**
- **Satanskult**
- **Bürgerrechtsbewegung Solidarität**
- **Zeugen Jehovas**

Spiritismus
Mit diesem Begriff werden Praktiken der Kontaktaufnahme zum Jenseits der Geisterbeschwörung zusammengefasst – gehört zu dem Bereich des Okkultismus.

Psychokultur
umfasst Psychogruppen und Psychokulte. Sie sind keine religiöse Vereinigung im eigentlichen Sinn des Wortes. Sie vermischen Psycho-Technik mit religiösen Elementen, mit dem Ziel der Umwandlung des Menschen.

Information, Rat und Hilfe
Für die neuen Bundesländer:
Arbeitskreis „Sekten in Thüringen“ e. V.
Ingo Weidenkaff,
Johannesstraße 19,
99084 Erfurt
Tel. 0361-6442264
E-Mail: lagk@aol.com

Eltern- und Betroffeneninitiative Leipzig e. V.
c/o Sören Bartsch
Heilbronner Straße 31
07066 Leipzig
Tel. 0341-4115314

Wege aus der Abhängigkeit
http://www.infosekta.ch/infos-zu-gruppen-und-themen/

Der Widerspruch zwischen persönlichen Erwartungen, Ansprüchen an das Leben und der gesellschaftlichen Realität, die Suche nach dem Sinn des Lebens, verursachen nicht selten bei jungen Menschen die **Suche nach Lösungen.**

Was durch die Sekten und Gruppen aus dem Bereich **Spiritismus** und **Psychokulturen** schillernd und verlockend angeboten wird – Autorität, totale Geborgenheit, Religiosität, Mystik – erweist sich als nicht wenig gefährlich. Wer einer Sekte beitritt, begibt sich von einer **Abhängigkeit** in die andere. Die unbedingte Fixierung auf den Guru, das pausenlose Praktizieren seiner Gebote sind Ersatznarkotika, kein Ausweg, sondern ein anderes Mittel der Selbstzerstörung. Erhoffte Geborgenheit, ersehntes Glück – die anfangs anscheinend erreicht werden – erweisen sich schließlich als unheilvoll, für den Betroffenen wie für die Gesellschaft.
In der Bundesrepublik sind etwa **300 Gruppen** von **Jugendsekten** aktiv. Sie bieten – vor allem für junge Menschen – keine brauchbare Lebensmotivation. Magier, Hexen, Druiden und Hellseher bieten ihre Dienste in Zeitungen und Zeitschriften an, auch im Fernsehen sind sie zu sehen. Der Bereich der sogenannten Magie der Satansszene, mit den „schwarzen Messen", den Blutritualen und sexualmagischen Praktiken, findet häufig ihre Unterstützung in Hard-Rock und der Heavy-Metal-Musik. Der in Thüringen 1993 geschehene „**Satansmord**" ist eines der grausamen Beispiele im Bereich der okkulten Satansszene.

Zusammenfassung

Die Zunahme an Freizeit ermöglicht dem Einzelnen nicht nur ein größeres Maß an Freiheit, selbst zu entscheiden, was er tun und lassen möchte, sondern erhöht auch die damit verbundenen **Gefahren**.
Unkontrollierter TV-Konsum, Gewalt- und Horrorfilme führen nicht selten zu einem Werteverlust. Fehlende Sinnangebote, die Droge „Wohlstand" führen ebenso oft zu Entfremdung, mangeldem Verständnis für andere, geringer Toleranz wie zur Aggression als scheinbarer Möglichkeit einer Konfliktlösung. Die Zerstörung öffentlicher Einrichtungen und eine eskalierende Gewalt gegen Personen sind Probleme, welche unsere Gesellschaft seit einigen Jahren beschäftigen.
In der gegenwärtigen Gewaltbereitschaft zeigt sich zunehmend die mangelnde Fähigkeit, das eigene Leben zu gestalten. Identitätsprobleme der Jugendlichen verbunden mit einer belastenden gesellschaftlichen Krisensituation, einer stärker werdenden Skepsis und mehr Misstrauen sowie phrasenhafte Vorstellungen enden oft im Rechts- oder Linksextremismus. Die Gesellschaft kann nicht weiter nur zuschauend abschirmen, sie muss aktiv Normen menschlichen Verhaltens durchsetzen. Die Rechtssicherheit und der Schutz vor Angriffen auf Leib und Leben müssen verwirklicht werden.

Mit der zunehmenden Freizeit haben **Alkohol**- und Drogenkonsum zugenommen. Der Griff zu illegalen **Drogen** beginnt oft aus Neugier. Sehr schnell jedoch geraten Jugendliche in den Teufelskreis aus Sucht, seelischem und körperlichem Verfall und Kriminalität, der kaum mehr zu durchbrechen ist. Die von Jugendlichen empfundenen Chancendefizite sind ebenso Grund für den Einstieg in die Drogen wie der Mangel an sozialer Anerkennung in der Familie, im Freundeskreis, in der Ausbildung und im Arbeitsleben. Da viele sich die Gefahren nicht bewusst machen, nimmt auch die Bereitschaft zur Einnahme der vermeintlichen „Glücks-Pille" Ecstasy zu. In diesem Zusammenhang ist Aufklärung eine wichtige Aufgabe der Gesellschaft.

Die Suche von Jugendlichen nach einem sinnvollen Leben in unserer Gesellschaft, nach einer besseren Welt ist sehr ernst zu nehmen. Sie sind besonders anfällig für Pseudoreligiosität, Heilungsokkultismus und Satanismus.

Die Grenzen zwischen echter Religiosität und pseudoreligiöser Scharlatanerie sind fließend. Das Leben in solchen Gruppen verläuft meist in Armut, Abkapselung von der Außenwelt und mehr oder weniger willenloser Abhängigkeit der Mitglieder von ihrem „Meister". Der Abbruch der Beziehungen zur Familie und Arbeitswelt im Einfluss der Sekten und die geforderte Selbstaufgabe lassen selten die Anhänger in ein normales Leben zurückfinden.

Zur Wiederholung

1. Diskutieren Sie Möglichkeiten, Gewalt und menschenverachtende Darstellungen im TV, auf Videos bzw. DVDs und im Internet einzudämmen.
2. Kontrollieren Sie Ihren Fersehkonsum und listen Sie auf, was Sie am meisten negativ und positiv beeindruckt.
3. Setzen Sie sich mit der These „Rassisten? – Wir doch nicht!" auseinander.
4. Beziehen Sie Stellung zu folgender Aussage: „Dem Alkohol, dem Nikotin und der Spielleidenschaft zu verfallen und abhängig zu werden, ist schließlich ein ganz persönliches Problem."
5. Beschreiben Sie den „Teufelskreis der Drogensucht".
6. Nennen Sie den Unterschied zwischen seelischer und körperlicher Abhängigkeit von Drogen.
7. Stellen Sie Unterschiede und Gemeinsamkeiten bei den Ursachen und Folgen des Konsums von Alkohol und Heroin gegenüber.
8. Diskutieren Sie Möglichkeiten, wie man das Drogenproblem in unserer Gesellschaft wirksam schrittweise lösen kann.
9. Suchen Sie nach Ursachen dafür, dass sich Jugendliche von ihrer traditionellen Religion abwenden und Trost bei „Ersatzreligionen" suchen.
10. Nennen Sie allgemeine Ziele von Sekten und diskutieren Sie Folgen und Gefahren.
11. Wenn Sie davon ausgehen, dass Jugendsekten den Menschen nicht mehr Sinnerfüllung geben, so diskutieren Sie Alternativen für ein sinnerfülltes Leben.

Handlungsimpulse

1. Fragen für ein Klassengespräch zum Thema Gewalt:
   a) Wer wird Skinhead? Sind es normale Jugendliche oder besonders kaputte Typen? Sind Skinheads Neonazis?
   b) Woher kommen rechtsextremistische Einstellungen?
   c) Wieso kommt es nach Wortgefechten zur Gewalteskalation? Will man den anderen etwas beweisen oder ist es Hass, der in Gewalt umschlägt? Hass auf was?
   d) Welche Folgen richtet Gewalt an? Beim Opfer, beim Täter, beim Umfeld? Wie kann man Gewalt vermeiden?
2. Führen Sie eine Pro- und Kontra-Diskussion zu gewalttätigen Computerspielen durch.
3. Äußern Sie Ihre Gedanken zum Thema „Ecstasy".
   a) Schreiben Sie Ihre Assoziationen auf Wortkarten und veröffentlichen diese in Form eines „Clusters" an der Tafel.
   b) Am „Gedankenbild" ergeben sich Fragen. Schreiben Sie diese ebenfalls auf Wortkarten und präsentieren Sie sie gut sichtbar im Gedankenbild.
   c) Wer kann Antworten auf die Fragen geben?
   d) Welche Informationen zum Thema brauchen Sie noch?

3 Jugend und Recht

3.1 Rechte und Pflichten der Jugendlichen

Rechts- und Geschäftsfähigkeit

Ungleichheit

Karsten Sp., 17 Jahre alt, kauft sich ein Kleinkraftrad. Endlich hat er mit den Geldgeschenken zu seinem Geburtstag den erforderlichen Geldbetrag zusammen. Er freut sich sehr darüber und ist umso mehr enttäuscht, dass seine Eltern den Kauf rückgängig machen wollen.

Rechtsfähigkeit bedeutet, selbst Träger von Rechten und Pflichten sein zu können.

Geschäftsfähigkeit ist die Fähigkeit, selbstständig rechtswirksame Willenserklärungen abgeben zu können.

Stufen der Geschäftsfähigkeit:

- **geschäftsunfähig bis zum 7. Lebensjahr**
- **beschränkt geschäftsfähig vom 7.–18. Lebensjahr (Rechtsgeschäfte nur mit Zustimmung des gesetzlichen Vertreters möglich)**
- **voll geschäftsfähig ab 18. Lebensjahr (alle Rechtsgeschäfte möglich)**

Ist der Kaufvertrag rechtsunwirksam?

Müssen die Eltern dem Kauf eines CD-Players, eines PCs, einer Gitarre, eines Mountainbikes zustimmen? Gilt das auch für Verträge mit einem Sportverein, einer Musikschule, einer Bank, einem Zeitschriftenverlag und einem Tanzkurs?

Der Gesetzgeber beachtet die geistige und sittliche Reife der jungen Menschen. Er nimmt Rücksicht auf die Einsichtsfähigkeit und dem Verantwortungsbewusstsein entsprechend des jeweiligen Lebensalters.

Das Bürgerliche Gesetzbuch sagt dazu aus:

§ 1 BGB Beginn der Rechtsfähigkeit
Die Rechtsfähigkeit des Menschen beginnt mit der Vollendung der Geburt.

§ 104 BGB Geschäftsfähigkeit
Geschäftsunfähig ist, wer nicht das siebente Lebensjahr vollendet hat.

§ 106 BGB Beschränkte Geschäftsfähigkeit
Ein Minderjähriger, der das siebente Lebensjahr vollendet hat, ist [...] in der Geschäftsfähigkeit beschränkt.

§ 108 BGB Vertragsabschluss ohne Einwilligung
Schließt ein Minderjähriger einen Vertrag ohne [...] Einwilligung des gesetzlichen Vertreters, so hängt die Wirksamkeit des Vertrages von der (nachträglichen) Genehmigung des Vertreters (Eltern) ab.

§ 110 BGB Taschengeldparagraf
Ein von dem Minderjährigen ohne Zustimmung des geseztlichen Vertreters geschlossener Vertrag gilt als [...] wirksam, wenn der Minderjährige die [...] Leistung mit Mitteln bewirkt hat, die ihm zu diesem Zweck oder zur freien Verfügung von dem Vertreter [...] überlassen worden sind.

Jeder Kauf ist ein Vertrag, auch wenn Sie wortlos das Geld hinlegen. Ein Kaufvertrag muss (bis auf wenige Ausnahmen) nicht schriftlich abgeschlossen werden. Es reicht, dass sich Käufer und Verkäufer über Ware, Menge und Preis einigen. Bei größeren Anschaffungen, wie beim Kauf eines Mopeds, sollte man aber als Beweis einen schriftlichen Vertrag abschließen.

Beim täglichen Einkauf glauben viele Leute, sie hätten einen Anspruch darauf, eine bestimmte Ware zu einem bestimmten Preis zu bekommen. Das stimmt aber nicht. Wenn der Händler seine Ware im Regal, im Schaufenster oder in der Werbung anpreist, fordert er nur den Kunden auf, ein Angebot zu machen. Wenn der Verkäufer behauptet, dass die Preisschilder oder die Preisangabe verwechselt wurden, dann kommt es nur zum Kauf, wenn zwischen dem Verkäufer und dem Käufer eine Einigung erzielt wird, d.h., wenn der Käufer einen niedrigeren Preis bezahlen will und beide sich handelseinig werden, dann gilt der Vertrag.

Delikt- und Strafmündigkeit

Der 16-jährige Alexander K. verursacht nach der Disko mit dem Auto seines Freundes einen Verkehrsunfall. Alexander hat erheblich getrunken. Bei dem Unfall werden sein Freund und zwei weitere Mitfahrer schwer verletzt. Der Schaden beträgt insgesamt 10000 €.

Ist der Schaden wieder gutzumachen?

Jeder Mensch muss den Schaden, den er einem anderen zufügt, wieder gutmachen.

§ 823 BGB Schadensersatzpflicht

Wer vorsätzlich oder fahrlässig das Leben, den Körper, die Gesundheit, die Freiheit, das Eigentum oder sonstiges Recht eines anderen widerrechtlich verletzt, ist dem anderen zum Ersatz des daraus entstandenen Schadens verpflichtet.

Wenn im Zusammenhang mit dem verursachten Schaden eine Strafverfolgung vorliegt, wird nach der strafrechtlichen Verantwortlichkeit – Strafmündigkeit – zwischen bedingter und voller Deliktfähigkeit unterschieden.

Der § 823 BGB findet seine Ergänzung im Strafgesetzbuch:

§ 223 StGB

Körperverletzung (1) Wer einen anderen körperlich misshandelt oder an der Gesundheit schädigt, wird mit Freiheitsstrafe bis zu drei Jahren oder mit Geldstrafe bestraft.

Der Grad der Verantwortlichkeit steigt mit zunehmendem Alter. Wer ein Delikt begeht, muss schuldhaft gehandelt haben, d.h., er muss für die rechtswidrige Tat auch zur Verantwortung gezogen werden. Dies ist der Fall, wenn er:

- vorsätzlich oder fahrlässig gehandelt hat,
- schuldfähig war.

§ 19 BGB Schuldunfähigkeit eines Kindes

Schuldunfähig ist, wer bei Begehung der Tat noch nicht vierzehn Jahre alt war.

Deliktfähigkeit
ist die Fähigkeit, sich durch unerlaubte Handlungen (Delikte) selbst zum Schadensersatz verpflichten zu können.

Strafmündigkeit
Wer für eine begangene Straftat selbst zur Verantwortung gezogen werden kann, ist strafmündig (ab 18 Jahren).

Schuldfähigkeit
setzt voraus, dass jemand zur Tatzeit reif genug war, das Unrecht einzusehen und nach dieser Einsicht zu handeln oder nicht.

Kinder
sind Minderjährige, die noch nicht das 14. Lebensjahr vollendet haben.

Jugendliche
sind Minderjährige zwischen dem 14. und 18. Lebensjahr.

Heranwachsende
sind Volljährige zwischen dem 18. und 21. Lebensjahr.

Volljährige
Volljährig ist, wer das 18. Lebensjahr vollendet hat.

Rechte und Pflichten der verschiedenen Altersstufen

	Pflichten	Rechte
21		Führerscheinklasse D (Omnibus)
20		Führerscheinklasse für Motorräder (bis 34 PS)
18	Ende der Schulpflicht, Schadensersatzpflicht, volle Strafmündigkeit möglich, volle Deliktfähigkeit	Volljährigkeit, volle Geschäftsfähigkeit, Ehemündigkeit, aktives und passives Wahlrecht, Führerscheinklasse A und B
16	Ausweispflicht	Ehefähigkeit, Eidesfähigkeit, Besuch von Gaststätten, öffentlichen Tanzveranstaltungen und freigegebenen Filmen bis 24 Uhr, Testierfähigkeit (Testament), Jugendvertreter, Führerscheinklasse M und T
15		Beschäftigungserlaubnis, Führerscheinkl. A1
14	beschränkte Strafmündigkeit	Religionsmündigkeit
12	keine Religionsänderung ohne Zustimmung möglich	Kinobesuche („freigegeben ab 12 Jahre") möglich
7	beschränkte Deliktfähigkeit	beschränkte Geschäftsfähigkeit
6	Schulpflicht	Kinobesuche freigegebener Filme bis 20 Uhr
Geburt		Rechtsfähigkeit (Erbrecht, Recht auf Eigentum)

3.2 Jugendstrafrecht

Straftaten von Jugendlichen und Heranwachsenden in Thüringen

In Thüringen wurden im Jahr 2010 10589 Straftaten verübt, davon waren 4544 Jugendliche Tatverdächtige, 2012 waren es 8957, davon 4603 Jugendliche.

Zahlen nach: Polizeiliche Kriminalstatistik, Freistaat Thüringen 2012, TLKA 2013, www.thueringen.de/imperia/content/polizei/statistik/jahrbuch_2012-v2.pdf

Jugendgerichtsgesetz § 3 JGGho
Ein Jugendlicher ist strafrechtlich verantwortlich, wenn er zur Zeit der Tat nach seiner sittlichen und geistigen Entwicklung reif genug ist, das Unrecht der Tat einzusehen und nach dieser Einsicht zu handeln.

Besondere Rechte für Jugendliche

Die strafrechtliche Verfolgung von Jugendlichen sowie das Jugendstrafverfahren sind im **Jugendgerichtsgesetz (JGG)** geregelt. Dieses Gesetz wird angewendet, wenn Jugendliche (14–18 Jahre) oder Heranwachsende (18–21 Jahre) eine Verfehlung begehen, die nach den allgemeinen Rechtsvorschriften mit Strafe belegt ist. Bei den Heranwachsenden gilt das Jugendstrafgesetz allerdings nur, wenn sie zum Zeitpunkt der Tat die Reife hatten und wenn die Verfehlung für ihr Alter ist. Kinder (bis 14 Jahre) können grundsätzlich nicht strafrechtlich belangt werden.
Bei leichten Verfehlungen, z. B. Diebstahl, ist der Amtsrichter als **Jugendrichter** zuständig. Der Jugendrichter kann Jugendstrafen bis zu einem Jahr aussprechen. Im Falle schwerer Verfehlungen entscheidet das **Jugendschöffengericht** (Jugendrichter und zwei Jugendschöffen). Bei schweren Verbrechen, insbesondere bei Tötungsdelikten, wird der Fall in erster Instanz vor der **Jugendkammer** beim Landgericht (drei Richter und zwei Jugendschöffen) verhandelt.

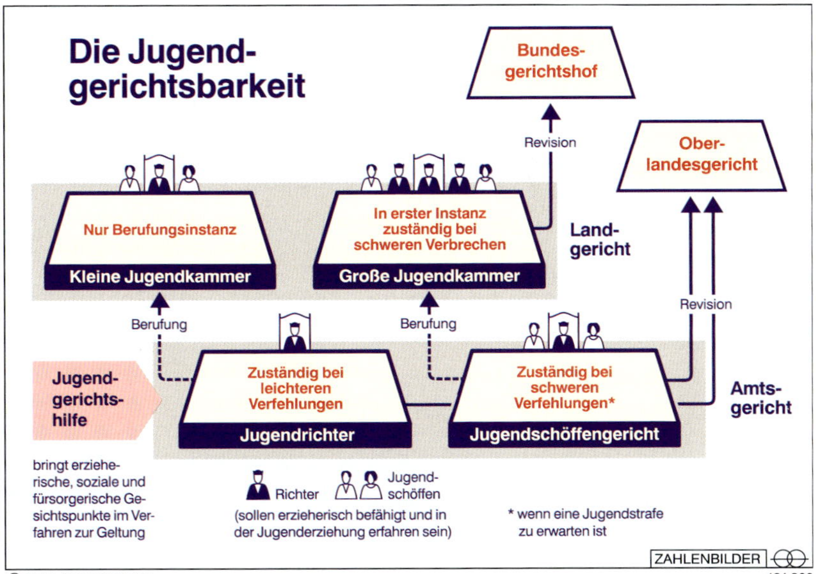

 131 300

§18 Jugendgerichtsgesetz
Die Mindeststrafe der Jugendstrafe beträgt sechs Monate, das Höchstmaß fünf Jahre. (Bei Verbrechen beträgt das Höchstmaß zehn Jahre.)

Jugendgerichte
sind mit besonderen Jugendrichtern und -staatsanwälten besetzte Amts- und Landgerichte, die über alle Verfehlungen der Jugendlichen und Heranwachsenden in erster Instanz zu entscheiden haben.

Erziehung und Besserung als Ziel des Jugendstrafrechts

Mängel in der Erziehung und in der sozialen Entwicklung können zum Fehlverhalten von Jugendlichen führen. Unter Berücksichtigung dieser Umstände entscheidet sich das Gericht häufig zu erzieherischen Maßnahmen. In ca. 85 % der Fälle kommen **Erziehungsmaßregeln** und **„Zuchtmittel"** zur Anwendung. Als **Jugendstrafe** wird die Einweisung in eine Jugendstrafanstalt nur bei besonders schweren Straftaten oder bei stark rückfallgefährdeten Straftätern verhängt.

Erziehungsmaßregeln
Dem Jugendlichen soll deutlich gemacht werden, dass er unrecht gehandelt hat. Bestimmte Auflagen, wie ein Verbot des Besuchs gewisser Lokale, sind Erziehungsmaßregeln.

Zuchtmittel
Sie stellen die härtere Maßnahme gegenüber einem Straftäter dar. Verwarnungen, Auferlegung bestimmter Pflichten, Wiedergutmachung des Schadens und der Jugendarrest gehören zu den Zuchtmitteln.

Übersicht der Maßnahmen und Strafen im Jugendstrafrecht

1. Vorläufige Maßnahmen	• Unterbringung	zur Klärung der Verantwortlichkeit des Beschuldigten (bis sechs Wochen)
	• einstweilige Heimunterbringung	wenn Jugendstrafe zu erwarten ist (Wiederholungsgefahr)
	• Untersuchungshaft	nur in Ausnahmefällen (z. B. bei Flucht, Verdunkelung, Wiederholungsgefahr)
2. Erziehungsmaßregeln (§§ 9 ff. JGG)	• Weisungen • Erziehungsbeistand • Heimerziehung	Gebote und Verbote (z. B. Lokal-, Umgangsverbot, Arbeitsleistung, Verkehrsunterricht – § 10 JGG)
3. Zuchtmittel (§§ 13 ff. JGG)	• Verwarnung	Schadenswiedergutmachung
	• Auflagen	„Zwangsspende", Entschuldigung
	• Jugendarrest	Freizeitarrest, Kurzarrest, Dauerarrest (§ 16 JGG)
4. Jugendstrafe (§§ 17 ff. JGG)	• Freiheitsentzug	nur bei schwerer Schuld mind. sechs Monate, max. fünf Jahre Kapitalverbrechen bis zehn Jahre
	• Bewährung	bei Jugendstrafen bis zu zwei Jahren

Kinder- und Jugendhilfegesetz
ist die wesentliche Rechtsgrundlage im Bereich der Jugendhilfe (KJHG). Es trat am 01.01.1991 in Kraft.

Die Maßnahmen und Strafen orientieren sich in ihrer Wirkung nicht nur an der Schwere der Verfehlung, sondern insbesondere an der Wirkung auf den weiteren Lebensweg des Jugendlichen. Damit kommt der **Erziehungscharakter** der Maßnahmen zum Ausdruck. Das Jugendhilferecht (vom 1. Januar 1991) bestimmt die Mitwirkung der Jugendbehörden bei gerichtlichen Verfahren. Die **Jugengerichtshilfe** arbeitet eng mit den Eltern, Lehrern, der Arbeitsagentur, dem Ausbildungsbetrieb, dem Bewährungshelfer, der Polizei, dem Jugendstaatsanwalt, dem Jugendrichter und der Vollzugsanstalt zusammen.

Jugendhilfe
ist der Überbegriff für Leistungen zur Förderung und Erziehung junger Menschen neben Familie, Schule und Berufsausbildung sowie Leistungen zur Unterstützung der Familie.

Aufgaben der Jugendgerichtshilfe – Pflichtaufgaben des Jugendamtes

- Persönlichkeitsforschung des Beschuldigten
- Betreuung des Jugendlichen und seiner Angehörigen im Vorverfahren eines Prozesses und während der Hauptverhandlung
- Überwachung der Weisungen und Auflagen, soweit kein Bewährungshelfer bestellt ist

Jugendamt
Die Jugendämter haben die Gesamtverantwortung für die Jugendhilfe. Es sind Behörden der Kommunen, Kreise und Länder.

Zweck und Aufgabe der Strafe

Die Strafe erfüllt mehrere Anliegen. In erster Linie gilt es, dem Täter zu der Einsicht zu verhelfen, dass er für begangenes Unrecht einzustehen hat (**Sühne**). Der Vollzug der Freiheitsstrafe dient dazu, die Allgemeinheit zu schützen. Mit der Strafe ist zugleich eine abschreckende Wirkung verbunden. Daneben gewinnt in immer stärkerem Maße die Wiedereingliederung des Verurteilten in die Gemeinschaft an Bedeutung.

Zusammenfassung

Unsere Rechtsordnung misst Kindern und Jugendlichen gewisse „Teilmündigkeiten" zu. Mit zunehmendem Alter steigt die Verantwortung und damit die Rechte und Pflichten. Grundlage der Teilnahme am Rechtsleben ist die **Rechtsfähigkeit**. Um mit allen Rechten und Pflichten Rechtsgeschäfte abschließen zu können, ist die Geschäftsfähigkeit notwendig. Die **Deliktfähigkeit** bestimmt, wann ein Minderjähriger für einen angerichteten Schaden einstehen muss. Als Volljähriger ist der Bürger auch strafmündig, d. h., er kann für eine Straftat bestraft werden.
Im Gegensatz zum Erwachsenenstrafrecht mit Sühne- und Vergeltungscharakter ist das Jugendstrafrecht ein Erziehungsrecht.

Alle Maßnahmen zielen auf die Wiedereingliederung in die Gesellschaft ab. Dieses Leitziel des **Jugendstrafrechts** erfordert eine Reihe von Besonderheiten gegenüber dem Erwachsenenstrafrecht, eigene Jugendgerichte sowie den Beistand der Jugendgerichtshilfe des Jugendamtes vor, während und nach dem Verfahren. Die jugendgerichtlichen Maßnahmen und Strafen orientieren sich an der Wirkung im Hinblick auf den künftigen Lebensweg des Jugendlichen.
Das Jugendstrafverfahren lässt mehrere Möglichkeiten des Verfahrens zu, die sich an der Täterpersönlichkeit und dem Erziehungsgedanken orientieren.

Zur Wiederholung

1. Beurteilen Sie den Fall Karsten Sp. und klären Sie die Rechtslage hinsichtlich der Abschlüsse von Kaufverträgen.
2. Arbeiten Sie die wesentlichsten Unterschiede zwischen Erwachsenen- und Jugendstrafrecht heraus. Fertigen Sie dazu eine Gegenüberstellung an.

3. Mit welchen Folgen hat Alexander K. zu rechnen? Beachten Sie dabei den Schadensersatz, den Versicherungsschutz und die mögliche Strafe. Befragen Sie, wenn notwendig, dazu einen Ihnen bekannten Versicherungsmann/-frau.
4. Erklären Sie die Aufgaben der Jugendgerichtshilfe.
5. Nennen Sie wesentliche Ziele der Erziehung des Jugendlichen im Jugendstrafrecht. Worin kommt dabei der Erziehungsgedanke besonders zum Ausdruck?

Handlungsimpulse

„Strafmündig schon mit 12?" – In jüngster Zeit wird die Frage diskutiert, wie der steigenden Kinder- und Jugendkriminalität wirksam begegnet werden kann. Es wird unter anderem ein schärferes Jugendstrafrecht gefordert. Setzen Sie sich in der Klasse mit folgenden Aussagen auseinander und stellen Sie „Pro" und „Kontra" der Argumente an der Tafel dar.

„Rote Karte für die Gesellschaft! – Wenn die Herabsetzung des Strafmündigkeitsalters gefordert wird, ist dies ein Zeichen dafür, dass die Gesellschaft versagt hat. Wo Kinder in ihrer Freizeit zu Ladendieben werden, Gewalt ausüben oder in Jugendbanden Menschen terrorisieren, sollten Freizeitheime geöffnet, Stellen für Sozialarbeiter eingerichtet und Gelder für Förderprojekte genehmigt werden. Vor der Bestrafung der Kinder geht die rote Karte zuerst an das soziale Umfeld."

4 Jugendliche in der Arbeitswelt

4.1 Arbeitswelt im Wandel

Ungleichheit

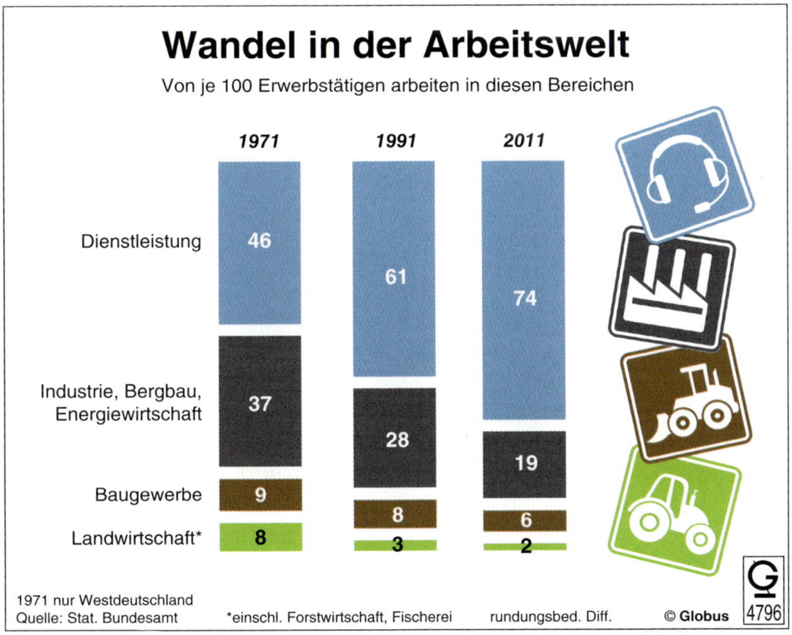

Wandel in der Arbeitswelt
von je 1 000 Beschäftigten arbeiten im Bereich
– Dienstleistungen
1991: 60
2007: 72
– Industrie
2007: 20
– Bau
1991: 7
2007: 6
– Landwirtschaft
1991: 4
2007: 2
Eigene Zusammenstellung

ITK-Branche in Deutschland in %

Telekommunikations-dienste:	**45,7**
IT-Service:	**22,6**
Hardware:	**13,4**
Software:	**10,2**
Konsum-elektronik:	**8,2**

Umsatz in Mrd €
2007: 143,0
2009: 148,1 (Prognose)
Eigene Zusammenstellung

Die Arbeitswelt hat sich dramatisch verändert und stellt vor allem junge Menschen vor neue Herausforderungen, denen mit neuen Maßnahmen wie Förderung der Ausbildungsreife und der Optimierung der Ausbildungssituation begegnet werden kann. „Fördern und Fordern" – unter diesem Motto will die Regierung mit Hartz I bis IV den Arbeitsmarkt und die Arbeitsmarktpolitik weiter reformieren und zielt auf einen umfassenden Abbau der Arbeitslosigkeit ab.

Eine weitere Ursache für die Veränderungen auf dem Arbeitsmarkt beruht auf dem verschärften Wettbewerb und der Globalisierung. So werden arbeitsintensive Tätigkeiten oft ins Ausland verlagert, weil dort die Löhne geringer und Steuern und Abgaben niedriger sind. Darüber hinaus verschwinden mit dem technologischen Fortschritt Arbeitsplätze in manchen Traditionsbranchen. Stellen fallen weg, weil Menschen durch Maschinen oder Computer ersetzt werden können. Für den Staat sind **Innovation, Wissenschaft und Technik** von zentraler Bedeutung für die künftigen Lebenschancen. Forschung, Qualifikation und neue Technologien bestimmen mit über die **Zukunft von Arbeit und Umwelt** und über die Wettbewerbsfähigkeit der Volkswirtschaft. Mit gegenwartsgerechter Förderung der Ausbildungsreife, der Verbesserung der Ausbildungssituation und der Vermeidung von Ausbildungsabbrüchen soll die Jugendarbeitslosigkeit bekämpft werden.

Auf dem Weg in die Informationsgesellschaft

Im 21. Jahrhundert stehen Wissenschaft und **Arbeitswelt** vor einem gigantischen **Umbruch**: Die hochindustriellen Länder entwickeln sich mehr und mehr zu **Informationsgesellschaften**. Ob **Arbeit**, **Freizeit**, zwischenmenschliche Kommunikation – für jeden Bereich unseres Lebens hält die digitale Technik **ungeahnte Möglichkeiten** bereit. Chips- und computergesteuerte Maschinen ersetzen in großem Tempo traditionelle Arbeitsplätze. Informationen und Kommunikationen entwickeln sich zum wichtigsten Wirtschaftsfaktor und schaffen neue Arbeitsplätze. Mit rund 750 000 Beschäftigten und mehr als 130 Milliarden € Umsatz jährlich gehört die Informationstechnik- und Telekommunikationsbranche mittlerweile zu den Leistungsträgern der Wirtschaft. Nach heutigen Prognosen werden in den nächsten 15 Jahren eine Million Arbeitsplätze in der Produktion wegfallen. Im Dienstleistungsbereich jedoch – insbesondere bei den Informationsdiensten – werden zwei bis drei Millionen neue Arbeitsplätze entstehen.

Das Vier-Sektoren-Modell
1882–2010

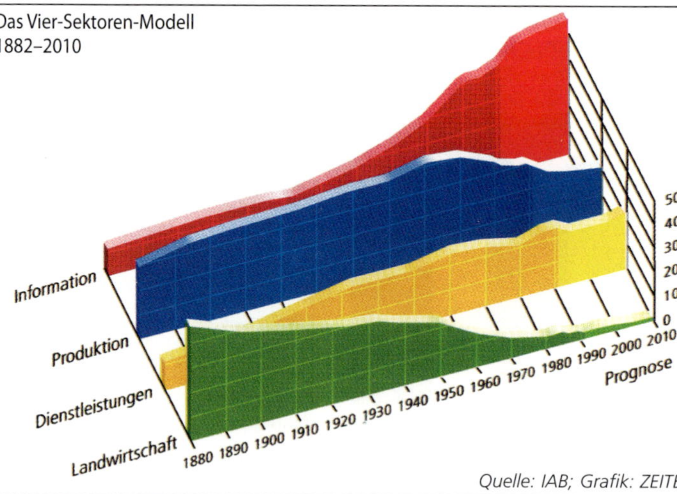

Quelle: IAB; Grafik: ZEITBILD

Der grundsätzlich irreversible Rückgang von Jobs und Beschäftigung ist auch auszugleichen durch Förderung und gesellschaftliche Verankerung neuer Formen von Arbeit. Das heißt, Vollbeschäftigung ist als Ziel aufzugeben. Als Folge des technischen Fortschritts wird menschliche Arbeitskraft systematisch ersetzt. Kein Arbeitsbereich bleibt verschont. Industrie wie Dienstleistungssektor, Staatsbetriebe wie öffentliche Verwaltung werden mit der Einführung jeder neuen technologischen Generation produktiver. Immer mehr Güter und Dienstleistungen können von immer weniger Menschen hergestellt werden. Trotz Wirtschaftswachstum bzw. Umsatzsteigerung geht die gegenwärtige Beschäftigungslosigkeit nicht zurück, manchmal nimmt sie sogar zu. Die tiefgreifenden Reformen durch das Sozialgesetzbuch (SGB II) werden Wirkungen auf dem Arbeitsmarkt haben. Die Zusammenlegung der Arbeitslosenhilfe und Sozialhilfe zum **Arbeitslosengeld II** bedingt kurzfristig mehr Arbeitslose aus dem Kreis der Sozialhifeempfänger. Hartz IV soll durch Jobvermittlung in gemeinnützige Arbeitsgelegenheiten für mehr Beschäftigung sorgen.

Thüringen: Jeder Zweite arbeitet flexibel
Jeder zweite Thüringer arbeitet auch außerhalb der normalen Arbeitszeit. 52,3 % aller Erwebstätigen arbeiten auch feiertags, am Wochenende oder in der Woche vor 6 oder nach 18 Uhr. 44,6 % der Befragten arbeiten samstags, 16 % nachts, etwa jeder Fünfte sonn- und feiertags.

Thüringen: Jeder zweite arbeitet flexibel, in: Ostthüringer Zeitung, 03.04.2004

Arbeitszeiten werden flexibler

Die Arbeitszeiten der Erwerbstätigen sind in Deutschland seit Jahren Gegenstand lebhafter Kontroversen. Folgende Trends haben sich durchgesetzt: Eine **Arbeitszeitverkürzung**, zunehmend auch eine **Flexibilisierung**, aber auch eine **Arbeitszeitverlängerung**.

Neue Techniken und die rasante Entwicklung im Kommunikationswesen und der Wunsch der Arbeitnehmer, mehr Gestaltungsfreiraum außerhalb der Erwerbsarbeit zu erhalten. Technische Innovationen ermöglichen und erfordern Flexibilität in der Arbeitszeit und am Arbeitsort. In vielen Unternehmen und Einrichtungen wird regelmäßig im Schichtbetrieb gearbeitet. Im Gesundheitswesen, in der Energiewirtschaft, bei den Medien, im Transportwesen, bei der Polizei und in der Gastronomie geht es um die ständige Aufrechterhaltung notwendiger Versorgungs- und Dienstleistungsfunktionen. Viele Selbstständige, Freiberufler und Führungskräfte sind ohnehin weit über den sonst noch üblichen Zeitrahmen hinaus in ihre Arbeit eingespannt.

Die Minijobs
Geringfügig (bis 450 €) entlohnte Beschäftigte in Deutschland in Millionen

2003	**5,5**
2012	**7,4**

Zahlen nach Statista GmbH

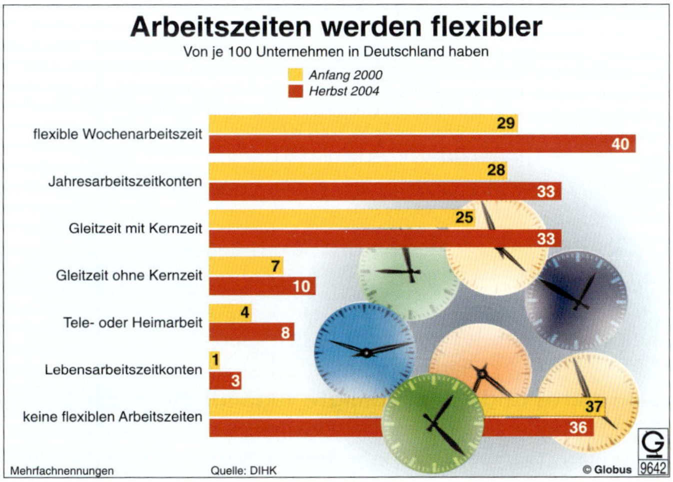

Teilzeit-Boom
teilzeitbeschäftigte Arbeitnehmer in Deutschland 3,15

1993	**3,15 Mio**
2011	**6,5 Mio**

Vgl. Bundesagentur für Arbeit (Hg.): Sozialversicherungspflichtig Beschäftigte nach ausgewählten Merkmalen 03/2013

Die klassischen Arbeitszeiten von 9 Uhr bis 17 Uhr verlieren an Bedeutung. Nur noch 36 % der Unternehmen schreiben den Arbeitnehmern die Anwesenheit am Arbeitsplatz genau vor. Dagegen nehmen alle Formen der flexiblen Arbeitszeit zu. **Gleitzeit** um eine Kernzeit herum haben heute 33 % der Unternehmen, Gleitzeit mit freier Zeiteinteilung

immerhin 10 %. Auch **Jahresarbeitszeitkonten** sind weit verbreitet – in jedem dritten Unternehmen werden Überstunden und Minusstunden über das Jahr aufgeschrieben.
Immer mehr Berufstätige in Deutschland haben eine **Teilzeitstelle**. Seit 2001 hat jeder Arbeitnehmer ein Recht auf Teilzeit, wenn dem nicht wichtige betriebliche Belange entgegenstehen. Bei der gegenwärtigen Misere auf dem Arbeitsmarkt greifen viele Arbeitnehmer lieber auf ein Teilzeitangebot zu, als dass sie viele Wochen und Monate vergeblich nach einer passenden Vollzeitstelle suchen. Hartz IV regelt die Zumutbarkeit von Arbeit, auch in „**Mini-Jobs**". 2010 wird, auch aufgrund der Finanzkrise 2009, die Zahl der Erwerbstätigen in Wirtschaftsbereichen mit produktionsintensiven Tätigkeiten abnehmen.

4.2 Anforderungen an jugendliche Arbeitnehmer

Innovative Qualifizierung und Arbeitsschaffung

Die herkömmliche Qualifizierung ist weder entschieden genug am Potenzial der einzelnen jungen Arbeitsuchenden noch an den entsprechenden Erfordernissen der Arbeitswelt ausgerichtet. Sie vermittelt immer noch zu viel abstraktes Wissen. Die Berufsentscheidungen der Jugendlichen wird vorausgesetzt, statt sie mit diesen gemeinsam zu entwickeln. Die jungen Menschen werden bestenfalls auf einen anonymen Ausbildungs- und Arbeitsmarkt vorbereitet. Das Ziel innovativer Qualifizierung besteht darin, dass die Jugendlichen tatsächlich den Übergang in diesen Markt schaffen.

Günter Thoma: Jugendarbeitslosigkeit bekämpfen – aber wie?, in: Politik und Zeitgeschehen, hrsg. von Bundeszentrale für politische Bildung, B 06-07/2003, S. 43

Die **innovative Qualifizierung** macht sich zur Aufgabe, gemeinsam mit arbeitslosen Jugendlichen bzw. jungen Erwachsenen neue Arbeitsmöglichkeiten zu entwickeln und zu schaffen – vor allem mit jenen, denen der Arbeitsmarkt wenig Möglichkeiten bietet, bzw. mit jenen, die für sich keine Chancen sehen.

Innovative Qualifizierung beinhaltet:

1. Vermittlung von Schlüsselqualifikationen – vor allem Eigeninitiative und Unternehmergeist, damit die Teilnehmer sich selbstständig im Arbeitsmarkt bewegen können
2. Förderung des vorhandenen Wissens und Könnens
3. Forderung und Entwicklung persönlicher Ideen über ihre künftige Tätigkeit und die selbstständige Umsetzung
4. präzise Analyse des Arbeitsmarktes und seines Bedarfs
5. Schaffung vielfältiger Beziehungen zwischen den Jugendlichen und der Arbeitswelt

Ziel ist es, junge Menschen zu befähigen, eigenständige Erwerbsstrategien zu entwickeln und ihre Lebens- und Berufsbiografien selbst zu gestalten.
Gering qualifizierte und benachteiligte Jugendliche in den Ausbildungs- und Arbeitsmarkt zu integrieren wird immer schwieriger, weil: 1. einfache Tätigkeiten der Rationalisierung am stärksten zum Opfer fallen, sodass die Zahl der Stellen für ungelernte Arbeitskräfte stetig abnimmt, 2. gering Qualifizierte auf dem Arbeitsmarkt von den besser Qualifizierten verdrängt werden, 3. gering Qualifizierte genau das nicht haben, was die meisten Jobs voraussetzen: höhere Bildungsabschlüsse. Sie sind damit von vornherein von der Mehrheit der Stellen ausgeschlossen.

Bildung schützt vor Arbeitslosigkeit

Eine gute Ausbildung ist der beste Schutz vor Arbeitslosigkeit. Das belegt eine Untersuchung des Nürnberger Instituts für Arbeitsmarkt- und Berufsforschung.

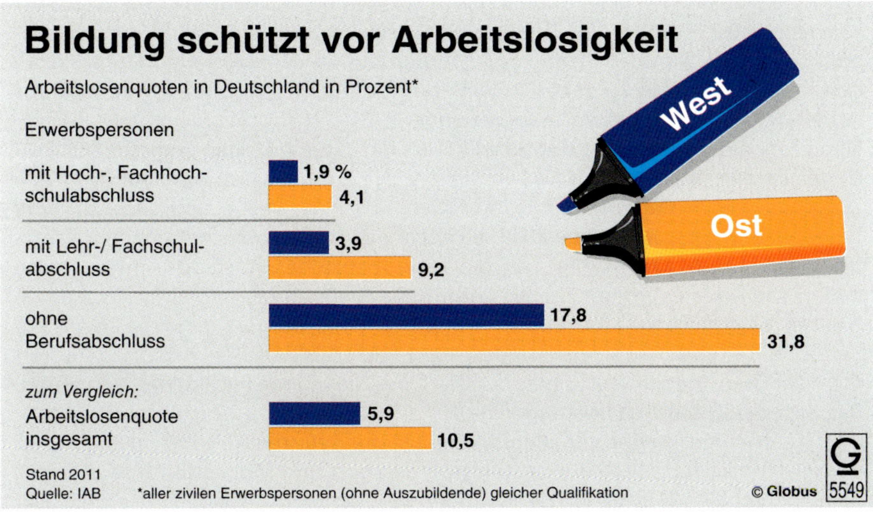

Fachkräftemangel in Thüringen
2013 fehlen 25 000 Facharbeiter und Hochschulabsolventen, bis 2020 fehlen 2 Mio. Fachkräfte.

Vgl. Frankfurter Allgemeine Zeitung, 18.10.2013, S. 1

Je höher die Qualifikation, desto niedriger ist das Risiko, arbeitslos zu werden. Die besser Ausgebildeten haben zudem auch größere Chancen, aus der Arbeitslosigkeit heraus wieder einen neuen Job zu bekommen.

Das Anfang Januar vom Bundesbildungsministerium vorgestellte Eckpunktepapier zur **Novellierung des Berufsbildungsgesetzes** sieht mehrere strukturelle Reformen vor. Absolventen vollzeitlicher Berufsbildungsgänge sollen künftig einen Rechtsanspruch für die Zulassung zur Kammerprüfung erhalten. Nichtbetriebliche Ausbildungsgänge sollen als gleichwertig anerkannt und somit für die Jugendlichen attraktiver werden. Ausbildungsverbänden und konjunkturunabhängigen Ausbildungsgängen wird eine stärkere Rolle zukommen.

Mangelnde Qualifikation

Nach Auskunft der Ausbildungsbetriebe können etliche Lehrstellen nicht, oder nur schwer besetzt werden. Die Unternehmen nennen mangelnde Qualifikation vieler Bewerber als Grund. Der ideale Lehrling ist zuverlässig und kann lesen, rechnen und schreiben. Außerdem ist er teamfähig und leistungsbereit. Weniger wichtig sind dagegen den Ausbildern medien- und naturwissenschaftliche Kompetenzen. Fast die Hälfte der befragten Unternehmen geben aber auch an, dass sie in ihren Betrieben Einsatzmöglichkeiten für eher praktisch Begabte sehen. Diese Tätigkeiten werden bislang meist von Un- und Angelernten ausgeführt. Neue Berufsbilder könnten schwächeren Jugendlichen größere Chancen auf dem Arbeitsmarkt eröffnen.

In Thüringen bricht jeder dritte Jugendliche seine Lehre ab

In Thüringen wirft jeder dritte Jugendliche vor Abschluss seiner dreijährigen Lehrzeit das Handtuch. Jeder zehnte Azubi gibt bereits während der Probezeit von vier Monaten auf. Das teilt die Erfurter Industrie und Handelskammer (IHK) mit.

„Man hört jetzt oft, dass sich unsere Arbeitswelt im Wandel befindet. Was bedeutet das eigentlich für meine berufliche Zukunft?", erkundigt sich Timo.

„Viele Jugendliche wünschen sich einen Ausbildungsplatz bei großen Unternehmen in der Industrie. Wie sicher sind solche Berufe und welche Anforderungen werden in Zukunft wichtig sein?", fragt Nina.

Grund sind „falsche Vorstellungen und Erwartungen der Jugendlichen vom Beruf", sagt IHK-Chef Gerald Grusser. Am Montag beginnt das neue Lehrjahr für rund 5000 Jugendliche in den Bereichen Industrie und Handel.
Gerade in klassischen Gastronomieberufen, etwa bei Restaurantfachleuten oder Köchen, gebe es hohe Abrecherquoten, bestätigt auch die Chefin der Arbeitsagentur Erfurt, Beatrice Ströhl. [...] „Außerdem ist es nicht jedermanns Sache, genau dann arbeiten zu gehen, wenn Freunde feiern", sagt Ströhl mit Blick auf Arbeitszeiten am Abend und Wochenende. [...]
Nimmt man die Folgen des Geburten-Knicks dazu, dann klagen immer mehr Thüringer Firmen über unbesetzte Lehrstellen. Die Zahl der Betriebe, die nicht alle angebotenen Ausbildungsplätze ausfüllen konnten, steige von Jahr zu Jahr, betont die Erfurter IHK. Habe 2010 noch jeder dritte Personalchef über unbesetzte Ausbildungsplätze geklagt, sei die Lage inzwischen noch schlechter: Heute leiden 43 % der Thüringer Firmen unter Bewerbermangel.
Die bei Jugendlichen unbeliebtesten Branchen sind das Gastgewerbe sowie die Bereiche Transport und Logistik. Hier lagen nach Auskunft der Arbeitsagenturen die wenigsten "geeigneten Bewerbungen" vor. Dies hänge auch damit zusammen, dass sich die schulischen Leistungen nach Ansicht der Firmen verschlechtert hätten. Die Unternehmer stellen vor allem Mängel in der Belastbarkeit, den elementaren Rechenfähigkeiten sowie der Leistungsbereitschaft und Motivation fest. „Dies ist keine pauschale Verurteilung der heutigen Schulabgänger, sondern der Eindruck, den Unternehmer aus den Bewerbungsgesprächen mit den Jugendlichen gewinnen", sagt IHK-Chef Grusser. „Oftmals bewerben sich die Jugendlichen einfach nur für den falschen Beruf", so Grusser.
In Thüringen sind zu Beginn des Lehrjahres noch 3 700 Ausbildungsstellen unbesetzt. [...]

Dietmar Grosser: In Thüringen bricht jeder dritte Jugendliche seine Lehre ab, in: Thüringer Allgemeine, 02.09.2012, abgerufen unter www.thueringer-allgemeine.de/web/zgt/leben/detail/-/specific/In-Thueringen-bricht-jeder-dritte-Jugendliche-seine-Lehre-ab-142559462 [21.12.2013]

Telekommunikation, Datennetz, **Multimedia** im weitesten Sinne verändern die Arbeitswelt. So z. B. die Telearbeit, bei der von zu Hause aus gearbeitet wird, verbunden mit der Firma über Datenleitung. Das bedeutet mehr Zeit für die Familie und weniger Berufsverkehr. Auch Mischformen sind denkbar, damit der soziale Kontakt im Unternehmen nicht abreißt. Völlig neue Berufe können entstehen, z. B. der Internetmakler.

Die rasanten **Veränderungen der Arbeitswelt** hin zur Dienstleistungs- und Informationsgesellschaft haben sowohl für die Berufsausbildung als auch für die Berufsausübung **weitreichende Folgen**:

- Um den Anforderungen der Veränderungen gerecht zu werden, ist es notwendig, dass sich traditionelle Berufsbilder aktualisieren und neue **Ausbildungsberufe** entstehen. Die Initiative dafür geht von den Unternehmen, von den Gewerkschaften, Arbeitgeberverbänden und von staatlichen Stellen aus.
- Die Grenzen zwischen den bisherigen Berufsfeldern lösen sich auf. In den Unternehmen werden immer stärker **fachübergreifende Kenntnisse und Fähigkeiten** verlangt. Auf diese Entwicklung wird sich die Berufsschule einstellen müssen.

Verordnung über die Berufsausbildung zum Mechatroniker/zur Mechatronikerin

§ 3 Ausbildungsberufsbild

Gegenstand der Ausbildung sind mindestens die folgenden Fertigkeiten und Kenntnisse:

[...]

6. Planen u. Steuern von Arbeitsabläufen, Kontrollieren und Beurteilen der Arbeitsergebnisse,
7. Qualitätsmanagement,
8. Prüfen, Anreißen und Kennzeichnen,
9. Manuelles und maschinelles Spanen, Trennen und Umformen,
10. Fügen,
11. Installieren elektronischer Baugruppen und Komponenten,
12. Messen und Prüfen elektrischer Größen,
13. Installieren und Testen von Hard- und Softwarekomponenten,
14. Aufbauen und Prüfen von elektrischen, pneumatischen und hydraulischen Steuerungen,
15. Programmieren mechatronischer Systeme,
16. Montieren und Demontieren von Maschinen, Systemen und Anlagen, Transportieren und Sichern,
18. Prüfen und Einstellen von Funktionen an mechatronischen Systemen,
19. Inbetriebnehmen und Bedienen mechatronischer Systeme,
20. Instandhalten mechatronischer Systeme.

§ 9 Inkrafttreten

Diese Verordnung tritt am 1. August 1998 in Kraft.

nach Bundesinstitut für Berufsbildung (BIBB)

Rasch wechselnde Berufsbilder und technische Innovationen in vielen Berufssparten stellen jeden Einzelnen vor immer neue Herausforderungen. Gefragt sind **zusätzliche Qualifizierung und lebenslanges Lernen**.

4.3 Berufliche Bildung – „Lebenslanges Lernen“

Weiterbildungen werden im Beruf immer wichtiger

Viele müssen gar nicht lange überlegen. Dann fällt ihnen eine Veränderung in ihrem persönlichen Arbeitsalltag ein.
Da ist ein neues Betriebssystem, das ganz anders aussieht als das alte. Es gibt ein neues Gerät, das den alten Arbeitsablauf verkürzt. Da sind neue Kommunikationskanäle, die neue Fähigkeiten verlangen. Scheinbar von einem Tag auf den anderen verändert sich die eigene Arbeitswelt – plötzlich schleicht sich das Gefühl ein, nicht mehr auf der Höhe der Zeit zu sein.
Am Ball zu bleiben, ist laut Professor Lutz Bellmann vom Institut für Arbeitsmarkt- und Berufsforschung eine der wesentlichen Herausforderungen an den Berufstätigen von morgen. „Denn die Bedingungen am Arbeitsplatz wandeln sich immer schneller. Der technische Fortschritt und die Internationalisierung des Wirtschaftslebens zwingen viele Firmen dazu, sich immer neu anzupassen. Das bringe auch die viele Veränderungen für die Arbeitnehmer mit sich – und die Notwendigkeit, sich permanent weiterzubilden.
„Niemand darf heute mehr damit rechnen, seinen Arbeitsplatz für die nächsten zwanzig Jahre zu haben", sagt Bellmann. Es sei auch unwahrscheinlich, dass jemand, der heute in den Beruf einsteigt, über dreißig oder vierzig Jahre dieselbe Arbeit macht. Umso wichtiger sei es, dafür zu sorgen, auf der Höhe der Zeit zu bleiben. „Früher war Weiterbildung im Job eher die Kür, heute ist sie eine Notwendigkeit."
Das Engagement der Deutschen ist beim Thema Weiterbildung seit Jahren verhältnismäßig konstant: So hat 2010 fast jeder zweite Erwachsene im Erwerbsalter (42 %) eine Weiterbildung gemacht. Das hat eine repräsentative Umfrage von TNS Infratest Sozialforschung ergeben. Für die Studie wurden im Auftrag des Bundesministeriums für Forschung und Bildung 7 035 Personen befragt. Schon zehn Jahre zuvor lag die Teilnahmequote bei Weiterbildungen ähnlich hoch – nämlich bei 43 %. Im Vergleich zu 2007 ist der Wert leicht zurückgegangen (44 %).
Dem gegenüber steht ein für den Einzelnen kaum zu überschauender Markt. Die Zahl der Angebote liegt laut Datenbank Kursnet der Bundesagentur für Arbeit bei circa 670 000.

Kristin Kruthaup: Weiterbildungen werden im Beruf immer wichtiger, in: Ostthüringer Zeitung, 06.03.2013

Wo gibt es Weiterbildung?
- Arbeitsagentur
- Industrie- und Handelskammer
- Handwerkskammer
- Volkshochschulen
- Berufliche Schulen
- Berufsfortbildungswerk der Gewerkschaften
- Freie Weiterbildungsträger
- Fachhochschulen
- Hochschulen

Die langfristigen Entwicklungen auf dem Arbeitsmarkt stellen Politik und Tarifpartner vor große Aufgaben. Aber auch jeder Einzelne sollte **Konsequenzen für sich selbst ziehen**. Die eigene Arbeitskraft ist im weitesten Sinne auch ein Produkt, das am Markt – dem Arbeitsmarkt – bestehen muss.

Sich daraus ergebende **Folgen** sind:
- Der arbeitende Mensch muss immer **höher fachlich geeignet und befähigt** sein. Dafür ist eine Berufsausbildung allein nicht ausreichend. Dieses Wissen ist bereits nach wenigen Jahren veraltet und muss auf den neuesten Stand gebracht werden. Im Laufe seiner beruflichen Laufbahn müssen sich Arbeitnehmer/-innen oft **spezialisieren, weiterbilden oder fortbilden**.
- Neben dem Willen zu verantwortlicher Mitarbeit im Betrieb ist auch die **ständige Qualifizierung**, die Anpassung an sich verändernde Berufsfelder gefordert. Neue Technologien lassen neue Berufe entstehen und alte verschwinden. Der einmal erlernte Beruf hält nicht mehr für ein ganzes Leben. Nicht selten wird sogar eine zweite Ausbildung erforderlich sein.

Ausbildung ohne Grenzen

Lehrlinge sollen Erfahrungen im Ausland sammeln. Das entsprechende Programm zur Beratung von Auszubildenden bei Auslandsaufenthalten hat das Bundesarbeitsministerium gemeinsam mit der IHK und der HWK gestartet. Das Programm ist in Thüringen angelaufen mit Beratungsstrukturen für Unternehmen. Nur zwei Prozent der Jugendlichen absolvieren zurzeit ein Praktikum im Ausland. Wenn Unternehmen sich auf internationalen Märkten orientieren oder mit weltweit aufgestellten Firmen kooperieren, ist die Anzahl der Lehrlinge im Ausland zu gering. Mit auslandserfahrenen Fachkräften verbessern die Firmen ihre Wettbewerbsfähigkeit. Verständnis für die Arbeitsverhältnisse und Abläufe vor Ort erleichtert die Kommunikation zwischen den Partnern und optimiert die grenzüberschreitende Zusammenarbeit.
Das Programm wird bis 2012 gefördert.

vgl. Margit Kaspe: Ausbildung ohne Grenzen, in: Ostthüringer Zeitung, 26.05.2009

Mit 22 schon Weltmeister
Jan Feustel war der erste KFZ-Mechaniker aus den neuen Ländern, der für diesen Wettbewerb nominiert wurde. Und er kam sofort ganz oben aufs Siegertreppchen der Internationalen Berufsolympiade, an der sich 500 Handwerker aus 28 Nationen und 40 Berufen beteiligten. EUROGATE ist eine Initiative der deutschen Bundesregierung in Zusammenarbeit mit dem Europäischen Sozialfonds.

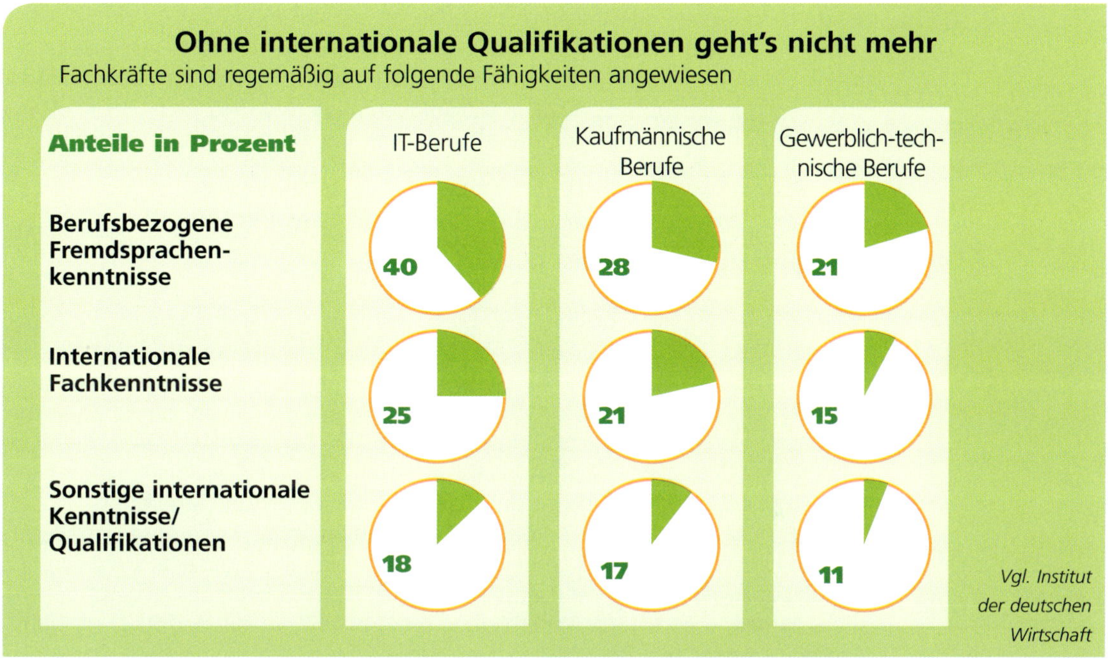

Europa – das bedeutet arbeiten, lernen, Erfahrungen sammeln, und zwar grenzenlos. Über 150 000 Deutsche sind heute im Ausland berufstätig. Rund jeder Dritte von ihnen schaffte den Einstieg über ein Praktikum. Diese Zahlen zeigen wie wichtig es ist, die beruflichen Chancen junger Menschen auf dem europäischen Arbeitsmarkt zu verbessern.
Jeder Bürger der EU darf in jedem Mitgliedstaat einen Teil seiner Ausbildung absolvieren oder einen Beruf ausüben. **Sprachliche Qualifizierung und Praktika** im Ausland erhöhen mit der Sicherung von Vorteilen gegenüber Mitbewerbern die Chancen auf dem Arbeitsmarkt.

EUROGATE informiert Jugendliche und junge Erwachsene über Praktika, Ausbildung und Jobs im europäischen Ausland (www.eurogate.de).

Zusammenfassung

Die Arbeitswelt hat sich dramatisch verändert und stellt vor allem junge Menschen vor neue Herausforderungen. Mit den Hartz-Reformen will die rot-grüne Bundesregierung ab 2002 den Arbeitsmarkt in Deutschland beleben und die hohe Zahl der Arbeitslosen abbauen. Jugendarbeitslosigkeit ist Teil der gegenwärtig allgemein herrschenden hohen Beschäftigungslosigkeit. Eine Optimierung der Ausbildungssituation, Erhöhung der Ausbildungszahlen und Vermeidung von Ausbildungsabbrüchen sollen helfen, diese abzubauen. Unsere Gesellschaft entwickelt sich zunehmend zu einer Informationsgesellschaft. Die digitale Technik und computergesteuerte Maschinen ersetzen immer mehr traditionelle Arbeitsplätze. Kein Arbeitsbereich bleibt davon verschont. Industrie wie Dienstleistungssektor, Staatsbetriebe und Verwaltungen werden mit der Einführung jeder neuen technologischen Generation produktiver. Informations- und Kommunikationstechniken entwickeln sich zum Wirtschaftsfaktor Nr. 1 und schaffen neue Arbeitsplätze.
Vorbei sind die Zeiten, in denen Arbeitnehmer davon ausgehen konnten, ihr ganzes Leben lang acht Stunden am Tag demselben Job nachzugehen. Die Arbeitszeitgestaltung wird in Zukunft flexibler sein. Auch die Arbeitsinhalte verändern sich immer schneller. Viele Beschäftigte werden in „Teilzeit" arbeiten, „Minijobs" annehmen und sich durch „Gleitzeit" die Arbeitszeit variabel gestalten.
Die veränderte Arbeitswelt führt dazu, dass an die Menschen neue Anforderungen gestellt werden. Neben höherer fachlicher Qualifikation treten fachübergreifende Fähigkeiten, sogenannte Schlüsselqualifikationen in den Vordergrund.
Damit sind Fähigkeiten gemeint, die sich als „Instrumente" (Schlüssel) zu Erschließung von nicht nur fachlichen Kompetenzen, sondern auch persönlicher und sozialer Kompetenzen wie Selbstständigkeit, Verantwortungsbereitschaft, Kooperations- und Teamfähigkeit eignen. Der arbeitende Mensch soll sich des „Schlüssels" selbstständig und problembewusst bedienen können.

Der Wandel von der Industrie- zur Dienstleistungs- und Informationsgesellschaft bedeutet, dass in immer kürzeren Abständen neue Berufsbilder entwickelt werden müssen. Zuständig dafür sind die Gewerkschaften und die Arbeitgeberverbände in Zusammenarbeit mit dem Wirtschaftsministerium, das die neuen Berufe anerkennt und eine entsprechende Ausbildungsordnung erlässt. Beispiele dafür sind die neuen IT-Berufe wie IT-Spezialist, Web-Administrator und Software-Developer. Schon heute fehlen 100 000 Fachkräfte in der Informations-Kommunikationstechnik.
Für den Einzelnen wird es in Zukunft immer wichtiger, seine Kenntnisse und Qualifikationen durch lebenslanges Lernen weiter zu entwickeln und der technischen Entwicklung anzupassen. Die Berufsausbildung allein ist dafür nicht ausreichend. Lebenslanges Lernen in Fort- und Weiterbildung erhöht nicht nur die persönlichen Berufschancen, sondern ebenso die Chancen auf Wiederbeschäftigung bei kurzzeitigem Arbeitsplatzverlust.

Zur Wiederholung

1. „Die Arbeit verändert sich." – Nennen Sie wesentliche Merkmale, die sich aus dieser Aussage ergeben.
2. Erklären Sie den Begriff „Informationsgesellschaft".
3. „Teilzeit, Gleitzeit, Minijobs – neue Formen der Arbeitszeit" – Setzen Sie sich mit diesen Modellen hinsichtlich der beruflichen wie persönlichen Zeiteinteilung und einer flexiblen Arbeitszeitgestaltung auseinander.

4. „Innovative Qualifizierung" – Welcher inhaltliche Grundgedanke liegt dieser Form zugrunde?
5. Vergleichen Sie „frühere" und „künftige" Anforderungen an Facharbeiter. Welche der Anforderungen trifft schon auf Ihre Ausbildung zu?
6. Nennen Sie Fähigkeiten, die Ihrer Ansicht nach zukünftig immer wichtiger werden und die, die an Bedeutung verlieren.
7. Erklären Sie den Begriff „Schlüsselqualifikationen". Gliedern Sie die einzelnen Qualifikationen nach persönlichen Fähigkeiten und sozialen Kompetenzen.
8. Nennen Sie die wichtigsten Kompetenzen, die heute von Auszubildenden wie von Arbeitnehmern verlangt werden.
9. „Neue Berufsbilder werden notwendig." – Begründen Sie diese Aussage.
10. Erörtern Sie die Feststellung: „Bildung schützt vor Arbeitslosigkeit."
11. Interpretieren Sie die in „Mangelnde Qualifikation" auf Seite 83 von Unternehmen geäußerten Anforderungen an Auszubildende. Welche Folgen ergeben sich für zukünftige Aus-, Fort- und Weiterbildungsüberlegungen?
12. Trotz anhaltend hoher Arbeitslosigkeit und schwieriger Ausbildungssituation beurteilen acht von zehn Jugendlichen ihre Berufsaussichten optimistisch. Interpretieren Sie diese Feststellung.

Handlungsimpulse

1. Fertigen Sie eine Übersicht an über:
   a) Berufe, denen früher eine wichtige Bedeutung zugekommen ist, die aber ihre Bedeutung mittlerweile ganz oder zumindest teilweise verloren haben.
   b) Überlegen Sie, wie es zu dieser Entwicklung gekommen ist. Ordnen Sie die Gründe den jeweiligen Berufen zu.
   c) Erstellen Sie ein Gedankenbild über Veränderungen, die zur Schaffung neuer Berufsbilder geführt haben.
2. Nur 42 % der männlichen und 66 % der weiblichen Auszubildenden sind drei Jahre nach Beendigung ihrer Ausbildung noch im erlernten Beruf beschäftigt. Das lässt allerdings noch keine Rückschlüsse auf Beschäftigungsperspektiven einzelner Ausbildungsberufe zu. Laden Sie den Arbeitsberater der zuständigen Arbeitsagentur ein und lassen Sie sich über Beschäftigungsmöglichkeiten in Ihrem Ausbildungsberuf informieren.

Gesellschaft im Wandel

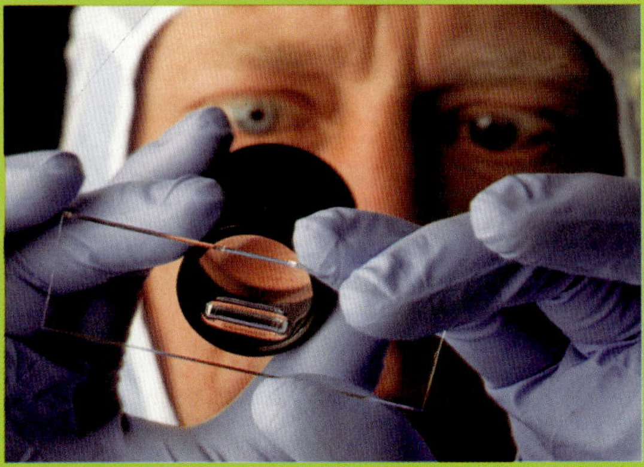

?

1. ***Welche Vorstellungen verbinden Sie mit den Bildern auf dieser Seite?***
2. ***Schreiben Sie auf, was Sie momentan unter dem Thema „Gesellschaft im Wandel" verstehen. (Begutachten Sie dann Ihren Text nach der Bearbeitung dieses Kapitels.)***

1 Von der Agrargesellschaft zur Informationsgesellschaft

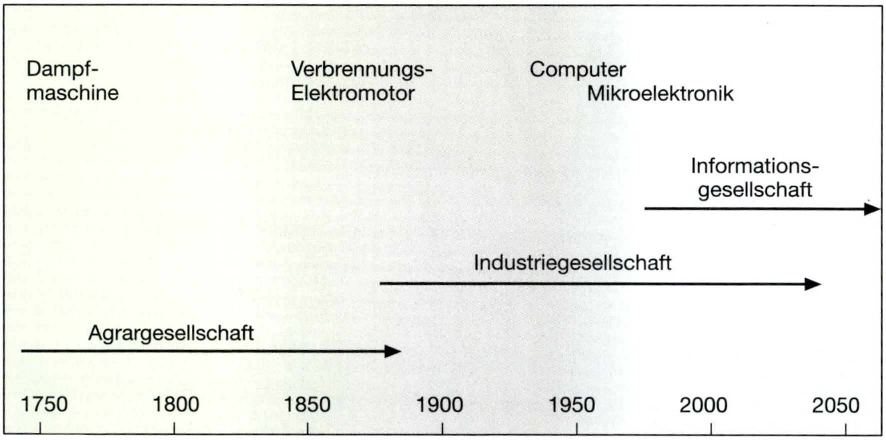

Was heißt **Gesellschaft**? Damit ist eine große Anzahl Menschen gemeint, die nach bestimmten Regeln dauerhaft miteinander leben und arbeiten. Die Gesellschaft ist kein starres Gebilde mit ewig gleichen Merkmalen. Vielmehr wandelt sich die Gesellschaft im Laufe der Zeit. So können sich die Gesellschaftsstruktur (z. B. Altersaufbau, Berufstätigkeiten, Einkommensverhältnisse), das Wirtschaftssystem und der politisch-staatliche Ordnungsrahmen durchaus verändern.

Diese Veränderungen werden durch bedeutende Ereignisse ausgelöst. Die **Erfindung der Dampfmaschine**, des Elektro- und Verbrennungsmotors sowie das Aufkommen der Mikroelektronik sind solche Markierungen des gesellschaftlichen Wandels. Die Dampfmaschine steht am allmählichen Übergang von der Agrar- zur frühen **Industriegesellschaft**. Die Erfindungen des Verbrennungs- und Elektromotors läuten die moderne Industriegesellschaft ein, die Mikroelektronik deutet auf das Entstehen der **Informationsgesellschaft** hin.

Erfindungen
Dampfmaschine 1765
Verbrennungsmotor 1860
Elektromotor 1866
Computer 1938

Zu beachten ist allerdings, dass diese Veränderungen nicht schlagartig vor sich gehen. Es gibt weitreichende Überlagerungen mit entsprechend langen Übergangszeiten, die geprägt sind von schwierigen Anpassungsprozessen. Die Strukturen der Agrargesellschaft haben noch einige Zeit in die frühe Industriegesellschaft hineingewirkt, ähnlich werden Merkmale der modernen Industriegesellschaft noch in der Informationsgesellschaft zu finden sein. Eine besondere Herausforderung der gegenwärtigen Übergangsphase ist die Zunahme an Information und Wissen. Von 1800 bis 1900 hat sich das weltweite Wissen verdoppelt. Zurzeit gehen Wissenschaftler von der Verdoppelung des Wissens im Zeitraum von vier – im Bereich der Informationstechnologie sogar von eineinhalb Jahren – aus.

1.1 Die Entwicklung der Industriegesellschaft

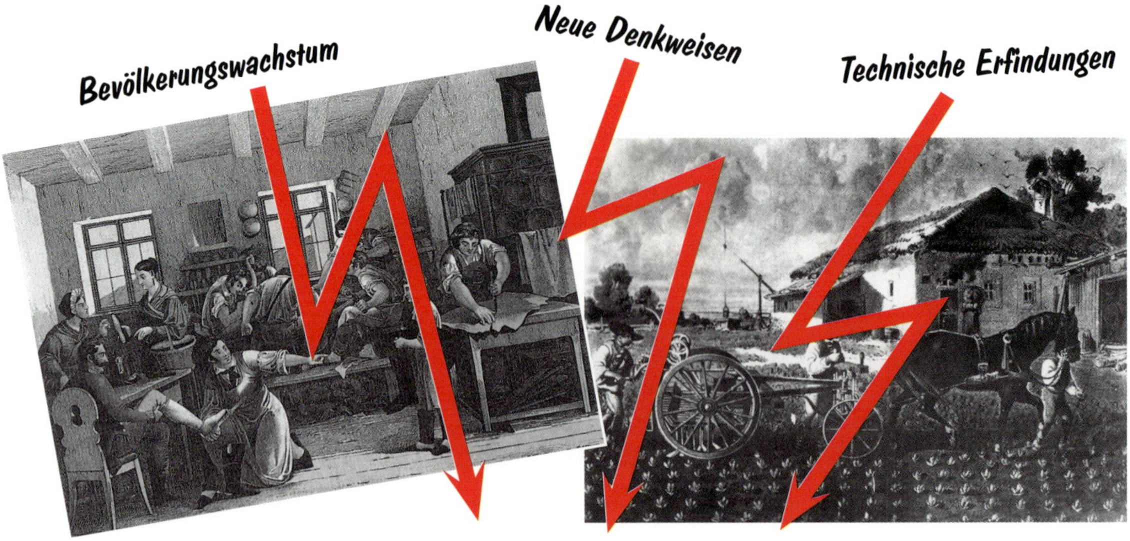

In der zweiten Hälfte des 18. Jahrhunderts sind etwa 80 % der Menschen in der Landwirtschaft beschäftigt. Aufgrund dieses Merkmals wird die damalige Gesellschaft als **Agrargesellschaft** bezeichnet.

Die Agrargesellschaft ist nach **Ständen** – Bauern, Bürgern, weltlichem und geistlichem Adel – gegliedert. Die einzelnen Stände sind voneinander abgeschottet. Bauern-, Handwerker- und Kaufmannssöhne bleiben im Beruf des Vaters. Töchter bereiten sich ausschließlich auf die Tätigkeit der Hausfrau vor und heiraten „standesgemäß". Das Leben des Einzelnen ist fest eingebettet in den Familienverband. Zu dem Mangel an gesellschaftlicher Durchlässigkeit (Mobilität) kommen noch die von der Obrigkeit verordneten Stadt- und Niederlassungsrechte, wodurch auch die räumliche Bewegungsfreiheit erheblich eingeschränkt ist.

Aufklärung
Der in Königsberg lebende Philosoph Immanuel Kant (1724–1804) formuliert den Wahlspruch der Aufklärung: „Habe Mut, dich deines Verstandes zu bedienen."

Diese scheinbar fest gefügte Ordnung gerät in Bewegung durch neue Denkweisen, schlagartiges Bevölkerungswachstum und technische Neuerungen. Die Menschen haben durch die geistige Bewegung der **Aufklärung** Mut bekommen, sich aus gedanklicher Bevormundung zu lösen und gelangen zu naturwissenschaftlichen Erkenntnissen, die im weiteren Verlauf zu bahnbrechenden technischen Erfindungen führen. So beruhen die Experimente von **James Watt** bei der Verbesserung der Dampfmaschine auf den Ergebnissen wissenschaftlicher Arbeit.

Watt, James
1736–1819
Schottischer Ingenieur

Die technischen Erfindungen werden wegen des starken Bevölkerungsanstiegs dringend gebraucht. Immer mehr Menschen müssen ernährt und gekleidet werden, was das auf Landwirtschaft und Handwerk aufgebaute Wirtschaftssystem der Agrargesellschaft nicht hätte leisten können. **Fabriken** entstehen überall und werden zum Merkmal einer Gesellschaft, in der Leben und Arbeit zunehmend von der **Industrie** bestimmt und geprägt werden.

Technologische Grundlagen

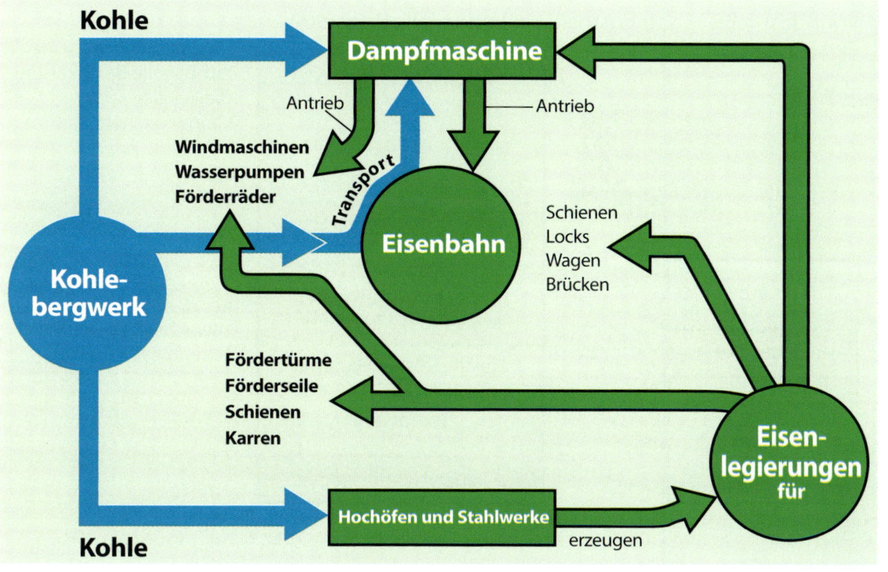

Technologie
ursprünglich:
die Wissenschaft von der Technik. Erweitert steht der Begriff für alle technischen Verfahren, mit deren Hilfe naturwissenschaftliche Erkenntnisse umgesetzt werden.

Die **Basisinnovation Dampfmaschine** ist die treibende Kraft der Industrialisierung. Die Veränderungen zeigen sich zunächst in den Bereichen Textilherstellung, Bergbau und Eisenverarbeitung. Der vielfältige Maschineneinsatz eröffnet neue technische Möglichkeiten, die sich wiederum gegenseitig beeinflussen.

Mithilfe von **Eisenbahnen** und Dampfschiffen vollzieht sich der Ausbau des Verkehrswesens. Die neuen Verkehrsmittel erweitern die Absatzmöglichkeiten für maschinell hergestellte Güter und steigern gleichzeitig den Bedarf an Kohle, Eisen und Stahl.

Auf der Suche nach weiteren Antriebsquellen gelingt dem Ingenieur **Nikolaus Otto** die Erfindung eines gasbetriebenen Viertakt-Verbrennungsmotors. Auf der Grundlage des **Ottomotors** entwickeln die Ingenieure Carl Benz und Gottlieb Daimler benzinbetriebene Automotoren (1886).
An der Entwicklung des **Elektromotors** ist u. a. Werner von Siemens beteiligt. Der Elektromotor steht zusammen mit dem Verbrennungsmotor am Beginn einer **zweiten Industrialisierungsphase**.

Parallel zur ansteigenden Güterproduktion durch maschinelle Fertigung wachsen die Erträge der Landwirtschaft durch bessere Anbaumethoden und Verwendung von chemischen Düngemitteln.

Basisinnovation
Innovation (lat. = Neuerung). Basisinnovation kennzeichnet die Einführung einer kostensenkenden technischen Neuerung von grundlegender und weitreichender Bedeutung.

Otto, Nikolaus August
1832–1891
Deutscher Ingenieur

Gesellschaftliche Veränderungen

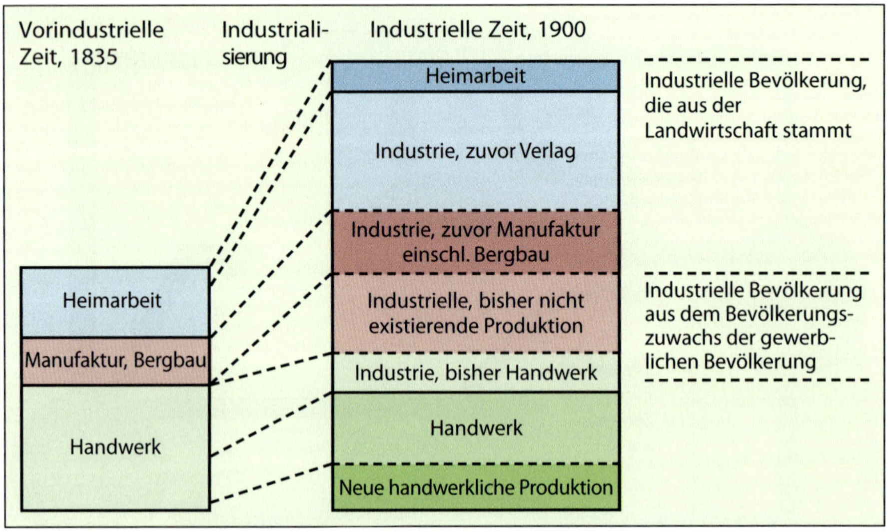

Friedrich-Wilhelm Henning: Die Industrialisierung in Deutschland 1800–1914, 6. Aufl., Paderborn 1983, S. 127

Karl Marx geb. 1818 in Trier, gest. 1883 in London, veröffentlicht zusammen mit Friedrich Engels 1848 das „Kommunistische Manifest". Losung: „Proletarier aller Länder vereinigt euch."

Bei den meisten Tätigkeiten in der neuen Betriebsform **Fabrik** verlieren die vorher erlernten Fähigkeiten an Bedeutung. Mit den Fabrikarbeitern entsteht eine neue gesellschaftliche Gruppe. Mitunter wird die Gesellschaft des 19. Jahrhunderts als **Klassengesellschaft** bezeichnet. Dieser Begriff geht auf **Karl Marx** zurück. Seiner Überzeugung nach ist der Industriegesellschaft die Entwicklung zur Zweiklassengesellschaft vorgegeben. In ihr stehen sich bürgerliche Unternehmer (Kapitalisten) und die Klasse der lohnabhängigen Arbeiter (Proletarier) feindselig gegenüber.

Diese Vorhersagen treffen nicht zu. Nur ein Teil des Handwerks und des Kleingewerbes geht durch die Industrialisierung zugrunde, ein anderer Teil übernimmt neue Funktionen (z. B. Zulieferungen und Reparaturen). Andererseits gliedert sich die Arbeiterschaft bald auf und erscheint deshalb nicht mehr als geschlossene „Klasse". Die Ausweitung und Verfeinerung der maschinellen Produktion stellt unterschiedlich hohe Anforderungen an die Arbeitskräfte. Spezielle Tätigkeiten, die theoretische Kenntnisse und technisches Verständnis verlangen, bilden sich heraus; dazu kommen Aufgaben kaufmännischer und verwaltender Art.

Wo wohnen die Menschen im 19. Jahrhundert?

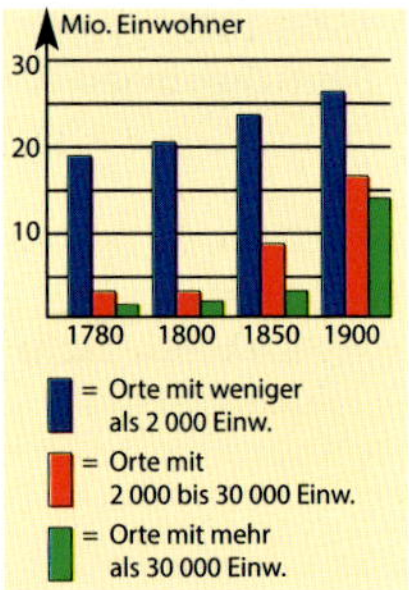

Bevölkerungszuwachs in den Städten

Friedrich-Wilhelm Henning: Die Industrialisierung in Deutschland 1800–1914, 6. Aufl., Paderborn 1983, S. 31

Die Fabrikarbeit bringt es mit sich, dass die Menschen in der Nähe ihrer Arbeitsplätze wohnen müssen. An den Fabrikstandorten dehnen sich die Arbeiterbehausungen aus. Besonders in der 2. Hälfte des 19. Jahrhunderts ziehen immer mehr Menschen in die **Industriestädte**. Gibt es um 1800 in Deutschland nur die beiden Großstädte Berlin und Hamburg, so sind es 1900 bereits 33 größere Städte.

Politische und soziale Merkmale der modernen Industriegesellschaft

Durch die Industrialisierung im 19. Jahrhundert ist die **Industriegesellschaft** entstanden. Anfangs werden in den Fabriken nur angelernte Arbeiter benötigt. Ihr gesellschaftlicher und politischer Einfluss ist gering. In der modernen Industriegesellschaft haben sich die Verhältnisse gegenüber der frühen Industriegesellschaft positiv verändert. Alle gesellschaftlichen Gruppen haben grundsätzlich gleiches Recht auf politische Beteiligung und soziale Absicherung.

Wirtschaftliche und gesellschaftliche Entwicklungen vollziehen sich innerhalb eines politischen Ordnungsrahmens. Ist dieser Ordnungsrahmen starr, wie z. B. in einer Diktatur, gehen wirtschaftliche und gesellschaftliche Veränderungen nur langsam voran, weil es keine Privatinitiative geben darf. Ganz anders verhält es sich in einer **freiheitlich-demokratischen Ordnung**. Im Grundgesetz der Bundesrepublik Deutschland kommt diese Ordnungsvorstellung zum Ausdruck. Wirtschaft und Gesellschaft können sich ohne Zwang entwickeln, das Entwicklungstempo wird nicht vom Staat bestimmt. Allerdings dürfen dabei die sozialen Rechte schutzbedürftiger Menschen nicht übergangen werden.

Freiheitlich-demokratische Ordnung
- **Ausschluss von Gewalt und Willkürherrschaft**
- **Selbstbestimmung des Volkes nach Mehrheitsentscheidung**

Demokratie

1.2 Grundlagen der Informationsgesellschaft

Mikrosysteme
Noch kleiner und schneller als Chips sind mikromechanische Sensoren und Aktoren auf Siliziumbasis.

Mit Informationsgesellschaft wird eine Wirtschafts- und Gesellschaftsform bezeichnet, in der nicht mehr die Güterproduktion, sondern die Gewinnung, Speicherung, Verarbeitung, Übertragung und Nutzung von Informationen im Mittelpunkt stehen und dadurch die Lebens- und Arbeitsbedingungen des Menschen wesentlich beeinflussen. Weniger gebräuchlich, aber sinngemäß gleichbedeutend, ist der Begriff **Wissensgesellschaft**.

Basisinnovation Mikrotechnologie

Kommunikationstechnologie
Austausch von Nachrichten mithilfe neuer Übertragungstechniken, z. B. mittels Breitbandkabel, in einem digital aufgebauten Netz

Heute werden Wirtschaftswachstum und Strukturwandel maßgeblich von der **Informationstechnologie** beeinflusst, die auf der Grundlage der Basisinnovation **Mikroelektronik** Geräte und Systeme entwickelt wird. Informationen werden in Form von Daten, Texten und Bildern erfasst, verarbeitet, gespeichert und weitergegeben. Damit wird der Informationsfluss beschleunigt. Technischer Grundbaustein der Mikroelektronik ist der Mikrochip, an dessen Weiterentwicklung ständig gearbeitet wird. Die meisten Mikrochips kommen aus Japan und den USA.

Aufgrund der vielfältigen Anwendungsmöglichkeiten hat die Mikroelektronik in gewerblichen Produktions- und Dienstleistungsbereichen ebenso Einzug gehalten wie im Privatbereich. Zur zunehmenden Verbreitung der Mikroelektronik trägt auch bei, dass wegen der rasanten technischen Entwicklung die Preise für elektronische Geräte ständig fallen. Die Kosten für die Speicherung von einem Gigabyte sind innerhalb von 20 Jahren von ca. 100 € auf weniger als 1 Cent gefallen. Sie betragen weniger als der Preis von Papier als Speichermedium.

Werden technische Neuerungen aus dem Bereich der **Informations-** und **Kommunikationstechnologie** (IuK-Technologie) miteinander verknüpft, eröffnet sich ein grenzenlos erscheinendes Feld von Anwendungsmöglichkeiten, die Privatleben, Arbeitswelt und den öffentlichen Bereich grundlegend verändern und prägen. Das ist der Grund für die Bezeichnung **Informationsgesellschaft**.

1 Gigabyte = 1 024 Megabyte; entspricht etwa dem Textumfang von 536 Büchern

Internetnutzer
Mitte 2012 nutzten etwa 2,4 Milliarden Menschen das Internet (Asien 44,5 %, Europa 21,5 %, Nordamerika 11,3 %, Lateinamerika 10,5 %, Afrika 6,9 %).

Die Informationsgesellschaft eröffnet Chancen, birgt aber auch Risiken in sich.

Chancen und Risiken der Informationsgesellschaft	
• Überwindung räumlicher Grenzen • Vielfältige Kommunikationsformen • Weltweiter Informationszugang • Neue Tätigkeitsfelder • Neue Formen politischer Beteiligung	• Verlust herkömmlicher Arbeitsplätze • Informationslawine • Datenmissbrauch und Manipulation • „Internetsucht" und Isolierung • Ungleiche Zugangschancen

Im Gegensatz zu früher, als Bücher, Zeitungen, Hörfunk und Fernsehen die wichtigsten Wissensquellen waren, bieten heute das Internet und Web-2.0-Anwendungen nahezu unbegrenzte Informations- und Beteiligungsmöglichkeiten.

Das Internet ist aus dem sogenannten APRA-Netz hervorgegangen. Das war ein militärisches Netz, das in den 1960er Jahren in den USA entstanden ist. Damals waren gerade mal vier Computer miteinander verbunden, über die geheime militärische Daten ausgetauscht wurden. In den 1970er Jahren erkannte auch die Wissenschaft die Vorteile einer Computer-Vernetzung. Man begann, gemeinsam benötigte Daten untereinander auszutauschen und Forschungsergebnisse zu veröffentlichen.

Eigene Zusammenstellung nach www.internet-abc.de und Statistischem Bundesamt

Ab dem Jahr 1990 steht das Internet für die kommerzielle und private Nutzung zur Verfügung. In den ersten Jahren war das Internet eine gigantische Ansammlung von Daten, welche die Nutzer abrufen konnten. Die Kommunikation unter dem Kürzel Web 1.0 erfolgte vorwiegend in eine Richtung vom Sender zum Empfänger (User), nur wenige Menschen hatten die Möglichkeit selbst Informationen „ins Netz" zu stellen. Inzwischen ist das Internet zum alltäglichen Instrument in allen Lebensbereichen geworden. Das Web 2.0 hat größere Dimensionen eröffnet. Neue Tätigkeitswörter wie chatten, bloggen, twittern oder googeln sind ein Zeichen dafür. Die rasante Entwicklung des Internets in nur zwei Jahrzehnten hat einen **Strukturwandel** in Gang gesetzt.

Zusammenfassung

Wandel der Agrargesellschaft: Neue Denkweisen, schlagartiges Bevölkerungswachstum und technische Neuerungen bringen die Agrargesellschaft des 18. Jahrhunderts in Bewegung. Grundlage neuer Erkenntnisse ist die Aufklärung, eine geistige Bewegung, welche die Menschen aus gedanklicher Bevormundung lösen will.

Technologische Neuerungen: Im Mittelpunkt steht die Erfindung der Dampfmaschine als vielseitig verwendbare Antriebsmaschine. Neue Betriebsform wird die Fabrik. Die Eisenbahn verbessert das Verkehrswesen. Die Erfindungen des Verbrennungs- und Elektromotors bewirken weitere Industrialisierungsschübe.

Gesellschaftliche Veränderungen: Mit der Fabrikarbeiterschaft entsteht eine neue gesellschaftliche Gruppe. Karl Marx bezeichnet die Arbeiterschaft als Klasse, die er im scharfen Gegensatz zur Klasse der Unternehmer sieht. Bei zunehmender Industrialisierung gliedert sich jedoch die „Klasse" der Arbeiter mehr und mehr auf. In den Fabrikstädten steigen die Einwohnerzahlen rasch an.

Politischer Ordnungsrahmen: Das politische Merkmal der modernen Industriegesellschaft ist ein freiheitlich-demokratischer Ordnungsrahmen, in dem sich Wirtschaft und Gesellschaft ohne Zwang entwickeln können.

Die Basisinnovation **Mikroelektronik** hat Geräte und Systeme hervorgebracht, die Informationen in Form von Daten, Texten, Bildern und akustischen Signalen erfassen, verarbeiten, speichern und weitergeben können. Elementarer Baustein der Mikroelektronik ist der Mikrochip. Die auf der Mikroelektronik aufbauenden Informations- und Kommunikationstechnologien (IuK) prägen heute mehr und mehr Leben und Arbeit in der Gesellschaft. Von daher ist die Bezeichnung **Informationsgesellschaft** abgeleitet.

Im Mittelpunkt der Informations- und Kommunikationstechnologien stehen weltweit gespannte elektronische Informationsnetze. Das **Internet** ist aus dem militärischen Anwendungsbereich hervorgegangen. Das Ziel, wonach – ohne Einschaltung eines Zentralrechners – jeder Computer mit jedem anderen gleichrangig kommunizieren sollte, ist heute auch im Wirtschafts- und Privatbereich verwirklicht.

Die IuK-Technologien haben einen **Strukturwandel** mit herbeigeführt, der Chancen (z. B. weltweiter Informationszugang und neue Formen politischer Beteiligung) und Risiken (z. B. Datenmissbrauch und Manipulation) in sich birgt.

Zur Wiederholung

1. Womit hängt die Bezeichnung „Agrargesellschaft" zusammen?
2. Erklären Sie den Zusammenhang zwischen Aufklärung und neuen technischen Erfindungen.
3. Begründen Sie, weshalb die Dampfmaschine als treibende Kraft der Industrialisierung bezeichnet wird.
4. Nennen Sie weitere Antriebsarten, die der Dampfmaschine gefolgt sind.
5. Inwiefern trifft die Bezeichnung Klassengesellschaft nicht die gesellschaftliche Wirklichkeit?
6. Erläutern Sie die mit der Basisinnovation Mikroelektronik einhergehenden technologischen Neuerungen.

7. Erklären Sie den Begriff „Internet".
8. Weshalb ist es falsch, im Zusammenhang mit Informationsgesellschaft nur von Chancen zu sprechen?

Handlungsimpulse

1. Stellen Sie fest, wann in Ihrer Wohnregion die ersten Fabriken gebaut und die ersten Eisenbahnlinien eröffnet worden sind.
2. Versuchen Sie herauszufinden, wie sich in Ihrer Wohnregion innerhalb der letzten 50 Jahre die Arbeitsmöglichkeiten verändert haben.
3. Erkunden Sie in Ihrem Ausbildungsbetrieb die verschiedenen Anwendungen der Mikroelektronik.
4. Legen Sie zusammen mit anderen ein eigenes Internetlexikon an, in das Sie fortlaufend alle Begriffe aufnehmen, die Ihnen im Zusammenhang mit der Nutzung des Internets wichtig erscheinen.

2 Strukturwandel in der Informationsgesellschaft

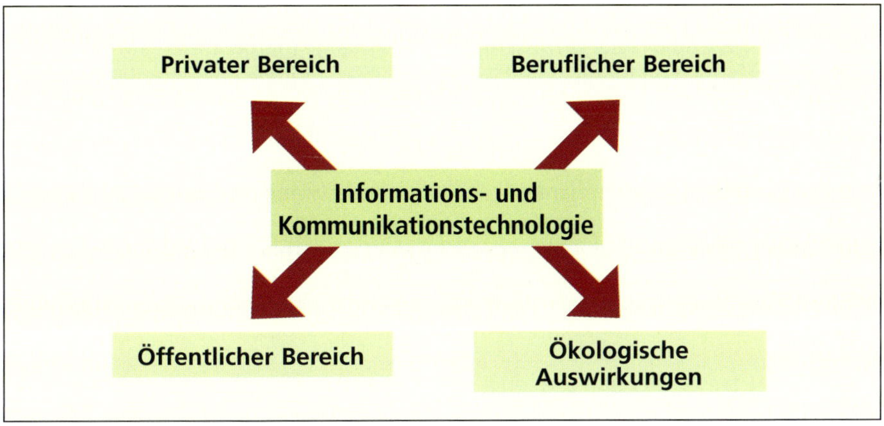

Ausstattung mit IuK-Technologie (Deutsche Haushalte in %)

	2010	2011	2012
Computer	77,0	79,1	80,1
Internetzugang	97,5	71,6	75,4

Eigene Zusammenstellung nach Zahlen des Stati. Bundesamtes, www.destatis.de [20.08.2013]

2.1 Der private Bereich

Ins Netz gegangen

Sphäre
Bereich, Umfeld, Wirkungskreis

Alle sozialen Sphären sind inzwischen vom Internet durchdrungen: In Gestalt von Laptops, iPads und Smartphones folgt uns das Netz auf Schritt und Tritt, in das Büro oder ins Cafe, in die U-Bahn oder in den Urlaub. Das Internet verändert unsere Art zu arbeiten, unser Konsumverhalten, es beeinflusst die Politik ebenso wie die Schöpfung gesellschaftlichen Wissens. Vor allem aber ist das Netz inzwischen integraler Bestandteil unserer privaten Kontakte und sogar Intimbeziehungen geworden.

Biographie
Lebensbeschreibung

Für digitale Aktivitäten scheint es keine Grenzen mehr zu geben: Ob ich ein neues Kochrezept suchen, die aktuellen Aktienkurse verfolgen, nach dem Wetter von morgen oder den Film von heute suchen will, ob ich biografische Details zu meinem derzeitigen Lieblingsschauspieler bei Wikipedia abfrage, Onlinenews der Tageszeitungen und Nachrichtenmagazine lese, Zerstreuung in virtuellen Welten von Onlinerollenspielen suche, mich durch die neuesten Musikvideos bei YouTube klicke oder dort einfach nur skurrilen Filmchen nachspüre, mich in Chatrooms mit Bekannten austausche, mein persönliches Twitter-Tagebuch führe, schaue, was der engere Freundeskreis bei Facebook gerade macht, ob ich mich auf die Suche nach einem neuen Lebens- oder Sexualpartner mache, Musikdateien tausche, die neuesten Hits herunterlade, den neuen Roman-Bestseller kaufe, mich nach einem neuen Job und/oder nach einem neuen Auto umsehen will oder den Liebesbrief an die Angebetete in Form einer E-Mail schreibe – alltägliche Aktivitäten, die früher problemlos ohne das Internet möglich waren, sind heute ohne digitale Technologien kaum noch vorstellbar.

Ich-Du-Beziehung

Noch nie konnten Menschen so schnell und unkompliziert an eine so große Menge von Daten, Informationen, Bildern und Tönen gelangen wie heute im Internet. Längst werden im Netz mediale Inhalte nicht nur konsumiert und verteilt, sondern die Nutzerinnen und Nutzer präsentieren sich in sozialen Netzwerken oder durch Einträge in Blogs und Foren, durch private Filme auf Videoportalen, durch das Anbieten persönlicher Gegenstände auf Auktionsplattformen usw. selbst. Sie geben dabei – ob wissentlich oder unwissentlich – eine Menge intimer Daten auf kommerziellen Plattformen preis und hinterlassen bei all ihren digitalen Aktivitäten deutliche Spuren im Netz. So können Shoppingportale Nutzungsprofile ihrer Kunden erstellen und zu Marketingzwecken auswerten, die Staatsmacht kann durch die Ortung von Aufenthaltsorten und durch die IP-Adresse des persönlichen Computers, durch den Einsatz eines sog. „Staatstrojaners", alle Internetaktivitäten der Nutzer ausspähen. Zwar ist das Netz nicht zuletzt für Unternehmen eine ideale Kontaktbörse, doch es lädt wegen des mangelnden Datenschutzes eben auch zu Missbrauch ein.

Peter Kemper, Alf Mentzer, Julika Tillmann (Hrsg.): Wirklichkeit 2.0, Reclam Taschenbuch Nr. 20266, Stuttgart 2012, S. 9 f.

Das Internet bietet uns auf bequeme Weise vielfältige Nutzungsmöglichkeiten. Der Onlinekauf z. B. ist ein wichtiger Bereich, aber vielleicht nicht der wichtigste. Das Internet erschließt uns neue Informations- und Kommunikationswege, die früher undenkbar waren. Die Chancen, gesicherte eigene Meinungen zu bilden, eigene Entscheidungen zu fällen und dafür Gleichgesinnte zu finden, sind deutlich gestiegen. Und damit hat sich der Grad unserer persönlichen Freiheit erhöht. Wir können uns besser gegen irgendwelche Manipulationsversuche absichern. Das betrifft vor allem unsere Eigenschaft als politisch handelnde Staatsbürgerinnen und Staatsbürger.

Anderseits birgt das Internet aber auch neue Risiken in sich, wenn wir uns z. B. zu schnell und zu leichtgläubig **sozialen Netzwerken** anvertrauen oder von dem Unterhaltungsangebot abhängig werden (**Internetsucht**).

Konsum in der Informationsgesellschaft

Shoppen im Netz

„Schrei vor Glück!" So wirbt ein Berliner Online-Schuh- und Modeversand in einem Werbespot – und immer mehr Menschen scheinen ihn beim Wort zu nehmen. Der Einkauf per Mausklick boomt, wie eine jährliche Erhebung der EU-Statistikbehörde Eurostat zeigt. Vor zehn Jahren hatte gerade jeder sechste Bundesbürger etwas über das Internet gekauft, 2011 traf das immerhin schon auf mehr als jeden zweiten zu. Besonders empfänglich für die Online-Angebote sind Jugendliche: Im vergangenen Jahr hatten 57 % der 16- bis 24-Jährigen innerhalb von drei Monaten mindestens einmal im Internet eingekauft.

Ein Blick in die europäischen Länder zeigt, dass Online-Shopping für junge Menschen längst selbstverständlich ist. In Großbritannien, Skandinavien und Deutschland, wo das Internet-Shopping ohnehin populär ist, kaufen die Schüler, Studenten und Berufsanfänger genauso oft im Netz ein wie die älteren – und damit finanzkräftigeren – Erwerbstätigen. In Ländern dagegen, in denen die Älteren seltener etwas über das Internet bestellen, sind die Jüngeren meist Vorreiter, so zum Beispiel in Österreich, Polen und Griechenland. [...]

Eine Studie des Bundesverbandes Informationswirtschaft, Telekommunikation und neue Medien (BITKOM) brachte auch unterschiedliche Shopping-Vorlieben zum Vorschein. Der Web-Warenkorb der unter 30-jährigen Bundesbürger füllt sich oft mit Veranstaltungstickets, Musik und Klamotten, bei den älteren Internetkäufern liegt der Fokus dagegen eher auf der Reiseorganisation.

Irina Berenfeld: Shoppen im Netz, in: Wirtschaft und Unterricht, 3/2012, S. 1 f.

Jugend im Netz
Befragung von 262 Jugendlichen zwischen 16 und 18 Jahren:

55 % können sich ein Leben ohne Internet nicht mehr vorstellen

46 % kaufen zumindest ab und zu im Internet ein

9 % sind im Internet schon einmal betrogen worden

7 % halten sich für internetsüchtig

Irina Berenfeld: Shoppen im Netzt, in: Wirtschaft und Unterricht, 3/2012, S. 4

In wenigen Jahren hat sich das Internet zum festen Verkaufskanal entwickelt. Im Jahr 2012 sind rund 25,3 Milliarden € für Waren und Dienstleistungen im Internet ausgegeben worden. Gleichzeitig hat die Zahl der Onlinekäufer erstmals die 35-Mio.-Marke überschritten. Ein Hauptargument der Onlinekäufer ist die sofortige Verfügbarkeit der Preise. Von der wachsenden Lust der Deutschen auf den bequemen Einkauf per Mausklick profitieren vor allem die großen Einzelhändler. Kleineren Einzelhändlern vor Ort fällt es schwer, dagegen anzukommen.

Beratung bei Onlinekäufen
Verbraucherzentrale Thüringen e. V.
Eugen-Richter-Str. 45
99085 Erfurt
Tel. 0361 555140
info@vzth.de

Besonders beliebt sind **Onlineauktionen** (E-Auktionen). Dort werden nicht nur neue, sondern auch gebrauchte Waren gehandelt. Der Internetnutzer (User) kann dabei sowohl als Käufer wie auch als Verkäufer in Aktion treten. Medienwissenschaftler haben herausgefunden, dass es in Zeiten der wirtschaftlichen Flaute vor allem finanzielle Gründe sind, die Menschen veranlassen, billig einzukaufen oder Altes zu Geld zu machen. In einigen Fällen kann auch der Spieltrieb der Grund für die Teilnahme an Onlineauktionen sein. Dann besteht allerdings die Gefahr, dass Güter erworben werden, für die eigentlich gar keine Verwendung besteht.

Tipps für Onlinekäufe
Anbieter mit Seriositäts-Güte-Siegeln wie „S@fer Shopping", „Geprüfter Online-Shop" oder „Trustet Shops Guarantee" bevorzugen.
Beim Bestell- und Bezahlvorgang auf „https" in der URL achten, die Allgemeinen Geschäftsbedingungen (AGB) lesen. Sie müssen leicht auffindbar platziert sein.
Rechnungsbetrag vor Abschluss der Bestellung drucken, Bestellung ausdrucken.
IWD 46/2012, S. 3

Das Vertrauen, das die Onlinekäufer den Web-Anbietern entgegenbringen, ist überraschend hoch. Zumeist wird die Ware noch vor Lieferung bezahlt. Da es unseriöse Verkäufer in der Vergangenheit immer wieder darauf angelegt haben, zu ungewollten Bestellungen zu verführen, hat der Gesetzgeber ab 1. August 2012 die „Button-Lösung" vorgeschrieben. Danach kommt ein Vertrag erst zustande, wenn der Onlinekäufer bestätigt, dass er sich zur Zahlung verpflichtet.

In sozialen Netzwerken

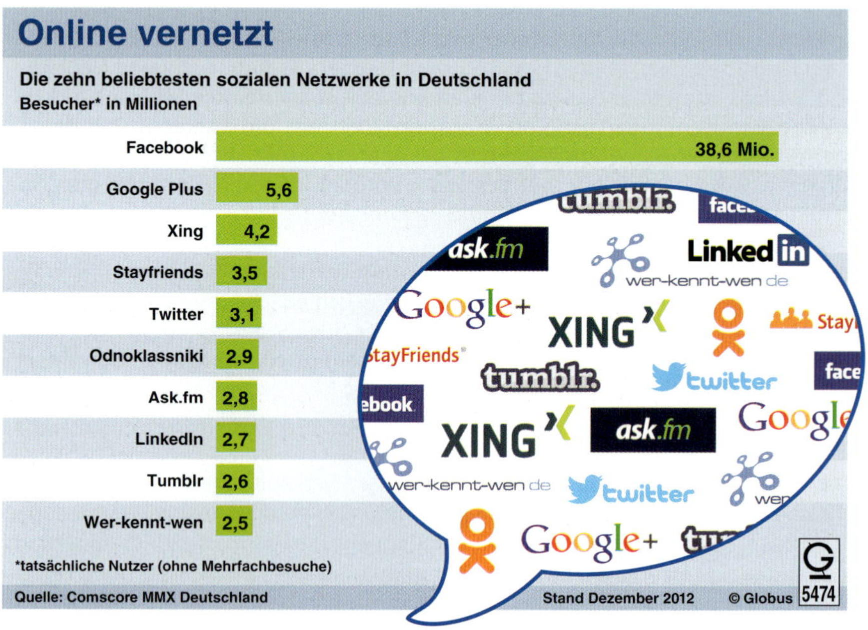

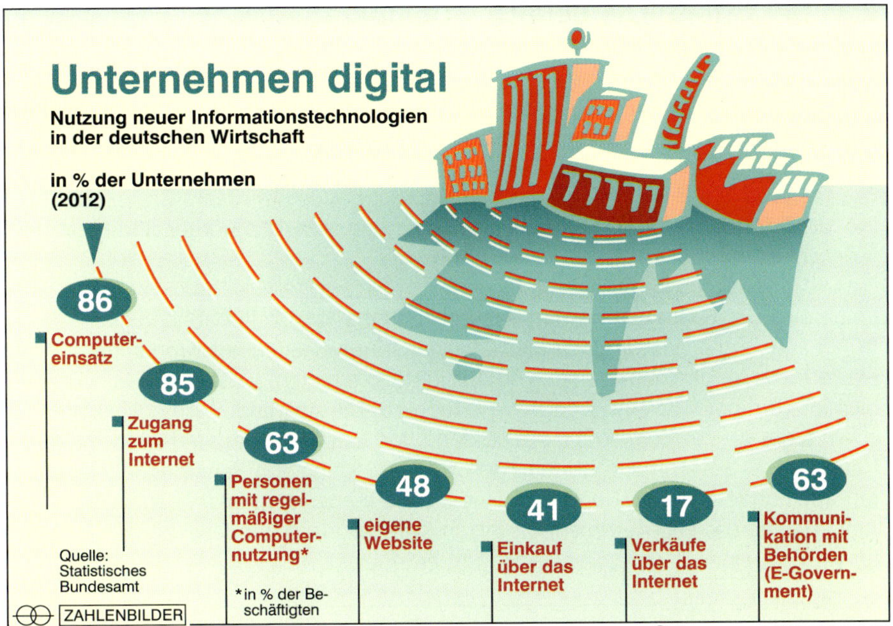

363 315 © Bergmoser + Höller Verlag AG

Es liegt auf der Hand, dass Globalisierung zu mehr Konkurrenz führt. Die von deutschen und europäischen Unternehmen genutzten medialen Möglichkeiten werden natürlich auch von Unternehmen in anderen Erdteilen in Anspruch genommen. Insofern übt die Globalisierung einen beträchtlichen Anpassungsdruck auf Unternehmen aus mit teilweise negativen Folgen für das Arbeitsplatzangebot. Unter Kostengesichtspunkten neigen Unternehmensleitungen dazu, Arbeitskraft dort anzufordern, wo sie am günstigsten zu bekommen ist. Es besteht ein Zusammenhang zwischen neuen Technologien, der Globalisierung und den Arbeitsplätzen.

Moderne Software vor Ort und leistungsfähige Datennetze, die den Arbeitsmarkt über die nationalen Grenzen hinaus ausdehnen, machen viele als sicher geglaubte Bürotätigkeiten überflüssig. Das Ende dieser Entwicklung ist noch nicht abzusehen. Allein bei den Kreditinstituten sollen innerhalb weniger Jahre etwa ein Drittel der Arbeitsplätze wegfallen.

Doch diese Situation ist nicht grundsätzlich neu. Neue Technologien haben immer Veränderungen in der Arbeitswelt mit sich gebracht, indem herkömmliche Arbeiten durch Maschinen übernommen worden sind, die weniger Bedienungspersonal erfordert haben. Allerdings hat es auch immer beträchtliche Anpassungsschwierigkeiten gegeben, bis zur Stabilisierung neuer Wachstumsfelder mit entsprechenden Beschäftigungschancen. Derartige Wachstumsfelder stellen zweifelsohne die neuen Informations- und Kommunikationstechnologien und ihre Anwendungsbereiche dar. Dennoch bleibt es offen, wie die Beschäftigungsbilanz am Ende ausfallen wird.

Ungleichheit

Strukturwandel in der Berufswelt
Von je 100 Erwerbstätigen in Deutschland waren tätig in:

	1950	2008
Land- und Forstwirtschaft, Fischerei	22	2
Produzierendes Gewerbe	45	24
Dienstleistungsbereich	33	74

Omnia Verlag (Hrsg.): Welt im Wandel Internet, abgerufen unter http://www.omnia-verlag.de/weltimwandel/php/start.php?id=5371 [21.08.2013], Zahlen nach Stat. Bundesamt

2.3 Der öffentliche Bereich – Demokratie im Informationszeitalter

Nützliche WWW-Adressen
- www.politik.de Diese Website versteht sich als interaktives Kommunikations- und Informations-Medium.
- www.thueringen.de Aktuelle politische Informationen und Links zu allen wichtigen politischen Institutionen
- http://portal.thueringen.de Informationen zu allen Verwaltungsangelegenheiten
- www.politik-digital.de Alles über demokratische Entwicklungen in der Informationsgesellschaft

Worterklärungen
Partizipation = Teilnahme
Government (eng.) = Regiergung

Nützliche Adressen
Forum.bundestag.de
Epetitionen.Bundestag.de

Petition
Schreiben (eine Bittschrift, ein Ersuchen, eine Beschwerde) an eine zuständige Stelle, zum Beispiel Behörde oder Volksvertretung

De-Mail:
E-Mail-Technik zur sicheren, vertraulichen und nachweisbaren Kommunikation im Internet.

Demokratie im Informationszeitalter ist unter zwei Gesichtspunkten zu sehen:
- Bereitstellung von Onlinediensten (Electronic-Government (E-Government)
- Beteiligung am politischen Geschehen (Electronic Democracy (E-Demokratie)

Die IuK-Technologie (S. 97) eröffnet der Beziehung zwischen Bürger und Staat neue Möglichkeiten.

Im Bereich des **E-Governments** bedeutet das Orts- und Zeitunabhängigkeit. Waren früher aufwendige Behördengänge zu festen Öffnungszeiten notwendig, um z. B. nur ein Formular zu beschaffen oder eine Auskunft zu erhalten, so ist dies alles heute problemlos vom heimischen Computer aus möglich. Die Anwendungsmöglichkeiten reichen heute bis zur kompletten Abwicklung von Genehmigungsverfahren. Nach der Nationalen E-Government-Strategie soll die Abwicklung von Behördenangelegenheiten auf Bundes-, Länder- und Gemeindeebene weiter vorangetrieben werden. Seit Juni 2013 ist das E-Government-Gesetz in Kraft, wonach Bundesbehörden verpflichtet werden, einen Zugang per De-Mail zu eröffnen.

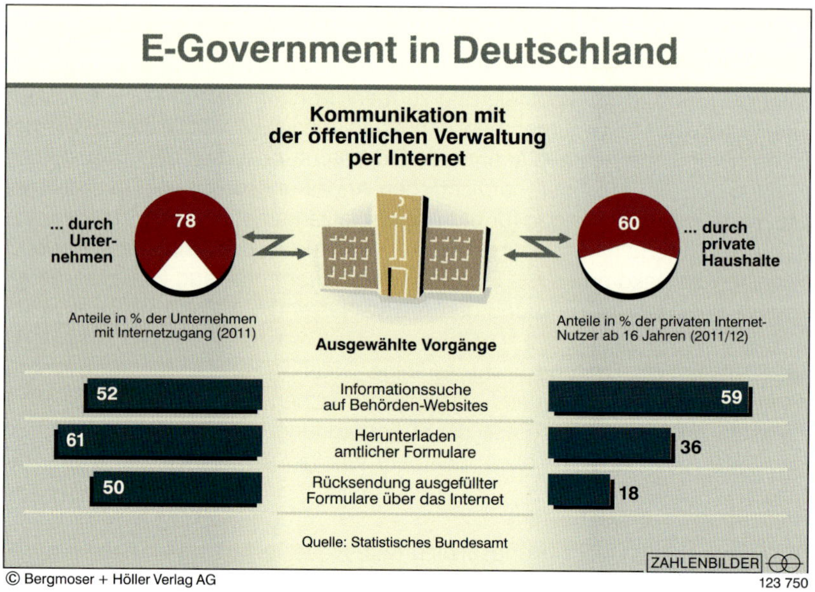

Bei der **E-Demokratie** geht es um Partizipation am politischen Prozess mithilfe des Internets. Bürgerinnen und Bürger können auf diese Weise frühzeitig über anstehende Entscheidungen informiert werden und im Gegenzug ihre Stellungnahmen mit einbringen, z. B. bei Bauvorhaben oder Planungsprozessen. Onlineforen der Parlamente bieten die Möglichkeit, Einblick in die parlamentarische Arbeit zu gewinnen und mit zu diskutieren. Ebenso ist eine Onlinezugang zu den Petitionsausschüssen der Parlamente möglich, um Fragen zu stellen und Missstände aufzuzeigen. Zudem sind Abgeordnete über ihre Homepage für Wählerinnen und Wähler direkt erreichbar. Denkbar sind auch Bürgerinitiativen, die sich über eine Webpräsenz Gehör bei den politischen Entscheidungsträgern verschaffen.

Es ist gut vorstellbar, dass die Möglichkeiten des Internets künftig auch genutzt werden, um Bürgerinnen und Bürger direkt abstimmen zu lassen. Einen entsprechenden Versuch hat die Berliner Landesregierung unternommen als es um die Abstimmung über das Kampfhundeverbot gegangen ist. Eine Abstimmung via Internet entspräche dem Prinzip der **Basisdemokratie**. Das urdemokratische Schweizer Modell – Handaufheben auf der grünen Wiese – würde auf virtuelle Weise Wirklichkeit. Wichtige politische Fragen würden vom Wohnzimmer aus entschieden.

Demokratie

Dabei gilt es zu bedenken, dass in der Realität des demokratischen Staates politische Entscheidungen meistens sorgsam ausgewogene Kompromisse sind. Selten lässt sich ein politisches Problem mit einem klaren Ja oder Nein beantworten, so wie es der Computer verlangt. Politische Entscheidungen per Mausklick unter Umgehung des Parlaments könnten allzu leicht Stimmungen und Zufälligkeiten ausgeliefert sein und der Komplexität von politischen Problemen nicht gerecht werden. Das Risiko schwerwiegender Fehlentscheidungen wäre nicht auszuschließen.

Basisdemokratie
Stärkere Beteiligung und Einbindung des Volkes ergänzend zur repräsentativen Demokratie

Vor der Bundestagswahl 2013 ist deutlich geworden, welche Rolle inzwischen soziale Netzwerke im Wahlkampf – besonders bei jungen Menschen – spielen.

Wahlschlacht bei Facebook

Das Internet wird für die Kampagne so wichtig wie nie.
Wahlwerbung der eigenen Freunde könnte demnächst häufiger die Pinnwand bedecken. Einer in Berlin vorgestellten Untersuchung zufolge beteiligt sich jeder dritte Wahlberechtigte online am Wahlkampf, indem er zum Beispiel E-Mails mit politischem Inhalt an Bekannte weiterleitet, in sozialen Netzwerken politische Inhalte weiterverbreitet, als Parteimitglied an einer Online-Wahlplattform mitwirkt oder in Blogs über politische Themen schreibt. Unter den Wahlberechtigten zwischen 18 und 29 Jahren beteiligen sich der Studie zufolge sogar zwei Drittel im Internet am Wahlkampf. [...]

Die Bedeutung des Internets für den Wahlkampf haben der Studie zufolge inzwischen alle Parteien erkannt. 86 % der Bundestagsabgeordneten haben inzwischen ein eigenes Profil in sozialen Netzwerken. Im Durchschnitt haben sie rund 2500 Facebook-Fans und etwa 2 000 Twitter-Follower.

Jonas Rest: Wahlschlacht bei Facebook, in: Frankfurter Rundschau, 08./09.05.2013, S. 4

Die positiven Erwartungen von E-Demokratie hinsichtlich der Partizipationsbereitschaft der Bürgerinnen und Bürger waren anfangs hoch gesteckt. Mittlerweile hat sich aber gezeigt, dass die Onlinepartizipation am politischen Prozess nicht in dem Maße gewachsen ist, wie der starke Anstieg an Internetanschlüssen hätte vermuten lassen.

Die fortschreitende Ausweitung der Bürger-Staat-Beziehungen auf den digitalen Raum ist weder ein Allheilmittel gegen Politikverdrossenheit, wie von vielen Befürwortern suggeriert wird, noch ein Angriff auf die Demokratie, wie manche befürchten. Im kleinsten gemeinsamen Nenner ist es eine logische Entwicklung, gefördert durch die neuen technischen Möglichkeiten und einem damit einhergehenden demokratischen Selbstverständnis in Deutschland. Regieren und Verwalten bedeutet nicht mehr nur noch Gesetzgebung und Amtsstube, sondern auch Bürgerhaushalt und Formular-Download. Gleichfalls bedeutet demokratische Staatsbürgerschaft nicht mehr nur Wählen und Demonstrieren, sondern auch voten und posten. Demokratie wird ergänzt durch E-Demokratie […]

Daniel Roleff: Digitale Politik und Partizipation – Möglichkeiten und Grenzen, in: APuZ, 7/2012, S. 20

Informationelle Selbstbestimmung
Steht nach einem Urteil des Bundesverfassungsschutzes von 1983 jedem Bürger zu. Damit wird jedem Einzelnen das Recht eingeräumt, über die Verwendung seiner persönlichen Daten zu bestimmen.

2.4 Das Problem Datenschutz

18-Jährige darf wegen Facebook-Austausch nicht in die USA

Wie weit die Auswertung privater Kommunikation gehen kann, zeigt ein Beispiel, über das die „WAZ" berichtet. Am Flughafen in den USA wurde eine 18-jährige Deutsche direkt nach ihrer Ankunft wieder in den Flieger zurück nach Deutschland gesetzt. Begründung: Sie wolle illegal in den USA arbeiten. Auf mehrfache Nachfrage hatte die junge Frau erklärt, Freunde ihrer Eltern besuchen zu wollen. Die Beamten legten ihr dann laut „WAZ" einen Ausdruck ihrer privaten Facebook-Nachrichten an den Gastvater vor, in denen die junge Frau auch besprochen hatte, sich um die Kinder zu kümmern und dafür ein Taschengeld zu erhalten. Der Zeitung zufolge gab es mehrere solcher Fälle.

law: 18-Jährige darf wegen Facebook-Austausch nicht in die USA, in: Rhein-Zeitung, 13.06.2013, S. 4

Bundesbeauftragter für den Datenschutz
wird vom Bundstag gewählt. Er unterliegt zwar der Dienstaufsicht des Bundesinnenministers, aber dieser darf ihm keine Weisungen erteilen. Der Bundesbeauftragte berichtet unmittelbar dem Parlament und kann auch auf dessen Ersuchen hin tätig werden.

Mit der flächendeckenden Einführung und Nutzung des Internets hat sich das Problem, wie persönliche Daten vor unbefugtem Zugriff zu sichern sind, verstärkt. Nun ist es seitens staatlicher Stellen und der Wirtschaft möglich geworden, alle zugänglichen Daten über die Internetnutzer nicht nur auf einfache Weise zu sammeln und zu speichern, sondern auch miteinander zu verknüpfen („Gläserner Mensch"). Es ist rechtzeitig erkannt worden, dass dadurch gegen den Grundsatz des Persönlichkeitsschutzes verstoßen wird. Infolgedessen hat das Bundesverfassungsgericht (BVerfG) das Recht auf **informationelle Selbstbestimmung** bestimmt. Entsprechende datenschutzrechtliche Regelungen im Bund und den Ländern sowie die Berufung von **Datenschutzbeauftragten** sollten dazu dienen, die Rechtsetzung des BVerfG in Politik und Wirtschaft zu verwirklichen.

Thüringer Datenschutzgesetz (ThürDSG) vom 13. Januar 2012

§ 5 Rechte des Betroffenen

(1) Der Betroffene hat nach Maßgabe dieses Gesetzes ein Recht auf:

1. Anrufung des Landesbeauftragten für den Datenschutz (§ 11),
2. Einsicht in das Verfahrensverzeichnis (§ 10),
3. Auskunft über die zu seiner Person gespeicherten Daten (§ 13),
4. Berichtigung, Sperrung und Löschung der zu seiner Person gespeicherten Daten (§§ 14 bis 16),
5. Benachrichtigung bei regelmäßigen Datenübermittlungen (§ 17),
6. Information über die Übermittlung von zu seiner Person erhobenen Daten (§§ 21 Abs. 6, 22 Abs. 3),
7. Schadensersatz (§ 18),
8. Einwände gegen die Verarbeitung seiner personenbezogenen Daten (§ 4 Abs. 6), […]

(2) Jedermann kann sich, unbeschadet des allgemeinen Petitionsrechts oder anderer Rechte, unmittelbar an den Landesbeauftragten für den Datenschutz mit dem Vorbringen wenden, dass bei der Verarbeitung oder Nutzung seiner personenbezogenen Daten durch öffentliche Stellen seine schutzwürdigen Belange beeinträchtigt werden.

Thüringer Landesbeauftragter für den Datenschutz (TLfD)
www.datenschutz.thueringen.de

Der rechtliche Anspruch auf den Schutz persönlicher Daten kann jedoch kein Ersatz für das eigene Verhalten sein. Die unbedenkliche und leichtsinnige Preisgabe persönlicher Daten im Rahmen der Internetnutzung widerspricht eigenverantwortlichem Handeln.

Bis Mitte 2012 hat es trotz immer wieder bekannt gewordener Verstöße gegen Datenschutzbestimmungen ein allgemeines Vertrauen in die entsprechenden Sicherheitsmaßnahmen gegeben. Die Enthüllungen des ehemaligen Geheimdienstmitarbeiter Edward Snowden haben jedoch dieses Sicherheitsgefühl massiv erschüttert.

Snowden Edward
geb. 1983 in Elizabeth City (USA) arbeitete bis Mai 2013 im Auftrag der NSA (National Security Agency) als Systemadministrator.

Enthüllte Überwachungsprogramme

Der ehemalige US-Geheimdienstler Edward Snowden hat bisher über folgende Überwachungsprogramme berichtet:

	Sammlung von US-Telefondaten	PRISM	Tempora	Schnüffeleien in China	Überwachung in Europa
Geheimdienst	NSA (USA)	NSA (USA)	GCHQ (Großbritannien)	NSA (USA)	NSA (USA)
Ziel	Verbindungsdaten des Telekomanbieters Verizon	Daten großer Internetfirmen	Glasfaser-Seekabel anzapfen, Zwischenspeichern der Daten	chinesische Mobilfunkanbieter, Netzwerke	Wanzen und angezapfte Kabel in diplomatischen Vertretungen
gesammelte Daten	Telefonnummer des Anrufers, des Angerufenen, Ort, Zeitpunkt des Gesprächs	Inhalte von E-Mails, Fotos, angehängte Dokumente, Videotelefonate	alle Verbindungsdaten bis zu 30 Tage gespeichert E-Mails, Nachrichten, Gespräche für drei Tage	Mobilfunknachrichten, Daten auf Computern, Servern	Gespräche, Daten, verschlüsselte Faxe
Betroffene	US-Bürger mit Verizon-Vertrag	Nutzer von Microsoft*, Yahoo, Google, Apple, Facebook, PalTalk, Skype	weltweiter Datenverkehr	Mobilfunknutzer und hunderte Computer (Hongkong, China)	Vertretungen der EU, Botschaften Frankreichs, Griechenlands, Italiens

dpa•19355 Quelle: dpa, Guardian *Zugriff auf E-Mails vor Verschlüsselung bei: Hotmail, Live, Outlook.com

Die Ursache für diese umfangreichen Spähaktionen ist der Terrorangriff islamistischer Fundamentalisten im September 2001 und die in der Folgezeit verübten Anschläge (S. 234). Zwecks Verhinderung weiterer Gewaltakte haben sich verschiedene Geheimdienste direkten Zugang zum Internet verschafft. Kriminelle wie unbescholtene Bürgerinnen und Bürger werden somit einer intensiven Kontrolle unterzogen. Die für die Bundesrepublik gültigen Datenschutzgesetze werden damit unterlaufen.

Schöne neue Überwachungswelt

Nun herrscht Gewissheit: Wir leben tatsächlich in einer Überwachungswelt. Diese Erkenntnis verdanken wir dem ehemaligen US-Geheimdienstmitarbeiter Edward Snowden. In den vergangenen Wochen veröffentlichte er in Kooperation mit dem britischen „Guardian" eine Reihe brisanter Dokumente, denen Interviews in Zeitschriften aller Welt folgten. Ihnen zufolge überwachen angelsächsische Nachrichtendienste fast unsere gesamte Kommunikation – auch und vor allem im Internet. Überraschend ist weniger die Überwachung selbst, als vielmehr ihr ungeheures Ausmaß. So späht der amerikanische Militärgeheimdienst National Security Agency (NSA) insbesondere Kommunikationsdienste, Soziale Netzwerke sowie Cloud-Speicher aus – und das weltweit. Dazu fordert sein Spähprogramm *Prism* gezielt private Nutzerdaten bei Konzernen wie Microsoft, Yahoo, Google oder Facebook an. [...]

Cloud-Speicher
Daten und Computeranwendungen werden aus dem heimischen Computer in eine „cloud" (engl. Wolke) ausgelagert.

Der einzelne Bürger steht dem totalitären Anspruch der Dienste weitgehend machtlos gegenüber. In Sorge um die wachsenden Datenberge privater Konzerne wie Apple, Google oder Facebook kann er zwar sein dortiges Nutzerkonto kündigen, wenn jedoch staatliche Institutionen im Verborgenen agieren und dauerhaft Grundrechte missachten, gibt es für den Bürger kein Entkommen. [...] Daher bietet allein eine politische Lösung den Ausweg aus dem geheimdienstlichen Ausnahmezustand. Gerade von der Bundesregierung sollte man ein rasches und entschlossenes Handeln erwarten. [...] Denn der „Krieg gegen den Terror" dient den Regierungen und ihren Geheimdiensten in erster Linie als Legitimation, um weitere Befugnisse und mehr Macht einzufordern. Ein Staat jedoch, der seine eigenen Bürger (und die Bürger anderer Staaten) systematisch ausspioniert, ist kein freiheitlicher Rechtsstaat mehr. Um die Balance zwischen Freiheit und Sicherheit wiederherzustellen, müssen die Regierungen daher die Ausspähung der Bürger beenden und die Geheimdienste einer strikten demokratischen Kontrolle unterwerfen.

Daniel Leisegang: Schöne neue Überwachungswelt, in: Blätter für deutsche und internationale Politik, 8/2013, S. 5 u. 8

Zusammenfassung

Die **Informationsgesellschaft** eröffnet Chancen, birgt aber auch Risiken in sich. Zu den **Chancen** gehören neue Kommunikationschancen und neue Formen politischer Beteiligung. Zu den **Risiken** zählen der mögliche Verlust des Arbeitsplatzes und der Datenmissbrauch.

In der Erweiterung des Web 1.0, wo der Internetnutzer nur als Empfänger von Informationen agieren konnte, bietet das Web 2.0 neue Kommunikationsmöglichkeiten wie chatten, bloggen, twittern oder googeln und hat somit einen weiteren Strukturwandel angestoßen. Sowohl der **private**, als auch der **berufliche** und **öffentliche** Bereich sind betroffen.

Im **privaten Bereich** erfreuen sich **Onlinekäufe** steigender Beliebtheit. Bequemlichkeit, übersichtliches Angebot und Vergleichbarkeit der Preise sind Hauptargumente dafür. Günstige Ein- und Verkaufsmöglichkeiten bieten E-Auktionen. Um unseriösen Verkaufspraktiken im Netz vorzubeugen gilt ab 1. August 2012 die „Button-Lösung", wonach der Käufer den Vertrag abschließend ausdrücklich bestätigen muss. **Soziale Netzwerke** nehmen heute eine zentrale Position im Leben von Jugendlichen ein. Den größten Anteil hat Facebook mit weltweit einer Milliarde Nutzern. Soziale Netzwerke bieten u. a. schnelle und einfache Kommunikationsmöglichkeiten sowie die Möglichkeit gemeinsamer Aktionen. Kritiker warnen jedoch u. a. vor dem Verlust persönlicher Kontakte und dem Verlust der Anonymität. Sobald die Internetnutzung nicht mehr Zweck bezogen erfolgt, besteht die Gefahr der **Internetsucht**. Internetsüchtige leiden unter ihrer Abhängigkeit wie Alkohol- und Drogensüchtige.

Die Informations- und Kommunikationstechnologie (IuK-Technologie) stellt heute einen wichtigen Wachstumsfaktor dar und prägt dadurch zunehmend den **beruflichen Bereich**. Mithilfe der neuen Technologie erweitern insbesondere große Unternehmen ihren wirtschaftlichen Handlungsrahmen weltweit (**Globalisierung**). Dadurch entsteht eine internationale Konkurrenzsituation, die auch für den Verlust von Arbeitsplätzen verantwortlich ist. Es besteht jedoch die Erwartung, dass durch die IuK letztlich mehr Arbeitsplätze geschaffen werden als verloren gehen. Zwangsläufig kommt das **Internet** im Geschäftsleben immer mehr zur Geltung, vor allem um neue Wettbewerbschancen zu nutzen und Kundenwünschen zu entsprechen. Im zunehmenden Maße nutzen Unternehmen das Internet. Die Nutzenskala reicht von Arbeitszeitersparnis bis zur Schaffung von Marktvorteilen.

Die neuen Medien bieten über das Internet neue Verfügungsmöglichkeiten im **öffentlichen Bereich**: Abwicklung öffentlicher Dienste (**E-Government**) und Möglichkeit zur direkten Bürgerbeteiligung in der Demokratie (**E-Democracy**). Im Bereich des E-Governments bedeutet dies Orts- und Zeitunabhängigkeit. Bei der E-Demokratie geht es um verstärkte Partizipation im politischen Prozess. Auch hier haben soziale Netzwerke bereits Einzug gehalten.

Datenschutz. Mit der flächendeckenden Einführung und Nutzung des Internets hat sich das Problem, wie persönliche Daten vor unbefugtem Zugriff zu sichern sind, verstärkt. Das vom Bundesverfassungsgericht festgestellte Recht auf **informationelle Selbstbestimmung** hat zu Datenschutzgesetzen und zur Berufung von Datenschutzbeauftragten geführt. Allerdings ist 2013 durch die Enthüllungen eines ehemaligen Mitarbeiters der amerikanischen Geheimdienstes bekannt geworden, dass auch von den Bundesbürgern massenhaft Daten ausgespäht worden sind. Es ist noch zu klären, inwieweit dadurch das Recht auf informationelle Selbstbestimmung unterlaufen worden ist.

Zur Wiederholung

1. Geben Sie einen Überblick über Chancen und Risiken der Informationsgesellschaft.
2. Stellen Sie dar, worin der qualitative Unterschied zwischen Web 1.0 und Web 2.0 besteht.
3. Beurteilen Sie das Onlineshopping hinsichtlich der gegebenen Chancen und möglichen Risiken.
4. Beurteilen Sie die sozialen Netzwerke hinsichtlich der gegebenen Chancen und möglichen Risiken.
5. Womit ist die Tatsache zu erklären, dass sich immer mehr Unternehmen des Internets bedienen?
6. Erläutern Sie die Gedankenkette: Neue Technologien – Globalisierung – Arbeitsplätze.
7. Erklären Sie den Unterschied zwischen E-Government und E-Democracy.
8. Nennen Sie die Absichten und Erwartungen, die an die E-Democracy geknüpft sind.
9. Zeigen Sie den Zusammenhang auf zwischen Datenschutz und „informationeller Selbstbestimmung".
10. Inwieweit wird das Recht auf informationelle Selbstbestimmung durch das Wirken von Geheimdiensten infrage gestellt?

Handlungsimpulse

1. Stellen Sie in Gruppenarbeit fest, welche Beschreibungen und Erläuterungen zum Suchbegriff Informationsgesellschaft mithilfe von Suchmaschinen zu finden sind.
2. Verschaffen Sie sich anhand eines selbstgewählten Produktes eine Übersicht über verschiedene Beschaffungsmöglichkeiten (Onlineshopping, E-Auktion, örtlicher Einzelhandel).
3. Bringen Sie in Erfahrung, welche Motive für den Interneteinsatz in Ihrem Ausbildungsbetrieb genannt werden.
4. Erkunden Sie die kommunikativen Möglichkeiten der auf S. 108 genannten WWW-Adressen. (Wählen Sie Beispiele aus.)
5. Dokumentieren Sie die amtlichen Untersuchungsergebnisse zum Eingriff ausländischer Geheimdienste in die private Internetnutzung.

Das Regierungssystem der Bundesrepublik Deutschland

Artikel 20 Grundgesetz

Grundlagen staatlicher Ordnung
(1) Die Bundesrepublik Deutschland ist ein demokratischer und sozialer Bundesstaat.
(2) Alle Staatsgewalt geht vom Volke aus. Sie wird vom Volk in Wahlen und Abstimmungen und durch besondere Organe der Gesetzgebung, der vollziehenden Gewalt und der Rechtsprechung ausgeübt.
(3) Die Gesetzgebung ist an die verfassungsmäßige Ordnung, die vollziehende Gewalt und die Rechtsprechung an Gesetz und Recht gebunden.

1 Grundlagen des demokratischen Staates

Demokratie

Staat (latein.): status (Stand, Zustand, Stellung); Elemente des Staates: Staatsgebiet, Staatsvolk (Staatsbürgerschaft), Staatsgewalt

Die Bundesrepublik Deutschland wird als Staat bzw. als Bundestaat bezeichnet. Sie verfügt über ein **Staatsgebiet** mit einer festgelegten Landesgrenze von circa 3 621 km. Dieses Staatsgebiet der Bundesrepublik Deutschland vereint 16 Bundesländer mit einer Gesamtfläche von ca. 357021 km². Die Hauptstadt und zugleich größte Stadt ist Berlin mit etwa 3,5 Millionen Einwohnern.

Auf dem Territorium des Staatsgebietes lebt ein **Staatsvolk** von rund 82,4 Millionen Menschen. Der Anteil der Ausländerinnen und Ausländer beträgt davon etwa 6,93 Millionen (Stand: Ende 2011). Das entspricht circa 8,4 % der Bevölkerung.

Eine **Staatsgewalt** regelt das Zusammenleben des Staatsvolkes innerhalb des Staatsgebietes der Bundesrepublik Deutschland. Sie wird von den **Parlamenten** (Bundestag, Thüringer Landtag), den **Regierungen** (Bundesregierung, Thüringer Landesregierung) und den **Gerichten** des Bundes (z. B. Bundesverfassungsgericht und Bundesarbeitsgericht) und der Länder (z. B. Thüringer Verfassungsgerichtshof) ausgeübt.

1.1 Verfassungsprinzipien des Grundgesetzes

Verfassung ist die geschriebene Rechtsgrundlage einer Staatsgesellschaft, die über allem anderen Recht steht.

Das **Grundgesetz** ist die Verfassung der Bundesrepublik Deutschland. Es wurde am **23. Mai 1949** vom Parlamentarischen Rat beschlossen und galt zunächst für die zehn Bundesländer Westdeutschlands sowie in Berlin-West. Mit der Unterzeichnung des Einigungsvertrages vom 3. Oktober 1990 und dem Beitritt der DDR nach dem Artikel 23 des Grundgesetzes, gilt dieses Gesetz für die gesamte Bundesrepublik Deutschland.

Das Grundgesetz ist oberste Norm und bildet den Rahmen unserer staatlichen Ordnung. Es legt neben den Rechten und Pflichten der Bürgerinnen und Bürger den grundlegenden organisatorischen Staatsaufbau und die Zuständigkeiten der staatlichen Organe fest.

Die tragenden Grundsätze des Staatsaufbaus der Bundesrepublik Deutschland sind im **Artikel 20** des Grundgesetzes festgeschrieben. Dieser wichtige Artikel wird auch als **„Verfassung in Kurzform"** bezeichnet.

Artikel 1 („Unantastbarkeit der Menschenwürde") und Artikel 20 bilden den Kern des Grundgesetzes. Sie enthalten die grundlegenden Werte und Prinzipien der Verfassung (Demokratie, Sozialstaat, Rechtsstaat, Bundesstaat). Gegenüber den anderen Artikeln des Grundgesetzes haben sie eine Sonderstellung: Sie besitzen durch Artikel 79 des Grundgesetzes eine **„Ewigkeitsgarantie"** und dürfen nicht verändert werden.

Nach **Artikel 20** bilden somit folgende **Prinzipien** die tragenden Säulen der **freiheitlich-demokratischen Grundordnung** der Bundesrepublik Deutschland:

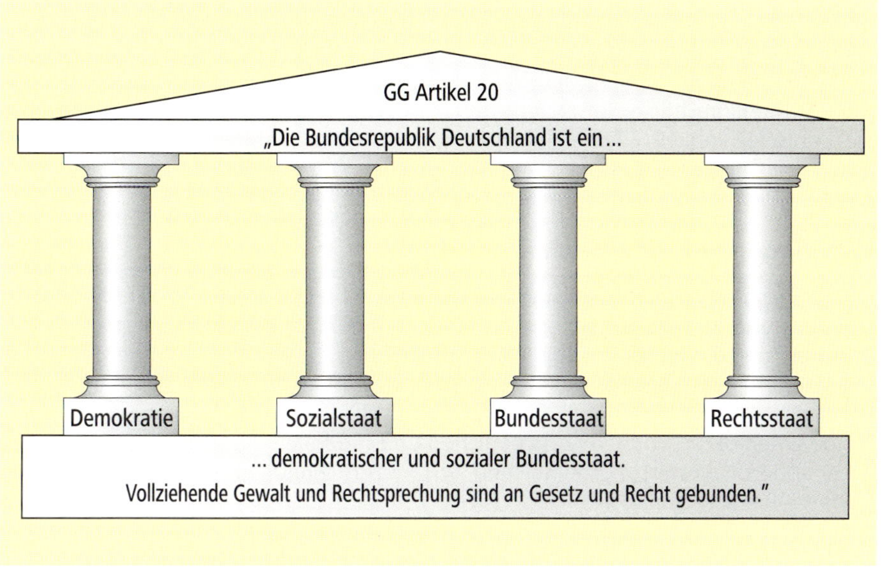

Merkmale der freiheitlich-demokratischen Grundordnung:
- Achtung der Menschenrechte
- Volkssouveränität
- Gewaltenteilung
- Verantwortlichkeit der Regierung
- Gesetzmäßigkeit der Verwaltung
- Unabhängigkeit der Gerichte
- Mehrparteienprinzip
- Chancengleichheit für Parteien
- Recht auf Ausübung einer Opposition
- Selbstbestimmung des Volkes

1.2 Die Verfassung des Freistaates Thüringen

Die Verfassungsgebung des Freistaates Thüringen begann im April 1993 mit der ersten und zweiten Lesung im Thüringer Landtag.
Bis Oktober 1993 erfolgte eine öffentliche Auslegung und Anhörung. Am 25. Oktober 1993 wurde die Verfassung des Freistaates Thüringen in der dritten Lesung des Thüringer Landtages auf der Wartburg in Eisenach verabschiedet. Dies geschah mit der nach Artikel 106 Abs. 1 der Verfassung vorgesehenen Mehrheit.
Die Volksabstimmung erfolgte am 16. Oktober 1994 in Verbindung mit der zweiten Landtagswahl in Thüringen.

Artikel 106 (1) GG
Die Verfassung wird mit der Mehrheit von zwei Dritteln der Mitglieder des Landtages beschlossen und durch Volksentscheid bestätigt.

Ergebnis des Volksentscheids am 16.10.94
- Wahlbeteiligung: 74,71 %
- „Ja"- Stimmen: 70,13 %

Die Verfassung des Freistaates Thüringen gliedert sich in drei Teile:

Erster Teil (Artikel 1 bis 43):
Grundrechte, Staatsziele, Ordnung des Gemeinschaftslebens
Zweiter Teil (Artikel 44 bis 103):
Der Freistaat Thüringen (Staatsorgane, Gesetzgebung)
Dritter Teil (Artikel 104 bis 106):
Übergangs- und Schlussbestimmungen

Thüringer Landeswappen
aufrecht stehender, achtfach rot-silber gestreifter, goldgekrönter und goldbewehrter Löwe auf blauem Grund

Thüringer Landesfarben
weiß-rot

Garantiert ein Freistaat mehr Freiheiten?

Die Bezeichnung Freistaat ist ein im 19. Jahrhundert eingeführtes sinnverwandtes Wort für Republik. Sie sollte den Unterschied zwischen den vor der Revolution bestehenden Königreichen, Großherzogtümern und der republikanischen Staatsform zum Ausdruck bringen. Der Begriff verweist darauf, dass ein Land nicht von Monarchen, sondern von seinen freien Bürgern regiert wird, in Form einer parlamentarischen Demokratie.
Heute führen drei der deutschen Bundesländer – Bayern, Sachsen und Thüringen – diese Bezeichnung in ihren amtlichen Namen. Diese Länder, die den „Freistaat" im Namen führen, betonen damit ihre Eigenstaatlichkeit, das heißt, dass sie nur Kompetenzen an den Bund abgegeben haben, aber immer noch ein eigener Staat sind.
Sie waren bereits in der Zeit der Weimarer Republik eigene Freistaaten.
Privilegien oder rechtliche Besonderheiten hat der Freistaat gegenüber der Bundesrepublik Deutschland nicht. Er ist nur ein Begriff, der Tradition mitbringt und die Volkssouveränität unterstreicht. Er bringt keineswegs Freiheiten, wie z. B. Steuerprivilegien, mit sich.

Thüringen und der Freistaat

Die Festschreibung des „Freistaates Thüringen" in der Verfassung hat historische Gründe und enthält das Bekenntnis zu einer qualifizierten Form der „Republik". Bereits im § 1 der Verfassung Thüringens vom 11. März 1921 wurde das Land Thüringen mit Freistaat bezeichnet. Der Begriff Freistaat moderner Prägung umfasst den Begriff Republik und zusätzlich die Forderungen nach einer freiheitlichen, demokratischen, rechtsstaatlichen und föderalen Staatsform. Er bietet für die anderen verfassungsrechtlichen Strukturprinzipien ein verbindendes und überwölbendes normatives Dach. (siehe S. 117)

Joachim Linck, Siegfried Jutzi, Jörg Hopfe: Die Verfassung des Freistaates Thüringen, Boorberg, Stuttgart 1994, S. 342

Ungleichheit

Sozialstaat:
Bezeichnung für einen Staat, der sich verpflichtet, soziale Gerechtigkeit anzustreben und seinen Bürgerinnen und Bürgern ein Mindestmaß an sozialer Sicherheit zu gewährleisten. Der Staat verpflichtet sich, in Gesetzgebung und Verwaltung für einen sozialen Ausgleich der Gesellschaft zu sorgen.

1.3 Die Bundesrepublik Deutschland – ein Sozialstaat!?

Die **Sozialstaatlichkeit** ist im Grundgesetz an zwei Stellen verankert: in **Artikel 20 Abs. 1**, der **den sozialen Bundesstaat** fordert, und in **Artikel 28**, in dem die Bundesrepublik Deutschland als **sozialer Rechtsstaat** bezeichnet wird.

Das Sozialstaatsprinzip ist ein dynamisches Prinzip. Seine Ausgestaltung hängt von der wirtschaftlichen, sozialen Entwicklung und dem gesellschaftlichen Bewusstsein ab. Es verpflichtet den Gesetzgeber, die sozialen Verhältnisse immer neu zu regeln.
Im Laufe der letzten Jahrzehnte ist in der Bundesrepublik Deutschland ein **soziales Netz** entstanden, das den Bürgerinnen und Bürgern einen gesetzlich garantierten Anspruch auf vielfältige Leistungen von Sozialversicherungen und Staat gewährt. So ist die Sozialversicherung für rund 90 % der Bevölkerung Pflicht und sichert sie gegen

die finanziellen Folgen von Krankheit, Unfall, Arbeitslosigkeit, Erwerbsminderung, Alter, Pflegebedürftigkeit und Tod ab. Ein weiteres Beispiel für die soziale Absicherung ist die Sozialhilfe für die Ärmsten. Sie hat einen bundeseinheitlichen Regelsatz von 351 €, sieht einmalige Leistungen für Bekleidung und Hausrat vor sowie eine Eingliederungshilfe für Menschen mit Behinderungen.

Beispiel: Alter und Gesundheit
Die alternde Gesellschaft ist nicht nur für das System der Rentenversicherung ein Problem. Die Finanzierung der gesetzlichen Krankenversicherung steigt ebenso jährlich, da weniger junge Erwerbstätige hohe Beiträge vom Lohn zahlen und mehr Ältere niedrigere Beiträge aus ihrer Rente. Dennoch erbringen die Krankenversicherungen für ältere Mitglieder in der Regel höhere Leistungen.

Sozialleistungen können nach drei verschiedenen Prinzipien vergeben werden:
- Versicherungsprinzip
- Versorgungsprinzip
- Fürsorgeprinzip

Das **Versicherungsprinzip** deckt den größten Teil unseres Sozialsystems durch Sozialversicherungen, wie z.B. Renten-, Kranken-, Unfall-, Arbeitslosen- und Pflegeversicherung, ab.

Das **Versorgungsprinzip** hingegen sichert Ersatzleistungen für eine für die Allgemeinheit oder den Staat erbrachte Leistung, wie z.B. Beamte, oder ein Opfer, wie z.B. Kriegsinvalide. Diese Versorgungsleistungen werden aus Steuermitteln finanziert. Besteht kein Versicherungs- oder Versorgungsanspruch greift das **Fürsorgeprinzip** mit öffentlichen Sach- oder Geldleistungen, wie z.B. Sozialhilfe oder Arbeitslosenversicherung.

Bevölkerungstrends: Im Jahr 2030 wird die Bevölkerung auf 77 Millionen Menschen sinken. Dann wird sich der Rückgang beschleunigen. 2060 wird Deutschlands Bevölkerung nur noch 65 Millionen Menschen betragen, falls jährlich 100 000 Personen nach Deutschland zuwandern. Gleichzeitig verschiebt sich die Altersstruktur erheblich.

Stat. Bundesamt 2012

Rentner am 1. Juli 2012
Männer 8 736 628
Frauen 11 872 480

Eigene Zusammenstellung nach Zahlen der Statistik der Deutschen Rentenversicherung 2012

Zusammenfassung

Die Bundesrepublik Deutschland umfasst die drei Elemente „Staatsgebiet", „Staatsvolk" und „Staatsgewalt".
Treffen diese drei Elemente zusammen, so handelt es sich um einen **Staat**. Ein Staat ist eine dauerhafte politische Entscheidung, in der die Staatsgewalt das Recht hat, Entscheidungen für das auf dem Staatsgebiet lebende Staatsvolk zu treffen.
Welche Rechte und Freiheiten die Bürgerinnen und Bürger in ihrem Staat haben, hängt von der Staatsform ab.
Die Staatsform der Bundesrepublik Deutschland ist gemäß Grundgesetz als eine **freiheitlich demokratische Grundordnung** definiert. Das am **23. Mai 1949** vom Parlamentarischen Rat verabschiedete **Grundgesetz** (Verfassung) ist die politische und rechtliche Grundordnung eines Staates und enthält die Gesamtheit der Rechtsnormen.
Die Grundlagen unserer freiheitlich-demokratischen Grundordnung (Verfassungsprinzipien) sind im **Artikel 20** des Grundgesetzes festgelegt.

- Die Bundesrepublik ist eine **Demokratie**, in der die Staatsgewalt vom Volke ausgeht (Volkssouveränität).
- Sie ist ein **Rechtsstaat**, in dem die staatliche Gewalt auf verschiedene Organe aufgeteilt ist (Gewaltenteilung), die an Verfassung und Gesetz gebunden sind.
- Sie ist ein **Bundesstaat**, mit eigenen Landesregierungen und -parlamenten.
- Sie ist ein **Sozialstaat**, der dem Ziel der sozialen Gerechtigkeit verpflichtet ist.

Der **Artikel 20** ist das Kernstück der Verfassung und wird auch als „**Verfassung in Kurzform**" bezeichnet.
Artikel 20 und der im **Artikel 1** Grundgesetz erhobene Grundsatz der Menschenwürde sind durch **Artikel 79** Grundgesetz „**verewigt**".

Die am **25. Oktober 1993** in der dritten Lesung verabschiedete und durch Volksentscheid bestätigte **Verfassung des Freistaates Thüringen** bekennt sich im ersten Teil u. a. zu Grundrechten und Staatszielen und definiert im zweiten Teil Aufbau und Aufgaben ihrer Staatsorgane.

Die Bundesrepublik bekennt sich im Grundgesetz zum **Sozialstaat**.
Durch das geschaffene soziale Netz versucht der Staat soziale Gerechtigkeit und soziale Sicherheit anzustreben. Die Überalterung der Gesellschaft stellt jedoch vor allem unsere Sicherungssysteme vor große Probleme.

zur Wiederholung

1. Nennen und erläutern Sie die im Grundgesetz Artikel 20 festgeschriebenen Verfassungsgrundsätze.
2. Erklären Sie die Bedeutung der „Verfassung in Kurzform" und deren Schutz durch Artikel 79 des Grundgesetzes.
3. Beschreiben Sie Entstehung und Inhalt der Verfassung des Freistaates Thüringen.
4. Ordnen Sie den Prinzipien des Sozialstaates anhand der Grafik auf S. 119 Beispiele zu.

Handlungsimpulse

1. Sammeln Sie mittels Metaplanmethode Begriffe zum Thema Grundgesetz/Verfassung.
2. Fertigen Sie in Gruppenarbeit eine Collage zum Thema „Demokratie" an.
3. Wie gefährdet ist gegenwärtig unsere Demokratie?
   Führen Sie ein Pro-Kontra-Diskussion durch.
4. Diskutieren Sie staatliche Maßnahmen zur „Rentengarantie".

2 Gewaltenteilung und Kontrolle im parlamentarischen System

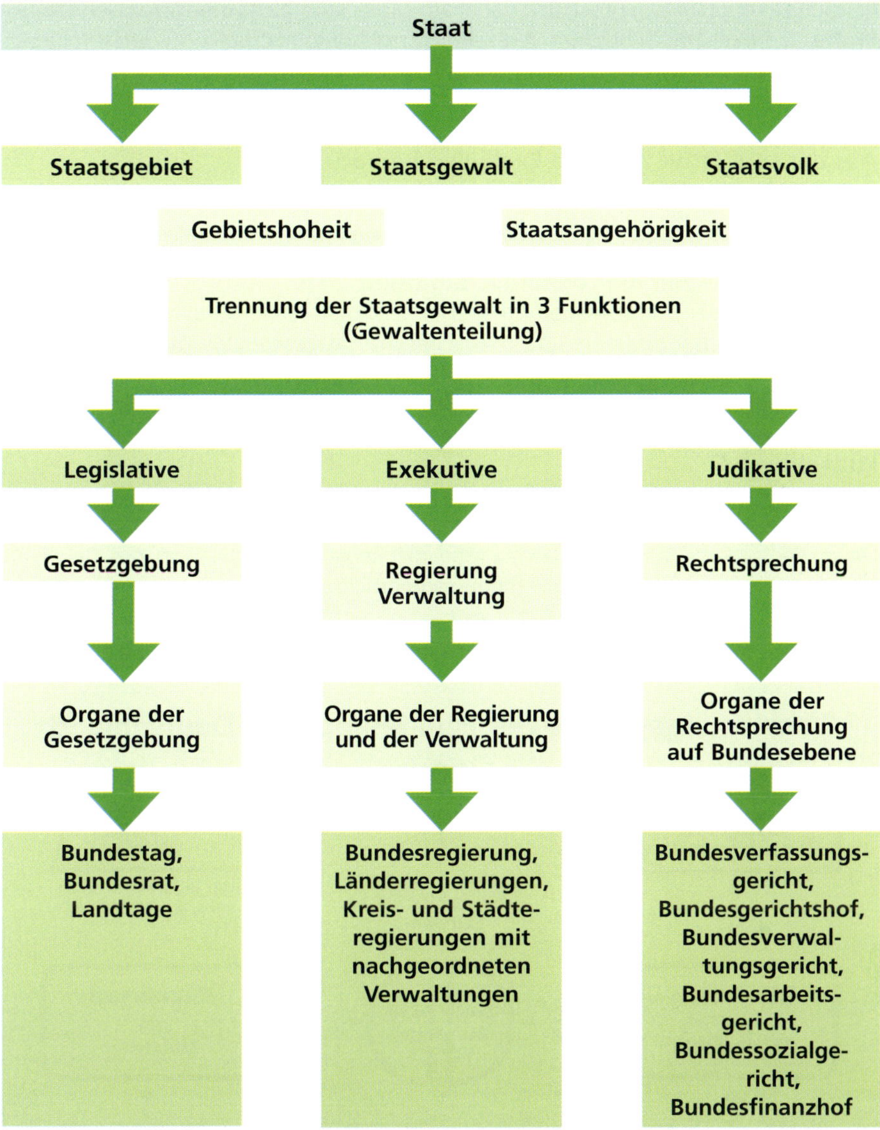

Demokratie

Demokratie ist:
- „Herrschaft des Volkes"
- wenn das Staatsvolk gleich ist
- wenn das Volk Repräsentanten zur Entscheidungsfindung wählt
- Mehrheitsentscheidungen zu fällen
- Vorhandensein von Gewaltenteilung
- Gewährleistung der freien Meinungsäußerung

Charles de Montesquieu

Seit der Epoche der **Aufklärung** im 17./18. Jahrhundert gilt der Grundsatz der **Gewaltenteilung** als ein wesentlicher Bestandteil einer freiheitlichen Staatsordnung. „Es herrsche dort nur Freiheit, wo die staatlichen Gewalten geteilt sind."

Durch eine **Teilung der Gewalten** gemäß Grundgesetz Artikel 20 Abs. 2, 3 sollen die drei staatlichen Aufgabenbereiche **Legislative** (Gesetzgebung), **Exekutive** (Ausführung) und **Judikative** (Rechtsprechung) auf verschiedene Institutionen übertragen werden. Gewaltenteilung verfolgt das Ziel der Kontrolle sowie der Verhinderung von Machtmissbrauch.

Gewaltenteilung
Die Lehre geht auf den französischen Philosophen Charles de Montesquieu (1689–1755) zurück. Er hat seine Gedanken in dem Satz zusammengefasst: „Macht hält die Macht in Schranken".

Formen der Gewaltenteilung

- **Horizontale Gewaltenteilung** Sie besteht zwischen Legislative – Exekutive – Judikative.
- **Vertikale Gewaltenteilung** Sie besteht in der Aufteilung der staatlichen Aufgaben auf Bund, Länder und Gemeinden.
- **Zeitliche Gewaltenteilung** Die Dauer der Parlaments- und Regierungsmandate ist zeitlich begrenzt.
- **Der Bundesrechnungshof** Er besitzt richterliche Unabhängigkeit und kontrolliert die Wirtschaftlichkeit der Haushalts- und Wirtschaftsführung.

Artikel 114 (2) GG

Die präsidiale Demokratie (im Gegensatz zur Parlamentarischen Demokratie): Die wahlberechtigte Bevölkerung wählt den Regierungschef (Exekutive) sowie das Parlament (Legislative). Legislative und Exekutive gehen aus voneinander unabhängigen Wahlen hervor. Der Regierungschef (Präsident) ist dem Parlament daher nicht verantwortlich. Er kann auch vom Parlament nicht abgesetzt werden. (Bsp.: USA)

2.1 Die Verfassungsorgane der Bundesrepublik Deutschland

Der Grundsatz der Gewaltenteilung wird in **indirekten (repräsentativen) Demokratien**, wie die der Bundesrepublik, unterschiedlich verwirklicht. Die politische Ordnung der Bundesrepublik, orientiert sich dabei am Modell der **parlamentarischen Demokratie**, die ihre geschichtlichen Wurzeln in Großbritannien hat und durch folgende Merkmale gekennzeichnet ist:

- Das Parlament, der Bundestag (Legislative) wählt den Bundeskanzler (Exekutive) durch Mehrheitsentscheid.
  Aus der Legislative geht die Exekutive hervor!
- Das Parlament kann mit Mehrheitsbeschluss den von ihm gewählten Kanzler und seine Regierung stürzen (Misstrauensvotum).
  Die Legislative kann die Exekutive absetzen!
  Die Exekutive kann die Legislative auflösen!
- Die Mitglieder der Bundesregierung sind in der Regel selbst Mitglieder des Bundestages. Sie behalten als Regierungsmitglieder ihre Abgeordnetenmandate und können an Abstimmungen im Bundestag teilnehmen. (Gewaltenverschränkung)
  Legislative und Exekutive können miteinander verschränkt sein!
- **Die Gesetzesinitiativen gehen größtenteils von der Bundesregierung (Exekutive) aus.**
- Um Gesetzgebungsvorhaben der Regierung mit Mehrheit zu beschließen, stimmen die Abgeordneten einer Fraktion geschlossen ab. **Fraktionen üben Fraktionsdisziplin!**

Da in der parlamentarischen Demokratie die Regierungsparteien in der Regel die Mehrheit im Parlament haben, Parlamentsmehrheit und Regierung also eng miteinander verknüpft sind, kann der Staat wirksamer regiert werden. Die staatliche Macht wird weiterhin kontrolliert durch unabhängige Gerichte und die Opposition.

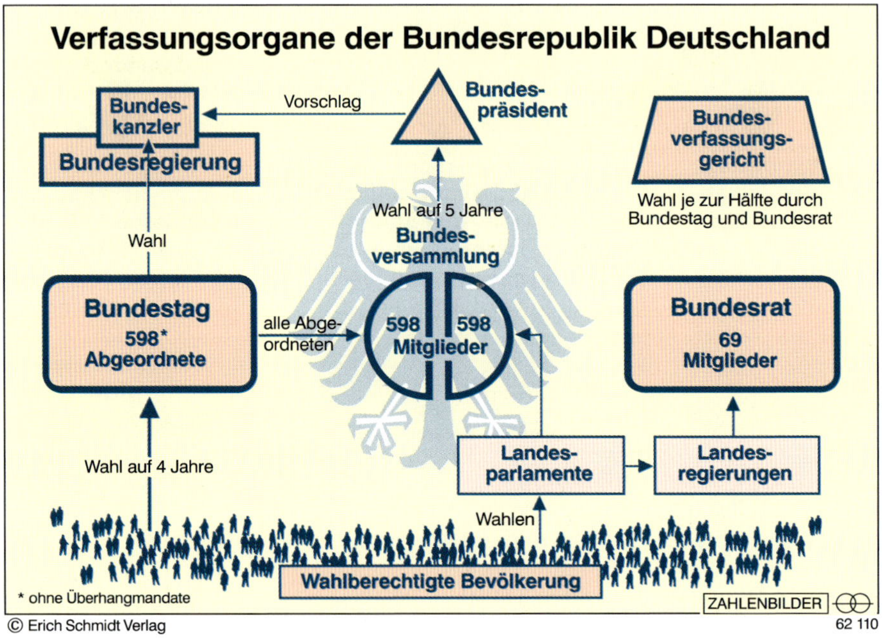

© Erich Schmidt Verlag

2.2 Der Deutsche Bundestag

Die Sitzordnung im Deutschen Bundestag
1 Präsident(in)
2 Schriftführer
3 am Rednerpult
4 Abgeordnete
5 Regierungsbank
6 Bundesratsbank

Der Deutsche Bundestag steht als Parlament im Zentrum des politischen Lebens in Deutschland. Seit 1999 hat er seinen Sitz im Berliner Reichstagsgebäude.
Der am 22. September 2013 gewählte 18. Deutsche Bundestag hat 631 Abgeordnete aus vier Fraktionen, die für eine Legislaturperiode von vier Jahren gewählt sind. Zur Beratung und Entscheidungsfindung bilden die Mitglieder des Bundestages **Fraktionen** und Gruppen. Eine Fraktion besteht aus den Mitgliedern derselben Partei (z. B. SPD-Fraktion oder Fraktion Bündnis 90/Die Grünen).
Eine Fraktion muss aus mindestens 30 Abgeordneten bestehen, das sind **5 %** aller Mitglieder des Bundestages (seit 1957). Wird diese Mindeststärke nicht erreicht, können sich die Abgeordneten zu einer Gruppe zusammenschließen. Eine Fraktion genießt gegenüber einer Gruppe größere Rechte und finanzielle Vorteile.

Ist keine Fraktion so groß, dass sie die Mehrheit der Mitglieder des Bundestages umfasst, können sich mehrere Fraktionen zu einer **Koalition („Zweckbündnis")** zusammenschließen, um die Regierung zu bilden und diese dann bei der Gesetzgebung unterstützen zu können. Parteien, die nicht an der Regierungskoalition beteiligt sind, bilden die Opposition.

Die Stellung der Abgeordneten

Grundgesetz Artikel 38 (1), Auszug
[...] Sie (die Abgeordneten) sind Vertreter des ganzen Volkes, an Aufträge und Weisungen nicht gebunden und nur ihrem Gewissen unterworfen.

Nach dem Grundgesetz verfügen die Abgeordneten über ein **freies Mandat**. Im Abstimmungsverhalten ist es dennoch in der Regel so, dass die Abgeordneten einer Fraktion geschlossen auftreten.

Abgeordnete des 18. Deutschen Bundestages

CDU/CSU	311
SPD	193
Die Linke	64
B90/Die Grünen	63

Stand: Januar 2014

Regierungskoalition: CDU/CSU und SPD = „Große Koalition"

Überhangmandate
Wenn mehr Direktmandate über Erststimmen als zu vergebende Zweitstimmen vorhanden sind.

Opposition:
DIE LINKE, Bündnis 90/ Die Grünen

Wahlbeteiligung:
73 % (2009: 70,8 %) (2005 77,7 %, 2002 79,1 %)

Bundestagswahl 2009 – Wikipedia 09.11.2009

Ausschüsse

- Zusammensetzung entsprechend dem Stärkeverhältnis der Fraktionen (9–48 Abgeordnete);
- Aufgabe: Diskussion und Formulierung von Gesetzentwürfen und Initiativen (16. Bundestag)

Es gibt 22 ständige Ausschüsse, wie z.B.:

- Innenausschuss
- Rechtsausschuss
- Finanzausschuss
- Verteidigungsausschuss.
- Ausschuss für Familie, Frauen, Senioren, Jugend (Der 1. Bundestag 1949 hatte 40 Ausschüsse.)

Plenum
= „Vollversammlung" aller 631 Abgeordneten des Bundestages

Präsidium
Das Präsidium (Bundestagspräsident, Vizepräsidenten) leitet die Bundestagssitzungen und wirkt unter anderem an Personalangelegenheiten der Bundestagsverwaltung und beim Abschluss von Verträgen mit.

Bundestagspräsident:
Dr. Norbert Lammert (CDU) 522 von 617 abgegebenen Stimmen

Innerhalb einer Fraktion wird erwartet, dass sich die Minderheit dem **Mehrheitsbeschluss** unterwirft und **Fraktionsdisziplin ausübt**. In der politischen Realität steht die Fraktionsdisziplin in einem **Spannungsverhältnis** zum Grundsatz des **freien Mandats**.

Da die Abgeordneten des Deutschen Bundestages den Bundeskanzler wählen bzw. stürzen können, braucht eine stabile Regierung eine zuverlässige Mehrheit im Parlament.

Die in Artikel 38 Abs. 1 GG garantierte Unabhängigkeit der Abgeordneten wird durch eine Reihe von **Vorrechten** geschützt, die im Grundgesetz verankert sind, wie z.B.:

1. Indemnität: Abgeordnete dürfen nach Artikel 46 GG wegen ihres Abstimmungsverhaltens oder wegen Äußerungen im Bundestag – außer für verleumderische Beleidigungen – nicht verfolgt oder belangt werden. Die Indemnität dauert auch nach Beendigung des Mandats fort und kann nicht aufgehoben werden.

2. Immunität: Abgeordnete dürfen nach Artikel 46 Abs. 2 für Straftaten nur zur Verantwortung gezogen werden, wenn der Bundestag es genehmigt. Die Immunität besteht nur, solange die Abgeordneten ihr Mandat ausüben.

3. Zeugnisverweigerungsrecht: Abgeordnete brauchen nach Artikel 47 GG über Personen, die ihnen vertrauliche Mitteilungen gemacht haben, keine Auskunft geben.

Die Organisation des Deutschen Bundestages

Die Geschäftsordnung des Bundestages ist die Zusammenfassung aller Verfahrensregeln, nach denen Sitzungen und Versammlungen abzulaufen haben. Entsprechend der Geschäftsordnung ist der Bundestag arbeitsteilig organisiert und gliedert sich entsprechend der Übersicht.

© Erich Schmidt Verlag

An der Spitze des Deutschen Bundestages steht der Präsident (Bundestagspräsident). Er hat nach dem Bundespräsidenten das zweithöchste Staatsamt der Bundesrepublik Deutschland inne. Er wird nach jeder Wahl des Deutschen Bundestages aus dessen Mitte von allen Abgeordneten gewählt.

Die Aufgaben des Bundestages

Das Grundgesetz beschreibt die Aufgaben des Bundestages an verschiedenen Stellen. Betrachtet man die Artikel 70 bis 82 des Grundgesetzes, so kommt dem Bundestag die wichtige Aufgabe der Gesetzgebung zu (**Gesetzgebungsfunktion**). Das Parlament wird in der Lehre der Gewaltenteilung als Legislative bezeichnet.
Als weitere Aufgabe definiert das Grundgesetz die Wahl wichtiger Staatsorgane, wie z. B. die des Bundeskanzlers **(Wahlfunktion).**
Einige Artikel des Grundgesetzes (Artikel 43, 44, 67, 110) weisen dem Bundestag die Aufgabe zu, Regierung und Verwaltung zu kontrollieren **(Kontrollfunktion**). Die Aufgaben und Bedeutung des Bundestages gehen aber über diese „klassischen", im Grundgesetz umschriebenen Funktionen hinaus.
Der Bundestag nimmt weiterhin die **Willensbildungsfunktion** sowie die **Artikulationsfunktion** im Rahmen der politischen Meinungs- und Willensbildung wahr.

Der Bundestag als Gesetzgebungsorgan

- Der Bundestag kann neben Bundesregierung und Bundesrat Gesetzesinitiative ausüben.
- Alle Gesetzesvorlagen werden im Plenum debattiert und in seinen Ausschüssen beraten.
- Jedes Gesetz muss vom Bundestag mit absoluter Mehrheit (50 %) verabschiedet werden. Bei Verfassungsänderungen ist eine Mehrheit von zwei Dritteln aller Abgeordneten notwendig.

Der Bundestag als Wahlorgan

- Auf Vorschlag des Bundespräsidenten wählt der Bundestag mit der Mehrheit seiner Mitglieder den Bundeskanzler.
- Im Rahmen der Bundesversammlung nimmt der Bundestag an der Wahl des Bundespräsidenten teil.
- Der Bundestag wählt über einen Wahlmännerausschuss die Hälfte der Richter des Bundesverfassungsgerichtes.
- Der Bundestag wirkt mit an der Besetzung der Obersten Gerichtshöfe.

Der Bundestag als Kontrollorgan

In der parlamentarischen Demokratie ist es Aufgabe der Opposition, die Regierung zu kontrollieren.
Möglichkeiten der Kontrolle: Bildung von Untersuchungsausschüssen, konstruktives Misstrauensvotum, Bildung eines Petitionsausschusses (Petition = „Bittschrift, Beschwerde"), Kleine und Große Anfragen im Parlament.

Der Bundestag als Willensbildungsorgan

Der Bundestag stellt wichtige politische Themen in großen Plenardebatten vor der Öffentlichkeit zur Diskussion und bietet Lösungen und Alternativen an. Die unterschiedlichen Standpunkte werden verständlich vorgetragen und Gründe für die Entscheidungsfindung werden erkennbar gemacht.

Der Bundestag als Artikulationsorgan

Im Bundestag sollen die im Volk vorhandenen Meinungen in Debatten Ausdruck finden. Es soll weiterhin zur Sprache kommen, was die Bürger bewegt. Ziel ist es, die Ansichten der Wähler zu politischen Themen in den Debatten anzusprechen.

Ältestenrat
= erfahrene Abgeordnete (Präsident, Vizepräsident und 23 Abgeordnete)
Er ist ein Beratungsgremium zur Steuerung der Arbeit des Bundestages, der z. B. die Tagesordnung/die Redezeiten festlegt und über die Besetzung der Ausschussvorsitzenden entscheidet.

11. Wehrbeauftragter:
Hellmut Königshaus, am 20.05.2010 vereidigt, Wahl für 5 Jahre vom Bundestag
Aufgaben:
- parlamentarische Kontrolle der Streitkräfte
- geht Missständen innerhalb der Bundeswehr nach (Grundrechtsverletzungen)
- Förderung und Kontrolle der Entwicklung der Bundeswehr zu einer demokratischen Armee

Beispiele für die Kontrolle der Regierung durch die Opposition
Ein Untersuchungsausschuss muss auf Antrag von ein Viertel der Abgeordneten eingesetzt werden, um Missstände im Verantwortungsbereich der Regierung aufzudecken.
Mithilfe des konstruktiven Misstrauensvotums kann die Opposition den Kanzler stürzen, wenn sie gleichzeitig einen neuen Kanzler wählt.

2.3 Der Bundesrat

Föderalismus

„Die Notwendigkeit gesetzlicher Regelungen ist im regionalen Bereich oft besser zu beurteilen. Außerdem ist die Verwaltung regional leichter überschaubar und kontrollierbar."
Beate W., 17 Jahre, Schülerin, Stadtilm

„Durch die Gliederung des Bundes in Länder entstehen zu hohe Verwaltungskosten. Allein im Bildungswesen existieren eine Vielzahl unterschiedlicher Regelungen."
Sven M., 18 Jahre, Berufsschüler, Weimar

„Ich bin der Meinung, dass die bundesstaatliche Ordnung vor Funktions- und Machtkonzentration schützt. Außerdem wird das Bundesparlament von weltanschaulichen Spannungen entlastet."
Michael N., 16 Jahre, Abiturient, Eisenach

Föderalismus
(lat. „foedus" = Bündnis oder Vertrag) Aufbau der Bundesrepublik aus Bund (Gesamtstaat) und Ländern (Gliedstaaten)

Grundgesetz Artikel 28 trifft grundlegende Regeln über den Staatsaufbau der Länder der Bundesrepublik Deutschland.
(1) Die verfassungsmäßige Ordnung muss den Grundsätzen des republikanischen, demokratischen und sozialen Rechtsstaates im Sinne des Grundgesetzes entsprechen (...)

Das Grundgesetz legt die **Gliederung der Bundesrepublik in Bund und Länder fest.** Die Bundesrepublik Deutschland ist ein föderalistischer Staat, da sie nach dem Bundesstaatsprinzip aufgebaut ist und somit aus Gliedstaaten besteht, die bestimmte eigene, aber auch beschränkte Kompetenzen besitzen. Die staatlichen Machtbefugnisse sind zwischen dem Gesamtstaat (Bund) und den Gliedstaaten (Länder) aufgeteilt.

Zur Wahrnehmung ihrer jeweiligen Kompetenzen besitzen sowohl der Bund als auch die Länder eigene Regierungen und Parlamente. Über den Bundesrat – eine zweite Kammer neben dem Bundestag – besitzen die Gliedstaaten ein Mitspracherecht an der politischen Willensbildung des Bundes. Meist ist der Bund für die Außen- und Sicherheitspolitik und

die Wahrung der Finanz- und Wirtschaftseinheit zuständig. Die Länder sind weitestgehend für die Bildungspolitik, den Hochschulausbau sowie Besoldung/Versorgung/Dienstrecht der Landesbeamten verantwortlich (Föderalismusreform 2006).
Die Verfassungen der föderalistischen Staaten regeln die Aufteilung der Kompetenzen zwischen Bund und Ländern.

Zusammensetzung und Zuständigkeit des Bundesrates

Der Bundesrat vertritt die Interessen der Bundesländer beim Bund und wirkt bei seiner Gesetzgebung mit. Er besteht aus den Vertretern der Landesregierungen. Die Stimmenzahl der Länder im Bundesrat richtet sich nach deren Einwohnerzahl. Kleine Länder haben drei, mittlere vier und große Länder sechs Stimmen. Die Stimmen eines Landes werden geschlossen abgegeben und jede Landesregierung legt ihr Stimmverhalten fest.

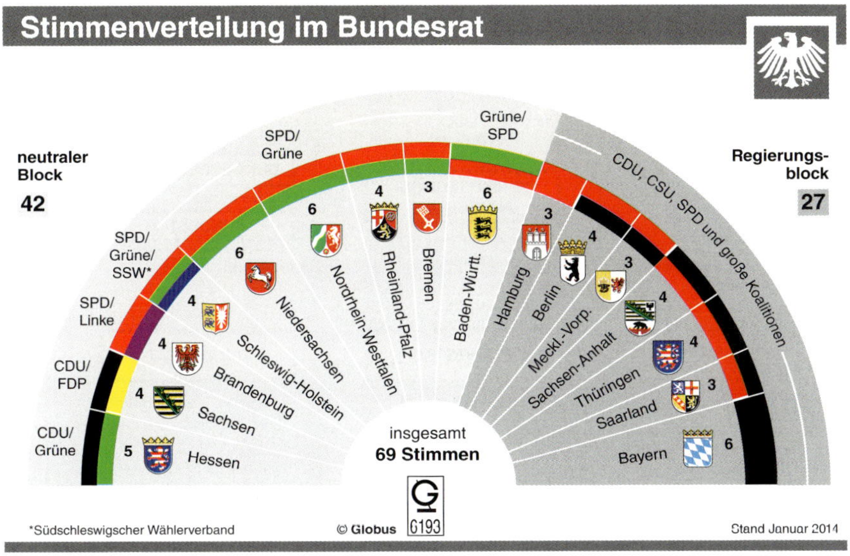

Der Präsident des Bundesrates ist gleichzeitig Stellvertreter des Bundespräsidenten. Zum Präsident des Bundesrates wird reihum der Regierungschef eines Bundeslandes gewählt.
Die wichtigste Aufgabe des Bundesrates ist die Mitwirkung bei der **Gesetzgebung** des Bundes durch folgende Maßnahmen:

- Ausübung des Initiativrechts [Art. 76 (1) GG]
- Stellungnahme zu den Gesetzesvorlagen der Bundesregierung bevor diese in den Bundestag eingebracht werden [Art. 76 (2) GG]
- Anrufung sowie Mitwirkung im Vermittlungsausschuss [Art. 77 (2) GG]
- Einlegen des Einspruchs bei einfachen Gesetzen bzw.
- Erteilung oder Verweigerung der Zustimmung bei Zustimmungsgesetzen

Der Bundesrat wirkt u. a. auch bei der Verwaltung des Bundes mit.
Weitere **Mitwirkungsrechte** sind z. B.:

- Mitwirkung beim Erlass von Rechtsverordnungen des Bundes
- Mitwirkung beim Erlass von Verwaltungsvorschriften des Bundes, wenn diese Länderbehörden binden
- Wahl der Hälfte der Richter des Bundesverfassungsgerichtes
- Anrufung des Bundesverfassungsgerichtes und Zustimmung zur Ernennung des Generalbundesanwalts und der Bundesanwälte

Grundgesetz Artikel 79
(3) Eine Änderung des Grundgesetzes, durch welche die Gliederung des Bundes in Länder, die grundsätzliche Mitwirkung der Länder bei der Gesetzgebung oder die in den Artikeln 1 und 20 niedergelegten Grundsätze berührt werden, ist unzulässig.

Zustimmungsgesetze
Gesetze, die das Grundgesetz ändern, die Steuern der Länder oder die Verwaltungshoheit der Länder berühren und denen der Bundesrat zustimmen muss.

Vermittlungsausschuss
Er besteht aus 16 Mitgliedern des Bundestages und 16 Mitgliedern des Bundesrates und wird „einberufen", wenn es wegen eines Gesetzes zu Meinungsverschiedenheiten kommt.

Einspruchsgesetze (einfache Gesetze)
Gesetze, denen der Bundesrat nicht ausdrücklich Zustimmung geben muss, er kann binnen 2 Wochen dagegen Einspruch einlegen.

Gesetzgebung aktuell, 250. Plenarsitzung, 27. Juni 2013
1. Eindämmung unseriöser Geschäftspraktiken
2. Dopingbekämpfung im Sport
3. Vertrag über Waffenhandel
4. Staatsleistungen an Religionsgesellschaften
5. Bekämpfung der Steuerflucht und Vermögensabgabe

Beim Bundestag eingereichte Gesetzesvorhaben, 16. Wahlperiode
2005–2009: 905
davon
Regierungsvorlagen 537
Initiativen des Bundesrates 104
Initiativen des Bundestages 264 [davon 135 (51,1 %) von der Opposition]

Vom Bundestag verabschiedete Gesetze: 616
davon wurde 18-mal der Vermittlungsausschuss „angerufen"

Beide Texte abgerufen unter www.bundestag.de/dokumente/parlamentsdokumentation/index.html, [07.08.2013]

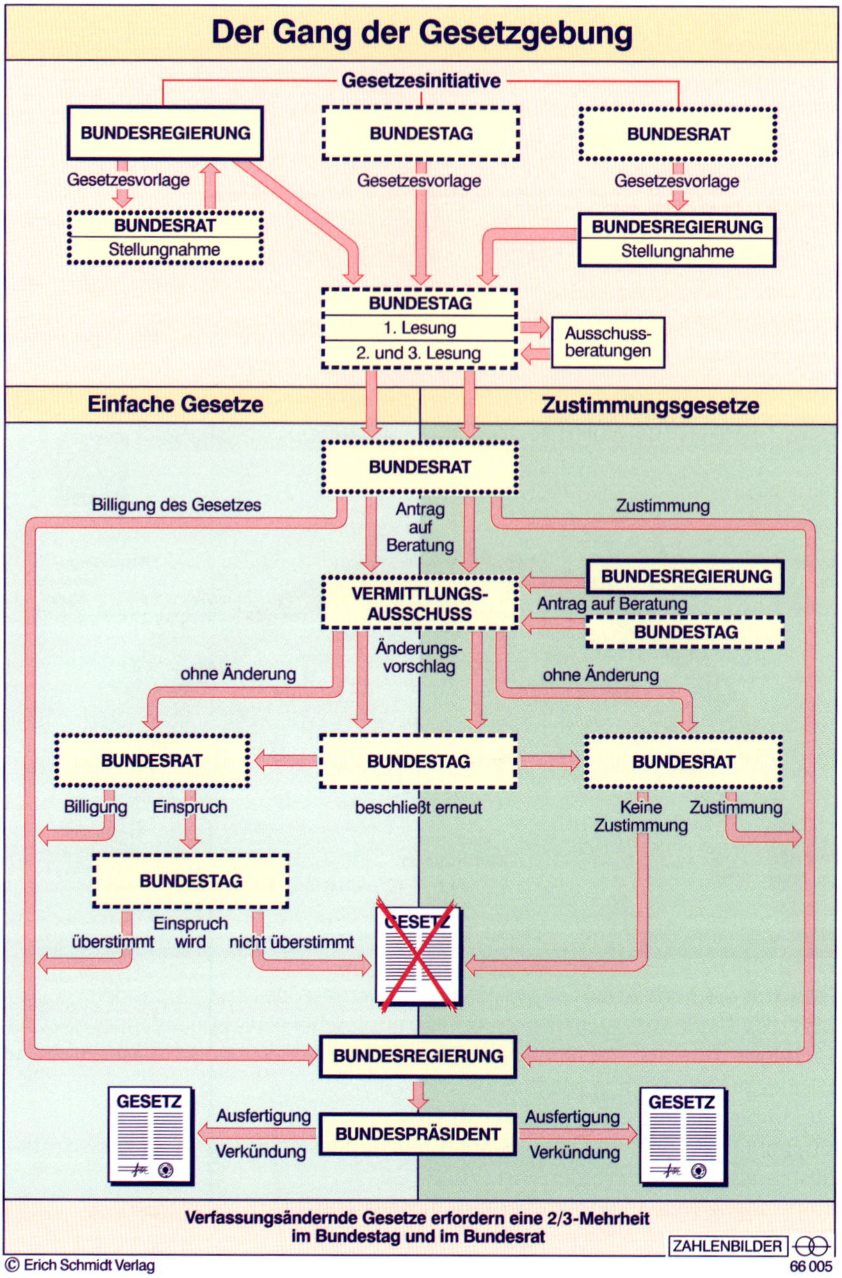

Bundestag verabschiedete E-Government-Gesetz

Mitte April hat der Bundestag das sogenannte E-Government-Gesetz mit den Stimmen der Regierungskoalition verabschiedet. [...]

Ziel des „Gesetzes zu Förderung der elektronischen Kommunikation sowie zur Änderung weiterer Vorschriften", kurz „E-Government-Gesetz", ist der Abbau bundesrechtlicher Hindernisse, um den elektronischen Austausch zwischen den Bürgern und den Behörden sowie die elektronische Bearbeitung in der Verwaltung zu fördern. Die Behörden sind verpflichtet, einen elektronischen Zugang zu ermöglichen und Nachweise, Formulare, Behördeninformationen sowie Bezahlsysteme online anzubieten. [...]

Vergabe24: Bundestag verabschiedet E-Government-Gesetz, 22.05.2013, abgerufen unter www.vergabe24.de/aktuelles/news/bundestag-verabschiedet-e-government-gesetz-1369202232.html [15.01.2014]

2.4 Die Bundesregierung

15 Bundesministerinnen und Bundesminister

Dr. Angela Merkel erhielt bei der Kanzlerwahl gemäß Art. 63 GG am 17.12.2013 462 Ja-Stimmen bei 9 Stimmenthaltungen und 150 Nein-Stimmen. Sie ist die erste Frau in diesem Amt und wurde bereits zum dritten Mal zur Bundeskanzlerin gewählt. Von 1990 bis 1998 war sie Bundespolitikerin, von 1998 bis 2005 Partei- und Fraktionsvorsitzende sowie Kanzlerkandidatin.

Die **Bundesregierung** (Bundeskabinett) besteht aus dem **Bundeskanzler** und den **Bundesministern**. Als **ausführende Gewalt** (Exekutive) ist sie hauptsächlich für zwei Themengebiete zuständig:

- Die Regierung ist verantwortlich für die Verwirklichung der vom Bundestag und Bundesrat beschlossenen Gesetze. Dazu erlässt sie die erforderlichen Anweisungen an die **Verwaltung** und kontrolliert deren Einhaltung.
- Die Bundesregierung beteiligt sich durch eigene Gesetzesinitiativen an der **Gestaltung** des politischen und gesellschaftlichen Lebens. Ihre diesbezüglichen Vorstellungen werden in Regierungserklärungen vorgestellt.

Die Bundeskanzler der Bundesrepublik
1949–1963
Konrad Adenauer CDU
1963–1966
Ludwig Erhard CDU
1966–1969
Kurt-Georg Kiesinger CDU
1969–1974
Willy Brandt SPD
1974–1982
Helmut Schmidt SPD
1982–1998
Helmut Kohl CDU
1998–2005
Gerhard Schröder SPD
seit 2005
Angela Merkel (CDU)

Die verfassungsmäßige Stellung der Bundesregierung:

- Die Bundesregierung besteht aus dem Bundeskanzler und aus den Bundesministern (Art. 2 GG).
- Der Bundeskanzler wird auf Vorschlag des Bundespräsidenten vom Bundestag ohne Aussprache gewählt (Art. 63 Abs. 1 Gg).
- Die Bundesminster werden auf Vorschlag des Bundeskanzlers vom Bundespräsidenten ernannt und entlassen (Art. 64 Abs. 1 GG).
- Der Bundeskanzler bestimmt die Richtlinien der Politik und trägt dafür Verantwortung („**Richtlinienprinzip**"). Innerhalb dieser Richtlinien leitet jeder Bundesminister sein Ministerium selbstständig und unter eigener Verantwortung. („**Ressortprinzip**"). Über Meinungsverschiedenheiten zwischen den Bundesministern entscheidet die Bundesregierung („**Kabinettsprinzip**").

Regierungsbildung

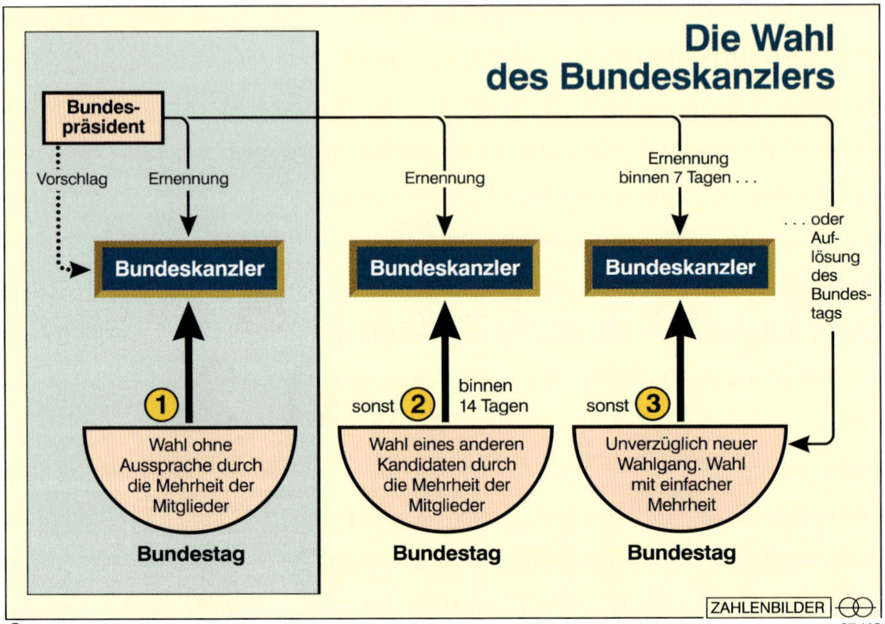

© Erich Schmidt Verlag

Konstruktives Misstrauensvotum Art. 67 (1) GG
Das Misstrauensvotum ist ein mehrheitlicher Parlamentsbeschluss, der den Regierungschef abwählt. Es beinhaltet einen Vorschlag für die Neubesetzung des enthobenen Amtes.
Am 24.04.1972 erfolgte ein Antrag zum konstruktiven Misstrauensvotum gegen Bundeskanzler Willy Brandt (SPD).

Der Bundeskanzler (Exekutive) wird vom Bundestag (Legislative) gewählt, der ihn durch ein **konstruktives Misstrauensvotum** auch wieder stürzen kann. Eine weitere Möglichkeit der Auflösung des Bundestages bzw. der vorzeitigen Neuwahl des Kanzlers ist das Stellen der **Vertrauensfrage** durch den Bundeskanzler. Der Bundeskanzler muss weder Mitglied des Bundestages noch einer politischen Partei sein, allerdings muss er das passive Wahlrecht zum Bundestag besitzen. Gemäß dem Grundgesetz der Unvereinbarkeit darf er weder ein anderes besoldetes Amt ausüben, noch in einem Beruf oder einem Gewerbe tätig sein, keine Unternehmen leiten und nicht ohne Zustimmung des Bundestages dem Aufsichtsrat eines Unternehmens angehören (Art. 66 GG).

Konstruktives Misstrauensvotum und Vertrauensfrage

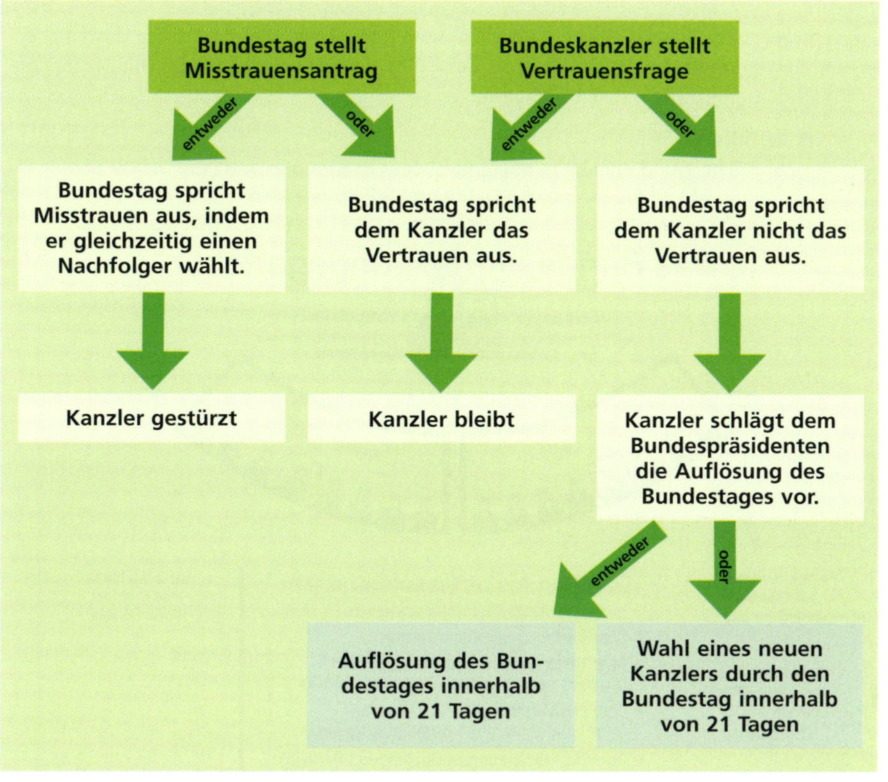

Vertrauensfrage Art. 68 GG
Der Bundeskanzler richtet an den Bundestag den Antrag, ihm das Vertrauen auszusprechen. Zuletzt hat Gerhard Schröder die Vertrauensfrage gestellt, aber auch Willy Brandt, Helmut Schmidt und Helmut Kohl haben von diesem Instrument Gebrauch gemacht.

Gerhard Schröder 2001
Vertrauen ausgesprochen
Gerhard Schröder 2005
Vertrauen nicht ausgesprochen, der Bundespräsident löste am 21.07.2005 den 15. Deutschen Bundestag auf, es folgten am 21.09.2005 Neuwahlen

2.5 Das Bundesverfassungsgericht

§ 31 (1) BVerfGG
„Die Entscheidungen des Bundesverfassungsgerichtes binden die Verfassungsorgane des Bundes und der Länder sowie alle Gerichte und Behörden."

1. Senat
= „Grundrechtssenat" zuständig für Auslegung der Artikel 1–17, 19, 20 (4), 33, 38, 101, 103, 104 GG

2. Senat
= „Staatsrechtssenat" zuständig für Organstreitigkeiten zwischen Verfassungsorgan oder Parteiverbotsverfahren

Präsident
Prof. Dr. Voßkuhle

Vizepräsident
Prof. Dr. Kirchof

Urteile des Bundesverfassungsgerichts (Beispiele)
- Parteienfinanzierung
- Abtreibung (§ 218 StGB)
- Bundeswehreinsatz außerhalb des NATO-Gebietes
- Kruzifix-Urteil
- Professorenbesoldung
- Fotos von Rasern sind zulässig
- Verbot der NPD-Demo in Berlin

Erfolgsaussichten
Seit der Konstituierung des Bundesverfassungsgerichts 1951 sind ca. 2 250 Senatsentscheidungen ergangen. Ausgangspunkt bilden die fast 80 000 beim Bundesverfassungsgericht eingegangenen Beschwerden (ca. 95 % davon waren Verfassungsbeschwerden). Sie füllen nun bereits die 78 Bände der Amtlichen Sammlung. Im Jahr 2000 sind 4 831, 2005 5 105 und 2012 5 947 Verfahrenseingänge zu verzeichnen.

Artikel 92 GG

Die rechtsprechende Gewalt ist den Richtern anvertraut; sie wird durch das Bundesverfassungsgericht, durch die in diesem Grundgesetz vorgesehenen Bundesgerichte und durch die Gerichte der Länder ausgeübt.

Artikel 97 GG
(1) Die Richter sind unabhängig und nur dem Gesetz unterworfen.

 129 015

Das Bundesverfassungsgericht mit Sitz in Karlsruhe ist das oberste Gericht der Bundesrepublik Deutschland. Es ist ein allen anderen Verfassungsorganen gegenüber selbstständiger und unabhängiger Gerichtshof des Bundes. Aufgabe des Gerichts ist es, über die Einhaltung der Normen des Grundgesetzes zu wachen, die Verfassung zu bewahren und sie auszulegen.
Das Bundesverfassungsgericht wird deshalb auch als „**Hüter der Verfassung**" bezeichnet. Bei politisch umstrittenen Problemen wird das Verfassungsgericht von den Klägern, insbesondere von der jeweiligen Opposition, häufig in die Rolle des „Schiedsrichters" gedrängt. Diese Rolle ist nicht unproblematisch, da das Gericht dadurch in Gefahr gerät, politische Entscheidungen zu treffen, anstatt diese zu kontrollieren.

Neben dem Bundesverfassungsgericht sind auch die anderen Gerichte (Spezialgerichte entsprechend Fachgebieten) Bestandteil der rechtsprechenden Gewalt. Ihre Hauptaufgabe ist die Sicherung der **Rechtstaatlichkeit**. Sie umfasst:
- **Freiheitssicherung** durch die unumstößliche Gültigkeit der Grundrechte für alle,
- **Rechtsgleichheit** durch die absolute Gleichheit aller vor dem Gesetz,
- **Rechtssicherheit** durch das Recht jedes Einzelnen, den Rechtsschutz der Gerichte in Anspruch zu nehmen,
- **Gewaltenteilung** mit der garantierten Unabhängigkeit der Gerichte und Richter.

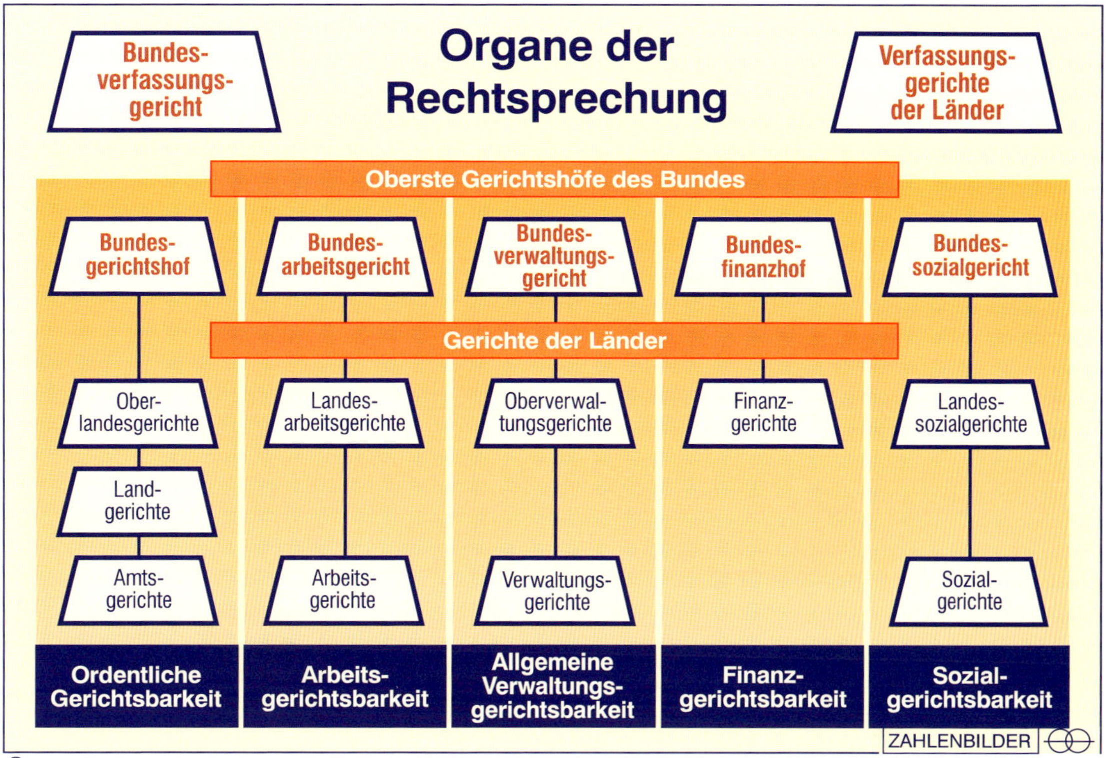

 129 010

2.6 Der Bundespräsident

Der Bundespräsident ist das **Staatsoberhaupt** der Bundesrepublik Deutschland. Durch die Verfassung und aufgrund der Lehren der Weimarer Republik ist seine politische Macht im politischen System des Landes jedoch beschränkt. Seine Amtssitze sind das Schloss Bellevue in Berlin und die Villa Hammerschmidt in Bonn.

11. Bundespräsident Joachim Gauck (parteilos) geb. 24.01.1940 in Rostock, ehemals Leiter der Stasi-Unterlagen-Behörde („Gauck-Behörde") und Publizist, „Liebhaber der Freiheit"

Er repräsentiert die Einheit des Staates und ist eine unabhängige, über der parteipolitischen Auseinandersetzung stehende Persönlichkeit. In seiner sogenannten **Integrationsfunktion** soll er moralische Wertmaßstäbe und Vertrauen vermitteln sowie Hinweise erteilen und ausgleichend wirken.
Das Amt des Bundespräsidenten nimmt innerhalb der Bevölkerung einen höheren Beliebtheitsgrad ein als jedes andere politische Amt.

Der Bundespräsident wird von der **Bundesversammlung** auf **fünf Jahre** gewählt. Für seine Legitimation benötigt der Bundespräsident die Stimmen der Mehrheit der Mitglieder der Bundesversammlung (absolute Mehrheit). Wird diese Mehrheit in zwei Wahlgängen nicht erreicht, so ist gewählt, wer in einem weiteren Wahlgang die meisten Stimmen auf sich vereinigt (relative Mehrheit). Eine anschließende Wiederwahl ist nur noch einmal möglich.

Die Bundesversammlung besteht aus den Mitgliedern des Bundestages und der gleichen Anzahl von Delegierten, die von den Länderparlamenten gewählt werden. Das

Grundgesetz, Artikel 54, schreibt weiterhin fest, dass jeder Deutsche, der das Wahlrecht zum Deutschen Bundestag besitzt und das 40. Lebensjahr vollendet hat, zum Bundespräsidenten gewählt werden kann.
Die Vertretung des Bundespräsidenten wird durch den Bundesratspräsidenten wahrgenommen.
Um seine Neutralität zu sichern, darf der Bundespräsident weder der Regierung noch einer gesetzgebenden Körperschaft des Landes angehören. Er darf kein anderes besoldetes Amt, kein Gewerbe und keinen Beruf ausüben.

Grundgesetz, Art. 54 (3)
Die Bundesversammlung besteht aus den Mitgliedern des Bundestages und einer gleichen Anzahl von Mitgliedern, die von den Volksvertretungen der Länder nach den Grundsätzen der Verhältniswahl gewählt werden.

Der amerikanische Präsident
- **Diplomat**
- **Chef der Exekutive**
- **Oberbefehlshaber**
- **Gesetzgeber**
- **Parteichef**

Er wird dennoch durch den Kongress beschränkt – „checks and balances".

18 Thüringer Wahlmänner und -frauen für Bundesversammlung bestimmt

Am 18. März 2012 wurde der Bundespräsident Joachim Gauck von der 15. Bundesversammlung gewählt und am 22. März 2012 vereidigt. Das Parlament des Freistaats Thüringen hatte dazu 18 Wahlmänner und -frauen entsandt, die in der Bundesversammlung ihre Stimme abgaben. Die Mehrheit der Wahlmänner wurde von der CDU und der Linken bestimmt (jeweils 6), vier Vertreter entsandte die SPD, je einen Vertreter B90/Die Grünen sowie FDP. Joachim Gauck erhielt 991 von 1228 gültigen Stimmen.

Im Gegensatz zu den Präsidenten vieler anderer Staaten besitzt der Bundespräsident nur wenig politische Macht. Nach den schlechten Erfahrungen mit dem Reichspräsidenten der Weimarer Republik haben die „Väter" des Grundgesetzes das Amt des Bundespräsidenten beschränkt. So z. B. bedürfen nach Art. 58 des Grundgesetzes alle Anordnungen und Verfügungen des Bundespräsidenten, um Gültigkeit zu erlangen, der Gegenzeichnung durch den Bundeskanzler.
Zu den wichtigsten **Aufgaben des Bundespräsidenten** gehören:
- Völkerrechtliche Vertretung der Bundesrepublik, Repräsentation nach innen und außen
- Prüfung, Unterzeichnung und Verkündung der Bundesgesetze
- Erklärung des Gesetzgebungsnotstands
- Vorschlag, Ernennung und Entlassung des Bundeskanzlers
- Ernennung und Entlassung der Bundesminister, Bundesrichter, Bundesbeamten und Offiziere
- Begnadigungsrecht

Trotz dieser **geringen Machtbefugnisse** darf die politische Bedeutsamkeit des Amtes nicht unterschätzt werden. Die Art des Auftretens des Bundespräsidenten bei Staatsbesuchen im Ausland hat Auswirkungen auf das Ansehen der Bundesrepublik und die Glaubwürdigkeit deutscher Politik. Ein Bundespräsident wendet sich auch mit Reden sowie Beiträgen an das eigene Volk und macht auf Probleme aufmerksam (z. B. Umweltschutz, „Krise im Parteiensystem", alte und neue Bundesländer).

In Krisenzeiten des Parlaments oder der Regierung wachsen jedoch die politischen Einflussmöglichkeiten des Bundespräsidenten und er nimmt seine sogenannte **„Reservefunktion"** wahr. Er kann u. a. bei negativem Ausgang der Vertrauensfrage bzw. wenn im 3. Wahlgang keine Kanzlerwahl zustande kommt, den Bundestag auflösen.

Bundespräsident verweigert Unterschrift
Laut dpa-Meldung vom 25.01.1991 hat der Bundespräsident Richard von Weizsäcker seine Unterschrift unter das vom Parlament verabschiedete Gesetz zur Privatisierung der Flugsicherung verweigert. Weizsäcker hielt dieses Gesetz für unvereinbar mit dem Grundgesetz.

Diskussionsschwerpunkt: Direktwahl des Bundespräsidenten?

Pro
- Direktwahl bedeutet „mehr Demokratie von unten".
- Eine Volkswahl wäre abgehoben vom „parteipolitischen Gezänk".
- Der Bundespräsident hat nur „repräsentative Aufgaben".

Kontra
- Eine Direktwahl forderte ein anderes Verfassungsmodell.
- Die Wahlauswertung ist zu kostenaufwendig.
- Der Bundespräsident müsste zu Wahlkampfthemen Stellung nehmen, wozu das Grundgesetz keinen Handlungsspielraum gibt.

Zusammenfassung

Das Grundgesetz der Bundesrepublik Deutschland hat im Art. 20 Abs. 2, 3 die Gewaltenteilung für unseren Staat definiert und verewigt. Traditionell werden drei Staatsgewalten unterschieden, die auf drei verschiedene Staatsorgane verteilt sind:
- Legislative (gesetzgebende Gewalt) Parlament
- Exekutive (ausführende Gewalt) Regierung
- Judikative (rechtsprechende Gewalt) Gerichte

Durch die festgeschriebene **Gewaltenteilung** werden die einzelnen Staatsorgane in ihrer Macht beschränkt sowie kontrolliert und der Machtmissbrauch kann dadurch verhindert werden.
Die Abgeordneten des Deutschen Bundestages sind frei, ihrem Gewissen unterworfen und organisieren sich in Fraktionen.
Der **Bundestag** nimmt verschiedene Funktionen wahr: Gesetzgebung – Wahl – Kontrolle – Willensbildung – Artikulation.
Die Bundesrepublik ist ein föderalistischer Staat. Es besteht eine Aufgabenteilung zwischen Bund und Ländern. Über den **Bundesrat** wirken die Länder bei der Gesetzgebung des Bundes mit. Die Stimmenzahl der Bundesländer im Bundesrat ist abhängig von der Einwohnerzahl des jeweiligen Landes. Die **Bundesregierung** besteht aus dem Bundeskanzler, der vom Bundestag gewählt wird, und den Bundesministern. Der Bundeskanzler bestimmt die Richtlinien der gesamten Politik „Richtlinienprinzip". Neben der Verwaltung des Bundes ist die Bundesregierung auch durch Gesetzesinitiativen an der Gestaltung des politischen und gesellschaftlichen Lebens beteiligt. Das **Bundesverfassungsgericht** ist ein allen anderen Verfassungsorganen gegenüber unabhängiger Gerichtshof des Bundes. Es entscheidet u. a. über Verfassungsbeschwerden der Bürgerinnen und Bürger und prüft auf Antrag die Verfassungsmäßigkeit von Gesetzen. Der **Bundespräsident** ist das Staatsoberhaupt der Bundesrepublik Deutschland. Er wird von der Bundesversammlung

gewählt. Seine Amtszeit beträgt fünf Jahre. Obwohl er überwiegend repräsentative Aufgaben erfüllt, kann er durch sein persönliches Ansehen das geistige und politische Klima im In- und Ausland beeinflussen.

Zur Wiederholung

1. Erläutern Sie den Grundsatz der Gewaltenteilung und seine Bedeutung.
2. Beschreiben Sie das Spannungsverhältnis zwischen dem freiem Mandat und der Fraktionsdisziplin des Abgeordneten.
3. Welche Rolle spielt der Bundesrat in der Gesetzgebung?
4. Wie mächtig ist der Bundeskanzler nach der Verfassung und in der Wirklichkeit?
5. Erklären Sie die Bedeutung des Bundesverfassungsgerichtes.

Handlungsimpulse

1. Welche aktuellen Probleme und Aufgaben stehen im Bundestag im Vordergrund? Wählen Sie ein Beispiel aus und legen Sie nach Sammlung der Argumente die verschiedenen Positionen in einer kontroversen Debatte dar. Wie ist ihre Lösung?
2. Führen Sie in Gruppen eine Pro-Kontra-Diskussion zur Problematik „Fraktionsdisziplin" durch.
3. Sammeln Sie mittels Metaplanmethode Begriffe zum Thema „Föderalismus".
4. Sammeln Sie Argumente zu „Direktwahl des Bundespräsidenten".

Demokratie

3 Die Gewaltenteilung auf Landesebene

3.1 Der Thüringer Landtag

Präsidentin
Birgit Diezel (CDU)
Vizepräsident/innen
Birgit Klaubert (Die Linke)
Heiko Gentzel (SPD)
Franka Hitzing (FDP)
Astrid Rothe-Beinlich (B90/Die Grüne)

Der Landtag Artikel 48

(1) Der Landtag ist das vom Volk gewählte oberste Organ der demokratischen Willensbildung.
(2) Der Landtag übt gesetzgebende Gewalt aus, wählt den Ministerpräsidenten, überwacht die Ausübung der vollziehenden Gewalt, behandelt die in die Zuständigkeit des Landes gehörenden öffentlichen Angelegenheiten und erfüllt die anderen ihm nach dieser Verfassung zustehenden Aufgaben.

Verfassung des Freistaates Thüringen vom 25.10.1993

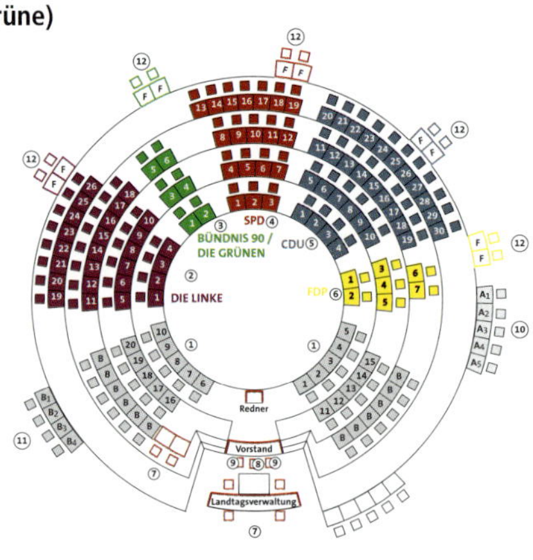

Zur Sitzordnung

① Regierungsbank (Minister/Staatssekretäre)
② Die Linke
③ Bündnis 90/Die Grünen
④ SPD
⑤ CDU 4/5 Koalition
⑥ FDP 2/3/6 Opposition
⑦ Landtagsverwaltung
⑧ Landtagspräsident/in oder einer der 4 Vizepräsidenten
⑨ Schriftführer
⑩ Aufenthaltsberechtigte (A) (z.B Präsident des Thüringer Rechnungshofs, Bürgerbeauftragter, Präsident Thüringer Verfassungsgerichtshof, Landesbeauftragter für Datenschutz und Informationsfreiheit, Landesbeauftragter zur Aufarbeitung der SED-Diktatur)
⑪ Beauftragte der Landesregierung (B) (z.B. für Menschen mit Behinderungen, Ausländerbeauftragter, Gleichstellung Mann und Frau, Zusammenleben der Generationen)
⑫ Referenten der Fraktionen (F)

Sitzverteilung im 5. Thüringer Landtag

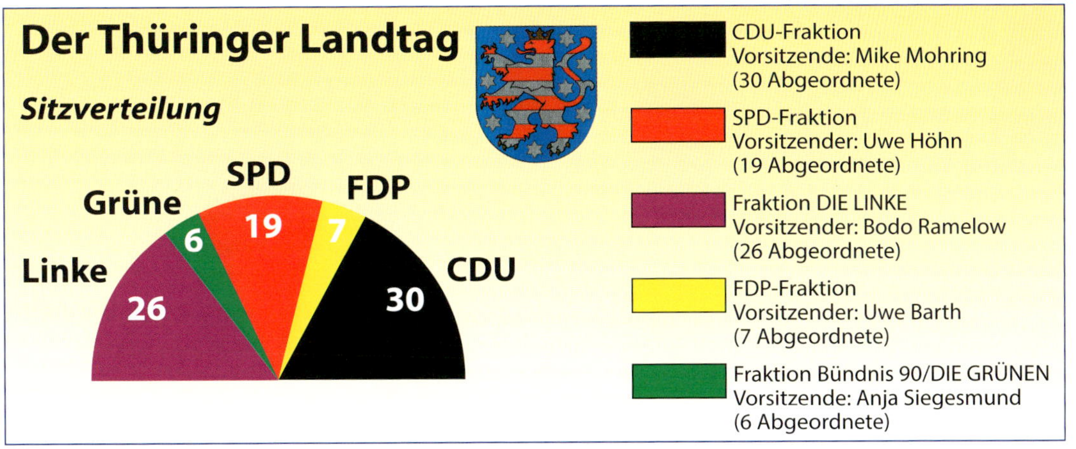

Die Verfassung des Freistaates Thüringen schreibt in den Artikeln 49 und 50 fest, dass der Landtag nach den Grundsätzen einer mit der **Personenwahl verbundenen Verhältniswahl** auf **fünf Jahre** gewählt wird.
Die wichtigste Aufgabe des Landtages ist die Gesetzgebung.

Landesverfassung
Artikel 81
(1) Gesetzesvorlagen können aus der Mitte des Landtags, durch die Landesregierung oder durch Volksbegehren eingebracht werden.

Artikel 82
(3) Der Antrag auf Zulassung eines Volksbegehrens muss von mindestens 5 000 Stimmberechtigten unterschrieben werden.
Wahlbeteiligung am 30. August 2009: 56,2 %

Der Weg zur Verabschiedung eines Gesetzes auf Landesebene

nach dem Prospekt: Thüringer Landtag, hrsg. vom Referat Presse- und Öffentlichkeitsarbeit, 9/2004

Christine Lieberknecht (CDU)
Thür. Ministerpräsidentin

Thüringer Landeskabinett

- **Ministerium für Bildung, Wissenschaft und Kultur**
- **Finanzministerium**
- **Innenministerium**
- **Ministerium für Landwirtschaft, Forsten, Umwelt und Naturschutz**
- **Justizministerium**
- **Ministerium für Soziales, Familie und Gesundheit**
- **Ministerium für Wissenschaft, Arbeit und Technologie**
- **Ministerium für Bau, Landesentwicklung und Verkehr**
- **Ministerium für Bundes- und Europaangelegenheiten in der Staatskanzlei**

Aufbau:
Präsident und 8 Mitglieder
(Präsident und 2 Mitglieder müssen Berufsrichter sein)

Das Verfassungsgericht erklärte am 10.04.2013 das Volksbegehren gegen Kommunalabgaben, mit der Begründung, dass die Thüringer Verfassung kein Begehren zu Abgaben und Haushaltsthemen erlaube, für unzulässig.

www.mdr.de [10.04.2013]

11 Fachausschüsse im Thüringer Landtag

- Ausschuss für Wirtschaft, Technologie und Arbeit
- Ausschuss für Bildung, Wissenschaft und Kultur
- Ausschuss für Soziales, Familie und Gesundheit
- Petitionsausschuss
- Innenausschuss
- Ausschuss für Bau, Landesentwicklung und Verkehr
- Gleichstellungsausschuss
- Haushalts- und Finanzausschuss
- Ausschuss für Landwirtschaft, Forsten, Umwelt und Naturschutz
- Justiz- und Verfassungsausschuss
- Europaausschuss

3.2 Die Thüringer Landesregierung

Die Landesregierung Artikel 70

(1) Die Landesregierung ist das oberste Organ der vollziehenden Gewalt.
(2) Sie besteht aus dem Ministerpräsidenten und den Ministern.
(3) Der Ministerpräsident wird vom Landtag mit der Mehrheit seiner Mitglieder ohne Aussprache in geheimer Abstimmung gewählt. Erhält im ersten Wahlgang niemand diese Mehrheit, so findet ein neuer Wahlgang statt. Kommt die Wahl auch im 2. Wahlgang nicht zustande, so ist gewählt, wer in einem weiteren Wahlgang die meisten Stimmen erhält.
(4) Der Ministerpräsident ernennt und entlässt die Minister.

Verfassung des Freistaates Thüringen

Nach Ablauf der fünfjährigen Legislaturperiode steht im Jahre 2014 die nächste Landtagswahl an.

3.3 Der Thüringer Verfassungsgerichtshof

Die Rechtspflege Artikel 86

Die Rechtsprechung wird im Namen des Volkes durch den Verfassungsgerichtshof ausgeübt.

Verfassung des Freistaates Thüringen

Der Thüringer Verfassungsgerichtshof mit dem Sitz in Weimar ist ein allen anderen Verfassungsorganen gegenüber selbstständiges und unabhängiges Gericht des Landes. Er steht als höchster Repräsentant der Rechtsprechung neben dem Thüringer Landtag als dem legislativen Organ der demokratischen Willensbildung und der Thüringer Landesregierung als dem obersten Organ der vollziehenden Gewalt vor. Der Thüringer Verfassungsgerichtshof arbeitet unter anderem zu folgenden Verfahren: Verfassungsbeschwerden (Individualverfassungsbeschwerden, Kommunalverfassungsbeschwerden), Organstreitigkeiten, Normenkontrollverfahren, Wahlprüfungsanträge, Feststellungen zur Zulässigkeit eines Volksbegehrens.

4 Politische Meinungs- und Willensbildung

Aussagen junger Menschen über Politik

Die politische Meinungs- und Willensbildung erstreckt sich von der Formulierung politischer Ideen bis hin zur Findung politischer Entscheidungen sowie Umsetzungen politischer Ziele. Auf der einen Seite geht es um die Vorstellungen politischer Institutionen, wie beispielsweise politischer Parteien, die in deren Programmen festgelegt sind. Andererseits artikuliert das Staatsvolk seine Wünsche und Ziele, die ebenso von den politischen Parteien aufgenommen werden. Damit Ziele formuliert und erreicht werden können, bedarf es einer Meinungs- und Willensbildung.

Eine funktionierende Demokratie benötigt deshalb mündige Bürgerinnen und Bürger, die am politischen Leben teilnehmen. Die Bürger müssen sich frei informieren können, die Möglichkeit haben, sich frei zu äußern oder Gruppen zu bilden. Die Bildung und Tätigkeit von politischen Gruppen, insbesondere Parteien, sowie die freie, offene Meinungs- und Willensbildung sind Grundelemente für unsere freiheitliche-demokratische Grundordnung.

Man bezeichnet die Bundesrepublik Deutschland deshalb auch als **pluralistische Gesellschaft.**

Pluralismus bedeutet das gleichberechtigte Nebeneinander der verschiedener Meinungen und Gruppen, die an der Gestaltung des politischen Lebens teilnehmen. bzw. die Koexistenz verschiedener Interessen und Lebensstile in der Gesellschaft.

www.thueringer-landtag.de/landtag/aktuelles/plenum/

www.petitionen-landtag.thueringen.de/

Petition (lat.: petitio = Bittschrift, Gesuch, Eingabe)

Grundrechte
sind Abwehrrechte des Bürgers gegen den Staat. Sie sind beständig, dauerhaft und einklagbar.

Das Grundgesetz gewährt deshalb bestimmte **Grundrechte**, die eine Demokratie erst ermöglichen:

Meinungsfreiheit
Grundgesetz, Art. 5 Abs. 1

Informationsfreiheit
Zensurfreiheit
Pressefreiheit

Vereins- und Koalitionsfreiheit
Grundgesetz, Art. 9

Gewerkschaftsgründungen

Petitionsrecht
Grundgesetz, Art. 17

Beschwerderecht an das Parlament

Versammlungsfreiheit
Grundgesetz, Art. 8

Demonstrationsrecht

Gründungsrecht für Parteien
Grundgesetz, Art. 21

Partizipation
„Teilhabe"
Bürgerbeteiligung

Um sich zu politischen und gesellschaftlichen Problemen Gehör zu verschaffen, gibt es zahlreiche Möglichkeiten der Einflussnahme auf politische Entscheidungsträger, wie z. B.:

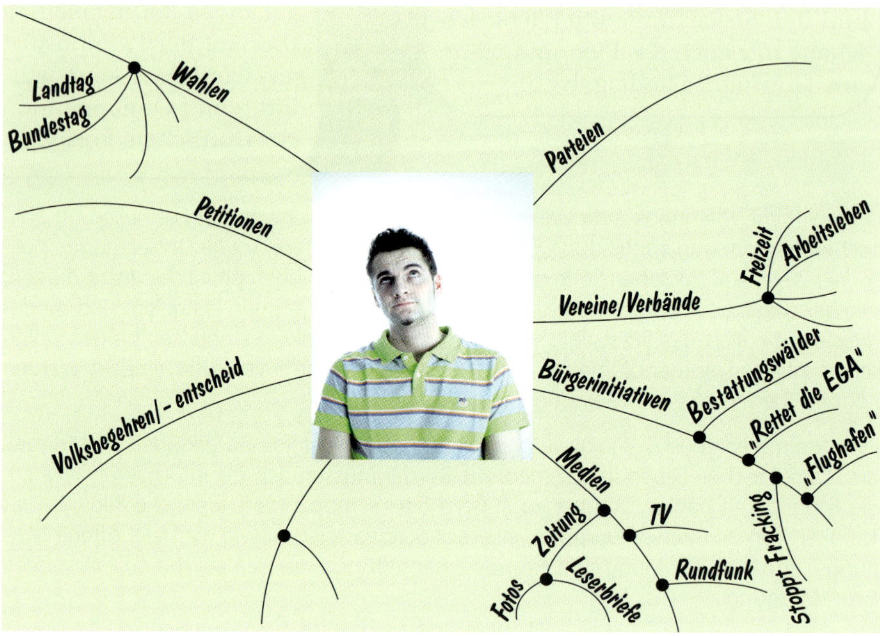

4.1 Medien – nicht nur vierte Gewalt!?

Bevor man als Bürgerin oder Bürger Entscheidungen treffen und sich in die Willensbildung einmischen kann, muss man sich möglichst vielfältig und umfangreich informieren. Auch wenn wir es kaum glauben können, entnehmen wir unser Wissen über die Geschehnisse in der Welt vielleicht zu 10 % aus der eigenen Anschauung und Erfahrung, zu 90 % sind wir von **Massenmedien** geprägt.
Im Medienvergleich dominiert laut ARD/ZDF-Langzeitstudie „Massenkommunikation 2010" das Fernsehen die Mediennutzung.

Die durchschnittliche Nutzungsdauer (jeweils Montag bis Sonntag) betrug 2012 etwa 242 Minuten (2005: 231 Minuten), die des Hörfunks 191 (2005: 193 Minuten) und die des Internets 83 Minuten (2005: 46 Minuten). Durch die Mischung verschiedener Medienangebote und Kommunikationsformen hat das Internet im letzten Jahrzehnt eine wachsende Bedeutung erlangt. Es ist ein vielgenutzter Verbreitungsweg für klassische Medien. Dennoch erfüllen laut Umfragen das Fernsehen und das Radio die Nutzungsmotive Information, Entspannung und Spaß.

Katrin Busemann, Bernhard Engel: Wandel der Mediennutzungsdauer, in: Media Perspektiven, 3/2012, S. 133–146

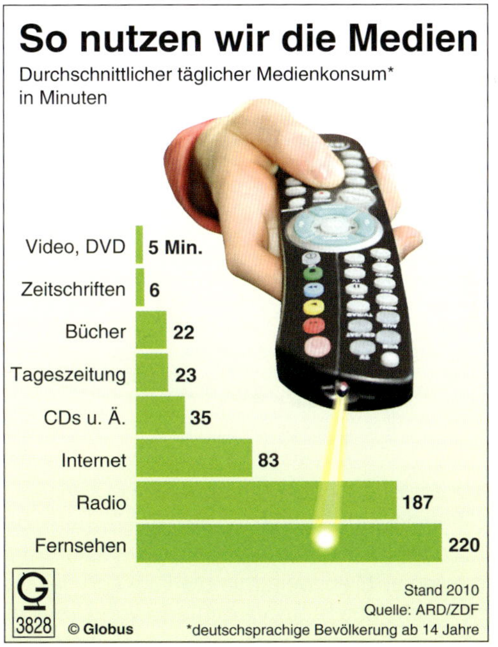

Demokratie

Massenmedien
Medium (lat.) = Mittler, Vermittler
Sie erreichen durch hohe Auflagenzahlen und Einschaltquoten viele Menschen (TV, Rundfunk, Zeitungen, Internet)

Medien – vierte Gewalt
Sie kontrollieren und machen die Öffentlichkeit u. a. auf Missstände aufmerksam.

Durchschnittliche Sehdauer pro Tag in den Bundesländern ***geordnet nach der Sehdauer in Min., Zuschauer ab 3 Jahren*** **2011**

Sachsen-Anhalt	272
Sachsen	268
Brandenburg	263
Berlin	263
Thüringen	*262*
Mecklenburg-Vorpommern	255
Bremen	250
Nordrhein-Westfalen	234
Saarland	227
ø Deutschland	225
Hamburg	220
Niedersachsen	214
Schleswig-Holstein	209
Rheinland-Pfalz	209
Hessen	206
Baden-Württemberg	203
Bayern	199

Camille Zubayr und Heinz Gerhard Tendenzen im Zuschauerverhalten, in: Media Perspektiven, 3/2012, 20.05.2012, S. 122

Grundgesetz, Artikel 5
Jeder hat das Recht, seine Meinung in Wort, Schrift und Bild frei zu äußern und zu verbreiten und sich aus allgemein zugänglichen Quellen ungehindert zu unterrichten. Die Pressefreiheit und die Freiheit der Berichterstattung durch Rundfunk und Film werden gewährleistet. Eine Zensur findet nicht statt.

Pressegesetz
Innere Pressefreiheit
Freiheit, die der Verleger den Mitarbeitern beim Gestalten einer Zeitung einräumt.
Äußere Pressefreiheit
Pressefreiheit eines im Pressewesen Tätigen gegenüber dem Staat.

Sozialisation (lat: sociare = verbinden)
- **Anpassung an gesellschaftliche Denk- und Gefühlsmuster**
- **Entwicklung der Persönlichkeit**
- **Eingliederung in die Gesellschaft**

In der Demokratie werden den Massenmedien Fernsehen, Presse und Hörfunk drei, einander zum Teil überschneidende, **Funktionen** zugeordnet:

Informationsfunktion	**Meinungsbildungsfunktion**	**Kritik- und Kontrollfunktion**
Der Staatsbürger erhält sachliche und verständliche Nachrichten von Ereignissen und Vorgängen und ordnet sie in einen wirtschaftlichen, politischen und sozialen Zusammenhang ein.	Politische Maßnahmen werden u. a. durch Parteien, Gewerkschaften, Unternehmerverbände, Kirchen und andere Organisationen durch Medien untersucht und bewertet, mit dem Ziel, die Bürgerinnen und Bürger zu einer bestimmten Ansicht zu bewegen.	Medien überwachen und kritisieren Missstände und Gefahren in Staat und Gesellschaft. Sie übernehmen die Rolle der „vierten Gewalt".

Zu den weiteren Aufgaben von Medien zählen aber auch **Unterhaltung und Bildung**.

Massenmedien übernehmen ebenso soziale Funktionen. Sie beeinflussen die Sozialisation der Individuen bzw. der Gesellschaft durch Vermittlung von Handlungsmustern, Rollenverhalten, Normen und gesellschaftlichen Werten (siehe S. 140). Die Massenmedien erfüllen weiterhin die Funktion der sozialen Orientierung der Individuen. Das geschieht durch die Vermittlung von Umweltkenntnissen, die zum Zurechtfinden in der komplizierter werdenden Gesellschaft notwendig sind.

Die Pressefreiheit findet wie alle anderen Grundrechte ihre Schranken dort, wo die Rechte und Freiheiten anderer beeinträchtigt werden. Die Medien überschreiten diese Grenze in der Sensationsberichterstattung, d. h. dort, wo sie z. B. Gewalt verherrlichen, zum Rassenhass anstacheln oder zur Volksverhetzung beitragen.

Eine Meinungsäußerung darf auch nicht durch Beleidigung oder üble Nachrede die Ehre eines anderen verletzen. Die behaupteten Tatsachen müssen zudem der Wirklichkeit entsprechen. Die Medien kontrollieren Staat und Gesellschaft. Wer kontrolliert Medien?

Aktuelles aus dem Presserat

Fall 1: Titelseiten von drei Sportmagazinen gerügt

Wegen einer Verletzung des Grundsatzes der klaren Trennung von Redaktion und Werbung (Ziffer 1, Pressekodex) wurden die Zeitschriften CONDITION, LAUFZEIT und RUNNING gerügt. Die drei Laufmagazine hatten auf der Titelseite ihrer Ausgaben 3/2013 jeweils ein PR-Foto eines großen Sportartikelherstellers veröffentlicht. Auf den Bildern präsentierten bekannte Läuferinnen einen neuen Laufschuh des Unternehmens. Der Presserat sah in der Veröffentlichung dieser PR-Fotos Schleichwerbung nach Richtlinie 7,2 des Pressekodex.

Fall 2: Bombenanschlag in Boston

Keinen ethischen Verstoß stellte der Presserat bei zwei Beschwerden zur Berichterstattung über den Bombenanschlag in Boston fest. Bild-Online hatte in mehrteiligen Fotostrecken über den Anschlag berichtet. Gezeigt wurden Bilder mit dramatischen Szenen, auf denen unter anderem verletzte Menschen zu sehen waren. Die Fotos dokumentieren die schreckliche Realität dessen, was sich ereignet hat, überschreiten jedoch nicht die Grenze der Sensationsberichterstattung (Ziffer 11, Pressekodex), stellte der Ausschuss fest.

Pressemitteilungen, 06.06.2013, www.presserat.info

Im Einzelfall erweist es sich als schwierig, genau zu definieren, wo Pressefreiheit endet und Persönlichkeitsschutz beginnt. Was ist noch Kritik und was ist schon Beleidigung? Häufig genug ist es Aufgabe der Gerichte, hier die Grenzen zu markieren.

Vom Ereignis zur Nachricht

Journalisten bemühen sich, sachlich zu bewerten. Eine objektive Berichterstattung können sie jedoch nur annähernd gewährleisten.

Auf dem Weg vom Ereignis zum Empfänger (Leser, Hörerinnen, Zuschauer) durchläuft eine Information viele Stationen.

An jeder dieser Stationen arbeiten Menschen, die unterschiedliche Meinungen vertreten und verschiedene Interessen haben, weil sie z. B. verschiedenen Parteien, Verbänden oder Religionen angehören.

Der Deutsche Presserat
Er ist ein Organ der Selbstkontrolle, in dem Verlage und Journalisten vertreten sind. Der Presserat soll Missstände im Pressewesen feststellen und auf ihre Beseitigung hinwirken, Beschwerden über Zeitungen usw. werden geprüft. In begründeten Fällen werden öffentliche Missbilligungen oder Rügen ausgesprochen. E-Mail: info@presserat.de www.presserat.de

Gegendarstellung
Dieses Recht ist ein Versuch, Waffengleichheit zwischen den Medien und den von ihnen Angegriffenen herzustellen. Sie muss in gleicher Größe wie die entsprechende Meldung gebracht werden.

Beschwerdeausschuss des Presserates am 04./05.06.2013, Berlin:
Behandlung von 147 Beschwerden, davon wurden 7 Veröffentlichungen gerügt

Pressekodex
= publizistische Grundsätze
= Sammlung journalistischer und ethischer Grundsätze

Nachrichtenagenturen
Sie haben an Plätzen des Weltgeschehens ihre Berichterstatter, sammeln Informationen, werten aus und verkaufen sie an Medien, Parteien, Verbände, Regierungen in aller Welt.

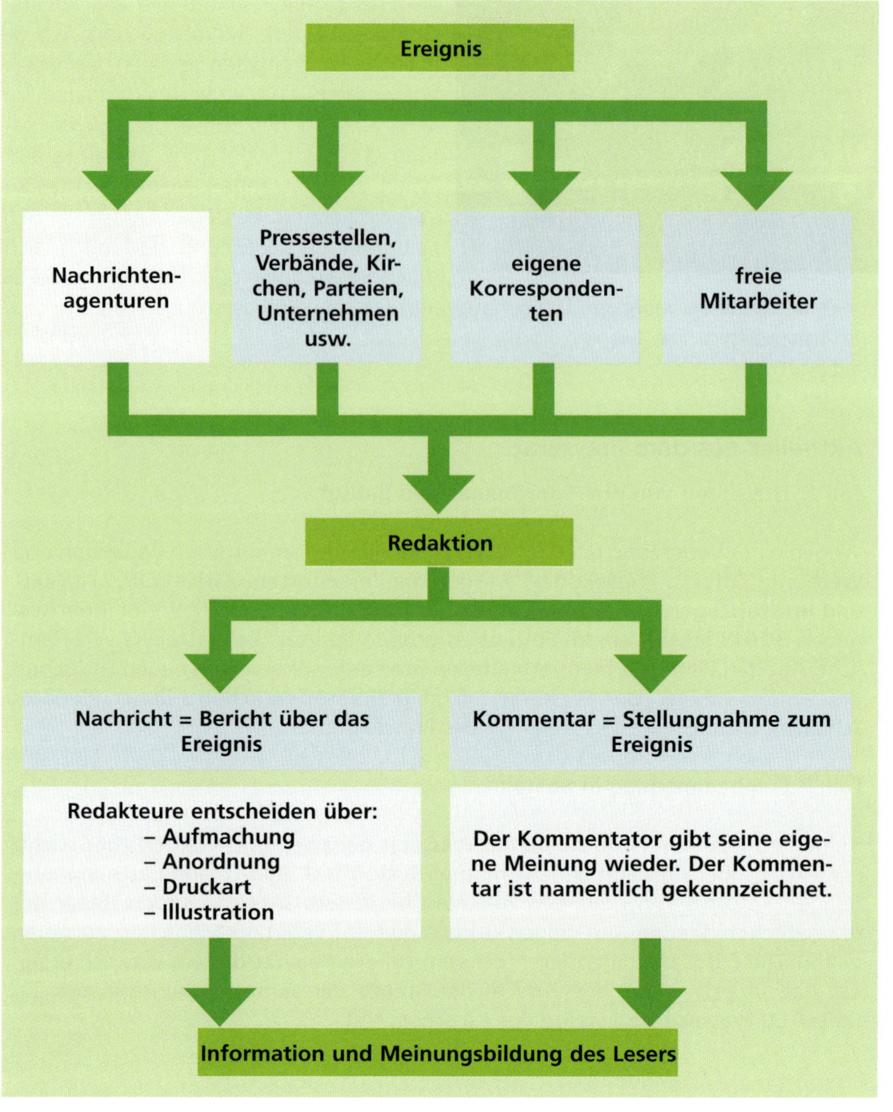

Wichtige Nachrichtenagenturen

dpa	Deutsche Presseagentur
AFP	Agence France-Presse Frankreich
Reuters	Großbritannien
AP	Associated Press (USA)
UPI	United Press International (USA)
NNSA	Agenzia Nazionale Stampa Associata Rom
Interfax	Russland
SDA	Schweiz
Xinhua	China

Auch wenn sich Journalisten bemühen, Informationen sachlich zu verarbeiten, werden sie diese unbewusst verändern.
Die von den Agenturen gelieferte Flut von Nachrichten wird in den Redaktionen der Medien sortiert. Vieles landet dabei sofort im Papierkorb und nur die verbleibenden Meldungen werden bearbeitet und dabei oft gekürzt oder verlängert.
Die Entscheidung darüber, welche Meldungen letztlich im Fernsehen oder im Rundfunk gesendet werden bzw. in der Zeitung stehen, fällt entweder der Redaktionsleiter, ein Journalistenteam oder ein einzelner Redakteur. Hier zeigt sich die große Verantwortung dieser Berufsgruppe (in Deutschland arbeiten ca. 60 000 Journalistinnen und Journalisten hauptberuflich), denn an dieser Stelle kann aus unbewussten Nachrichtenverfälschungen bewusste Manipulation werden.

Werden wir manipuliert?

Ein Zeitungsfoto – zwei Journalisten berichten

Unfallserie in der Chemieindustrie
Am 22. Februar ... entwichen rund 2,7 t giftiges, krebserregendes Ortho-Nitroanisol aus einer Anlage eines Chemiebetriebes. Die jährliche Produktion des Stoffes beträgt 4 200 Tonnen. Es erfolgen Aufräumungsarbeiten vor Ort.

Schrubber gegen Farbbestandteile
Die Beschäftigten eines Chemiewerkes beseitigen Farbreste, die aus einer defekten technischen Anlage ausgewichen sind. Die Produktion soll in Kürze wieder aufgenommen werden.

Manipulationstechniken

- einen Sachverhalt verschweigen
- unbewusste Falschmeldung
- einen Sachverhalt besonders hervorheben (Titelseite, große Überschrift ...) oder an unwichtiger Stelle bzw. zu später Sendezeit veröffentlichen
- eine Information durch eine Überschrift abwerten oder aufwerten
- eine Information durch ein Foto, einen Filmbeitrag aufwerten bzw. abwerten
- Politiker der Regierungsparteien ausführlicher zitieren als Politiker der Opposition

Manipulation
Bewusste und zielgerichtete Beeinflussung des menschlichen Bewusstseins und Bevormundung seiner Denkweise, Gefühle, Interessen und seines Verhaltens.

Rundfunk und Fernsehen in der Bundesrepublik Deutschland

Seit Ende des Zweiten Welkriegs sind Rundfunk und Fernsehen in Deutschland Aufgabe von neun **öffentlich-rechtlichen Rundfunkanstalten der Bundesländer**. Die Siegermächte wollten aufgrund der Erfahrungen der Nazi-Diktatur einen zentralen Rundfunk vermeiden.
Die Rundfunkanstalten gründen später die **ARD** (Arbeitsgemeinschaft der Rundfunkanstalten in Deutschland) mit dem Ziel, ein gemeinsames, bundesweites Programm auszustrahlen.
Außerdem entstehen die Deutsche Welle und der Deutschlandfunk. 1961 schließen die Bundesländer einen Staatsvertrag, der die Gründung des Zweiten Deutschen Fernsehens **(ZDF)** zum Inhalt hat. Rundfunk- und Fernsehanstalten sind Anstalten des öffentlichen Rechts und an die jeweiligen Rundfunkgesetze gebunden. Sie sind keine staatlichen Sender und sie verpflichten sich zur politischen „Ausgewogenheit" und zu einem breiten Programmangebot, das die Grundversorgung sichert und die Bedürfnisse der Bevölkerung berücksichtigt.
Sie finanzieren sich überwiegend aus Rundfunkgebühren, die bislang von den Bundesländern gemeinsam festgesetzt worden sind.

© Bergmoser + Höller Verlag AG 538 100

Die größten TV-Sender: Marktanteile in % (2012)
ZDF 12,6 (2011:12,1)
RTL 12,4 (2011:14,1)
ARD 12,3 (2011:12,4)
Zahlen nach www. digitalfernsehen. de/TV-Marktanteile-ARD-2012 [12.08.2013]

1986 schließen die Bundesländer einen **Staatsvertrag**, in dem die Zulassung privater Rundfunk- und Fernsehsender geregelt wird, die sich ausschließlich über Werbeeinnahmen finanzieren. Diese **Privatsender** sind meist in Besitz großer Zeitungsverlage und erwirtschaften teilweise erhebliche Gewinne. Die größten Privatsender sind RTL, SAT 1 und Pro7. Daneben gibt es eine Reihe von Spartensendern wie Eurosport, Deutsches Sportfernsehen, MTV, VIVA, Euronews. Zwischen den verschiedenen Fernsehsendern herrscht mittlerweile ein scharfer Konkurrenzkampf um Marktanteile und Einschaltquoten. Dabei gilt, je höher die Einschaltquoten, desto größer sind die Werbeeinnahmen.

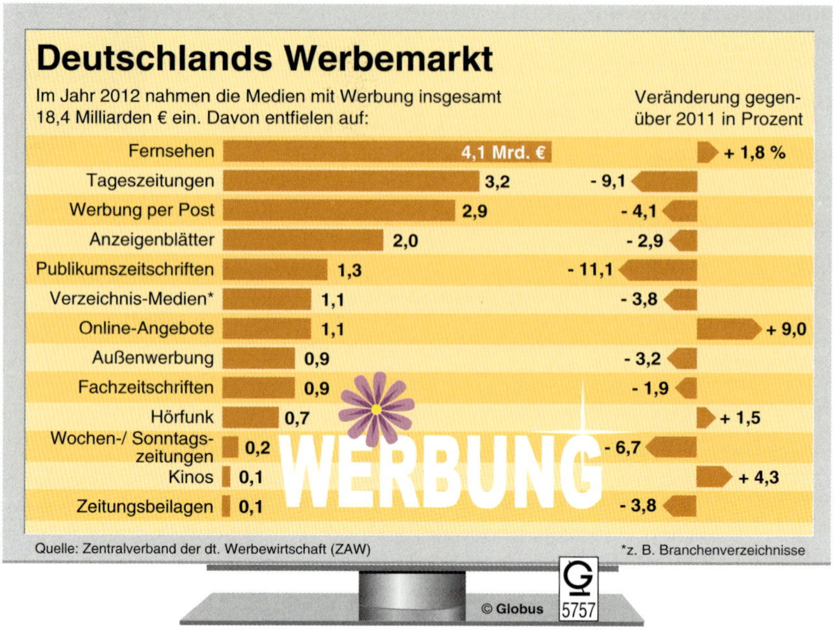

Mitteldeutscher Rundfunk (MDR) Landesfunkhaus Thüringen und Kinderkanal (KiKa)
Gothaer Straße 36
99094 Erfurt
„Öffentlichkeit braucht resonanzreiche Bürgermedien!"
Jürgen Fasco [Direktor der Thüringer Landesmedienanstalt (TLM)]: Bürgerrundfunk in Thüringen, 10/2012, [12.08.2013]

Bei dem Kampf um Einschaltquoten und Werbeeinnahmen geht es natürlich auch um Inhalt und Qualität von Programmen. Den Privatsendern wird dabei der Vorwurf gemacht, überwiegend Unterhaltungssendungen wie Gewalt-, Action- und Sexfilme zu senden und bei Informationen die Befriedigung des Sensationsbedürfnisses in den Vordergrund zu stellen. Dazu kommt eine beängstigende Konzentration der Fernsehrechte in wenigen Händen. Statt eine größere Anzahl von Anbietern zu fördern, hat die Zulassung privater Fernseh- und Rundfunkanstalten wenigen großen Mediengruppen zu fast unübersehbarer Macht verholfen.

Seit dem 1. Januar 1992 existiert in **Thüringen** eine neue öffentlich-rechtliche Rundfunk- und Fernsehanstalt, der **MDR (Mitteldeutscher Rundfunk)**. Er ist ein Sender für die drei Bundesländer Thüringen, Sachsen und Sachsen-Anhalt. Der Radiosender JUMP ist ebenfalls eine Produktion des MDR.
Die Landeshauptstadt Erfurt sendet zudem den beliebten ARD/ZDF-Kinderkanal.
Einen hohen Beliebtheitsgrad hat auch Thüringens erster privater Rundfunksender **„Antenne Thüringen"**. Er sendet seit dem 1. Februar 1993 aus dem Sendestudio in Weimar. Auf kommunaler Ebene ist beispielsweise bereits am 31. Oktober 1996 als erster ostdeutscher Kanal das „Geraer Bürgerfernsehen" auf Sendung gegangen. Neben dem „Geraer Bürgerfernsehen" ist die Nachrichtensendung „Neues für Gera" ein wichtiges resonanzreiches und kommunales Bürgermedium.

Zusammenfassung

Im Rahmen der vertikalen Gewaltenteilung ist gemäß der Verfassung des Freistaates Thüringen die gesetzgebende Gewalt dem Landtag, die ausführende Gewalt der Landesregierung und die rechtsprechende Gewalt u. a. dem Verfassungsgerichtshof zugewiesen. Der Thüringer Landtag besteht aus den vom Volk für fünf Jahre gewählten Abgeordneten, dessen wichtigste Aufgabe die Gesetzgebung und Kontrolle der vollziehenden Gewalt ist.

Der Landtag hat zur Bewältigung seiner Facharbeit zwölf Ausschüsse gebildet. Der Landtag wählt aus seiner Mitte den Ministerpräsidenten in geheimer Wahl und mit der Mehrheit seiner Abgeordneten.

Der Ministerpräsident bestimmt die Richtlinien der Landespolitik und ist dafür dem Landtag verantwortlich. Er ernennt unter Beachtung der Koalitionsvereinbarung seine Minister und kann diese auch entlassen. Der Verfassungsgerichtshof mit dem Sitz in Weimar besteht seit 1995. Seine neun Richter sind „Hüter" der Landesverfassung und beschäftigen sich u. a. mit Klagen zu Wahlrechtsangelegenheiten und Verfassungsbeschwerden von Privatpersonen.

In unserer pluralistischen Gesellschaft existieren unterschiedliche Meinungen und Interessen. Eine besonders wichtige Rolle im Prozess der Meinungs- und Willensbildung spielen u. a. Parteien, Verbände, Bürgerinitiativen und Massenmedien.

Voraussetzung für die Teilahme an der politischen Meinungsbildung und Partizipation ist es, informiert zu sein. Hier liegt die entscheidende Aufgabe der Medien. Darüber hinaus kommentieren Journalisten politische Sachverhalte und tragen damit zur Meinungsbildung bei. Schließlich überwachen Presse, Rundfunk und Fernsehen Regierung, Parlament und Justiz. Deshalb werden die Medien auch als „Vierte Gewalt" bezeichnet. Da zwischen dem Ereignis und der Mitteilung der Nachricht durch die Medien ein langer Vermittlungsprozess stattfindet, ist eine absolut objektive Information oft nicht möglich. Es besteht die Gefahr der Manipulation. Mit der Zulassung von privaten Rundfunk- und Fernsehanbietern, deren Ziel die hohen Einschaltquoten sind, haben die öffentlich-rechtlichen Rundfunkanstalten eine finanzstarke Konkurrenz bekommmen.

Zur Wiederholung

1. Beschreiben Sie Aufbau und Aufgaben von Legislative – Exekutive – Judikative im Freistaat Thüringen (Hinweis: Tabelle!).
2. Erklären Sie anhand von Beispielen die Bedeutung von Pluralismus für die Demokratie.
3. Nennen und erläutern Sie die Aufgaben der Medien im Prozess der politischen Willensbildung. Nutzen Sie dazu auch Beispiele.
4. Beschreiben Sie den Weg einer Information vom Ereignis bis zum Medienkunden. Nennen Sie mögliche Manipulationen.

Handlungsimpulse

1. Zeichnen Sie mit dem DVD-Rekorder an ca. sieben Tagen Nachrichtensendungen von zwei öffentlich-rechtlichen und zwei Privatsendern auf. Vergleichen Sie die Informationen mithilfe einer Tabelle. Welche Unterschiede sind erkennbar?
2. „Beim Reality-TV wird der Mediennutzer verführt und zum Gaffer. Deshalb sollten solche Sendungen minimiert bzw. verboten werden." Formulieren Sie in zwei Gruppen Thesen für und gegen diese Aussage. Wählen Sie danach aus jeder Gruppe einen Sprecher aus, der die Thesen in einer Pro-und-Kontra-Diskussion vertritt.

4.2 Die Parteien in der Demokratie

Bedeutung und Funktion von Parteien

In der Bundesrepublik Deutschland leben ca. 60 Millionen wahlberechtigte Bürgerinnen und Bürger mit unterschiedlichen politischen Meinungen und Interessen. Bei einer so großen Zahl von Menschen sowie bei der Vielfalt politischer und gesellschaftlicher Themen kann sich nicht jeder Einzelne auf der politischen Bühne Gehör verschaffen. Die Gefahr einer „Stimmungsdemokratie" wäre zu groß. Eine funktionsfähige Demokratie braucht deshalb Parlamente, die im Auftrag der Bürgerinnen und Bürger als ihre Stellvertreter (Repräsentanten) entscheiden. Eine Demokratie, in der die vom Volk ausgehende Staatsgewalt durch Vertretungskörperschaften ausgeübt wird, ist eine **repräsentative Demokratie.** In der repräsentativen Demokratie haben **Parteien** die wichtige Aufgabe, die Verbindung zwischen den Vertretungskörperschaften und den Bürgerinnen und Bürgern herzustellen. Sie sind **„Sprachrohr" des Volkes** mit folgenden wichtigen **Funktionen:**

- **Personalrekrutierung**
  Parteien wählen Personen aus und präsentieren sie bei Wahlen zur Besetzung politischer Ämter.
- **Interessenartikulation**
  Parteien formulieren und äußern öffentliche Erwartungen und Forderungen gesellschaftlicher Gruppen an das politische System.
- **Programmfunktion**
  Parteien vereinigen unterschiedliche Interessen in ein politisches Programm, für das sie um Zustimmung und Mehrheit werben.
- **Partizipationsfunktion**
  Parteien stellen eine Verbindung zwischen Bürgern und politischem System her und ermöglichen politische Beteiligung.
- **Legitimationsfunktion (Berechtigung)**
  Parteien tragen als „Sprachrohr des Volkes" zur Verankerung der politischen Ordnung im Bewusstsein der Bürger und bei den gesellschaftlichen Kräften bei.

Was sind Parteien?
Parteien sind Vereinigungen von Bürgern, die dauernd oder für längere Zeit für den Bereich des Bundes oder eines Landes auf die politische Willensbildung Einfluss nehmen und an der Vertretung des Volkes im Bundestag oder einem Landtag mitwirken wollen, wenn sie nach dem Gesamtbild der tatsächlichen Verhältnisse, insbesondere nach Umfang und Festigkeit ihrer Organisation, nach der Zahl ihrer Mitglieder und nach ihrem Hervortreten in der Öffentlichkeit eine ausreichende Gewähr für die Ernsthaftigkeit dieser Zielsetzung bieten. Mitglieder einer Partei können nur natürliche Personen sein.

§ 2 (1) Parteiengesetz vom 24.07.1967

Parteien als Sprachrohr
Gerhard Leibholz (verstorbener Staatsrechtler und Bundesverfassungsrichter)
Seine Lehre vom Parteienstaat gab den Politikern das politische Fundament für die praktische Arbeit.
Für Leibholz waren die Parteien nicht nur Mitwirkende am politischen Prozess der Demokratie, sondern deren bevorzugter Gestalter.
Als „Sprachrohr des Volkes" sah er sie, als Instrumente, die in der modernen Massengesellschaft das politische handlungsunfähige Volk organisieren und aktionsfähig machen.

abgerufen unter www.spiegel.de/spiegel/print/d-14348523.html, Spiegel 9/1982, [16.05.2014]

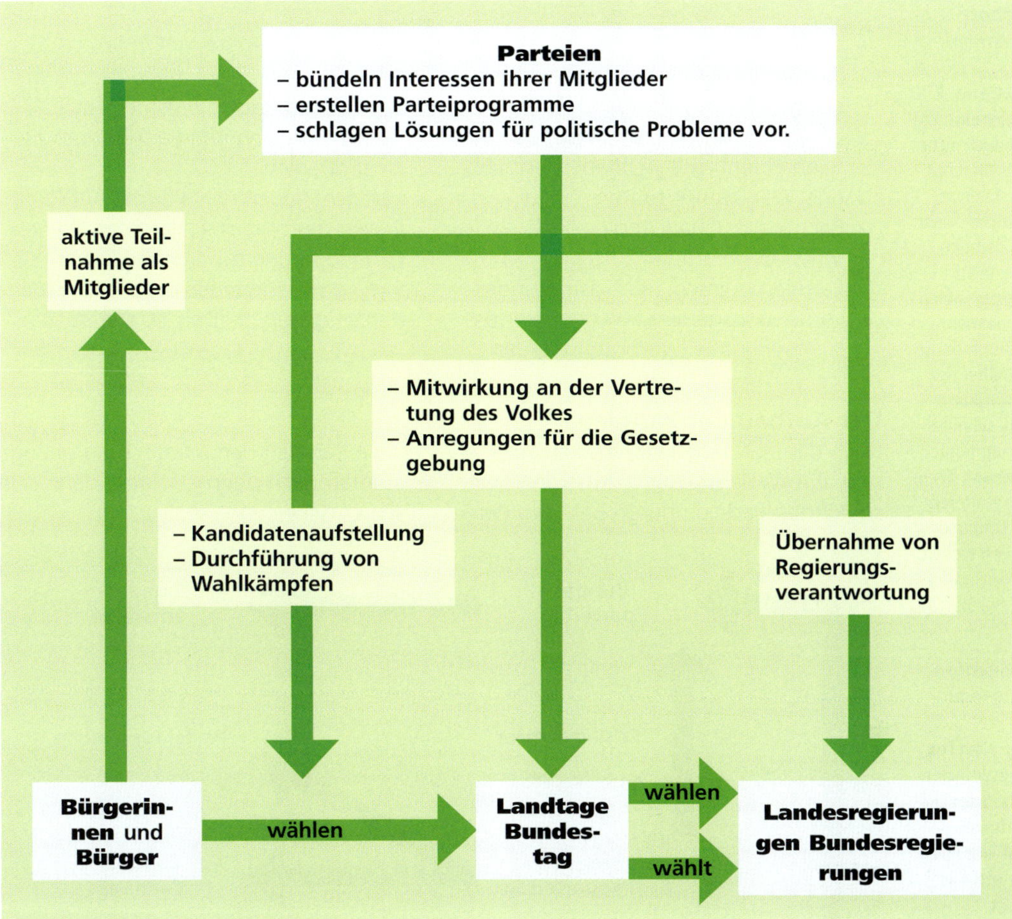

Der Verfassungsauftrag der Parteien

Grundgesetz, Artikel 21

(1) Die Parteien wirken bei der politischen Meinungsbildung des Volkes mit. Ihre Gründung ist frei. Ihre innere Ordnung muss demokratischen Grundsätzen entsprechen. Sie müssen über die Herkunft ihrer Mittel öffentlich Rechenschaft geben.
(2) Parteien, die nach ihren Zielen oder nach dem Verhalten ihrer Anhänger darauf ausgehen, die freiheitliche demokratische Grundordnung zu beeinträchtigen oder zu beseitigen oder den Bestand der Bundesrepublik Deutschland zu gefährden, sind verfassungswidrig. Über die Frage der Verfassungswidrigkeit entscheidet das Bundesverfassungsgericht.
(3) Das Nähere regeln Bundesgesetze.

Im Grundgesetz werden u.a. Aufgaben und Bedeutung der Parteien gewürdigt. Neben dem Auftrag, an der politischen Willensbildung des Volkes teilzunehmen, legt Artikel 21 GG auch **Rechte** und **Pflichten** der Parteien fest und schafft neben dem Parteiengesetz den gesetzlichen Rahmen für ihre Tätigkeit.

Parteien in der Weimarer Verfassung und heute
In der Verfassung von Weimar sind die Parteien nicht erwähnt. Antidemokratische Parteien können so die von der Verfassung garantierten Grundrechte nutzen, um die Demokratie zu bekämpfen.
Das Grundgesetz der Bundesrepublik gibt mit Artikel 21 eine Handhabe gegen die Feinde von Freiheit und Demokratie. Es bekennt sich damit zum Grundsatz der streitbaren Demokratie.

Parteienverbote
1952 rechtsextreme SRP
1956 linksextreme KPD
1995 rechtsextreme FAP
Eine Partei ist auch nicht schon dann verfassungswidrig, wenn sie diese obersten Prinzipien einer freiheitlichen demokr. Grundordnung nicht anerkennt bzw. sie ablehnen. Es muss vielmehr eine aktive kämpferische Haltung gegenüber der bestehenden Ordnung hinzukommen, sie muss planvoll das Funktionieren dieser Ordnung beeinträchtigen, im weiteren Verlauf diese Ordnung selbst beseitigen wollen.

aus: KPD-Urteil des BVerfG vom 17.08.1956

Parteiorganisation
Mitgliederversammlungen:
Sie sind das oberste Organ des jeweiligen Gebietsverbandes und den anderen Gremien auf der gleichen Ebene jeweils übergeordnet.

Vorstände:
Sie leiten die Arbeit der jeweiligen Parteigliederung im Rahmen der Beschlüsse der Mitgliederversammlungen oder der Parteitage.

Parteischiedsgerichte:
Sie entscheiden bei Streit über die Auslegung der Parteisatzung und verhängen Ordnungsmaßnahmen gegen Mitglieder.

Parteiausschüsse:
Über sie haben die unteren Gremien ein Mitspracherecht auf der jeweils höheren Ebene.

Rechte	Pflichten
• Freiheit in der Gründung und Betätigung • Empfang von Staatsgeldern, da Parteien öffentliche Aufgaben erfüllen und Wahlkampf führen • Recht auf Chancengleichheit zwischen den Parteien • Parteien dürfen „nur" vom Bundesverfassungsgericht wegen Verfassungswidrigkeit verboten werden.	• Der innere Aufbau muss demokratischen Grundsätzen entsprechen. • Parteien müssen ihre Parteienfinanzierung offenlegen. • Parteien haben die Pflicht, auf dem Boden der freiheitlich-demokratischen Grundordnung zu arbeiten, damit sie ihre „priviliegierte Stellung" nicht zum Kampf gegen die Demokratie nutzen.

Der Aufbau der Parteien

Nach dem Grundgesetz, Artikel 21 (1) müssen die Parteien demokratisch aufgebaut sein. Ihre Willensbildung muss demgemäß von unten nach oben erfolgen, denn nur so können Parteien bürgernah und demokratisch entscheiden.

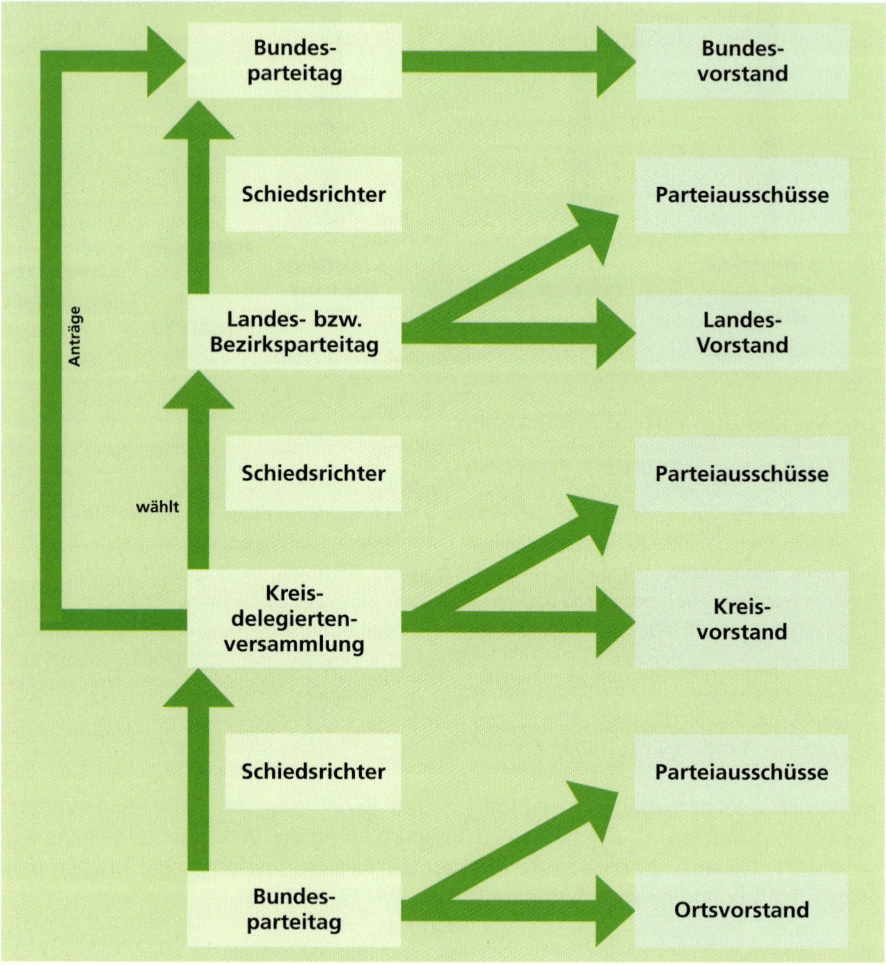

Die Finanzierung der Parteien

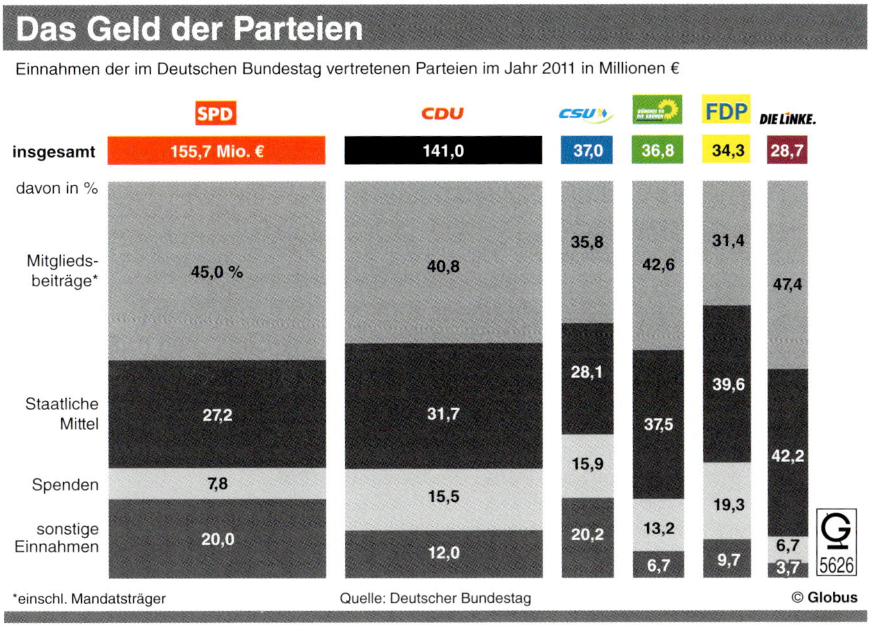

Nach § 21 Parteiengesetz dürfen Parteien öffentliche Mittel beziehen, da sie öffentliche Aufgaben erfüllen, in ihren Programmen alle Bereiche des gesellschaftlichen und politischen Lebens abdecken und an Wahlen teilnehmen. In der Geschichte der Bundesrepublik hat sich die Parteienfinanzierung immer wieder als schwieriges, zu Kritik Anlass gegebenes Problemfeld erwiesen.

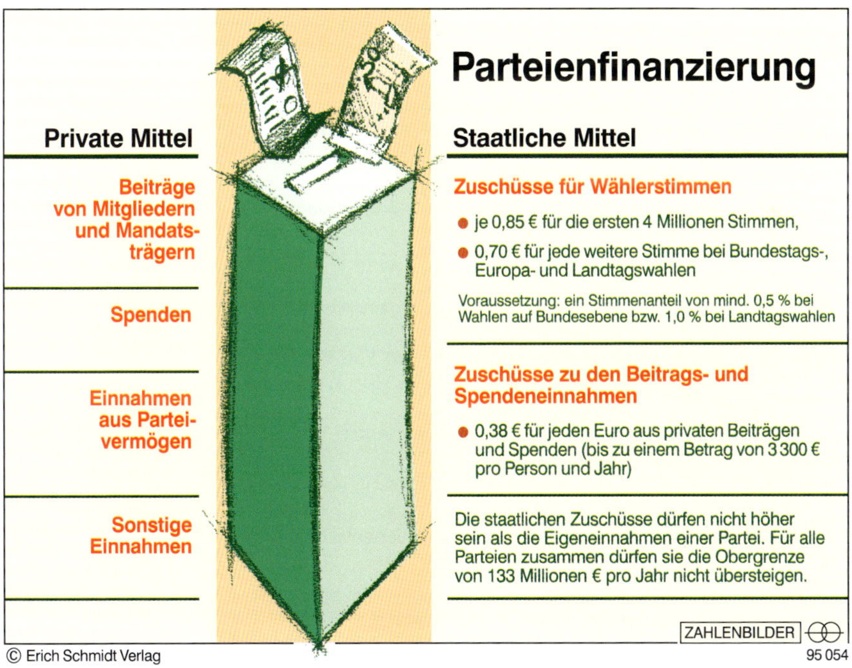

In eigener Sache
Das Grundproblem der staatlichen Politikfinanzierung liegt darin, dass die Begünstigten selbst entscheiden. Die Parlamente beherrschen die Gesetzgebung und die öffentlichen Haushalte. Sie beschließen die Haushaltspläne und bestimmen dadurch, wer wie viel Geld aus der Staatskasse erhält [...]. Die Parlamente bestehen aber ihrerseits aus Abgeordneten und Fraktionen. Sie sind am Ergebnis ihrer Entscheidungen über ihre eigene Finanzierung höchst materiell interessiert.

Hans Herbert von Arnim
Der Staat als Beute, Droemer Knaur, München 1993, S. 342

Parteispenden von Privatpersonen
Bei Beträgen über 10 000 € muss die Partei den Spender mit Namen und Anschrift nennen. Spenden sind nur noch bis 3 300 € (6 600 € für Verheiratete) pro Jahr steuerlich abzugsfähig

Die Bundestagsparteien und ihre Wahlprogramme

Die Wahlprogramme der Bundestagsparteien unterscheiden sich in Schwerpunktsetzung und Umfang, sodass die Programme bei den einzelnen politischen Fragen nicht in derselben Weise in die Tiefe gehen, was einen Vergleich der Positionen der Parteien mitunter erschwert. Während zum Beispiel B90/Die Grünen als oberste Priorität die Stromversorgung durch 100 % erneuerbare Energien sehen, ist es bei den Linken die stärkere Besteuerung der Wohlhabenden und bei der FDP die Erfüllung des Aufstiegsversprechens der Sozialen Marktwirtschaft.

Schlagworte der Wahlprogramme zum Problemfeld Familie

CDU CSU

Christlich Demokratische Union und Christlich Soziale Union (CDU/CSU)
- Erhaltung Ehegattensplitting und Ergänzung durch Familiensplitting
- Erhöhung von Kindergeld und Kinderzuschlag
- Einführung von Teilelterngeld bis zu 28 Monaten
- Rechtsanspruch auf Betreuungsplatz für Kinder zwischen 12 und 36 Monaten
- Ausbau von Kindertagesstätten
- Einführung von „Großelternzeit"

SPD

Die Sozialdemokratische Partei Deutschlands (SPD)
- Abschaffung des Betreuungsgeldes und Investition von Kitas und Tagespflege
- Neustrukturierung des Kindergeldes
- Reformierung des Ehegattensplittings durch Partnerschaftstarif für Ehegatten
- Einführung der Familienarbeitszeit
- Gleichstellung der gleichgeschlechtlichen Lebenspartnerschaften im Adoptions- und Steuerrecht

BÜNDNIS 90 DIE GRÜNEN

Die Grünen (B90/Die Grünen)
- Abschaffung des Betreuungsgeldes und Rechtsanspruch auf einen Betreuungsplatz
- Anspruch auf ganztägige Betreuung
- Einstieg in die Kindergrundsicherung: Jedes Kind erhält einkommensunabhängige und gleiche finanzielle Unterstützung.
- Ehegattensplitting soll durch Individualbesteuerung ersetzt werden
- Gleichstellung der eingetragenen Lebenspartnerschaften im Steuer- und Beamtenrecht sowie im Adoptionsrecht

FDP Die Liberalen

Die Freie Demokratische Partei (FDP)
- Ausbau des hochwertigen Betreuungsangebotes für unter Dreijährige
- Verbesserung des Betreuungsschlüssels und der Ausbildung der Erzieher als Länderaufgaben
- Einführung einer Kinderkarte und Bündelung kindbezogener Leistungen
- Schaffung flexibler Arbeitszeitmodelle
- Gleichstellung von eingetragenen Lebenspartnerschaften im Steuerrecht, bei der Riesterrente und bei Adoptionen

DIE LINKE.

Die Linke
- Forderung einer Kindergrundsicherung von 536 €
- Erhöhung des Kindergeldes (für die ersten zwei Kinder auf 200 €, für weitere Kinder gestaffelte Erhöhungen)
- Flexibler Elterngeldanspruch von zwölf Monaten
- Ausbau der Ganztagsbetreuung
- Kostenlose Essensversorgung für alle Kinder in der gebührenfreien öffentlichen Kinderbetreuung
- Kündigungsschutz der Eltern bis zum 6. Lebensjahr des Kindes
- Abschaffung des Ehegattensplittings

Eigene Zusammenstellung aus Wahlprogrammen 2013 der oben genannten Parteien

4.3 Möglichkeiten der Bürgerbeteiligung in der Demokratie

Eine normale Woche?!

Dies ist Frau Pidcock-Kastner, 38 Jahre alt, verheiratet, 2 Kinder. Seit die Kinder größer sind, arbeitet sie halbtags als Sachbearbeiterin bei einer Versicherungsgesellschaft. In ihrer Freizeit engagiert sie sich in verschiedenen Bereichen der Gesellschaft. Ihr Wochenprogramm sieht folgendermaßen aus:

Montag

Um 20 Uhr findet eine Mitgliederversammlung der Partei statt, in der Frau Pidcock-Kastner Mitglied ist. Es geht um die Aufstellung der Kandidatenliste für die bevorstehende Gemeinderatswahl. Frau Pidcock-Kastner will sich unbedingt dafür einsetzen, dass dieses Mal mehr Frauen aufgestellt werden.

Dienstag

18 Uhr Versammlung der Gewerkschaft. Ein wichtiges Thema steht auf der Tagesordnung: Welche Forderung soll bei den Tarifverhandlungen im Vordergrund stehen: Arbeitszeitverkürzung oder Lohnerhöhung? Frau Pidcock-Kastner hat sich noch keine endgültige Meinung gebildet, sie will die Diskussion mit den Kolleginnen und Kollegen abwarten.

Mittwoch

Frau Pidcock-Kastner und ihr Mann treffen sich abends bei Nachbarn. Im Laufe der Unterhaltung kommt auch das Problem der Umgehungsstraße zur Sprache, die vor Jahren geplant, bis jetzt aber noch nicht in Angriff genommen worden ist. Die Nachbarn überlegen, ob sie sich nicht mit anderen Betroffenen zusammenschließen und eine Bürgerinitiative gründen sollen.

Donnerstag

19.30 Uhr Treffen des Tierschutzvereins. Am Samstag findet in der Landeshauptstadt eine Demonstration statt, für die letzte Vorbereitungen getroffen werden. Außerdem muss geklärt werden, wer an den kommenden Wochenenden die Betreuung im Tierheim übernimmt.

Freitag

Frau Pidcock-Kastner hat keinen Termin. Die Diskussion mit den Nachbarn über die Umgehungsstraße beschäftigt sie jedoch sehr. Sie schreibt einen Leserbrief an die örtliche Zeitung und ruft zur Gründung einer Bürgerinitiative „Umgehungsstraße jetzt" auf.

Samstag

Damit das Familienleben nicht zu kurz kommt, beschließt Familie Pidcock, mit dem Auto gemeinsam in die Landeshauptstadt zu fahren. Die Kinder haben keine Schule, die Zeit nach der Demonstration wird für einen ausgiebigen Stadtbummel genutzt.

Sonntag

Wenn es irgend geht, soll der Sonntag für die Familie reserviert bleiben. Heute steht ein Ausflug mit dem Fahrrad auf dem Programm.

Frau Pidcock-Kastner über ihre Aktivitäten: „Manchmal ist es schon etwas viel, was ich so alles am Hals habe. Auf der anderen Seite sehe ich aber auch, dass Demokratie nicht von alleine funktioniert. Nur wenn sich genügend Menschen engagieren, ist ein demokratischer Staat lebensfähig. Leider haben das zu wenige Bürgerinnen und Bürger bei uns erkannt. Und außerdem will ich nicht alles den Polit-Profis überlassen, sondern selbst ein Wörtchen mitreden."

Mitwirkung in Parteien und Verbänden

Vereine
... sind freiwillige Vereinigungen von Menschen mit dem Ziel, die Interessen ihrer Mitglieder zu fördern (z. B. Sportvereine).

Verbände
... sind Zusammenschlüsse mehrerer Vereine oder Körperschaften mit dem Ziel, die gemeinsamen Interessen in Gesellschaft und Politik zur Geltung zu bringen (z. B. Deutscher Sportbund).

In der Bundesrepublik Deutschland sind nur rund 5 % der wahlberechtigten Bürgerinnen und Bürger Mitglieder in politischen Parteien. Wesentlich größer ist die Zahl derer, die einem Verein oder Verband angehören. Allein der Deutsche Gewerkschaftsbund mit seinen 16 Einzelgewerkschaften hat über 6 Millionen Mitglieder.
In der Bundesrepublik sind ca**. 3000 bis 4000 Verbände** in den verschiedensten Bereichen registriert und aktiv, wie z. B. :

Wirtschaft:	Gewerkschaften, Arbeitgeberverbände, Arbeitsgemeinschaft der Verbraucherverbände, Deutscher Beamtenbund
Soziales:	Rotes Kreuz, Arbeiterwohlfahrt, Aidshilfe, Deutscher Mieterbund
Kultur, Sport, Freizeit:	Volkshochschulverband, Sportverbände, Automobilklubs, Naturfreunde
Umwelt, Natur:	BUND, Greenpeace, Vogelschutzbund
Politik:	Amnesty International, Europaunion

Verbände und **Vereine** nehmen im Gegensatz zu **Parteien** nicht an Wahlen teil. Sie versuchen zwar, politische Entscheidungen zu beeinflussen, übernehmen aber selbst keine politische Verantwortung.

Zur Legitimation und zum Schutz der Verbände und Vereine verbrieft das Grundgesetz der Bundesrepublik Deutschland die Vereinigungs- oder Koalitionsfreiheit:

Grundgesetz, Artikel 9

(1) Alle Deutschen haben das Recht, Vereine und Gesellschaften zu bilden. (...)

(3) Das Recht, zur Wahrung und Förderung der Arbeits- und Wirtschaftsbedingungen Vereinigungen zu bilden, ist für jedermann und für alle Berufe gewährleistet. (...)

Die Mitgliedschaft in Verbänden bietet eine wirksame Chance, Politik und Gesellschaft mitzugestalten. Verbände übernehmen eine wichtige **Vermittlungsfunktion** zwischen Gesellschaft und politisch-administrativen (verwaltenden) Instanzen.

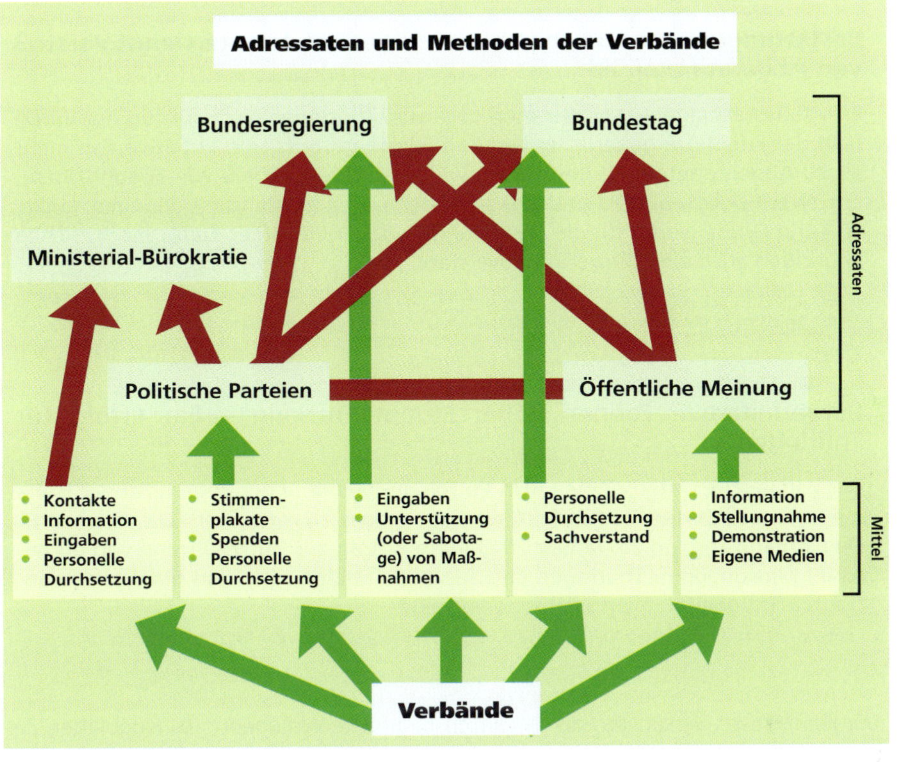

Ein besonderes Problem für eine pluralistische Demokratie ergibt sich aus der unterschiedlichen **Durchsetzungsfähigkeit der Interessengruppen.** So gibt es zahlenmäßig kleinere Interessengruppen wie Fluglotsen, Ärzte, Straßenbahn- und Busfahrer, auf deren Leistung die Gesellschaft aber besonders angewiesen ist. Sie können durch eine Leistungsverweigerung oder deren Androhung starken Druck bei der Durchsetzung ihrer Interessen ausüben. Es existieren jedoch auch Gruppen in der Gesellschaft, die kaum eine Vertretung ihrer Interessen finden, wie z. B. Kinder, ausländische Arbeitnehmer, Obdachlose, Langzeitarbeitslose usw.

Es liegt hier in besonderer Verantwortung des Staates, diese Gruppen angemessen zu berücksichtigen, da sie im Wirtschaftsleben kaum eine Rolle einnehmen und nicht mit Leistungsverweigerung drohen können.

Vereinsverbot
Im Prinzip garantiert das Grundgesetz jedem Deutschen das Recht, eine Vereinigung zu gründen. Doch können die Behörden gegen kriminelle, terroristische oder verfassungsfeindliche Organisationen vorgehen (geregelt in Artikel 9, Absatz 1 und 2 des Grundgesetzes). So wurde beispielsweise die neonazistische „Wiking-Jugend" im Januar 1995 vom Bundesinnenminister verboten. Sie hatte rund 400 Mitglieder und war damit nach Angaben des Verfassungsschutzes eine der größten rechtsextremen Jugendorganisationen. Im September 2005 wurden zwei Vereinsverbote ausgesprochen: Gegen die „YATIM Kinderhilfe e.V." und gegen „E.Xani Presse- und Verlags-GmbH", deren türkischsprachige PKK-Zeitung „Özgür Politika" nachweislich in die Organisationsstruktur der PKK eingebunden ist. Am 12.07.2010 wurde der in Frankfurt/Main ansässige Verein „Internationale Humanitäre Hilfsorganisation" (IHH) verboten. Dieser Verein hat die Hamas in Palästina durch Spendensammlungen in Deutschland unterstützt und richtete sich damit gegen die Völkerverständigung im Sinne von Art. 9 (2)

GG, § 3 (1) VereinsG. Verbote werden vom Bundes- oder Landesminister verhängt. Ist das Verbot ausgesprochen, kann das Vereinsvermögen eingezogen werden.

Bürgerinitiativen
Zusammenschlüsse von Bürgern mit dem Ziel, bestimmte staatliche Maßnahmen zu fordern, zu verändern oder deren Zustandekommen zu verhindern.
Die Aktivitäten der meisten Bürgerinitiativen sind thematisch, zeitlich und räumlich begrenzt.

Im August 2011 übergibt eine Bürgerinitiative eine Unterschriftensammlung mit 25000 Unterschriften gegen zu hohe Kommunalabgaben für ein Thüringer Volksbegehren für gerechte Kommunalangaben.
Ziele
1. **Möglichkeit der Finanzierung von Investitionen über Abwasserbeiträge gesetzlich abschaffen**
2. **Abschaffung der Straßenausbaubeträge.**

Thüringer Bürgerallianz e. V.: Thüringer Volksbegehren für gerechte Kommunalabgaben, abgerufen unter http://www.volksbegehren-kommunalabgaben.de/seite/ziel.html, 16.Mai 2014

Jeder hat Anspruch auf seine eigene Meinung, aber er hat keinen Anspruch darauf, dass andere sie teilen!

Bürgerinitiativen und Politik

Bürgerinitiative: „Bestattungswälder in Thüringen“

Die Bürgerinitiative möchte erreichen, dass im Freistaat Thüringen endlich Bestattungswälder errichtet und betrieben werden. Es soll die Wahl bestehen zwischen einem Familienbaum, einem einzelnen Platz und dem Baum für mehrere Verstorbene gemeinsam. Bereits in ganz Deutschland existiert diese allgemein etablierte Bestattungsform. Nur in Sachsen und Thüringen warten viele Bürgerinnen und Bürger bisher umsonst darauf.

vgl. Frieder Witte: Homepage Bürgerinitiative Bestattungswälder in Thüringen, abgerufen unter www.bestattungswald-thueringen.de [12.08.2013]

Bestattungen unter Bäumen nur auf Friedhof: Landtag lehnt Vorstoß von Abgeordneten ab

Erfurt: Bestattungen unter Bäumen darf es in Thüringen auch künftig nur innerhalb der Friedhöfe geben. Der Landtag lehnte gestern eine Initiative von mehr als 20 Abgeordneten ab, Bestattungswälder auch außerhalb von Friedhofsmauern zu ermöglichen. CDU und SPD stimmten mit ihrer Mehrheit dagegen, Linke, FDP und Grüne waren für die Bestattungs- oder Friedwälder. Dafür macht sich in Thüringen auch eine Bürgerinitiative stark.

OTZ: Landtag lehnt Bestattungwälder für Thüringen ab, in: Ostthüringer Zeitung, 17.07.2013, abgerufen unter www.otz.de/web/zgt/politik/detail/-/specific/Landtag-lehnt-Bestattungswaelder-fuer-Thueringen-ab-910451017 [22.12.2013]

Bürgerinitiative Fahner Höhe: Stoppt Fracking – Ein Erfolg für Thüringen

Das kanadische Unternehmen BNK Petroleum plante in der Region Fahner Höhe mit einem riskanten Verfahren (Fracking) Erdgas zu gewinnen. Die Firma BNK Deutschland zog am 25. Januar 2013 ihren Antrag zur Durchführung von seismischen Messungen in Thüringen und Sachsen-Anhalt zurück und plant, die beantragten Tätigkeiten nicht weiter zu verfolgen.

Stoppt Fracking! Ein Erfolg für Thüringen, 29.01.2013, abgerufen unter http://grüterich.com/fracking/ [06.01.2014]

Bürgerinitiativen versuchen, durch zeitlich begrenzte Aktionen (z.B. Flugblätter, Zeitungsanzeigen, Podiumsdiskussionen, Unterschriftensammlung, Gespräche mit Politikern) politische Entscheidungen zu beeinflussen. Sie entstehen meist spontan, um auf einen Missstand aufmerksam zu machen oder gegen geplante Vorhaben zu demonstrieren.

Die Thüringer Bürgerinnen und Bürger können des Weiteren auf eigene Initiative einen politischen Gegenstand auf die Tagesordnung des Thüringer Landtags setzen. Sie haben die Möglichkeiten einen Gesetzenwurf zur Beratung zu stellen und ihn bei einer Ablehnung durch das Plenum den Bürgerinnen und Bürgern zur Entscheidung vorzulegen.

Das geschieht durch die Verfahren **Bürgerantrag, Volksbegehren** und **Volksentscheid**. Diese Verfahren sind Instrumente der direkten Demokratie in Deutschland.

Ebenso wie Parteien und Verbände entstehen Bürgerinitiativen aus der Erfahrung heraus, dass der Einzelne allein zu schwach ist, um seine Anliegen und Interessen gegenüber Staat und Gesellschaft zu vertreten.

Meinungsäußerung in Massenmedien

Warum ist England noch in der EU? Auf so einen Partner kann man doch verzichten

Sie wollen immer einen Sonderweg bei allen Festlegungen. Sie bekommen von der EU extra Geld zugestanden. Sie wollen bei der Strafverfolgung mehr Selbstbestimmung. Bei der Zusammenarbeit von Polizei und Justiz wollen sie bei 100 Regeln aussteigen. Wenn jedes Land in der EU sich so verhalten würde, könnte man die EU auflösen. Wenn die Engländer nicht mehr wollen oder sich nicht an die gemeinsamen Festlegungen gebunden fühlen, dann sollen sie doch austreten.

Inge Framke: Warum ist England noch in der EU? Auf so einen Partner kann man doch verzichten, in: Thüringer Allgemeine (Lesermeinung), 12.07.2013, o. S.

Die beste Möglichkeit, einem großen Publikum gegenüber den eigenen Standpunkt zu vertreten ist **der Leserbrief.** Alle Zeitungen und Zeitschriften haben deshalb als festen Bestandteil Leserbriefspalten, in denen sich die Leserschaft äußern und zu aktuellen Fragen Stellung nehmen kann. Auch im Rundfunkprogramm gibt es Sendungen, in denen die Hörermeinung gefragt ist. Zu Fernsehdiskussionen wird Publikum eingeladen, und die Akteure erhalten die Möglichkeit, Kritik zu üben und ihre Meinung zu sagen.

Lesermeinung

Zum Thema Leserbriefe schreibt eine Tageszeitung
Wer seine Meinung öffentlich äußert, sollte auch dazu stehen. Zuschriften für das „Forum der Leser" müssen den vollen Namen und die komplette Adresse des Einsenders tragen. Anonyme Briefe werden selbstverständlich nicht berücksichtigt. Leserbriefe geben die Meinung der Einsender wieder. Die Redaktion behält sich das Recht der Auswahl vor und vor allem auch das Recht auf Kürzung, wo diese notwendig erscheinen.

Petitionen und Verfassungsbeschwerden

Bürgerinnen und Bürger können sich einzeln oder in Gruppen mit **Petitionen** an die Bundes- oder Landesparlamente wenden.
Das Petitionsrecht ist eine Art „Notrufsäule" für alle, die sich in ihren demokratischen Rechten eingeschränkt oder durch staatliche Behörden ungerecht behandelt fühlen.
Der Artikel 17 des Grundgesetzes gewährleistet dem Einzelnen das Zugangsrecht zu staatlichen Stellen. Der Bundestag und die Landtage bilden daher Ausschüsse, welche die eingehenden Petitionen bearbeiten und nach Lösungen suchen. Der Petitionsausschuss kann in Fällen helfen, bei denen es sich um Entscheidungen von Behörden und anderen Stellen handelt, die der Aufsicht des Freistaates Thüringen unterliegen (Städte, Gemeinden, Ministerien, Finanzämter, Schulen und Polizei).

Grundgesetz, Artikel 17

Petitionsrecht
Jedermann hat das Recht, sich einzeln oder in Gemeinschaft mit anderen schriftlich mit Bitten oder Beschwerden an die zuständigen Stellen und an die Volksvertretung zu wenden.

Die Petitionen können schriftlich oder mündlich beim Petitionsausschuss des Thüringer Landtages eingereicht werden. Wer sein Anliegen persönlich vortragen möchte, kann dafür die Bürgersprechstunde des Petitionsausschusses nutzen. Es besteht auch die Möglichkeit, schriftliche Petitionen in elektrischer Form (E-Petition) einzureichen. Eine weitere Möglichkeit, für den Einzelnen, seine Rechte gegenüber dem Staat zu vertreten, sind die **Verfassungsbeschwerden** beim **Bundesverfassungsgericht** oder beim zuständigen **Landesverfassungsgericht** gemäß Artikel 93 des Grundgesetzes oder Artikel 80 der Verfassung des Freistaates Thüringen.

Th. Landesverfassung Artikel 65
(1) Der Landtag bestellt einen Petitionsausschuss, dem die Entscheidung über die an den Landtag gerichteten Eingaben obliegt ...

Geschäftsordnung des Th. Landtages § 94
(1) Dem Petitionsausschuss obliegt die Entscheidung über die an den Landtag gerichteten Eingaben. Der Landtag kann die Entscheidung des Petitionsausschusses aufheben.

Der Thüringer Petitionsausschuss hat 12 Mitglieder, 10 Sitzungen pro Jahr und jährlich erreichen ihn 1000 Petitionen.

Zusammenfassung

Parteien sind Vereinigungen von Bürgerinnen und Bürgern mit dem Ziel, über die Teilnahme an Wahlen politische Verantwortung in den Parlamenten und Regierungen der Länder und des Bundes zu übernehmen. Parteien besitzen eine Mittlerrolle zwischen Bürgern und den Staatsorganen. Ihre Aufgabe besteht darin, die unterschiedlichen Interessen ihrer Mitglieder und Wähler zu entscheidungsfähigen Alternativen zu bündeln und zu vertreten. Mit ihren vielfältigen Positionen werben sie um Wählerinnen und Wähler und wirken so an der politischen Meinungs- und Willensbildung des Volkes mit. Ihre unterschiedlichen Vorstellungen von Politik und Gesellschaft beschreiben die Parteien in ihren verschiedenen Programmen. Zur Bewertung der Parteien sollte jedoch darauf geachtet werden, welche Lösungen die Parteien für die jeweils aktuellen Sachfragen anbieten. Weil Parteien viele öffentliche Aufgaben erfüllen und sie für die Funktionsfähigkeit eines demokratischen Staates unverzichtbar sind, sind sie im Vergleich zu anderen Vereinigungen mit verschiedenen „Privilegien" ausgestattet (z. B.: „eigenes" Parteiengesetz, staatliche Zuschüsse, Verbot allein durch das Bundesverfassungsgericht). Parteien sind aber auch dem Grundgesetz verpflichtet, bestimmte Mindestbedingungen einzuhalten: z. B. innerparteiliche Demokratie, Offenlegung der Einkünfte, Verfassungstreue. Eine weitere Möglichkeit der Interessenartikulation ist die Mitwirkung in **Verbänden**. Verbände wirken in den verschiedensten Lebensbereichen und übernehmen im Gegensatz zu Parteien keine Regierungsverantwortung. Sie beschränken sich darauf, die Interessen ihrer Mitglieder gegenüber den politischen Entscheidungsträgern anzumelden. Dazu werden sie an vielen Stationen des politischen Entscheidungsprozesses aktiv. **Bürgerinitiativen** sind ein Zusammenschluss Betroffener mit dem Ziel, bestimmte Maßnahmen zu fordern oder deren Zustandekommen zu verhindern. Die Aktivitäten der meisten Bürgerinitiativen sind thematisch, zeitlich und räumlich begrenzt.

Alle Einwohnerinnen und Einwohner der Bundesrepublik Deutschland haben das Recht, sich an den **Petitionsausschuss** des Bundestages und der Landtage zu wenden, wenn sie sich in ihren Rechten eingeschränkt fühlen. Außerdem besteht die Möglichkeit, das Bundes- oder Landesverfassungsgericht anzurufen, wenn man sich in seinen Rechten eingeschränkt fühlt.

Zur Wiederholung

1. Erklären Sie den Unterschied zwischen Parteien, Verbänden und Bürgerinitiativen (Aufbau, Bedeutung, Aufgaben, Ziele).
2. Erklären Sie den Begriff „Parteienprivileg". Warum haben Parteien ein „Parteienprivileg"?
3. Erklären Sie anhand eines Beispiels, auf welche Weise eine Bürgerinitiative in Ihrer Gemeinde bzw. Stadt politisch mitwirken kann.

Handlungsimpulse

1. Fertigen Sie eine Bild- und/oder Textcollage zum Thema „Parteien" an.
2. Stellen Sie eine Liste von Vereinigungen, Verbänden und Bürgerinitiativen zusammen, die in Ihrer Gemeinde aktiv sind bzw. waren.
3. Entwerfen Sie in Gruppen Leserbriefe an Ihre Tageszeitung zu Themen, die Sie besonders interessieren.
4. Diskutieren Sie Petitionen, die Sie an den Thüringer Landtag richten würden.

5 Wahlen in der repräsentativen Demokratie

5.1 Die Bedeutung der Wahlen in unserer Demokratie

In der repräsentativen Demokratie geht die Staatsgewalt vom Volke aus. Dazu wählt das Volk seine Repräsentanten (Abgeordneten) oder auch Vertreter auf Zeit zur Entscheidungsfindung. Die Wahlen sind in einem demokratischen System die wichtigste Form der politischen Beteiligung. Sie legen die politische Führung und den Kurs der nächsten Legislaturperiode fest.

Grundgesetz Artikel 20 (2)
Alle Staatsgewalt geht vom Volke aus. Sie wird vom Volke in Wahlen und durch besondere Organe der Gesetzgebung, der vollziehenden Gewalt und der Rechtsprechung ausgeübt.

Wahlen erfüllen vier wichtige Aufgaben:

Repräsentation	Die Wahlberechtigten entscheiden sich für eine Person bzw. Partei, die ihre Interessen im Parlament vertreten soll.
Partizipation (Teilhabe)	Das Staatsvolk wählt zwischen verschiedenen politischen Führungsgruppen und entscheidet über die zukünftige Politik mit.
Kontrolle	Die Wahlberechtigten entscheiden durch die Wahl, ob sie den Regierungsauftrag verlängern oder beenden wollen.
Legitimation	Durch das Mehrheitsprinzip bei Wahlen erhalten die Wahlsieger das Recht zu regieren. Ihre Entscheidungen sind für alle verbindlich.

Grundgesetz, Artikel 38
(1) Die Abgeordneten des Deutschen Bundestages werden in allgemeiner, unmittelbarer, freier, gleicher und geheimer Wahl gewählt [...]
(2) Wahlberechtigt ist, wer das achtzehnte Lebensjahr vollendet hat; wählbar ist, wer das Alter erreicht hat, mit dem Volljährigkeit eintritt.

5.2 Rechtliche Grundlagen

Die Politikwissenschaften bezeichnen eine Wahl als einen politischen Entscheidungsprozess, bei dem Personen ausgewählt werden. Eine politische Wahl ist die freiwillige Entscheidung einer Personengruppe (Wahlberechtigte) mittels eines definierten Verfahrens (Wahlsystem) über die Auswahl von Personen für ein Wahlamt auf bestimmte Zeit. Wahlen sind nur dann demokratisch und drücken tatsächlich den Willen des Volkes aus, wenn bestimmte rechtliche Voraussetzungen erfüllt sind. Das Grundgesetz legt in Artikel 38 dazu folgende **Wahlgrundsätze** fest:

- **allgemein**, d. h., jede Staatsbürgerin/jeder Staatsbürger darf das Wahlrecht unabhängig von Geschlecht, Abstammung, Besitz, Ausbildung, gesellschaftlicher Stellung ausüben.
- **unmittelbar**, d. h., die Wahlberechtigten geben ihre Stimme direkt für einen Kandidaten und/oder eine Partei ab. Es gibt keine Zwischenschaltung von Wahlmännern wie bei den Präsidentschaftswahlen in den USA.
- **frei**, d. h., die Wählerinnen und Wähler können frei entscheiden, ob sie ihr Wahlrecht wahrnehmen oder nicht. Wahlbeeinflussung oder Wahlzwang sind verboten. Es erfolgt eine freie Auswahl zwischen verschiedenen Parteien.
- **gleich**, d. h., jede Wählerstimme hat gleiches Gewicht.
- **geheim**, d. h., die Stimmabgabe erfolgt einzeln und geheim in einer Wahlkabine. Die Stimmberechtigten stecken den Stimmzettel in einen neutralen Umschlag, der in eine versiegelte Wahlurne geworfen wird.

Das Bundeswahlgesetz (BWahlG) vom 07.05.1956, zuletzt geändert am 17.03.2008, regelt den Ablauf der Bundestagswahlen bis zur Annahme der Wahl durch die gewählten Vertreter und legt die Wahlkreise fest.

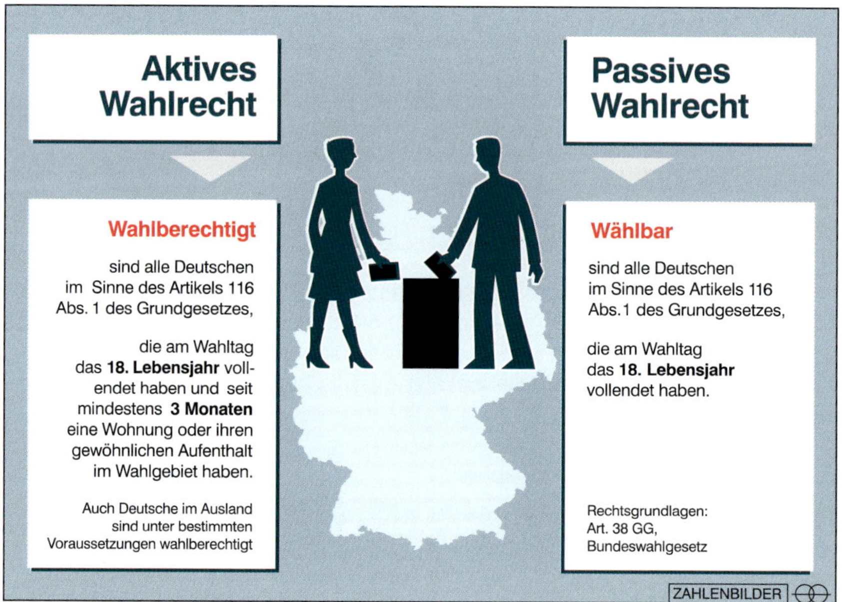

© Erich Schmidt Verlag 86 020

5.3 Wahlsysteme

Ein Wahlsystem ist eine „formalisierte Methode" an Festlegungen, die für eine Wahl zu treffen sind. Das Wahlsystem der Bundesrepublik Deutschland ist eine Kombination von Verhältniswahlrecht und Mehrheitswahlrecht.

Mehrheitswahlsystem

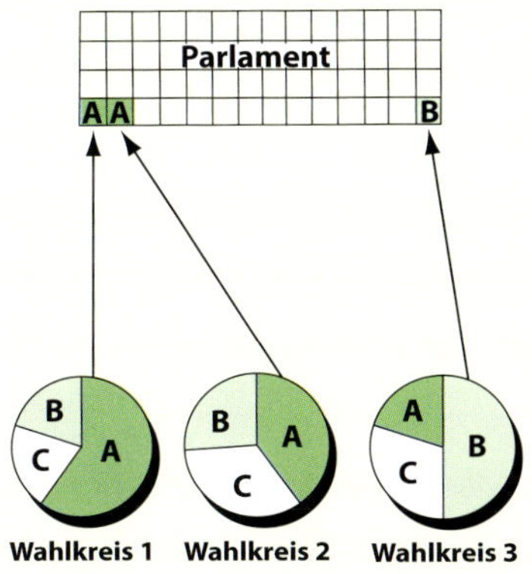

Die Mehrheitswahl ist immer eine Wahl von Personen (**Persönlichkeitswahl**). Das Wahlgebiet wird dazu in Wahlkreise aufgeteilt. Der Kandidat mit der Mehrheit der abgegebenen Stimmen hat im Wahlkreis gewonnen und hält Einzug in das Parlament.

Vorteile

- Es begünstigt das 2-Parteiensystem mit klaren Mehrheiten: stabile Regierung, starke Opposition.
- enger Kontakt zwischen Wähler und Gewählten
- Verhinderung von Parteienzersplitterung

Nachteile

- Stimmen der unterlegenen Kandidaten gehen verloren.
- Minderheiten sind im Parlament nicht oder nur unzureichend vertreten.
- geringere Chancen für kleinere und neue Parteien
- Verfälschung des Wählerwillens, weil der Anteil einer Partei an den Wählerstimmen nicht ihrem Anteil an den Parlamentssitzen entspricht

Verhältniswahlsystem

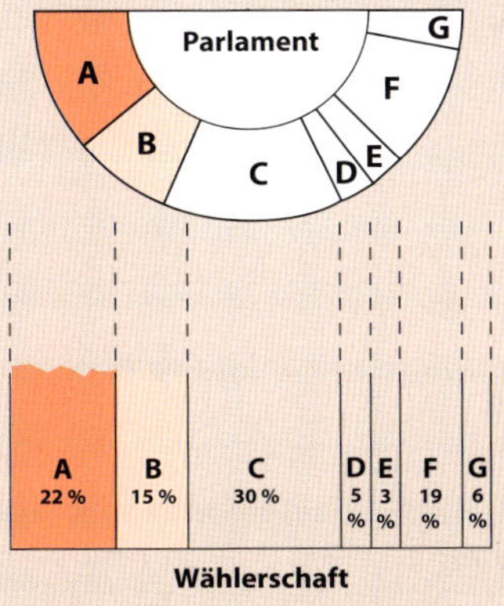

Die Verhältniswahl ist ein Wahlverfahren, in dem Parteien gewählt werden. Dazu erstellen die Parteien Listen (**Listenwahl**) mit den Kandidaten. Alle Parteien erhalten ihre Sitze im Parlament im Verhältnis der für sie abgegebenen Stimmen.

Vorteile

- Jede Stimme zählt.
- Minderheiten sind im Parlament entsprechend ihres Anteils an der Wählerschaft vertreten.
- Kleinere, neugegründete Parteien kommen eher in das Parlament, was die Konkurrenz zwischen den Parteien belebt.

Nachteile

- mögliche Parteienzersplitterung im Parlament
- erschwerte Regierungsbildung
- Häufig müssen mehrere Parteien eine Koalitionsregierung bilden.
- Die Parteiführungen erhalten durch die Listenaufstellungen großen Einfluss auf die Zusammensetzung des Parlamentes.

Relatives und absolutes Mehrheitswahlrecht
Wenn sich drei oder mehr Kandidaten um ein Mandat bewerben, reichen nach dem einfachen, dem sogenannten **relativen Mehrheitswahlrecht** oft schon weniger als 50 % der Stimmen, um einen Sitz zu gewinnen (z. B. Großbritannien).

Beim **absoluten Mehrheitswahlrecht** muss ein Kandidat über 50 % der Wählerstimmen auf sich vereinigen, um gewählt zu sein. Gelingt dies keinem der Kandidaten, so ist ein 2. Wahlgang erforderlich, an dem nur die beiden Kandidaten mit den meisten Stimmen teilnehmen (z. B. Frankreich).

Das Verhältniswahlrecht in der politischen Praxis
Ein reines Verhältniswahlrecht gab es in Deutschland während der **Weimarer Republik (1919–1933)**. Seine Auswirkungen zeigen z. B. die Reichstagswahlen von 1930: Sie bringen 14 Parteien in das Parlament. Neun davon haben weniger als 5 % der Wählerstimmen (keine Sperrklausel) erhalten. Sie stellen dennoch drei bis 30 Abgeordnete.

5.4 Die Wahlen zum Deutschen Bundestag

Bundestagswahlen finden alle vier Jahre statt. Dabei kommt ein Wahlsystem zur Anwendung, das die Vorteile von Mehrheits- und Verhältniswahl vereint und versucht ihre Nachteile auszuschließen: das **personalisierte Verhältniswahlrecht**.
Die Wahlberechtigten vergeben beim personalisierten Verhältniswahlrecht **zwei Stimmen**:

Erststimme: Mit der Erststimme wählt der Staatsbürger eine Person, die den Wahlkreis im Bundestag vertreten soll. Die Erststimme wird nach dem relativen Mehrheitswahlrecht ausgewertet (**Persönlichkeitswahl**).
Zweitstimme: Die Zweitstimme wird für die Landesliste einer Partei abgegeben. Sie wird nach dem Verhältniswahlrecht ausgewertet und entscheidet darüber, wie viele Sitze eine Partei im Bundestag erhält. Sie ist die wichtigere Stimme (**Listenwahl**).

Bei Auswertung der Stimmzettel werden die Mandate auf die verschiedenen Parteien verteilt. Um an der Verteilung der Mandate teilzunehmen, gilt nach bundesdeutschem Wahlrecht die sogenannte **Fünfprozentklausel** (Sperrklausel). Sie besagt, dass eine Partei im gesamten Bundesgebiet mindestens **5 %** der abgegebenen gültigen **Zweitstimmen** erhalten oder in **drei** Wahlkreisen **Direktmandate** gewinnen muss.

Sainte-Laguë/ Schepers-Verfahren = Divisormethode mit Standardrundung

Zuteilung der Sitze nach dem „Sainte-Laguë/Schepers-Verfahren"

Die Verteilung der Sitze im Bundestag entspricht dem Anteil der auf die Parteien abgegebenen Stimmen. Zur Berechnung der Sitzverteilung entschied sich der Bundestag mit dem Gesetz zur Änderung des Wahl- und Abgeordnetenrechts vom 17.03.2008 dafür, dass bisherige, von dem englischen Richter Thomas Hare und dem deutschen Mathematiker Horst Niemeyer entwickelte Modell durch die Methode „Sainte-Laguë/Schepers" zu ersetzen. Diese Methode wurde bei der Europawahl und der Bundestagswahl 2009 bereits angewendet. Dabei werden die jeweiligen Zweitstimmenzahlen für die einzelnen Parteien durch einen gemeinsamen Divisor geteilt. Die sich ergebenden Quotienten werden standardmäßig zu Sitzzahlen gerundet. Der Divisor wird dabei so bestimmt, dass die Sitzzahlen in der Summe mit der Gesamtzahl der zu vergebenden Mandate übereinstimmen.

Vgl. Wahl der Abgeordneten und Mandatsverteilung, abgerufen unter www.bundestag.de/bundestag/wahlen/abg_wahl.html [15.08.2013]

Bei einer Wahlbeteiligung von bundesweit 73 % (17. Deutscher Bundestag 2009 70,8 %) wurde am 22. September 2013 der **18. Deutsche Bundestag** gewählt. Bei der Bundestagswahl 2013 in Thüringen waren insgesamt 1 834 327 Personen wahlberechtigt, das waren 79 232 weniger als bei der Bundestagswahl 2009. Im Freistaat gingen 1 251 541 Wahlberechtigte zur Wahlurne oder gaben ihre Stimmer per Briefwahl ab. Das entsprach einem Anteil von 68,2 % (2009: 65,2 %).

Bundeskanzlerin Angela Merkel (CDU/CSU 311 Abgeordnete) regiert mit einer Mehrheit in einer Koalition mit der SPD (193 Abgeordnete).

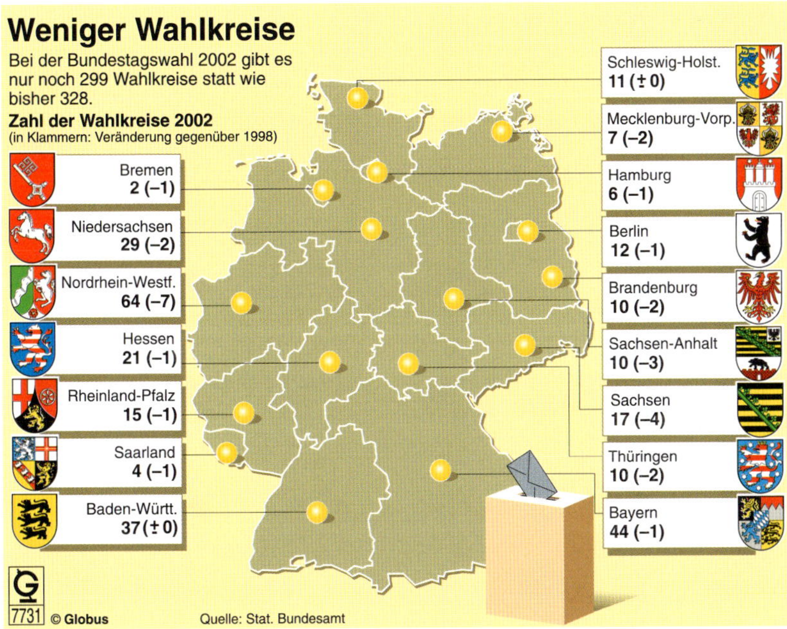

Der Wahlakt
Sein Ablauf ist in der Bundeswahlordnung festgelegt.

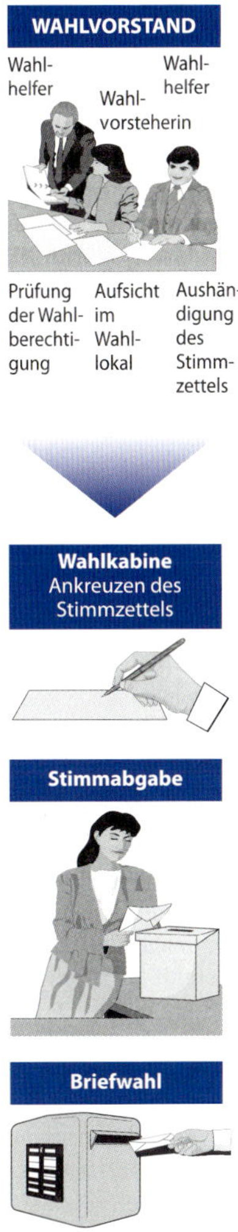

Wer am Wahltag verhindert ist, kann vorher durch Briefwahl seine Stimme abgeben.

Durch Parlamentsreform wurden die Wahlkreise von 328 auf 299 reduziert. Deshalb sitzen seit der Wahlperiode 2002 auch weniger Abgeordnete im Deutschen Bundestag. In den neuen 18. Bundestag, der am 22. September 2013 gewählt wurde, haben insgesamt 631 Parlamentarier Einzug gehalten.

Das Plenum ist auf 631 Sitze in der 18. Legislaturperiode angewachsen. In seiner regulären Mindestzahl hat der Bundestag 598 Sitze, d.h. **299 Mandate** gehen an die **Direktkandidaten** (Erststimmen) aus den **299 Wahlkreisen.** Die andere Hälfte wird über das **Zweitstimmenergebnis** (Zweitstimmen) per Landesliste ersetzt.

Wahlkreiseinteilung Bundestagswahl 2009

Für die Bundestagswahl 2009 waren 299 maßgeblich. Die Wahlkreiseinteilung wurde im Achtzehnten Gesetz zur Änderung des Bundeswahlgesetzes festgelegt. Die Nummerierung der Wahlkreise erfolgt in der Reihenfolge der Bundesländer von Norden nach Süden. Dabei hatte der Freistaat Thüringen zur Bundestagswahl 2009 insgesamt neun Wahlkreise, die von 189 bis 197 nummeriert waren. Für die Bundestagswahl 2009 hatte der Gesetzgeber gegenüber der Bundestagswahl 2005 insgesamt 31 Wahlkreise auf der Grundlage von Gebiets- und Verwaltungsreformen neu abgegrenzt.

Deutscher Bundestag (eis): Änderung des Bundeswahlgesetzes tritt in Kraft, 18.04.2012, abgerufen unter www.bundestag.de/dokumente/textarchiv/2012/38628484_KW16_wahlkreise/index.html [15.08.2013]

Aufgrund des neuen Wahlgesetzes kommen im 18. Deutschen Bundestag zu den **598 Sitzen vier Überhangmandate** und 29 Ausgleichsmandate hinzu. Die angefallenen Überhangmandate werden künftig nach neuem Wahlgesetz nachbesetzt.

Deutscher Bundestag, Überhangmandate werden künftig nachbesetzt, abgerufen unter www.bundestag.de/dokumente/textarchiv/2013/47457246_kw43_ueberhangmandate/213846/, [20.05.2014]

- **Wahlkabine**
  Ankreuzen des Stimmzettels
- **Stimmabgabe**
- **Briefwahl**
  Wer am Wahltag verhindert ist, kann vorher durch Briefwahl seine Stimme abgeben.

Ergebnisse der Bundestagswahlen im Überblick

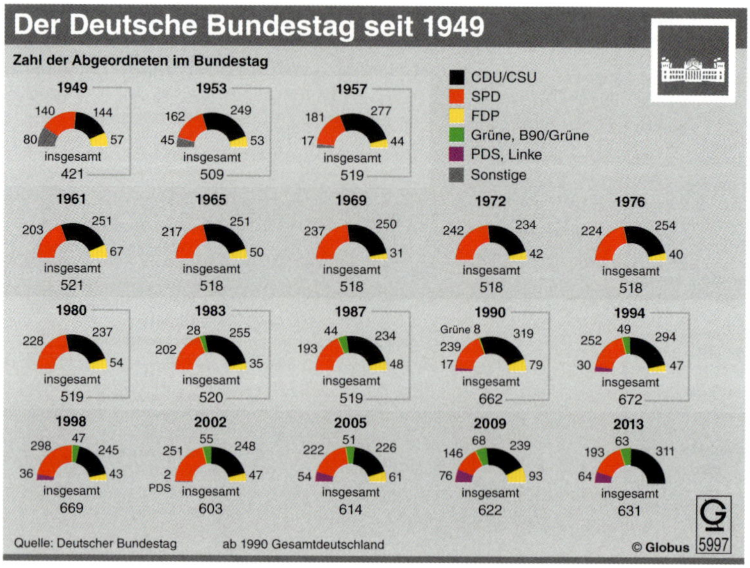

Kritik am Wahlkampf
„Wahlkampf ist ein Marathonlauf, es kommt nicht darauf an, wer auf den ersten Metern vorn liegt, sondern wer am Schluss gewinnt." (Helmut Kohl)

„Der permanente Wahlkampf führt dazu, dass die Politiker nur noch nach den Wählerstimmen in der Region schielen." (Jürgen W. Möllemann)

vgl. Dietmar Bückart: Zitate zum Wahlkampf, abgerufen unter www.gutzitiert.de/zitat_thema_wahlkampf.html [06.01.2014]

5.5 Wahlkampf – Notwendigkeit oder Belastung?

Für Parteien haben Wahlen eine große Bedeutung. Wahlen bringen die Entscheidung, wer innerhalb des Staates die Regierung übernehmen kann und wer sich mit der Oppositionsrolle identifizieren muss.
Dabei kommt es selbst für kleine und neugegründete Parteien darauf an, die Fünfprozenthürde zu überwinden oder drei Direktmandate zu erhalten, um im Parlament vertreten zu sein.

Online und Wahlkampf – Das ZDF kann jung

Die ZDF-Wahlkampfberichterstattung 2009 war anders als alle vorherigen. Der Grund hieß „Online". Noch nie hat der Sender sein Blickfeld aus Anlass einer Wahl so weit für die Netzwelt geöffnet. „Erst fragen, dann Wählen" entstand aus einer Kooperation von zdf.de mit ZEIT online und der VZ-Gruppe, bei der mehr als 80 % aller Erstwähler unterwegs sind. Fragen an die Spitzenkandidaten, auf allen drei Plattformen gesammelt, von überwiegend jungen Wählern selbst gewichtet, fanden schließlich ihren Weg in ein junges, modern gemachtes TV-Format (Redaktion „Länderspiegel"). Es wurde zeitgleich in I-Kanal und Netz ausgestrahlt. Ein „Best Of" gab es im Hauptprogramm. In diesem Projekt, dessen Online-Echo geradezu euphorisch ausfiel, bündelte sich beispielhaft, was geht und wie es idealtypisch gehen kann. Das ZDF kann jung! Es kann die verloren Geglaubten erreichen und Zuschauer – beziehungsweise Usermärkte – zurückerobern. Die in der Selbstverpflichtungserklärung gesteckten Ziele, jüngere Zuschauer/User nicht anderen und weniger an Qualität orientierten Konkurrenten zu überlassen, fanden hier praktische Entsprechung.
Diesem Absatz dienten auch die anderen Onlinekooperationen „Open Reichstag" – ein millionenfach aufgerufener Kanal bei google/youtube. Beispiel Nummer 3: facebook. Das ZDF lud dazu ein, die TV Wahlsendungen im Livestream zu verfolgen und darüber zu diskutieren.

Eckhart Gaddum: ZDF Online und Wahlkampf – Das ZDF kann jung, in: ZDF Jahrbuch 2009

Im Wahlkampf verfolgen die Parteien mehrere **Ziele**: Sie wollen ihre eigene Stammwählerschaft mobilisieren und mögliche Wechselwähler sowie Nichtwähler gewinnen. Auch die Höhe der Wahlbeteiligung kann wahlentscheidend sein.
Bei der Vorbereitung des Wahlkampfes werden die Parteien von Meinungsforschungsinstituten beraten, die durch Meinungsumfragen Probleme von Wahlberechtigten sammeln und auswerten. So erfahren die Parteien, mit welchen Themen sie ihre Wählergruppen ansprechen und sich von den anderen Parteien abgrenzen können.

Stammwählerschaft sind Wählerinnen und Wähler, die ihre Stimme über einen längeren Zeitraum hinweg einer bestimmten Partei geben.

Wechselwählerschaft
ist eine Wählerschaft, die von Wahl zu Wahl neu entscheidet, sie hat zugenommen und wird auf ca. 40 % geschätzt. Die Wechselwähler spielen für die Wahlwerbung eine große Rolle.

Wichard Woyke Stichwort Wahlen, 10. Aufage, Leske und Budrich, Opladen 1998, S. 239 ff.

Der Wahlkampf wird dennoch von eingängigen Parolen, die weniger politische Inhalte als vielmehr Schlagworte ausdrücken, beherrscht. Die Parteien verwenden dabei die gleichen Methoden, die auch in der Werbung üblich sind. Für die Wählerschaft ist es daher kompliziert, grundlegende Unterschiede zwischen den Parteien zu erkennen. Für eine sachlich begründete Wahlentscheidung sollte man folgende **Überlegungen** anstellen:

- Welche Partei vertritt meine Interessen am besten?
- Was wird zur Lösung bestimmter Probleme konkret vorgeschlagen?
- Sind die Vertreterinnen und Vertreter der Parteien glaubwürdig?
- Sind die Parteien in der Lage, demokratisch miteinander umzugehen und bereit, Kompromisse zu schließen?
- Wähle ich lieber eine große Partei und entscheide über die Zusammensetzung des Parlamentes mit?
- Welche Partei hat den überzeugensten Wahlkampf geführt?

Wahlkampfmittel
- **Plakatierung**
- **Werbebroschüren**
- **Anzeigen**
- **Straßenwahlkampf**
- **Kundgebungen**
- **Diskussionsveranstaltungen**
- **Rundfunk- und Fernsehwerbung**
- **Internet**

Zusammenfassung

Wahlen sind ein wesentlicher Bestandteil der Demokratie. In unserer repräsentativen Demokratie werden Entscheidungen in der Regel nicht direkt vom Volk, sondern von seinen gewählten Repräsentanten getroffen, die in seinem Auftrag und Interesse handeln sollen. Wahlen geben den Bürgerinnen und Bürgern das Recht, im Staat konkurrierende Parteien bzw. Kandidaten auszuwählen.
Sie erfüllen die vier wichtigen **Aufgaben**: Repräsentation – Partizipation – Kontrolle – Legitimation.
Demokratische Wahlen müssen nach den **Wahlgrundsätzen** allgemein, unmittelbar, frei, gleich und geheim verlaufen. Bei den Wahlen zum Deutschen Bundestag wird das **„personalisierte Verhältniswahlrecht"** angewendet, d.h.: Die Wahlberechtigten haben zwei Stimmen. Die **Erststimme** wird nach dem **Mehrheitswahlrecht** und die **Zweitstimme** nach dem **Verhältniswahlrecht** durchgeführt und ausgezählt. Die Zweitstimme ist jedoch die wichtigere Stimme, weil sie über die Stärke der Parteien im Parlament entscheidet.
Für die Bundesrepublik Deutschland gilt die **Fünfprozentklausel**, die besagt, dass eine Partei nur Einzug in den Bundestag hält, wenn sie mindestens 5 % der Wählerstimmen oder drei Direktmandate erhält. Damit soll der Einzug von Splitterparteien in den Bundestag verhindert werden.
Während des **Wahlkampfes** werben die Parteien um die Sympathien der Wählerschaft. Er ist Ausdruck des Wettbewerbs der Parteien um die Macht. Da jede Wählerstimme wahlentscheidend sein kann, bedienen sich die Parteien einer Vielfalt von Wahlkampfmitteln, z.B. Plakatierung, Werbebroschüren, Anzeigen, Kundgebungen, Diskussionsveranstaltungen und in unserem modernen Medienzeitalter auch dem Internet.

Zur Wiederholung

1. Erläutern Sie, warum Wahlen ein unverzichtbarer Bestandteil unserer Demokratie sind.
2. Nennen und erkären Sie wichtige Aufgaben von Wahlen.
3. Erklären Sie die rechtlichen Grundlagen für eine demokratische Wahl.
4. Worin sehen Sie die Vorteile der Mischform des personalisierten Verhältniswahlrechts im Vergleich zum Mehrheits- bzw. Verhältniswahlrecht?
5. Besprechen Sie die Notwendigkeit der „Fünfprozentklausel".

Handlungsimpulse

1. Sammeln Sie in Ihrem Freundes- oder Bekanntenkreis Argumente für und gegen eine Wahlbeteiligung. Erstellen Sie eine Pro- und Kontra-Tabelle und diskutieren Sie die Ergebnisse.
2. Diskutieren Sie:
   a) Ein Wahlrecht für „Familien", d.h., die Eltern erhalten pro Kind eine zusätzliche Stimme.
   b) Ein Wahlrecht für alle Menschen, die eine bestimmte Zeit (z. B. mindestens sechs Monate) in der Bundesrepublik Deutschland leben.
3. Sammeln Sie Wahlbroschüren, Wahlplakate und Wahlkampflogans. Bewerten Sie in Gruppen Inhalt und Art der Darstellung und fertigen Sie evtl. Collagen an.
4. Diskutieren Sie den Anspruch „Wahlrecht = Machtrecht!?".

Menschenrechte – Grundlage der Freiheit

„Menschenrechte, die gibt es doch gar nicht. Wenn man z. B. die Meinungsfreiheit nimmt: Es werden doch trotzdem Journalisten erschossen ... Und bei uns kippen sie das Getreide tonnenweise weg, während in den Entwicklungsländern die Menschen verhungern. Das versteh' ich nicht!" (Jan, 16 Jahre)

„Freiheit bedeutet für mich, ohne Probleme eine eigene Meinung haben zu dürfen." (Christoph, 18 Jahre)

„Freiheit ist, das Leben völlig unabhängig von anderen gestalten zu können." (Susanne, 16 Jahre)

„In Deutschland gibt's ja vielleicht Menschenrechte und manchmal sogar nicht, wenn z. B. irgendwelche Anschläge auf Ausländer ausgeübt werden. Aber in den Ländern, in denen Krieg herrscht, da gibt es keine Menschenrechte." (Rosa, 15 Jahre)

1 Die Durchsetzung der Menschenrechte

1.1 Die Geschichte der Menschenrechte – ein Weg zur Freiheit

ca. 300 v. Chr.

Bereits im antiken Griechenland taucht die Idee des selbstständigen (autonomen) Staatsbürgers auf, dessen Würde geachtet werden müsse. Doch dieses Recht gilt nur für Männer, die wirtschaftlich selbstständig sind. Diese verhältnismäßig kleine Gruppe darf für sich **Meinungsfreiheit und Eigentumssicherheit** beanspruchen und nimmt am politischen Entscheidungsprozess teil.

Nach dem Jahre 0

Die Verbreitung des Christentums stärkt die Menschenrechtsidee durch den Glauben an die **Gleichheit** aller Menschen vor Gott. Im frühen Christentum gilt die Vorstellung von der Gleichheit der Menschen allerdings nur für das zukünftige Himmelreich und für die christliche Gemeinde. Außerhalb dieser Gemeinde bleibt die Ungleichheit bestehen.

Mittelalter

Besonderen Gruppen gelingt es, sich einzelne Freiheitsrechte zu sichern. Die Urkunde **Magna Charta Libertatum** (1215) garantiert Eigentum, Rechte und Freiheit des englischen Adels gegen Übergriffe des Königs. Im heiligen römischen Reich deutscher Nation erhalten z. B. Stände und Zünfte bestimmte Freiheiten (u. a. Freiheit von Steuerbelastungen) gegen Anerkennung der jeweiligen Herrschaft.

16. bis 18. Jahrhundert

Die Reformation begründet die **Gewissensfreiheit.** Aus diesem religiösen Freiheitsideal leiten dann die Philosophen der Aufklärung ihre Überzeugung von der natürlichen Gleichheit und Freiheit aller Menschen ab (Naturrecht).
Mit anderen Philosophen weist Jean-Jacques Rousseau auf die naturgegebene Freiheit des Menschen hin. Hieraus entwickelt sich die Vorstellung, dass der Staat **allen Menschen** bestimmte **unaufhebbare Rechte** einzuräumen habe.

1628
Petition of Rights
1679
Habeas-Corpus-Akte
1776
Unabhängigkeitserklärung der Vereinigten Staaten von Amerika

Erste Erfolge auf dem Weg zu einem **umfassenden Menschenrechts- und Freiheitsverständnis** zeigen sich in England. Die **Petition of Rights** schützt die Bürger vor willkürlicher Verhaftung, die **Habeas-Corpus-Akte**, ergänzt durch die **Bill of Rights** (1689), erweitern den Freiheitsrahmen gegenüber dem König. Diese Entwicklung setzt sich in Nordamerika fort. Die Siedler der Neuenglandstaaten verweigern dem englischen König die Steuerzahlungen und erklären ihre Unabhängigkeit vom Mutterland. Dieses Ereignis kennzeichnet den Beginn der Vereinigten Staaten von Amerika (USA). Mit der **Virginia Bill of Rights** (Grundrechtskatalog der Verfassung des Staates Virginia) werden zum ersten Mal Menschenrechte verfassungsmäßig abgesichert.

1789
Erklärung der Rechte der Menschen und Bürger in Frankreich

Die Vorgänge in Nordamerika wirken auf Europa zurück. Im Zusammenhang mit der **Französischen Revolution** beschließt die von Bürgern einberufene Nationalversammlung eine Menschenrechtserklärung mit umfassenden Freiheits- und Gleichheitsrechten (klassischen Menschenrechten), die von da an in fast alle nachfolgenden demokratischen Verfassungen in anderen Ländern übernommen werden.

1948
Allgemeine Erklärung der Menschenrechte der Vereinten Nationen

Angesichts der Verbrechen des Nationalsozialismus und des Zweiten Weltkrieges versuchen die Völker der Welt den Neuaufbau einer friedlichen und gerechten Welt. Die von den **Vereinten Nationen (UN)** verfasste Erklärung verkündet Freiheit, Gerechtigkeit und Teilhabe an der politischen Willensbildung für alle Menschen.

1.2 Die Allgemeine Erklärung der Menschenrechte

Am 10. Dezember 1948 beschließt die Generalversammlung der Vereinten Nationen die Allgemeine Erklärung der Menschenrechte (AEMR). Damit wird erstmals von einer Versammlung, der fast alle Staaten der Welt angehören, ein umfassender Katalog von Individualrechten (persönlichen Rechten) verkündet. Leider ist die Erklärung kein bindendes Recht, sofern die Regelungen nicht in die Verfassung der einzelnen Länder eingearbeitet werden. Dennoch wird damit ein allgemeingültiger Maßstab geschaffen, an dem Unrechtshandlungen gemessen werden.

Diese Werte sollen das menschliche Zusammenleben bestimmen: Freiheit, Gleichheit, Brüderlichkeit Artikel 1–3	Dieses soll verhindert werden: Sklaverei, Folter und jede Form der Erniedrigung Artikel 4–5	Dieses soll für alle Menschen garantiert werden: Gleichheit vor dem Gesetz, faire und öffentliche Gerichtsverhandlung Artikel 6–11
Alle Menschen sind verpflichtet, die Menschenrechte zu verwirklichen: Verbot von Handlungen gegen die Menschenrechte Artikel 29	**Allgemeine Erklärung der Menschenrechte der Vereinten Nationen vom 10.12.1948**	Darauf haben alle Menschen Anspruch: Wahrung der Privatsphäre (z. B. das Briefgeheimnis), Wahl eines freien Wohnsitzes Artikel 12–13
Alle Menschen haben Grundbedürfnisse wie Gesundheit, Ernährung, Kleidung, Bildung Artikel 25–27		Alle Menschen haben Anspruch auf Schutz und eine feste Gemeinschaft: Asyl, Staatsangehörigkeit Artikel 14–15
Alle Menschen sollen sich im Beruf verwirklichen können: Arbeit, freie Berufswahl Artikel 22–24	Die Gedanken sind frei: Gedanken-, Gewissens- und Religionsfreiheit Artikel 18–21	Alle Menschen dürfen ihr Leben frei gestalten: Wahl des Partners (Ehe und Familie), Eigentum Artikel 16–17

1.3 Welche Menschenrechte gibt es?

Menschenrechte		
1. Dimension	2. Dimension	3. Dimension
Bürgerliche und politische Rechte	Soziale, wirtschaftliche und kulturelle Rechte	Solidarrechte

Die AEMR bildet die Grundlage für die Erweiterung und Ausformung der Menschenrechte. Sie listet die „klassischen Menschenrechte" auf, die aber in vielen Fällen nicht durchgesetzt oder in Anspruch genommen werden können, wenn die menschenwürdigen Lebensbedingungen fehlen. So fordert z. B. das Recht auf individuelle Freiheit notwendigerweise das Recht auf Arbeit (wirtschaftliches Recht) in einer friedlichen Umwelt (Solidarrecht) heraus. Die Menschenrechte sind deshalb aufeinander abgestimmt und in ihrer Gesamtheit unteilbar.

Die Menschenrechte der 2. Dimension werden in Europa durch die vom Europarat beschlossene „Europäische Sozialcharta" verstärkt. In dieser Vereinbarung, die seit 1965 auch für die Bundesrepublik gilt, wird gefordert, dass jeder die Möglichkeit haben müsse, seinen Lebensunterhalt durch frei übernommene Tätigkeit im Rahmen von gerechten und gesundheitsunbedenklichen Arbeitsbedingungen zu verdienen.

Europarat
Gegründet 1949, hat das Ziel, die Einheit und Zusammenarbeit Europas zu fördern und zur Demokratisierung und Durchsetzung der Menschenrechte beizutragen.

Ungleichheit

Bürgerliche und politische Rechte sind Rechte, die den Staat davon abhalten und die Bürger berechtigen, etwas zu tun. Unter bürgerlichen Rechten versteht man vor allem die liberalen Abwehrrechte (persönliche Freiheit und Integrität, Privatheit, Gewissens-, Religions- und Meinungsfreiheit etc.), während die politischen Rechte (Wahl- und Stimmrecht, Petitionsrecht, gleiche Ämterzugänglichkeit, Vereins-, Versammlungs- und Parteienfreiheit etc.) den demokratischen Partizipationsgedanken widerspiegeln.

Soziale, wirtschaftliche und kulturelle Rechte sind vor allem Rechte, die den Staat verpflichten, etwas zu unternehmen, um allen Bürgern menschenwürdige Lebensbedingungen zu gewährleisten, die ohne die staatlichen Aktivitäten nicht zu erreichen wären. Zu den wirtschaftlichen und sozialen Rechten gehören das Recht auf einen angemessenen Lebensstandard, auf Nahrung, Wohnung und Gesundheit, das Recht auf soziale Sicherheit und das Recht auf Arbeit. Beispielhaft für (klassische) kulturelle Rechte ist das Recht auf Bildung.

Solidarrechte sind das Recht auf Entwicklung, auf Umwelt und auf Frieden, deren Verwirklichung die Zusammenarbeit der Völkergemeinschaft erfordert.

Peter K. Fritzsche: Menschenrechte, 2. Auflage, Verlag Ferdinand Schöningh, Paderborn 2009, S. 22

2 Die rechtliche Sicherung der Menschenrechte

2.1 Menschenrechte auf internationaler Ebene

Diskriminierung (lat.)
eine Person oder eine Personengruppe öffentlich herabwürdigen, verächtlich machen

Im Unterschied zu der Allgemeinen Erklärung der Menschenrechte (AEMR), die kein international geltendes und einklagbares Völkerrecht ist, sind die im Anschluss an die AEMR vereinbarten internationalen Übereinkommen (Konventionen, Pakte) verbindlich, sofern sie von den einzelnen Staaten ratifiziert werden, also vom Parlament die Zustimmung erhalten und vom Staatsoberhaupt unterzeichnet werden. In diesen Dokumenten sind Überprüfungs- und Beschwerdeverfahren festgelegt sowie die Überwachungsinstanzen. Folgende Dokumente sind von besonderer Bedeutung:

Jahr	Instrument	Gültig seit …
1966	Internationales Übereinkommen zur Beseitigung jeder Form von rassistischer Diskriminierung (Anti-Rassismus-Konvention)	1969
1966	Pakt über bürgerliche und politische Rechte (Zivilpakt)	1976
1966	Pakt über wirtschaftliche, soziale und kulturelle Rechte (Sozialpakt)	1976
1979	Übereinkommen zur Beseitigung jeder Form der Diskriminierung der Frau	1981
1984	Übereinkommen gegen Folter und andere grausame, unmenschliche oder erniedrigende Behandlung oder Strafe	1987
1989	Übereinkommen über Rechte des Kindes	1990
1990	Übereinkommen zum Schutz der Rechte von Wanderarbeitnehmern und ihrer Familienangehörigen	2003
2006	Übereinkommen über die Rechte von Menschen mit Behinderung	2008
2006	Übereinkommen zum Schutz aller Personen vor dem Verschwindenlassen	2010

Zusammengestellt nach Institut für Menschenrechte, abgerufen unter: http://www.institut-fuer-menschenrechte.de/menschenrechtsinstrumente/vereinte-nationen/menschenrechtsabkommen.html#c905 [03.01.2014]

Menschenrechtsschutz scheitert oft an staatlicher Souveränität

Trotz gewachsener Anerkennung, die die Menschenrechte erfahren, klafft bis heute in vielen Ländern ein tiefer Graben zwischen Anspruch und Wirklichkeit. Weltweit werden Menschenrechte mit Füßen getreten, existieren Unterdrückung, Diskriminierung, Rassismus, Elend und Gewalt. Staaten und Großkonzerne geraten immer wieder ins Visier von Nichtregierungsorganisationen, weil sie Menschenrechte verletzen, um sich wirtschaftliche Vorteile zu verschaffen. Verträge, Pakte und Konventionen reichen allein nicht aus, um zu verhindern, dass Menschenrechte verletzt werden. [...] Zwar sind die Vertragsstaaten von Menschenrechtsabkommen verpflichtet, Berichte über ihr Handeln abzugeben, aber eine Vollzugsgewalt auf internationaler Ebene gibt es nicht.

Farid Gardizi: Menschenrechte zwischen Anspruch und Wirklichkeit – Internationaler Tag der Menschenrechte, Unesco heute Online, abgerufen unter www.unesco.de/5182.html [22.12.2013]

Nichtregierungsorganisationen
Private Organisationen von Bürgerinnen und Bürgern auf freiwilliger Basis zur Durchsetzung humaner und sozialer Ziele.

Ungleichheit

2.2 Verfahren zur Menschenrechtssicherung

Um Menschenrechtsverletzungen aufgreifen zu können, richten die Vereinten Nationen zunächst eine **Menschenrechtskommission** ein. Das Gremium ist allerdings nur befugt, Verstöße festzustellen und öffentlich zu verurteilen. Direkte Eingriffsmöglichkeiten bestehen nicht.
Im März 2006 beschließt die UN-Vollversammlung, die Menschenrechtskommission durch den **Menschenrechtsrat** (MRR) zu ersetzen. Von dem neuen Gremium verspricht sich die Weltorganisation mehr Wirkungskraft. Darin sind 47 Mitgliedstaaten (Afrika und Asien jeweils mit 13, Lateinamerika mit acht, Westeuropa und andere mit sieben und Osteuropa mit sechs Ländern) vertreten. Bei der Wahl der ersten Mitglieder erhält Deutschland mit 154 Stimmen das beste Ergebnis der westlichen Staatengruppe.

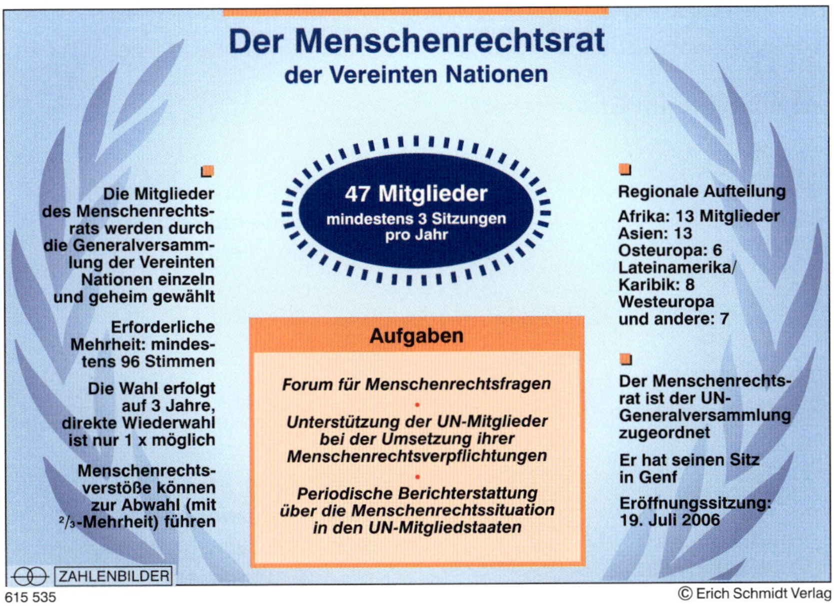

Mitgliedschaft im Menschenrechtsrat
Nach den Regeln der UN-Generalversammlung darf kein Staat länger als zweimal drei Jahre dem Gremium angehören.

Von 2013 bis 2015 gehört Deutschland erneut dem Menschenrechtsrat an und setzt sich dafür ein, dass auch wirtschaftliche und soziale Menschenrechte beachtet werden. Der deutsche Außenminister sagt vor dem Gremium, dass wirklich freie Menschen ohne Angst vor Hunger, Durst und Krankheit leben müssten.

Der Menschenrechtsrat überprüft im Abstand von vier Jahren die Menschenrechtssituation in jedem Mitgliedstaat der Vereinten Nationen. Fällt das Ergebnis negativ aus, so spricht der Menschenrechtsrat Empfehlungen aus, wie die Situation zu verbessern ist. Zwangsmaßnahmen sind nicht vorgesehen. Bei der letzten Überprüfung der deutschen Verhältnisse musste sich die deutsche Vertretung schwere Vorwürfe wegen der laschen Aufklärung der rechtsextremistischen Mordserie (S. 204) gefallen lassen. Menschenrechtsorganisationen kritisieren, dass jeder der 192 UN-Mitgliedsstaaten ohne Vorbedingungen in den Menschenrechtsrat gewählt werden kann. So können auch Länder in die Organisation gelangen, in denen es immer wieder zu Menschenrechtsverletzungen kommt und die ihrerseits andere Problemländer decken und verteidigen. Nur mit einer – schwer zu erreichenden – Zwei-Drittel-Mehrheit der UN-Generalversammlung (S. 210) können solche Länder durch Abwahl aus dem Menschenrechtsrat entfernt werden.

2.3 Menschenrechte in der Bundesrepublik Deutschland

Die Durchsetzung der Menschenrechte in Deutschland ist gekennzeichnet durch nachhaltige politische Erschütterungen im 20. Jahrhundert. Der Erste Weltkrieg von 1914 bis 1918 und der Zweite Weltkrieg von 1939 bis 1945 sind massive Einschnitte in die Lebensverhältnisse in Deutschland. Nach dem Ersten Weltkrieg begibt sich Deutschland als Weimarer Republik (S. 185 ff.) auf einen demokratischen Weg. Das grundlegende Verfassungswerk, die Weimarer Verfassung, enthält in Form von Grund- und Freiheitsrechten wesentliche Menschenrechte. Die nationalsozialistische Diktatur ab 1933 (S. 188 ff.) macht diesen demokratisch-freiheitlichen Ansatz zunichte. Erst nach Ende des Zweiten Weltkrieges und dem damit verbundenen Untergang des Nationalsozialismus (NS) kann die demokratische Entwicklung in einem Teil Deutschlands wieder aufleben.

Menschenrechte im Grundgesetz

Unverletzlich = Grundrechte müssen in jeder Situation respektiert werden
Unveräußerlich = Niemand kann auf seine Grundrechte verzichten.

Menschenwürde – ein Naturrecht

Bekenntnis zu unverletzlichen und unveräußerlichen Menschenrechten

Neuer Abschnitt deutscher Geschichte

Erstmals: Grundrechte sind einklagbar

Die Achtung der Menschenwürde beherrscht das gesamte Grundgesetz

Das am 23. Mai 1949 in Kraft getretene Grundgesetz (GG) ist die Verfassung der Bundesrepublik Deutschland. Darin wird die Einhaltung der Menschenrechte für den Staat und seine Bürgerinnen und Bürger zum unausweichlichen Auftrag gemacht. Die im Grundgesetz niedergelegten Menschenrechte werden als Grundrechte bezeichnet. Richtungsweisend ist hierbei der Stellenwert der Menschenwürde.

Artikel 1 GG

(1) Die Würde des Menschen ist unantastbar. Sie zu achten und zu schützen ist Verpflichtung aller staatlicher Gewalt.
(2) Das deutsche Volk bekennt sich darum zu unverletzlichen und unveräußerlichen Menschenrechten als Grundlage jeder menschlichen Gemeinschaft, des Friedens und der Gerechtigkeit in der Welt.

Paulskirchen-Verfassung
Sogenannt nach der in der Frankfurter Paulskirche zusammengetretenen Nationalversammlung, die ab 1848 eine demokratische Verfassung erarbeitete. Die Verfassung scheiterte am Widerstand der Fürsten.

Bei der Ausarbeitung des Grundgesetzes durch den Parlamentarischen Rat sind die Grundrechtsregelungen aus früheren demokratischen Verfassungen (Paulskirchen-Verfassung 1948 und Weimarer Verfassung 1919) einbezogen worden, aber erstmalig stehen die Grundrechte gleich am Beginn des Verfassungstextes. Das weist auf die Bedeutung hin, die den Grundrechten zuerkannt wird.

Das Bundesverfassungsgericht ist das höchste deutsche Gericht und oberste Hüterin der Verfassung (Art. 93 GG). Sitz des Bundesverfassungsgerichts ist Karlsruhe. Es besteht aus zwei Senaten. Jeder Senat verfügt über acht Richter, die je zur Hälfte vom Bundestag und vom Bundesrat für eine Amtsdauer von zwölf Jahren gewählt werden.

cecu.de: Bundesverfassungsgericht (BVerfG), abgerufen unter www.cecu.de/lexikon/politik/1719-bundesverfassungsgericht-bverfg.htm [28.12.2013]

EU-Grundrechtscharta
Die Charta sichert u.a. auch Grundrechte auf sichere und würdige Arbeitsbedingungen sowie auf Zugang zu Bildung und auf Datenschutz.

Ich-Du Beziehungen

Die Grundrechte sind das „Herz" des Grundgesetzes. Sie
- schützen den Einzelnen vor Übergriffen des Staates,
- verpflichten den Staat zum Schutz des Menschen,
- ordnen das gesellschaftliche Zusammenleben.

Die Grundrechte im Grundgesetz der Bundesrepublik Deutschland sind keine politischen Absichtserklärungen zugunsten der Bürgerinnen und Bürger, sondern unmittelbar geltendes Recht, auf das sich jede Person vor den Gerichten berufen kann. Bei Rechtsfällen mit allgemeiner Bedeutung fällt als höchste Instanz das **Bundesverfassungsgericht** eine Entscheidung.

Die wesentlichen Grundrechte des Grundgesetzes sind auch in der **Charta der Grundrechte der Europäischen Union** festgeschrieben. Darüber hinaus enthält die Charta neben klassischen Rechten auch moderne Grundrechte, so z. B. das Recht auf Umwelt-,Verbraucher- und Datenschutz. Sofern die Klagemöglichkeiten in der Bundesrepublik ausgeschöpft sind, haben alle Deutschen das Recht, den **Europäischen Gerichtshof** (EuGH) in Luxemburg anzurufen.

Außerdem haben alle Deutschen – wie die anderen Einwohner der im **Europarat** vertretenen 47 Staaten – die Möglichkeit, sich in Menschenrechtsfragen direkt an den **Europäischen Gerichtshof für Menschenrechte** in Straßburg zu wenden. Auch hier gilt die Voraussetzung, dass zunächst der Rechtsweg im Heimatland beschritten worden ist. Gegen die Urteile des Gerichtshofes gibt es grundsätzlich keine Berufung.

Mehr Schutz für Whistleblower – Straßburger Gerichtshof gibt Altenpflegerin recht, die nach Aufdeckung von Missständen entlassen worden war

Arbeitnehmer, die schwere Missstände im Unternehmen öffentlich machen, müssen künftig besser vor Kündigungen geschützt werden. Der Europäische Gerichtshof für Menschenrechte hat [...] Deutschland wegen Verletzung der Menschenrechtskonvention verurteilt, weil die Gerichte hierzulande die fristlose Kündigung einer Altenpflegerin bestätigt hatten. Die Berliner Altenpflegerin Brigitte Heinisch hatte ihren Arbeitgeber angezeigt, weil im Altenpflegeheim schwere Mängel bei der Versorgung Hilfsbedürftiger bestanden. Die daraufhin ausgesprochene fristlose Kündigung wurde bis zum Bundesarbeitsgericht bestätigt. Auch die Verfassungsbeschwerde der Frau wurde vom Karlsruher Bundesverfassungsgericht nicht angenommen. Die deutschen Gerichte hätten nicht zwischen dem Interesse des Arbeitgebers und dem Recht auf freie Meinungsäußerung abgewogen, so die einstimmige Begründung der Straßburger Richter. Der Betroffenen wurden 10 000 € Schmerzensgeld plus Prozesskosten zugesprochen, die Deutschland bezahlen muss. Das Urteil hat über den Einzelfall hinaus Bedeutung für den Schutz sogenannter „Whistleblower". Darunter versteht man Arbeitnehmer, die Korruption oder Missstände im eigenen Unternehmen öffentlich machen.

Ursula Knapp: Mehr Schutz für Whistleblower, in: Frankfurter Rundschau, 22.07.2011, S. 6 (gekürzt)

3 Missachtungen der Menschenrechte

amnesty international – Jahresbericht 2013

Auf 469 Seiten belegt amnesty international die in einem Jahr bekannt gewordenen Menschenrechtsverletzungen. Das Recht auf Meinungsfreiheit wird in 101 Ländern unterdrückt. In 112 Staaten werden Menschen misshandelt und gefoltert. In 80 Staaten wird das Recht auf ein faires Gerichtsverfahren systematisch verletzt. Schon ein kurzer Auszug zeigt, dass keine Weltregion von den Missständen ausgenommen ist.

Afrika: Geschlechtsspezifische Gewalt

Armut und Gewalt prägen auf dem afrikanischen Kontinent weiterhin die Lebenswirklichkeit unzähliger Menschen. […] Frauen und Mädchen wurden in der Region besonders häufig Opfer von Diskriminierung und geschlechtsspezifischer Gewalt – und zwar sowohl in den eigenen vier Wänden als auch in bewaffneten Konflikten. In vielen Krisengebieten, darunter Mali, Tschad, Sudan und die Demokratische Republik Kongo, wurde sexuelle Gewalt gegen Frauen systematisch als Kriegswaffe von Soldaten und bewaffneten Oppositionellen eingesetzt. Im Sudan mussten sich einige Frauen, die an Protestveranstaltungen teilgenommen hatten, sogenannten Jungfräulichkeitstests unterziehen.

Amerika: Verfolgung von Menschenrechtsverteidiger

Die zahlreichen in der Vergangenheit verübten Menschenrechtsverletzungen und die Tatsache, dass viele Verantwortliche noch immer nicht zur Rechenschaft gezogen wurden, lasten weiterhin schwer auf vielen Ländern des amerikanischen Kontinents. […] Wenn es darum ging, Menschenrechtsverletzungen anzuprangern, spielten Journalisten nach wie vor eine zentrale Rolle – doch zahlten sie dafür oft einen hohen Preis. Einige erfuhren direkte Repressalien durch die Regierung, andere wurden zur Zielscheibe bewaffneter Banden und krimineller Netzwerke. Menschenrechtsverteidiger, die häufig in unsicheren und schwierigen Situationen lebten, sahen sich zahllosen Versuchen ausgesetzt, durch Verunglimpfung, Gewalt und Missbrauch der Gerichte zum Schweigen gebracht zu werden.

Asien und Pazifik: Keine freie Meinungsäußerung

In vielen Ländern Asiens reagierten Regierungen auf den Akt einer öffentlichen Meinungsäußerung – sei es auf der Straße oder im Internet – mit brutalen Unterdrückungsmaßnahmen. Menschen wurden 2012 regelmäßig schikaniert, angegriffen, inhaftiert oder getötet, wenn sie es wagten, die Behörden zu kritisieren. In Vietnam wurden mehr als 20 Blogger, Liedermacher und andere friedliche Dissidenten aufgrund konstruierter Anklagen inhaftiert, weil sie angeblich die nationale Sicherheit bedrohten. In Indonesien wurden sechs Menschen wegen Gotteslästerung in Haft genommen, 70 gewaltlose politische Aktivisten blieben weiterhin inhaftiert. In Kambodscha schossen die Sicherheitskräfte auf Menschen, die friedlich gegen rechtswidrige Zwangsräumungen und schlechte Arbeitsbedingungen protestierten.

Der Amnesty International Report 2013 gibt Auskunft über die aktuelle Lage der Menschenrechtssituation in 159 Ländern und Territorien. Der Bericht macht auf die Zwangslage derer aufmerksam, die sich Menschenrechtsverletzungen ausgesetzt sahen, und würdigt zugleich die Arbeit derjenigen, die unermüdlich für Menschenwürde und Menschenrechte eintreten.

Klappentext, Menschenrechtsreport, S. Fischer Verlag GmbH, Frankfurt 2013

In China liefen Menschen, die sich gegen massenhafte Zwangsräumungen wehrten, Gefahr, in Gewahrsam genommen, zu Gefängnisstrafen verurteilt oder in Arbeitslager gesteckt zu werden. In Sri Lanka wurden Journalisten und andere Personen, die Kritik an den Behörden übten, willkürlich festgenommen und entführt. Bis heute ist ihr Schicksal ungeklärt. In Indien kamen Aktivisten auf der Basis politisch motivierter Anklagen in Haft, weil sie sich für die Rechte indigener Gemeinschaften einsetzten, die versuchten, ihr angestammtes Land gegen die Interessen von Unternehmen zu schützen.

Europa und Zentralasien: Ausgrenzung und Diskriminierung

Die Europäische Union erhielt 2012 den Friedensnobelpreis. Doch insbesondere die restriktive Asyl- und Flüchtlingspolitik der EU war eines Nobelpreisträgers unwürdig. Auch die Lage der sechs Millionen Roma, die in EU-Staaten leben, war mancherorts weiterhin desolat. [...] Europäische Staaten haben ihre Abschottungspolitik gegenüber Flüchtlingen weiter vorangetrieben: Die Grenzkontrollen wurden verschärft, zudem schlossen europäische Regierungen Verträge mit nordafrikanischen Staaten, um die Abschiebung von Flüchtlingen zu regeln. Zu den Vertragspartnern gehören Staaten wie Libyen, in denen die Rechte zurückgeführter Flüchtlinge häufig missachtet werden. In Griechenland wurde es Flüchtlingen weiterhin schwer gemacht, einen Asylantrag zu stellen. Zudem liefen Asylsuchende in Griechenland Gefahr, unter unmenschlichen Bedingungen inhaftiert zu werden oder fremdenfeindlichen Schlägertrupps in die Hände zu fallen.
In Ungarn genehmigten die Behörden, dass uniformierte Rechtsextreme mit Fahnen und Fackeln in Roma-Siedlungen aufmarschierten. Die Extremisten skandierten rassistische Parolen und bewarfen die Einwohner mit Steinen. In der gesamten Region haben Roma mit Ausgrenzung und Anfeindungen zu kämpfen.

Naher Osten und Nordafrika: Verfolgung von Oppositionellen

Menschenrechtsverteidiger und politisch engagierte Personen wurden in den Ländern Nordafrikas und des Nahen Ostens weiterhin unterdrückt. Viele Frauen und Männer kamen allein deshalb ins Gefängnis, weil sie ihre Meinung äußerten, viele wurden in Gewahrsam gefoltert, mit einem Reiseverbot belegt oder von Staatsbediensteten schikaniert, viele wurden bei friedlichen Protesten geschlagen oder sogar getötet. In den Golfstaaten kamen Aktivisten, Dichter, Mitarbeiter des Gesundheitswesens und andere Personen ins Gefängnis, weil sie Reformen gefordert oder ihre Meinung geäußert hatten. In Bahrain kündigten die Behörden zwar Reformen an, gleichzeitig inhaftierten sie jedoch weiterhin führende Mitglieder der Opposition und Menschenrechtler – allesamt gewaltlose politische Gefangene. Die Länder Algerien und Jordanien verschärften die Kontrolle der Medien durch neue Gesetze, und in Marokko gingen die Behörden massiv gegen Journalisten und Dissidenten vor.

Amnesty International (Hrsg.): Amnesty International Report 2013, S. Fischer Verlag, Frankfurt a. M. 2013, S. 23 ff.

Angesichts dieser Berichte liegt es nahe, nur einzelne Staaten und deren Regierungen oder bewaffnete Banden für die unbefriedigende Menschenrechtssituation verantwortlich zu machen und das eigene Verhalten nicht mehr kritisch zu überprüfen. Doch der Schutz der Menschenrechte ist eine Verpflichtung für alle und geht alle an. Menschenrechte werden auch in vermeintlich alltäglichen Situationen verletzt, beispielsweise, wenn eine Schülerin oder ein Schüler, eine Kollegin oder ein Kollege gemobbt werden.

Mit Blick auf die weltweite Menschenrechtsproblematik ist es besonders bedenklich und bedauerlich, wenn Bürgerinnen und Bürger der Bundesrepublik Deutschland die Sicherheit des Rechtsstaates dazu missbrauchen, um ihrerseits Menschenrechtsverletzungen zu begehen. Dabei fallen in unserer Gesellschaft besonders die gegen andersfarbige Ausländer, Asylbewerber, Aussiedler, ausländische Arbeitnehmer, Behinderte und Juden gerichteten Anfeindungen und tätlichen Übergriffe auf. Oftmals sind es scheinbar harmlos wirkende Äußerungen, wie z. B. „Türkenwitze", die diesen Menschenrechtsverletzungen Vorschub leisten.

Verstärkt werden menschenrechtsfeindliche Tendenzen von **rechtsextremen Organisationen** gefördert. Die dort vertretenen Ansichten führen mehr oder minder offen auf nationalsozialistisches Gedankengut zurück. Sie leugnen die fundamentale Gleichheit aller Menschen und lehnen Minderheiten- und Oppositionsrechte ebenso ab wie das Prinzip der Gewaltenteilung. Rechtsextremismus basiert immer auf Ausgrenzung einer Gruppe, beispielsweise von Ausländern oder Muslimen, aber auch einfach Andersdenkenden. Rassismus, extremer Nationalismus, Führerprinzip, die Diffamierung (Verächtlichmachung) anderer Meinungen und/oder die Akzeptanz gewaltsamer „Problemlösungen" kommen als Merkmale hinzu. Um einem Verbot zu entgehen, tarnen sich rechtsextremistische Organisationen und Parteien (NPD, DVU, die PRO-Parteien u. a.) mit scheinbar demokratischen Satzungen.
Das rechtsextremistische Weltbild übt auf Jugendliche eine besondere Faszination aus. Rechtsextremisten geben vor, eine Heimat bieten zu können; nicht nur gedanklich, sondern auch gefühlsmäßig. Sie greifen die Ängste der Menschen auf und benutzen dazu verstärkt das Internet.

Ich-Du-Beziehungen

Straftaten mit rechtsextremen Hintergrund
2012 hat das Thüringer Landeskriminalamt 1 146 Straftaten (2011: 1 043) erfasst. Darunter waren 885 (2011: 785) Propagandadelikte, 22 Fälle (2011: 34) von Gewaltkriminalität und 77 Fälle (2011: 79) Fälle von Volksverhetzung. Sachbeschädigungen durch rechtsextreme Täter fanden in 89 Fällen (2011: 81) statt.

Zu Rechts- und Linksextremismus vgl. auch S. 204

Bundeszentrale warnt vor Rekrutierung durch Neonazis im Netz – und fordert Strafen

Der Volkszorn ist ein guter Türöffner: „Todesstrafe für Kinderschänder" oder „Salafisten stoppen" sind deshalb wirkungsvolle Namen für Gruppen in Online-Netzwerken, wenn es darum geht, auch viele unpolitische User anzusprechen. Wer mag schon Vergewaltiger oder Islamisten? Allerdings stecken hinter derlei Aktivitäten auf Facebook oder Google+ oft gezielte Vertuschungsstrategien von Gruppen, denen es um ganz anderes geht: Jugendliche schrittweise an faschistische Ideen heranzuführen. Dem Bericht [...] „Rechtsextremismus online" zufolge setzen Neonazis [...] zunehmend auf unauffällige Menschenfischerei in den sozialen Netzwerken sowie auf Twitter und in YouTube-Kanälen mit ähnlichen Inhalten, um an Jugendliche zu gelangen. Allein bei jugendschutz.de [...] meldeten User im vorigen Jahr 629 rechtsextremistische Aktivitäten in sozialen Netzwerken – das Dreifache von 2008. „Für Rechtsextreme sind die Mitmachnetze inzwischen das wichtigste Rekrutierungsfeld", sagt Stefan Glaser, der Bereichsleiter von jugendschutz.de. Unter dem Deckmantel emotionaler Themen wie der Finanzkrise, Arbeitslosigkeit oder sexuellem Missbrauch erreichten sie dort „rasend schnell ein Millionenpublikum", so Glaser. So habe es ein von Rechtsextremen angelegtes Facebook-Profil zum Thema Kindesmissbrauch bis zu seiner Löschung auf über 35 000 Zustimmungen gebracht. Der rechtsextreme Kontext werde in diesen Fällen versteckt, Links auf den Seiten würden aber einen Einstieg in die Szene bieten. [...] Wo sie sich vor Sperrung durch die Netzwerkbetreiber sicher fühlten, geben

Internet-Plattformen gegen Rechts
www.mut-gegen-rechte-gewalt.de
www.netz-gegen-nazis.de
www.thueringen.de/de/lsgp/
Landesstelle Gewaltprävention
Tel. (0361) 3798771

Worterklärungen:
Kontext (lat.) = Zusammenhang
Subversion (lat.) = staatsuntergrabende Handlung

sich die Neonazis inzwischen ganz offen, immer radikaler. Strafverfolgung fürchten sie dabei offenbar kaum – ungeniert werden zunehmend illegale Inhalte gepostet. Und das, obwohl […] 65 % der rechtsextremen Websites auf deutschen Servern liegen. Der Rest wird vor allem über US-Provider verbreitet. Besonders stark wuchsen die rechten Aktivitäten auch bei Twitter. Die Zahl der von Neonazis betriebenen Kanäle verdoppelte sich binnen eines Jahres auf 141, vor allem NPD und Neonazigruppen setzten auf den Dienst. Auf diesem Weg sowie über Online-Netzwerke versuchen die Rechtsextremen auch zunehmend, Jugendliche für Veranstaltungen zu ködern, die ein Hauch von Subversion umweht – etwa provokante Flashmobs oder öffentliche Aufmärsche.

Steven Geyer: Volkszorn als Türöffner, in: Frankfurter Rundschau, 12.07.2012, S. 5

4 Engagement für Menschenrechte?

Im September 2012 wird der Staatlichen Berufsbildenden Schule 2 in Nordhausen der Titel **„Schule ohne Rassismus. Schule mit Courage"** verliehen. Der Titel belohnt die schriftliche Selbstverpflichtung von 70 % der Schülerinnen und Schüler sowie der Lehrerinnen und Lehrer, sich gegen jegliche Form von Diskriminierung einsetzen zu wollen und bei Konflikten einzugreifen. Es handelt sich dabei um ein bundesweites Projekt von und für Schülerinnen und Schüler, das unter dem Motto **Förderung von Zivilcourage** steht und damit einen Beitrag zu einer gewaltfreien, demokratischen Gesellschaft leisten will. So nimmt die Schülerschaft eines Berufskollegs in Hamm (Nordrhein-Westfalen) den 10. Dezember, den Tag der Menschenrechte, zum Anlass, durch gezielte Aktionen Selbsterfahrungen zu sammeln, wie es sich anfühlt, diskriminiert zu werden oder eine andere Hautfarbe zu haben.

Schule ohne Rassismus
Landeskoordination Thüringen
Stiftung Europäische Jugendbildungs- und Jugendbegegnungsstätte Weimar (EJBW
Tel.: 03643-82 71 00
http://www.ejbweimar.de

Was würdet Ihr tun, wenn an Eurer Schule, in der Nachbarschaft oder im Stadtteil Leute angepöbelt werden, weil sie sich durch ihre Kleidung, Sprache oder Hautfarbe von anderen unterscheiden?

Was würdet ihr machen, wenn es nicht nur bei Anpöbeleien bleibt, sondern diese Menschen weiter erniedrigt oder sogar körperlich angegriffen werden?

Was würdet Ihr empfinden, wenn es sich bei den Angegriffenen um Eure MitschülerInnen, Eure Nachbarn und Freunde handelt?

- nachgrölen, was andere vorgrölen
- „hat-ja-nichts-mit-mir-zu-tun" denken
- mit Unbehagen zustimmen
- nicht eingreifen
- wegschauen

Ihr könntet auch sagen:

- jetzt reicht es uns!
- gleich denkende Partner finden!
- eine Schülerinitiative gegen Diskriminierung gründen!
- deutliche Zeichen und Akzente setzen!

SOR-SMC (Bundeskoordination): Wie werde ich eine SOR-SMC (Start-Infos), abgerufen unter www.schule-ohne-rassismus.org/start-infos.html [29.12.2013]

Ein anderes Beispiel für den Kampf gegen Rechtsextremismus ist folgendes:

Massiver Bürgerprotest gegen rechte Kundgebungen im Wartburgkreis

Mit Plakaten, Sprechchören und Trillerpfeifen bringen Bürger in Creuzburg ihre Meinung zum Ausdruck.

Eisenach: In Creuzburg ließen sich die Bürger ordentlich etwas einfallen, um eine NPD-Kundgebung auf dem Plan zu stören. Sie boten gleich drei Traktoren auf, die je einen mit Mist beladenen Hänger zogen. „Mistabfuhr 9 Uhr" stand auf einem der angebrachten Transparente. Weitere Meinungen wurden auf Plakaten sichtbar gemacht. „Creuzburg ist tolerant" war zu lesen. Eine andere Pappe gab kund: „Kein Platz für Rechte in Creuzburg."
Rund 100 Demonstranten fanden sich am Sonntagmorgen am Plan ein. Um 9 Uhr lud die Kirchengemeinde zunächst zu einem Friedensgebet. „Wir wollen wie 1989 friedlich, mit Plakaten und mit unserem Dasein demonstrieren." Mit diesen Worten beendete die Pfarrerin das Gebet. Dann formierte sich der Protestzug und begab sich zum Kundgebungsort. (...) Mit Beginn der NPD-Kundgebung setzte ein anhaltendes und lautes Rufen der Gegendemonstranten ein, Trillerpfeifen ertönten ebenfalls. Außerdem: Trommeln wurden kräftig geschlagen. Auf Anhänger wurde Mist geladen. Dann drehten die Traktorengespanne ihre Runden am Creuzburger Plan und störten die Kundgebungsteilnehmer der Gegenseite mit ihren Motorgeräuschen. (...) Nach nicht ganz einer Stunde sind Kundgebung und Protest beendet. Die Szenerie wechselt nach Wutha-Farnroda auf den Mölmen. Dort gibt es am Rotberg die nächste NPD-Kundgebung. 20 Bürger halten zunächst dagegen. Ebenfalls mit einigen Transparenten, Trillerpfeifen und lauten Rufen. Eine Frau schwenkt einen Pantoffel in der Hand. „Der Schuh ist in den arabischen Ländern ein Zeichen des Protestes und drückt aus, dass jemand unerwünscht ist", erklärt die Wuthaerin.

Heiko Kleinschmidt: Massiver Bürgerprotest gegen rechte Kundgebung im Wartburgkreis, 15.07.2013, abgerufen unter www.thueringer-allgemeine.de/web/zgt/suche/detail/-/specific/Massiver-Buergerprotest-gegen-rechte-Kundgebungen-im-Wartburgkreis-601754144 [26.07.2013]

Es müssen nicht immer größere Aktionen sein, um auf Menschenrechte aufmerksam zu machen. Viele Möglichkeiten ergeben sich ohne großen Aufwand im eigenen Umfeld.
Schon die Unterlassung verunglimpfender Äußerungen gegen Außenseiter der Gesellschaft ist ein positives – wenn auch noch passives – Verhalten im Sinne der Menschenrechte. Verpflichtend wirkt hier Artikel 1 des Grundgesetzes. Mit Bedacht hat der parlamentarische Rat die darin enthaltene Forderung nach Einhaltung der Menschenwürde an den Anfang des Grundgesetzes gestellt.
Eintreten für Menschenrechte kann auch solidarisches und präventives Handeln sein, um Menschenrechtsopfern gezielt beizustehen und/oder drohende Menschenrechtsverletzungen vorbeugend zu verhindern. Eine Möglichkeit hierzu bieten z. B. die von der Menschenrechtsorganisation amnesty international (ai) koordinierten Eilaktionen (Urgent Actions), die zu „Briefen gegen das Vergessen" aufrufen. Jeden Monat gibt die Organisation Fälle von zu Unrecht inhaftierten Menschen bekannt, denen durch schriftliche Appelle an die verantwortlichen Machthaber geholfen werden soll. Denen ist es unangenehm, vor der Weltöffentlichkeit bloßgestellt zu werden. Insofern haben derartige Aktionen durchaus Aussicht auf Erfolg.

Was sind Urgent Actions?

„Urgent Actions" (Eilaktionen) sind ein effektiver Weg, um akut bedrohten Menschen das Leben zu retten. Sie sind die denkbar schnellste Form der Intervention: Wenn Amnesty von willkürlichen Festnahmen, Morddrohungen, „Verschwindenlassen", Folterungen oder bevorstehenden Hinrichtungen erfährt, startet die Organisation eine Urgent Action.
Binnen weniger Stunden tritt ein Netzwerk von fast 80 000 Menschen in 85 Ländern (in Deutschland 10 000) in Aktion: Diese Aktivisten und Aktivistinnen appellieren per Fax, E-Mail oder Luftpostbrief an die Behörden der Staaten, in denen Menschenrechte verletzt werden. Bei den Adressaten gehen Tausende von Appellschreiben aus aller Welt ein. Es ist dieser rasche und massive Protest, der immer wieder Menschenleben schützt.
Unzählige Personen – von China bis Chile, von Syrien bis Simbabwe – konnten seit der ersten Urgent Action im Jahr 1973 gerettet werden. Allein im Jahr 2007 hat Amnesty International 350 neue Eilaktionen gestartet – etwa 35 % davon zogen positive Meldungen nach sich: Freilassungen, Hafterleichterungen, die Aufhebung von Todesurteilen oder auch Anklagen gegen die Verantwortlichen von Menschenrechtsverletzungen.

Amnesty International: Was sind Urgent Actions?, abgerufen unter www.amnesty.de/was-sind-urgent-actions?destination=node%2F5309 [22.12.2013]

Internationalisierung

Zusammenfassung

Die Menschenrechtsidee ist bereits im Altertum angelegt und wird durch die christliche Überzeugung von der Gleichheit aller Menschen vor Gott weiterentwickelt. Doch erst durch die **Aufklärung** im 17./18. Jahrhundert entsteht hieraus eine politische Forderung.
Die Unabhängigkeitserklärung der Vereinigten Staaten von Amerika (1776), die „Virginia Bill of Rights" (Grundrechtskatalog der Verfassung von Virginia), die Menschenrechtserklärung 1789 im Zusammenhang mit der Französischen Revolution und die **Allgemeine Erklärung der Menschenrechte** (AEMR) durch die Vereinten Nationen 1948 sind wichtige Stationen auf dem Weg zur Freiheitsentfaltung des Menschen und zur universellen Anerkennung der bürgerlichen und politischen Menschenrechte („Klassische" Menschenrechte). Diese Rechte werden in der Folgezeit durch **soziale, wirtschaftliche und kulturelle Rechte** sowie **Solidarrechte** ergänzt.

Die Menschenrechte gemäß AEMR sind kein unmittelbar geltendes und einklagbares Völkerrecht, sie bedürfen zusätzlicher internationaler Abkommen bzw. der Einarbeitung in die jeweiligen Verfassungen. Der **UN-Menschenrechtsrat** (früher Menschenrechtskommission) ist eine Beschwerdeinstanz und kann bei Verstößen gegen die Menschenrechte Untersuchungsverfahren einleiten.

Die Menschenrechte sind Im Grundgesetz der Bundesrepublik Deutschland als Grundrechte niedergelegt. Die **Grundrechte** sind unmittelbar geltendes Recht, auf das sich jeder Bürger vor Gericht – als letzter Instanz vor dem Bundesverfassungsgericht – berufen kann. Sind in Deutschland alle Rechtsmöglichkeiten ausgeschöpft, so haben die Bürgerinnen und Bürger seit 1998 die Möglichkeit, sich in Menschenrechtsfragen direkt an den Europäischen Gerichtshof für Menschenrechte in Straßburg zu wenden.

Von **Menschenrechtsverletzungen** ist keine Weltregion ausgenommen. Die Liste der Missachtungen reicht von rassistischen Verfolgungen bis zur Tötung Unschuldiger. Das Leben in einem Rechtsstaat, der die Menschenrechte garantiert, verpflichtet zu ihrer Einhaltung gegenüber den Mitmenschen. In Deutschland gehen menschenfeindliche Aktivitäten derzeit insbesondere von Rechtsextremisten aus. Rechtsextremismus bedeutet Ausgrenzung und Abwertung ganzer Bevölkerungsgruppen. Er ist eine Gefahr für unsere Demokratie.

Engagement für die Menschenrechte bedeutet Solidarität mit Menschenrechtsopfern und Beteiligung an Maßnahmen, die Menschenrechtsverletzungen vorbeugen. Ein Beispiel hierfür mit weltweiter Wirkung sind z.B. Eilaktionen (Urgent Actions) der Menschenrechtsorganisation amnesty international (ai), bei denen Machthaber schriftlich aufgefordert werden, Unrechtshandlungen zu unterlassen oder rückgängig zu machen.

Zur Wiederholung

1. Welche Bedeutung haben Reformation, Aufklärung und Naturrecht für die Freiheitsentwicklung und die Durchsetzung der Menschenrechte?
2. Welche wichtige Rolle nimmt England in der Entwicklung der Menschenrechte ein?

3. Zählen Sie wesentliche Freiheits- und Schutzrechte auf, die in der UN-Menschenrechtserklärung genannt sind.
4. Unterscheiden Sie zwischen den drei Dimensionen der Menschenrechte.
5. Erläutern Sie den rechtlichen Unterschied zwischen der Allgemeinen Erklärung der Menschenrechte und den international vereinbarten Menschenrechts-Übereinkommen.
6. Beschreiben Sie die Verfahren des Menschenrechtsrates (Menschenrechtskommission) zur Sicherung der Menschenrechte.
7. Stellen Sie diejenigen Grundrechte zusammen, die den Bürgerinnen und Bürgern den Schutz vor staatlichen Übergriffen garantieren.
8. Erklären Sie die im Grundgesetz genannten Freiheitsrechte anhand von Beispielen.
9. Zählen Sie verschiedene Formen des persönlichen Verhaltens und Handelns auf, in denen sich die Beachtung der Menschenrechte äußert.
10. Was soll mit „Urgent Actions" bezweckt werden?

Handlungsimpulse

1. Veranschaulichen Sie die einzelnen Stufen bei der Entwicklung der Menschenrechte durch mehrere bildliche Darstellungen, die Sie in einer Reihe an der Wand des Klassenraumes anheften.
2. Erstellen Sie eine Visionengalerie unter dem Thema „Menschenrechte im 21. Jahrhundert".

   Zielsetzung: Es soll bildhaft ausgedrückt werden, welche Zukunftsvorstellungen (Visionen) Sie mit den Menschenrechten verbinden. Wird das 21. Jahrhundert ein Jahrhundert der Menschenrechte werden oder wird es ein Jahrhundert weiterer schwerer Menschenrechtsverletzungen sein? Bringen Sie durch Malen zum Ausdruck, welche Vision Sie in sich tragen. Die einzelnen Bilder werden anschließend an die Wand geheftet, sodass eine kleine Galerie entsteht.

   Die Visionen werden erklärt und besprochen. Danach muss überlegt werden, was getan werden kann, damit „positive" Visionen eintreten und „negative" Visionen unterbleiben.

Geschichtliche Prozesse im 20. Jahrhundert

?

1. Welche Ereignisse oder Zeitabschnitte verbinden Sie mit den Bildern?
2. Finden Sie aussagekräftige Untertitel für die Fotos.

1 Demokratie und Diktatur in Deutschland

Diktatur ist die unbeschränkte oder kaum eingeschränkte politische Gewaltherrschaft einer Einzelperson oder einer Gruppe von Personen. In einer Diktatur ist die Gewaltenteilung aufgehoben. Die politische Macht ist bei einem Staats-/Regierungschef oder einer Staatspartei konzentriert. Eine wirksame Kontrolle der diktatorischen Machtausübung gibt es nicht.

Demokratie ist die Staatsform, in der die Herrschaftsausübung vom Volk ausgeht. Zu diesem Zweck äußert das Volk seinen Willen in Wahlen. Eine demokratische Ordnung beruht auf einer (geschriebenen) Verfassung. Grundprinzipien der Demokratie sind die Gewaltenteilung und die Unabhängigkeit der Rechtsprechung.

Konstitutionelle Monarchie
Bezeichnung für eine Staatsform, in welcher die Ausübung der Fürstenherrschaft durch eine Verfassung begrenzt ist.

Das 20. Jahrhundert beginnt friedlich. Die Menschen hoffen auf weitere technische, soziale und politische Fortschritte. Deutschland ist seit 1871 eine **konstitutionelle Monarchie**. Der Kaiser ernennt und entlässt die Regierung. Das Parlament – der Reichstag – hat nur geringen Einfluss auf das politische Geschehen. Die in den letzten Jahrzehnten stark angewachsene Arbeiterschaft ist im Reichstag verhältnismäßig schwach vertreten. Immerhin: Deutschland ist ein Rechtsstaat. Es gibt Gesetze, an die auch der Kaiser gebunden ist.

Kaiser Wilhelm II.

Vielleicht wäre hieraus eine solide demokratische Ordnung entstanden, wenn sich nicht 1914 der **Erste Weltkrieg** – die „Urkatastrophe" des Jahrhunderts – ereignet hätte. Die politischen und gesellschaftlichen Verhältnisse verändern sich dadurch schlagartig. Nach der militärischen Niederlage flieht der Kaiser (1918). In Berlin wird die Republik ausgerufen. Die neue demokratische Verfassung – **Weimarer Verfassung (1919)** – wird nicht von allen Deutschen akzeptiert. Dazu kommt eine allgemeine Unzufriedenheit über die harten Friedensbedingungen nach dem **Friedensvertrag von Versailles**. Beides macht sich Adolf Hitler, der Kopf der antidemokratischen Nationalsozialisten, zunutze. Er missbraucht seinen Regierungsauftrag und errichtet ab 1933 die **nationalsozialistische Diktatur**. Nur sechs Jahre nach dem nationalsozialistischen Machtantritt überfallen deutsche Truppen die Nachbarländer. Der **Zweite Weltkrieg** endet mit der totalen Niederlage und der Teilung Deutschlands (1945). Die westlichen Besatzungsmächte (USA, Großbritannien, Frankreich) begründen ein demokratisches System – die **Bundesrepublik Deutschland** – nach dem Vorbild ihrer eigenen demokratischen Traditionen. Im Osten übertragen die Sowjets das kommunistische Modell der „Diktatur des Proletariats" auf ihr Besatzungsgebiet. Hieraus entsteht die **DDR**. Mit Mut und Entschlossenheit befreien sich die Bewohner der DDR im Jahr 1989 von diesem System. Die zweite Diktatur des 20. Jahrhunderts in Deutschland ist zu Ende.

Um einen Systemvergleich zwischen Demokratie und Diktatur vornehmen zu können, ist eine kurze Darstellung der jeweiligen Erscheinungsformen aufschlussreich.

1.1 Die Weimarer Republik – ein demokratischer Ansatz

Im Herbst 1918 ist das deutsche Kaiserreich politisch und militärisch am Ende. Am 3. November 1918 meutern in Kiel Marinesoldaten, am 5. und 6. November finden erste Generalstreiks statt. Die revolutionäre Entwicklung greift rasch auf ganz Deutschland über. Kaiser Wilhelm II. dankt unter dem Druck der Revolution ab.
Am 19. Januar 1919 finden in Deutschland die ersten demokratischen Wahlen zu einer verfassungsgebenden Nationalversammlung in Weimar statt. Am 14. August tritt die Verfassung der Weimarer Republik in Kraft.

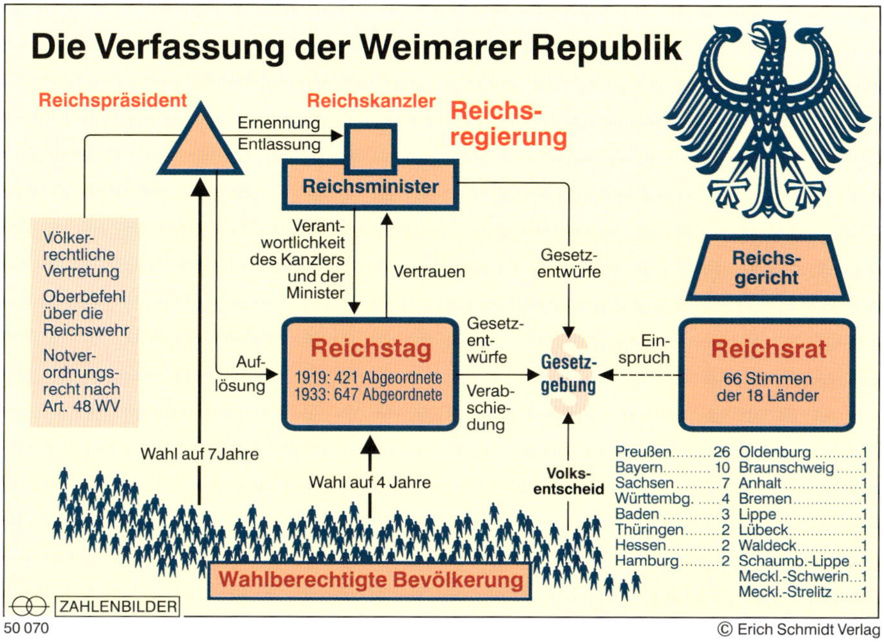

Wahlergebnis 1919
Wahlsieger sind die republikanisch-demokratischen Parteien (Weimarer Koalition): Sozialdemokratische Partei Deutschlands (SPD), Deutsche Demokratische Partei (DDP), Deutsche Zentrumspartei (Z). Erster Präsident der Republik ist Friedrich Ebert (SPD).

Notverordnungen
Vgl. S. 187

Laut der Verfassung beschließt der vom Volk gewählte Reichstag die Gesetze, Reichskanzler und Minister bedürfen seines Vertrauens. Der unmittelbar vom Volk gewählte Reichspräsident ernennt und entlässt den Reichskanzler und hat das Recht, **Notverordnungen** zu erlassen, die für eine Übergangszeit gesetzliche Regelungen ersetzen oder ergänzen können. Volksbegehren und Volksentscheide sollen die direkte Einflussnahme des Volkes verstärken.
Erstmalig werden auch soziale Rechte in der Verfassung verankert. Das bereits früher eingeführte Sozialversicherungswesen wird garantiert und der Staat erhält den Auftrag, Vorsorge für Zeiten der Arbeitslosigkeit zu treffen. Der Achtstundentag gilt als Regelarbeitszeit. Gewerkschaften und Unternehmerverbände dürfen Tarifverträge zukünftig frei aushandeln.

Nationaltheater Weimar – Ort der verfassungsgebunden Nationalversammlung

Demokratie

Im Katalog der **Grundrechte** sind wichtige Freiheitsrechte niedergelegt.

Artikel 109	Alle Deutschen sind vor dem Gesetz gleich. Männer und Frauen haben grundsätzlich dieselben staatsbürgerlichen Rechte und Pflichten.
Artikel 114	Die Freiheit der Person ist unverletzlich.
Artikel 118	Jeder Deutsche hat das Recht, innerhalb der Schranken der allgemeinen Gesetze seine Meinung durch Wort, Schrift, Druck, Bild oder in sonstiger Weise frei zu äußern. Eine Zensur findet nicht statt.
Artikel 123	Alle Deutschen haben das Recht, sich ohne Anmeldung oder besondere Erlaubnis friedlich und unbewaffnet zu versammeln.
Artikel 124	Alle Deutschen haben das Recht, Vereine oder Gesellschaften zu bilden.
Artikel 135	Alle Bewohner des Reiches genießen volle Glaubens- und Gewissensfreiheit.

Friedensvertrag von Versailles
Gebietsabtretungen: Posen und Westpreußen, Oberschlesien (Polen), Memelland (Litauen), Danzig (Freie Stadt), Nordschleswig (Dänemark), Eupen-Malmedy (Belgien), Elsass-Lothringen (Frankreich)

Den Gegnern des parlamentarischen Systems bedeuten die Grundrechte und sozialen Verbesserungen jedoch nichts. **Rechtsradikale** sehen darin eher schwächliche Zugeständnisse des Staates gegenüber seinen Bürgerinnen und Bürgern. Viel lieber hätten sie an der Spitze des Staates eine machtvolle, „streng und gerechte" Führungsperson. **Linksradikale** sehen in den Grundrechten den Ausdruck einer vom Bürgertum geprägten Gesellschaftsform, die sie bekämpfen. Statt Grundrechte für den Einzelnen fordern sie verbriefte Gruppenrechte für die, ihrer Ansicht nach, ausgebeuteten Arbeiter. Rechte und linke Gruppen bekämpfen die Republik und schrecken auch vor Gewalttaten nicht zurück. Bedenklich ist vor allem, dass die Justiz gegenüber rechtsradikalen Tätern sehr milde urteilt, bei linksradikalen Tätern jedoch hohe Gefängnisstrafen verhängt.

Frieden

Die harten Bedingungen des **Friedensvertrages von Versailles** und Wirtschaftskrisen schwächen die demokratischen und stärken die radikalen Kräfte.
Nach den Bedingungen des Friedensvertrages verliert Deutschland 17 % seines Staatsgebietes, 75 % der Eisenerz- und 28 % der Steinkohlevorkommen. Zudem müssen hohe Geld- und Sachleistungen erbracht werden. Um einer Besetzung durch fremde Truppen zuvorzukommen, stimmt der Reichstag notgedrungen zu. aber die rechtsradikalen Parteien sind nicht bereit, sich der Mehrheitsentscheidung zu beugen. Sie nutzen die Stimmung aus, die in der Bevölkerung gegen die Friedensbedingungen herrscht, und beschimpfen die politischen Entscheidungsträger als „Erfüllungspolitiker" und als „Landesverräter".

Börsenkrach – „Schwarzer Freitag"
Angeheizt durch Gerüchte kommt es am 25.10.1929 zu panikartigen Verkäufen an der New Yorker Börse.

1929 beginnt in den USA eine schwere **Wirtschaftskrise**. Als die Aktienkurse sinken, kommt es zu Panikverkäufen und zum großen Börsenkrach. Die Krise weitet sich aus zur Weltwirtschaftskrise. Deutschland erlebt die größte Arbeitslosigkeit seiner Geschichte. Im Winter 1931/32 sind schließlich über 6 Millionen Menschen, das sind 30 % der Arbeitnehmer, ohne Arbeit. Die amtierende Regierung scheitert 1930 an dem Problem der Arbeitslosenunterstützung.
Bei den darauffolgenden Reichstagswahlen gelingt der rechtsradikalen Hitler-Partei **NSDAP** (Nationalsozialistische Deutsche Arbeiterpartei) ein sensationeller Wahlerfolg; sie erhöht ihre Abgeordnetenzahl von 12 auf 107. Über die antidemokratische Einstellung der nationalsozialistischen Bewegung gibt es keinen Zweifel, sie wird offen verkündet.

Damit ist die Bewegung aber antiparlamentarisch, und selbst die Beteiligung an einer parlamentarischen Institution kann nur den Sinn einer Tätigkeit zu deren Zertrümmerung besitzen, zur Beseitigung einer Einrichtung, in der wir eine der schwersten Verfallserscheinungen der Menschheit zu erblicken haben.

Adolf Hitler: Mein Kampf, 2. Auflage, München 1930, S. 379

Auch die linksradikale **KPD** (Kommunistische Partei Deutschlands) gewinnt 23 Sitze hinzu. Das Wahlergebnis bedeutet das Ende der parlamentarischen Demokratie, denn der neue Reichskanzler hat keine Mehrheit im Reichstag und kann nur noch mithilfe von Notverordnungen des Reichspräsidenten regieren. In ihrer Not klammern sich viele Bürger an die Versprechungen der radikalen Parteien. Sie glauben, dass eine Besserung der Wirtschaftslage nur durch eine grundlegende Änderung der Politik zu erreichen sei.

KPD	77
SPD/Zentrum/DDP/DVP insgesamt	280
NSDAP und andere Rechtsparteien	220
Abgeordnete zusammen	**577**

Wahlplakat der NSDAP von 1932

Artikel 48 der Weimarer Reichsverfassung (Notverordnung)

Der Reichspräsident kann, wenn im Deutschen Reiche die öffentliche Sicherheit und Ordnung erheblich gestört oder gefährdet wird, die zur öffentlichen Sicherheit und Ordnung nötigen Maßnahmen treffen, erforderlichenfalls mit Hilfe der bewaffneten Macht einschreiten. Zu diesem Zwecke darf er vorübergehend die in den Artikeln 114, 115, 117, 118, 123, 124 und 153 festgesetzten Grundrechte ganz oder teilweise außer Kraft setzen.

Der Versuch, mithilfe von Notverordnungen zu regieren, scheitert. Der Reichspräsident Paul von Hindenburg löst den Reichstag auf und schreibt Neuwahlen aus. Im Wahlkampf fällt die Sturmabteilung (SA) der NSDAP durch besondere Brutalität auf. Angesichts des überwältigenden Wahlsiegs der NSDAP (37,4 %) fordert Hitler für sich das Amt des Reichskanzlers. Noch zögert der Reichspräsident, doch einflussreiche Berater in seiner Umgebung zerstreuen seine Bedenken. Am 30. Januar 1933 wird Hitler zum Reichskanzler ernannt.

Hitler grüßt jubelnde Menge am 30. Januar 1933

Die Gegner der NSDAP waren über Hitlers Ernennung zum Reichskanzler bestürzt, aber eine gemeinsame Aktion brachten sie nicht zustande. Die gespaltene Linke war gelähmt. Die KPD rief zum Generalstreik auf und schlug der SPD die Bildung einer „Einheitsfront" vor. Doch die Sozialdemokraten sahen auch jetzt keine Basis für eine Zusammenarbeit – frühere kommunistische Einheitsfrontangebote hatten stets das erklärte Ziel verfolgt, die sozialdemokratischen Arbeiter von ihrer Führung zu trennen, und noch immer kämpfte die KPD für ein „Sowjetdeutschland". Die SPD beschränkt sich darauf, ihre Mitglieder und Anhänger zur Bewahrung von „Kaltblütigkeit, Entschlossenheit, Disziplin und Einigkeit" aufzurufen und die neue Regierung vor Verfassungsbrüchen zu warnen. [...] Vor allem zahlte sich jetzt Hitlers Legalitätstaktik aus. Die NSDAP hatte die politische Macht nicht erobern müssen, sondern sie war ihr – zumindest dem äußeren Anschein nach – verfassungskonform in die Hände gelegt worden. [...]

Reinhard Sturm: Zerstörung der Demokratie 1930–1933, in: Informationen zur politischen Bildung, Nr. 261/1998, S. 64

Legalität (lat.)
Gesetzmäßigkeit

Verfassungskonform
In Übereinstimung mit der Verfassung

Schutzhaft
Zynische Bezeichnung der Nationalsozialisten für willkürliche Verhaftungen von missliebigen Bürgerinnen und Bürgern. Anstatt Schutz bedeutet sie für die Gefangenen Tod und Folter.

1.2 Die Errichtung der nationalsozialistischen Diktatur

Nachdem Hitler zum Reichskanzler ernannt ist, beginnt er zielstrebig, die Weimarer Republik in eine Diktatur umzuwandeln. Er redet den Menschen ein, Deutschland stehe am Rande des Abgrunds und könne nur durch hartes Durchgreifen der Regierung mit Hilfe von Sondervollmachten gerettet werden.

01.02.1933	Auf Wunsch Hitlers löst Hindenburg den Reichstag auf. Neuwahlen werden auf den 5. März festgelegt. Der Wahlkampf steht ganz im Zeichen des Terrors. Die Mitglieder der SA werden zu Hilfspolizisten ernannt, die rücksichtslos gegen Andersdenkende vorgehen. In Kellern kommt es zu grausamen Folterungen (vgl. S. 201) und Morden, deren erste Opfer vor allem Angehörige der KPD sind.
27.02.1933	In Berlin brennt der Reichstag. Die Hintergründe der Brandstiftung sind nie ganz geklärt worden. Der Regierung dient der Brand als Anlass für eine groß angelegte Verhaftungswelle von Kommunisten und Sozialdemokraten.
28.02.1933	Auf Betreiben Hitlers erlässt Hindenburg die **„Notverordnung zum Schutz von Volk und Staat"**, die die wichtigsten demokratischen Grundrechte außer Kraft setzt und Hitler die Möglichkeit gibt, willkürlich gegen seine innenpolitischen Gegner vorzugehen.
05.03.1933	Die NSDAP verfehlt bei der Reichstagswahl die absolute Mehrheit und erhält nur 43,9 % der Stimmen. Die Vollmachten der „Brandverordnung" reichen Hitler nun nicht mehr aus, um sein System zu festigen.

24.03.1933 Hitler fordert vom Reichstag – angeblich um die allgemeine Notlage der Bevölkerung beheben zu können – das Recht, allein Gesetze erlassen zu dürfen. Zur Billigung dieses sogenannten **Ermächtigungsgesetzes** muss der Reichstag mit Zweidrittelmehrheit zustimmen. Deshalb lässt Hitler die 81 Mandate der KPD kurzerhand für nichtig erklären. Die meisten KPD-Abgeordneten befinden sich bereits in Gefängnissen. Nur die 94 anwesenden Abgeordneten der SPD – die übrigen 26 sind in „Schutzhaft" oder untergetaucht – stimmen gegen das Gesetz. Mit dem Ermächtigungsgesetz hat Hitler freie Hand, um seine unmenschliche Politik ungezügelt zu verwirklichen. Von diesem Zeitpunkt an hat der Reichstag nur noch die Aufgabe, als Propagandainstrument der NSDAP die Beschlüsse der Regierung zu bestätigen.

Die Auswirkungen des Ermächtigungsgesetzes lassen nicht lange auf sich warten. Am 2. Mai werden die Gewerkschaftshäuser besetzt und die Gewerkschaften verboten. Im Juni folgt das Verbot der Sozialdemokratischen Partei. Die übrigen Parteien entgehen diesem Schicksal durch Selbstauflösung. Ab Juli 1933 ist durch „Gesetz" jede Neubildung einer Partei untersagt. Die NSDAP bleibt als einzige zugelassene Partei übrig. Der Reichstag ist als Beschlussorgan für Gesetze überflüssig geworden.

Im November 1933 lässt Hitler „Wahlen" zum Reichstag abhalten. Bei einer Wahlbeteiligung von 95,1 % entfallen 92,2 % auf die Einheitsliste der NSDAP, der einzig zugelassenen Partei.
Innerhalb eines knappen Jahres ist jede Opposition in Deutschland mundtot gemacht worden. Da die Länder bereits seit März 1933 **„gleichgeschaltet"** sind, also ebenfalls unter nationalsozialistischer Herrschaft stehen, ist auch über das Verfassungsorgan Reichsrat kein Einspruch mehr zu erwarten. Auch der greise und kranke Reichspräsident Hindenburg kann der Errichtung der Diktatur nichts mehr entgegensetzen. Am 1. August 1934 sucht Hitler das Staatsoberhaupt noch einmal auf und lässt sofort danach ein Gesetz verabschieden, das ihn zum Nachfolger macht: Das Amt des Reichspräsidenten wird aufgelöst und Hitler die Position „Führer und Reichskanzler" zuerkannt. Damit sind die Befugnisse des „Ermächtigungsgesetzes" eindeutig überschritten.

Gleichschaltung
Bedingungslose Unterordnung aller Staatsorgane, Behörden, Organisationen und Vereinigungen unter die Anordnungen des „Führers" und der NSDAP

Die Weimarer Verfassung, die von Hitler offiziell nie abgeschafft worden ist, hat keine praktische Bedeutung mehr. An die Stelle eines demokratischen Regierungssystems ist eine straff geführte Diktatur getreten. Im allgemeinen Sprachgebrauch setzt sich der Begriff „Drittes Reich" durch. Damit soll der Eindruck erweckt werden, als sei der nationalsozialistische Staat nach dem **Heiligen Römischen Reich Deutscher Nation** (bis 1806) und dem **Deutschen Kaiserreich** (1871–1918) ein drittes Reich. In maßloser Selbstüberschätzung spricht die nationalsozialistische Regierung (NS-Regierung) auch von einem **Tausendjährigen Reich**.

 50 088

Autobahnbau
Von Hitler genutztes Großprojekt – „Straßen des Führers" – nach bereits vorliegenden Plänen aus der Weimarer Republik, diente Propagandazwecken.

Vielen Menschen wird nicht bewusst, welche demokratischen Rechte sie mittlerweile verloren haben. Sie lassen sich von den wirtschaftlichen und sozialen Maßnahmen der NS-Regierung blenden. Mit großer Propaganda wird das Programm „Arbeit und Brot" in Gang gesetzt. Ein Programmpunkt ist der **Autobahnbau**, bei dem mehr als 100 000 Arbeiter eingesetzt werden. Die Kosten dafür sind sehr hoch, unberechtigterweise werden hierzu die Sozialversicherungsbeiträge herangezogen. Zudem vermindern staatliche Aufträge für die Bau- und die Metallindustrie deutlich die Zahl der Arbeitslosen. Allerdings gibt es auch keine Tarifverträge mehr. Die Löhne und Arbeitsbedingungen werden von staatlichen Treuhändern der Arbeit diktiert.
Um die Zustimmung der Bevölkerung – vor allem der Arbeiter – zu sichern, gibt es soziale Vergünstigungen im Rahmen des KdF-Programms („Kraft durch Freude"). Es werden Theater- und Konzertbesuche, bunte Abende und Filmvorführungen organisiert. Bis 1938 besuchen 38 Millionen Menschen diese Veranstaltungen. 10 Millionen Deutsche kommen in den Genuss von Urlaubsreisen. Besonders beliebt sind Kreuzfahrten auf den KdF-Dampfern, den späteren Truppentransportern.
Durch kleine wöchentliche Sparraten soll die deutsche Bevölkerung in den Besitz von „KdF-Wagen" – den späteren Volkswagen – gelangen. Allerdings kommen diese nie zur Auslieferung, weil die Fahrzeuge zu Kriegszwecken gebraucht werden.

Die Erwartung des NS-Regimes erfüllt sich weitgehend. Obwohl demokratische Rechte und fundamentale Arbeitsrechte verloren gehen, empfinden viele Menschen nach Jahren der Not die Sicherheit des Arbeitsplatzes und die sozialen Maßnahmen als wohltuend. Die anfängliche Zurückhaltung der Arbeiterschaft, die größtenteils von der gewerkschaftlich-sozialistischen Tradition geprägt ist, lässt nach. Die Menschen ahnen nicht, dass die Arbeits- und Sozialprogramme mit enormen Staatsschulden finanziert werden, die Hitler durch Kriegsgewinne ausgleichen will.

Hermann Göring betritt die Rheinmetall-Borsig-Werke in Berlin/Tegel, um vor der Belegschaft eine Ansprache zu halten

Zusammenfassung

Das 20. Jahrhundert ist bestimmt durch die „Urkatastrophe" des Ersten Weltkrieges. Nach dem Zusammenbruch der Monarchie entsteht ein republikanisches demokratisches System, die **Weimarer Republik**. Einige Bevölkerungsteile begegnen dem neuen Staat mit Misstrauen. Die Weltwirtschaftskrise verschärft die Lebensbedingungen, sodass in demokratischen Wahlen radikale Kräfte die Oberhand gewinnen.
Adolf Hitler missbraucht den Regierungsauftrag zur schnellen Umwandlung der Demokratie in eine **Diktatur**. Den Deutschen gehen wesentliche Freiheitsrechte verloren. Nach dem Ermächtigungsgesetz verliert das Parlament (Reichstag) die Funktion der Gesetzgebung. Durch die „Gleichschaltung" der Länder und die Abschaffung des Amtes des Reichspräsidenten beseitigt Hitler die letzten demokratischen Elemente.
Propagandistisch aufgemachte Wirtschafts- und Sozialprogramme täuschen die Menschen über den **Verlust demokratischer Rechte** hinweg. Die Programme verursachen hohe Staatsschulden, die Hitler durch Kriegsgewinne ausgleichen will.

Zur Wiederholung

1. Definieren Sie die Begriffe „Demokratie" und „Diktatur" mit eigenen Worten.
2. Was ist damit gemeint, wenn der Erste Weltkrieg als „Urkatastrophe" des 20. Jahrhunderts bezeichnet wird?
3. Erklären Sie den wesentlichen Unterschied zwischen dem Kaiserreich (1871–1918) und der Weimarer Republik.
4. Beschreiben Sie die politischen und wirtschaftlichen Schwierigkeiten, die das demokratische System der Weimarer Republik belastet haben.

5. Inwiefern waren die in der Weimarer Verfassung vorgesehenen Notverordnungen eine Gefahr für die Demokratie?
6. Worin sehen Sie die entscheidenden Ereignisse der Jahre 1933 und 1934 auf dem Weg in die Diktatur?
7. Stellen Sie einen Zusammenhang her zwischen der Errichtung der NS-Diktatur und der nationalsozialistischen Wirtschafts- und Sozialpolitik.

Handlungsimpulse

1. Legen Sie maßstabsgerecht eine Zeitachse von 1871 bis 1945 an. Markieren Sie die Abschnitte Kaiserreich, Weimarer Republik, NS-Diktatur mit unterschiedlichen Farben. Beschriften Sie die jeweiligen Abschnitte, indem Sie die Machtposition des Parlaments und die Ausprägung der demokratischen Rechte stichwortartig wiedergeben.
2. Belegen Sie anhand der Definitionen auf S. 184, dass die Weimarer Republik eine Demokratie und der NS-Staat eine Diktatur war.

1.3 Nachkriegsdeutschland – Demokratie und Diktatur

Der totale Krieg endet mit der bedingungslosen Kapitulation der Wehrmacht und der totalen Niederlage Deutschlands. [...] Deutschland und Berlin werden in vier Besatzungszonen aufgeteilt. In diesen Zonen bestimmt die jeweilige Besatzungsmacht die weitere Entwicklung.
Auf der Konferenz von Potsdam im Juli und August 1945 verhandeln die Siegermächte über die zukünftige Behandlung Deutschlands. [...] Sie sind sich darüber einig, dass politisches Leben in Deutschland auf demokratischer Grundlage entstehen solle. Doch die Vorstellungen von Demokratie sind in Ost und West völlig verschieden. In den Zonen treten bald getrennte Entwicklungen ein. Die Westalliierten (USA, Großbritannien, Frankreich) fördern ein föderalistisches System mit konkurrierenden Parteien und freien Wahlen. Die Demokratie soll von unten nach oben aufgebaut werden und mit der Selbstverwaltung der Gemeinden beginnen. Die Sowjetunion dagegen setzt sofort zentrale Verwaltungsstellen ein und schließt die politischen Parteien zu einem kommunistisch geführten Block zusammen. ...

Deutscher Bundestag (Hrsg.): Fragen an die deutsche Geschichte. Ausstellungskatalog, 7. Auflage Bonn 1981, S. 362, 365

Kalter Krieg
Bezeichnung für das angespannte Verhältnis zwischen „West" und „Ost" zwischen 1946 und 1989

Nur wenige Monate nach Kriegsende stehen sich die einstigen Verbündeten USA – gemeinsam mit Großbritannien und Frankreich – und die Sowjetunion als Gegner im **Kalten Krieg** gegenüber. Dadurch verstärken sich die Spaltungstendenzen in Deutschland. Der Höhepunkt ist die Blockade Westberlins durch die Sowjetunion. Die Westmächte brechen die Blockade mithilfe der Luftbrücke. An eine Zusammenfassung der vier Besatzungszonen zu einem einheitlichen Staat ist danach nicht mehr zu denken. Der Weg in die Zweistaatlichkeit ist vorgezeichnet.

Demokratie

Die staatliche Neuordnung im Westen Deutschlands beginnt mit der ersten Sitzung des **Parlamentarischen Rates** am 1. September 1948. Die politische Ordnung soll dem Modell der **parlamentarischen Demokratie** entsprechen.

Die neue Verfassung – das **Grundgesetz** – vermeidet die strukturellen Fehler der Weimarer Republik. Deshalb hat der Präsident keinen Einfluss mehr auf die Regierungsbildung; im Wesentlichen bleiben ihm als Staatsoberhaupt nur noch repräsentative Aufgaben. Die Direktwahl des Präsidenten (nun: Bundespräsidenten) und damit die direkte Legitimierung durch das Volk wird aufgehoben. Volksbegehren und Volksentscheide sieht das Grundgesetz – bis auf eine Ausnahme – nicht mehr vor.

Gegenüber dem Reichskanzler der Weimarer Republik nimmt der **Bundeskanzler** eine starke Stellung ein. Er kann vom Bundestag nur gestürzt werden, wenn das Parlament mit der Mehrheit seiner Mitglieder einen neuen Kanzler wählt (konstruktives Misstrauensvotum, Art. 68 GG).

Der Parlamentarische Rat beendet seine Arbeit am 23. Mai 1949 mit der Verkündung des Grundgesetzes für die Bundesrepublik Deutschland.

Bruttosozialprodukt
Bezeichnung für die Summe aller wirtschaftlichen Leistungen einer Volkswirtschaft innerhalb eines Jahres

Nach der Wahl zum 1. Deutschen Bundestag im Herbst 1949 nutzt der erste Bundeskanzler, Konrad Adenauer (CDU), die ihm gemäß Grundgesetz gegebenen Gestaltungsmöglichkeiten vor allem zur wirtschaftlichen Entwicklung des jungen Staates. Das von seinem Wirtschaftsminister Ludwig Erhard entwickelte Modell der **sozialen Marktwirtschaft** erweist sich schnell als erfolgreich. In der Zeitspanne zwischen 1950 und 1955 wächst das **Bruttosozialprodukt** jährlich um durchschnittlich 9 %, zwischen 1955 und 1960 um 6 %. Dadurch steigen die Löhne und der Staat gewinnt Mittel zur Gestaltung der Sozialpolitik. Das System der Sozialen Marktwirtschaft verbindet Prinzipien der Marktwirtschaft (u. a. freier Wettbewerb, Preisbildung durch Angebot und Nachfrage) mit Grundsätzen des Sozialstaates (u. a. Ausgleich sozialer Gegensätze, Förderung der Chancengleichheit). Staatliche Eingriffe in die marktwirtschaftliche Ordnung erfolgen nur dann, wenn sich sozial unerwünschte Folgen einstellen oder der Marktmechanismus selbst beeinträchtigt wird (z. B. Wettbewerbsvernichtung durch Monopole). Adenauer und Erhard sind von der Überzeugung getragen, dass materieller Wohlstand am ehesten geeignet ist, um bei der Bevölkerung für das noch junge und ungewohnte politische System Vertrauen zu gewinnen.

Der Deutsche Bundestag nimmt am 7. September 1949 seine Arbeit auf

Fast parallel zur Staatsgründung in Westdeutschland laufen in der sowjetischen Besatzungszone die Vorbereitungen für einen separaten Staat. Eine wichtige Rolle spielt dabei die **Sozialistische Einheitspartei Deutschlands** (SED), die aus der Zwangsvereinigung der Kommunistischen Partei und der Sozialdemokratischen Partei hervorgegangen ist.

Die Teilnehmer des ersten „Deutschen Volkskongresses für Einheit und Frieden" im Dezember 1947 gehören vorwiegend der SED an. Bei dem Folgekongress im März 1948 wird der „Deutsche Volksrat" gebildet, der eine Verfassung für den neu zu bildenden Staat entwirft. Im Mai 1949 folgen die Wahlen zum „Dritten Deutschen Volkskongress", aus dem der „Zweite Deutsche Volksrat" hervorgeht. Auf dessen Sitzung am 7. September 1949 wird die **Deutsche Demokratische Republik (DDR)** proklamiert. Die Wahlen zum Parlament (Volkskammer) finden im Oktober 1950 statt.

Nationale Front
Soll als Massenbewegung auch die Teile der Bevölkerung politisch beeinflussen und aktivieren, die sich allen anderen Organisationen entziehen. Unterste Organisationsstufe ist die „Hausgemeinschaft".

Nach der DDR-Verfassung ist die Volkskammer „das oberste staatliche Machtorgan der DDR" (Art. 48 Abs. 1). Sie verwirklicht „den Grundsatz der Einheit von Beschlussfassung und Durchführung" (Art. 48 Abs. 2, Satz 3). Damit ist die Gewaltenteilung, die Trennung zwischen Legislative und Exekutive, aufgehoben.

[...] Gewählt wird die Volkskammer aufgrund einer Einheitsliste der Nationalen Front für jeweils fünf Jahre. Bis Anfang der 1960er-Jahre enthielt die Liste in den jeweiligen Wahlkreisen genauso viele Kandidaten wie Abgeordnete zu wählen waren. Eine Auswahl konnte der Wähler also nicht treffen, ihm blieb nur die Möglichkeit, die Liste anzunehmen oder als Ganzes zu verwerfen. Da jedoch eine offene Stimmenabgabe erwartet wird, ist jede Abweichung offenkundig und kann Konsequenzen nach sich ziehen (man macht sich verdächtig, man handelt sich berufliche Nachteile ein). Seit 1965 enthält die Einheitsliste mehr Kandidaten als zu wählende Abgeordnete: der Wähler hat die Möglichkeit der Namensstreichung. Doch sind die Kandidaten auf den vorderen Plätzen insofern bevorzugt, als nur dann einer von ihnen ausscheidet, wenn er von mehr als 50 % der Wähler gestrichen wird. (...)

Wehling, Hans-Georg: Funktion des Staates, in: Die DDR, Informationen zur Politischen Bildung, Nr. 205/1985, S. 18

Zahlen zur SED
Gegen Ende der DDR hat die SED 2,3 Millionen Mitglieder und umfasst 50 000 Grundorganisationen im Staatsapparat, in der Wirtschaft und der Gesellschaft.

In der Volkskammer ist die Repräsentanz der SED übermächtig. Obwohl auch noch andere Parteien vertreten sind, ist keine Opposition möglich und auch gar nicht vorgesehen.
Der Führungsanspruch der SED ergibt sich aus dem Selbstverständnis der DDR, wie es in Artikel 1 der Verfassung zum Ausdruck kommt:

Verfassung der Deutschen Demokratischen Republik, Artikel 1

Die Deutsche Demokratische Republik ist ein sozialistischer Staat der Arbeiter und Bauern. Sie ist die politische Organisation der Werktätigen in Stadt und Land unter Führung der Arbeiterklasse und ihrer marxistisch-leninistischen Partei.

Udo Sautter: Deutsche Geschichte seit 1815, Band II, A. Francke Verlag, Tübingen/Basel 2004, S. 330

Die SED sieht sich als Vollzugsorgan der politischen Herrschaft der Arbeiterklasse (Proletariat, „Werktätigen"). Nach dem ideologischen Gedankengebäude erscheint es folgerichtig, wenn die Arbeiterklasse als die gesellschaftlich größte Gruppe ihre Interessen konsequent durchsetzt, um das Endziel der klassenlosen Gesellschaft zu erreichen. Dafür hat der Marxismus-Leninismus den Begriff der **Diktatur des Proletariats** geprägt. Zugleich wird diese „Diktatur" als „demokratisch" bezeichnet, weil sie angeblich den Interessen und dem Willen aller „Werktätigen" entspricht.

In der politischen Praxis ergibt sich daraus eine Überlagerung der staatlichen Organe durch die **Parteiorgane**. Formal wählt die Volkskammer die Regierung (Ministerrat) und das Staatsoberhaupt (Staatsrat). Tatsächlich unterliegen jedoch der Ministerrat und der Staatsrat den Weisungen der SED-Führung, sofern es dieser Weisungen überhaupt bedarf. Im Regelfall sind die Parteiämter mit den Staatsämtern personell verknüpft. So sind die mächtigsten Männer der DDR zugleich Generalsekretäre des Zentralkomitees der SED und zugleich Staatsratsvorsitzende.

Parteiorgane
Formell oberstes Organ ist der Parteitag, der das Zentralkomitee (ZK) „wählt". Die eigentliche Führung liegt jedoch bei dem vom ZK formal gewählten Politbüro und dem Sekretariat des ZK.

Es entspricht der politischen Grundausrichtung, dass auch das **Rechtssystem** der Verwirklichung des Sozialismus dient. Das Rechtssystem gilt als Ausdruck der Herrschaft der Arbeiterklasse und ist somit von der SED abhängig. Eine unabhängige Justiz im Sinne der Gewaltenteilung ist von daher nicht vorgesehen. Die Gerichte sind vielmehr Teil der einheitlichen Staatsgewalt.

Trotz geheimer Überwachung der Bevölkerung durch die **Stasi** kann die politische Führung nicht verhindern, dass sich die Menschen Freiräume schaffen und damit dem politischen Druck auszuweichen versuchen.

Stasi
Staatssicherheitsdienst, politische Geheimpolizei der DDR

In den Betrieben herrschten paradiesische Sitten und Gebräuche, und die am niedrigsten qualifizierten Kollegen bis hin zu den ungelernten hatten am meisten davon: Ein Nickerchen während der Arbeitszeit konnte man niemandem ernsthaft verübeln; eine halbe Stunde vor Schichtschluss bereits in Richtung Dusche zu verschwinden, gehörte zum guten Ton; zum Feierabend wollte man mindestens schon am Werktor sein; das zu Hause oder auf der Datsche benötigte Werkzeug oder Material steckte man in die Tasche und witzelte dabei, dies sei doch Volkseigentum, von dem sich jeder seinen Teil mitnehmen könne. Alkohol wurde besonders in der Nachtschicht in erheblichen Mengen konsumiert, und kein Ingenieur durfte es wagen, wegen solcher Kleinigkeiten einem Hilfsarbeiter zu nahe zu treten. Der konnte nämlich jederzeit „in den Sack hauen" und als begehrte Kraft den Betrieb wechseln. Es gehörte zu den seltsamen Widersprüchen des Alltags, dass die absonderliche Theorie von der führenden Rolle der Arbeiterklasse in der DDR auf eine verquere Art Realität geworden ist. Selbst wenn Arbeiter, wie durchaus üblich, auf die „roten Bonzen" und „Kommunistenschweine" schimpften, nahm das niemand sonderlich ernst. Die SED-Führung betrachtete sie gewissermaßen als heilige Kuh, belästigte sie kaum mit Versammlungen, freiwilligen Sonderschichten, Aufmärschen und berücksichtigte statt dessen soweit irgend möglich ihre sozialen Anliegen.

Stefan Wolle: Die heile Welt der Diktatur, 2. Auflage, Bundeszentrale für politische Bildung, Bonn 1999, S. 229

Über die Betriebe werden die begehrten Erholungsplätze zur Verfügung gestellt. Dafür ist der Feriendienst des **FDGB** zuständig. Um den begehrten „Ferienscheck" zu erhalten, kommt es auch auf die politische Zuverlässigkeit an.

FDGB
Freier Deutscher Gewerkschaftsbund, Einheitsgewerkschaft

Gegen Ende der 1960er-Jahre entwickelt sich in der DDR eine ausgeprägte Freizeitkultur. Die Senkung der Arbeitszeit, die Einführung des arbeitsfreien Wochenendes und die Erhöhung des Mindesturlaubs ab 1979 auf 21 Tage schaffen dafür die notwendigen Voraussetzungen. Die „Datsche" und der Schrebergarten sind die charakteristischen Merkmale der DDR-Freizeitgesellschaft. Mit 2,6 Millionen Wochenendgrundstücken und 855 000 Kleingärten weist die DDR die höchste Dichte an Gartengrundstücken in der Welt aus.

Ich-Du-Beziehung

Im Nachhinein wirken diese Feststellungen beschönigend und verführen zu der Annahme, die Diktatur in der DDR sei doch „eigentlich gar nicht so schlimm gewesen".

ABER ES WAR DIKTATUR

Ein Rechtsstaat ist ein Staat, der nach Regeln des Rechts zu handeln hat, ein Staat, dessen Macht durch die Grundrechte der Bürger begrenzt ist, ein Staat, in dem die Rechtswege (Gerichte) jedem offenstehen, und zwar auch gegen Behördenentscheidungen (Verwaltungsgerichte), ja sogar gegen Gesetze (Verfassungsgericht).

Es ist völlig klar, dass die Bundesrepublik Deutschland in diesem Sinne ein Rechtsstaat war und ist und dass die DDR in diesem Sinne nie ein Rechtsstaat sein wollte. Die SED selbst verstand ihre Herrschaft als Diktatur des Proletariats, und darin war „Diktatur" zutreffend. Sie hat das Recht bloß als Machtinstrument der herrschenden Klasse verstanden und so auch praktiziert. Sie hat die Unabhängigkeit der Justiz prinzipiell abgelehnt. In der Verfassung war die führende Rolle der SED festgeschrieben.
Nun wird eingewendet, viele SED-Mitglieder wollten doch das Gute, nämlich eine gerechtere Gesellschaftsordnung. Das ist wohl richtig, aber das Gute wollen ohne Freiheit und Machtkontrolle, das ist Diktatur. Diktatoren wollen sich doch nicht das Volk zum Feinde machen. Sie wollen geliebt werden. Vernichten wollen sie bloß ihre Feinde. Die SED hatte sich sehr viele Wohltaten für die Bevölkerung ausgedacht, mehr sogar, als sie finanzieren konnte.
Aber wehe, wenn einer (politisch) nicht lieb war, dann wurde Papa Staat aber böse.

Manfred Stolpe hat gegenüber westdeutschen Besuchern in den 80er-Jahren die DDR als „Diktatur mit Samthandschuhen" bezeichnet. Samthandschuhe hieß: Es war tatsächlich nicht mehr so schlimm wie unter Stalin.
Aber Handschuhe hieß: Man konnte sie jederzeit ausziehen und dann kamen die Krallen zum Vorschein. Zwischendurch wurden sie immer mal kurz ausgezogen, das haben viele einzelne am eigenen Leibe erlebt. Und es war alles vorbereitet, sie ganz beiseite zu legen. Um ein Haar wäre die Montagsdemonstration in Leipzig zusammengeschossen worden. Die Namenslisten für die Konzentrationslager waren vorbereitet, und wenn ich mir vorstelle, dass da mein Name draufstand, bekomme ich Schwierigkeiten mit der Nächstenliebe.
Es war tatsächlich für viele alles gar nicht so schlimm, aber es war sehr schlimm, dass eben dies nur Glückssache war.

Richard Schröder: Aber es war Diktatur, in: Politische Zeitschrift, hrsg. von der Bundeszentrale für politische Bildung, 91/1997, S. 35

1.4 Prüfsteine für politische Systeme

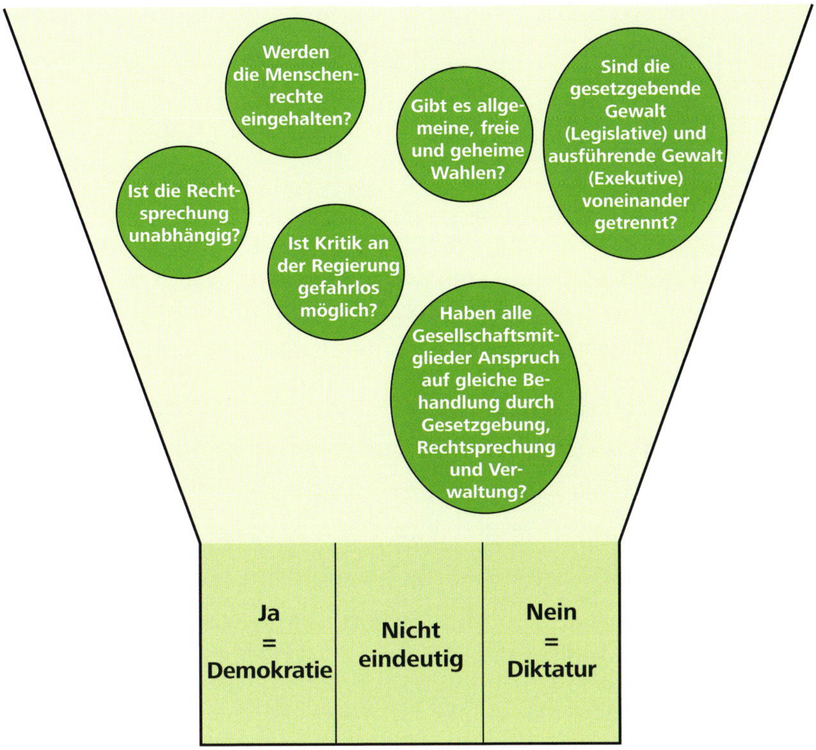

Das erste und entscheidende Unterscheidungsmerkmal politischer Systeme liefern die Menschenrechte. [...] Wo die Menschenrechte geachtet werden, ist Freiheit. Wo sie missachtet werden, ist Unfreiheit und meistens Diktatur.

Eberhard Jäckel: Die zweifache Vergangenheit – Zum Vergleich politischer Systeme, abgerufen unter: www.fes.de/fulltext/historiker/00571.htm#E9E2 [22.12.2013]

Zusammenfassung

Nach der Niederlage im Zweiten Weltkrieg teilen die Siegermächte Deutschland in vier Besatzungszonen auf. Beim politischen Wiederaufbau legen die Westmächte (USA, Großbritannien, Frankreich) das Modell der **parlamentarischen Demokratie** zugrunde, die Sowjetunion will das Modell der **Volksdemokratie** auf der Basis marxistisch-leninistischer Ideologie verwirklichen. Die zunehmenden Spannungen zwischen den einstigen Kriegsverbündeten – Kalter Krieg – verstärken die Spaltungstendenzen in Deutschland und führen letztlich zur Zweistaatlichkeit.

Im Westen entsteht 1949 nach Vorarbeit durch den Parlamentarischen Rat die **Bundesrepublik Deutschland** im Rahmen einer parlamentarischen Demokratie.
Bei der Gründung der **Deutschen Demokratischen Republik** (DDR) spielt die **Sozialistische Einheitspartei Deutschlands** (SED) eine zentrale Rolle. Die SED versteht sich als die Führung der in der DDR dominierenden Arbeiterklasse (Proletariat). In der

Volkskammer (Parlament der DDR) ist der Einfluss der SED festgeschrieben; Wahlen erfolgen gemäß einer Einheitsliste. Die staatlichen Organe (Ministerrat, Staatsrat, Gerichte) sind von der SED-Führung abhängig und demzufolge in den entscheidenden Positionen auch mit der obersten Parteiführung personell verknüpft.

Um entscheiden zu können, ob ein politisches System einer demokratischen Ordnung oder einer Diktatur zuzurechnen ist, lassen sich „**Prüfsteine**" verwenden. Ein entscheidendes Unterschiedsmerkmal ist durch den Umgang mit den Menschenrechten gegeben.

Zur Wiederholung

1. Erläutern Sie, weshalb es im Nachkriegsdeutschland nicht gelang, eine einheitliche demokratische Ordnung zu errichten.
2. Inwiefern nutzt der Parlamentarische Rat die Erfahrungen aus der Zeit der Weimarer Republik?
3. Welche Bedeutung hatte die Soziale Marktwirtschaft für die Festigung der parlamentarischen Demokratie in Westdeutschland?
4. Was ist mit dem Begriff „Diktatur des Proletariats" gemeint?
5. Beschreiben Sie die zentrale Rolle der SED in der DDR.
6. Wozu dienen „Prüfsteine" bei der Unterscheidung politischer Systeme?

Handlungsimpulse

1. Suchen Sie zu Hause oder in öffentlichen Bibliotheken nach Schriftstücken, Plakaten u. Ä. aus der Zeit der DDR. Versuchen Sie, diese Materialien dem Buchtext zuzuordnen.
2. Wenden Sie die „Prüfsteine" auf die Bundesrepublik und die DDR an und ordnen Sie zu.

2 Gefährdungen der Freiheit – Totalitarismus und politischer Extremismus

Totalitarismus bezeichnet eine politische Herrschaft, die die uneingeschränkte Verfügung über die Beherrschten und ihre völlige Unterwerfung unter ein (diktatorisch vorgegebenes) Ziel verlangt.

Freiheit ist ein Grundbegriff moderner Demokratien und zählt zu den wichtigsten Grund- und Menschenrechten.

Im politischen Sinne bedeutet Extremismus die prinzipielle, unversöhnliche Gegnerschaft gegenüber Ordnungen, Regeln und Normen des demokratischen Verfassungsstaates.

Alle Zitate: Klaus Schubert, Martina Klein: Das Politiklexikon, 3. Auflage, Dietz Verlag, Bonn 2003, S. 101, 109, 290

Die Freiheit des Menschen ist ein hohes Gut. Im 20. Jahrhundert legen sich gewaltige Schatten auf dieses mühsam errungene Recht. George Orwell schildert in seinem Roman „1984" sehr eindrucksvoll, wie das Leben verkümmert, wenn der Staat alles kontrolliert, über alles Bescheid weiß. „1984" ist kein utopischer Roman. Der Autor bezieht den Stoff für seine Darstellung aus der Kenntnis zweier totalitärer Systeme, des Kommunismus Stalins und des Nationalsozialismus. Beides sind **totalitäre Systeme**. Im Roman verfügt der unumschränkte Herrscher „Big Brother" über technische Möglichkeiten, die im Kommunismus und im Nationalsozialismus noch nicht bekannt waren. Sollte sich noch einmal ein totalitäres System etablieren können, so würden die technischen Überwachungsmöglichkeiten aller Voraussicht nach bis zum völligen Verlust der Freiheit voll genutzt werden.

Ideologie (griech.)
Eine politisch orientierte Weltanschauung

Kommunismus und Nationalsozialismus beruhen auf sehr verschiedenen **Ideologien**. Die russischen Kommunisten verwenden die Theorie von Karl Marx vom unabwendbaren Sieg des Proletariats im Klassenkampf zur Rechtfertigung der absoluten Herrschaft einer Partei, die zur Führung der Massen berufen sei. Die Nationalsozialisten streben nach der Weltherrschaft, weil sie die Überlegenheit der „nordischen Rasse" für wissenschaftlich erwiesen halten und auf das Recht des Stärkeren pochen. Die Menschen in der Sowjetunion – insbesondere unter Stalin – und in Deutschland unter Hitler geraten in die totale Abhängigkeit von extremistischen Parteien**, der Kommunistischen Partei der Sowjetunion** (KPdSU) und der **Nationalsozialistischen Partei** (NSDAP). In beiden Staaten gibt es keine Freiheit der Meinung und der politischen Entscheidung. **Staatlich ausgeübter Terror** ist Teil des Systems, Kritiker und Gegner werden verfolgt und oftmals ermordet.
Umso erstaunlicher ist es, dass sich auch im 21. Jahrhundert Menschen finden, die durch Mitgliedschaft oder Sympathie für linksextremistische (am Kommunismus ausgerichtete) oder rechtsextremistische (am Nationalsozialismus ausgerichtete) Gruppierungen und Parteien den Totalitarismus verherrlichen und erneut die Freiheit der Andersdenkenden abschaffen möchten.

2.1 Kommunistische Gewaltherrschaft unter Stalin

Zwangskollektivierung
Durch staatlichen Druck erzwungene Bildung von Arbeits- und Produktionsgenossenschaften

In der internen Auseinandersetzung über den richtigen Kurs der Wirtschaftspolitik gelingt es dem Generalsekretär der KPdSU, Josef Stalin, ab 1925 alle innerparteilichen Gegner auszuschalten und seine Alleinherrschaft zu begründen. Unter dem Stichwort „Revolution von oben" werden zunächst die Kleinbauern in die **Zwangskollektivierung** getrieben. Es entstehen landwirtschaftliche Großbetriebe, die Kolchosen. Der bäuerlichen Bevölkerung ist ein Wohnortwechsel zukünftig nicht mehr möglich. Bauern, die es bis dahin zu einem bescheidenen Wohlstand gebracht haben – von Stalin als „Kulaken" bezeichnet – werden enteignet und nach Sibirien deportiert. Mehr als 5 Millionen Menschen verlieren ihren Besitz und ihre Heimat, viele kommen bei diesem gewaltsamen Vorgehen um.
Auf der Grundlage der Kollektivierungsmaßnahmen beginnt die massive Industrialisierung der Sowjetunion. Dazu werden die Arbeiter strengen Arbeitsbedingungen unterworfen. Ein Wechsel des Arbeitsplatzes ist untersagt, bereits geringfügige Vergehen gegen die Arbeitsdisziplin führen zu harten Strafen wie Lohnkürzung und Verlust der Lebensmittelkarte bis zur Einweisung in ein Arbeitslager.
Ausbleibende Wirtschaftserfolge lastet Stalin den jeweiligen Betriebsführungen an, die zu harten Strafen verurteilt werden.

Bäuerinnen eines ukrainischen Dorfes stimmen „freiwillig" für den Eintritt in den Kolchos.

Um auch die letzten Widerstände in der Gesellschaft gegen diese Zwangsmaßnahmen zu brechen, lässt Stalin zu Beginn der 1930er-Jahre mithilfe der ihm treu ergebenen **Geheimpolizei** (NKWD) und einer willfährigen Justiz tatsächliche oder vermeintliche Kritiker und Rivalen ermorden oder in Zwangsarbeitslager verschleppen. Grundlage dieser Terrormaßnahmen ist eine dehnbare Formulierung des Strafgesetzbuches der UdSSR, nach der alle Verstöße „antisowjetischen Verhaltens" unter Strafe gestellt sind. Die Angst vor Verhaftungen und Verurteilungen erstickt letztlich jede eigene Meinung und jede Eigeninitiative. Den Anordnungen der Partei und dort des Generalsekretärs Stalin ist uneingeschränkt Folge zu leisten. In der Folgezeit entwickelt sich um Stalin ein beispielloser Personenkult.

Es entsteht ein riesiges Netz von **Zwangsarbeitslagern** (Gulag). In der zwanzigjährigen Periode des Stalinismus werden dort etwa 18–20 Millionen Menschen festgehalten und ausgebeutet.

Gulag
Abkürzung für russisch: Glawnoje Uprawlenie Lagerej, Hauptverwaltung der in den 1920er-Jahren eingerichteten Straflager

Die Welt der Lager

Entgegen einer anderen landläufigen Meinung bestanden die Lager des Gulag nicht hauptsächlich aus politischen Gefangenen, die wegen „konterrevolutionärer Aktivitäten" nach einem der 14 Paragraphen des berüchtigten Artikel 58 des Strafgesetzbuchs verurteilt worden waren. Der Anteil der politischen Gefangenen schwankte in den Gulag-Lagern je nach Jahr zwischen einem Drittel und einem Viertel. Aber auch bei den anderen handelte es sich nicht um gewöhnliche Strafgefangene. Sie befanden sich im Lager, weil sie gegen eines der unzähligen Gesetze verstoßen hatten, durch die fast jeder Bereich mit Repressionen belegt war: „Vergeudung sozialistischen Eigentums", „Verstoß gegen das Gesetz über die Inlandpässe", „Rowdytum", „Spekulation", „Verlassen des Arbeitsplatzes", „Sabotage" oder „die Nichterfüllung der Mindestzahl an Arbeitstagen" in den Kolchosen. Die meisten Lagerinsassen des Gulag waren weder politische noch gewöhnliche Strafgefangene, sondern „gewöhnliche" Bürger, Opfer der allgemeinen Sanktionierungen in der Arbeitswelt und – in zunehmendem Maße auch – im gesellschaftlichen Bereich. Dies war das Ergebnis der ein Jahrzehnt währenden Repression, mit welcher die Staatspartei immer weiteren Kreisen der Gesellschaft begegnete. [...]

Stephanie Courtois u. a.: Das Schwarzbuch des Kommunismus, 4. Auflage, Piper Verlag, München/Zürich 1998, S. 229

1955 stirbt Stalin. Unter den Nachfolgern wird seine Gewaltherrschaft zwar kritisiert, aber an dem absoluten Führungsanspruch der KPdSU und der herausgehobenen Machtstellung des Zentralsekretärs der Partei ändert sich grundsätzlich nichts. Die Bedrohung durch die Geheimpolizei und die Abhängigkeit der Justiz vom politischen System bleiben bis zum Ende der Sowjetunion (1991) erhalten. Das System zerbricht letztlich an der Unfähigkeit, die wirtschaftlichen Probleme befriedigend zu lösen.

2.2 Die nationalsozialistische Gewaltherrschaft

Der Gesuchte wird mitgenommen und in einem auf der Straße stehenden Auto nach der Großen Bleiche gebracht. [...] Vom ersten Augenblick an muss man in den Räumen mit dem Gesicht zur Wand stehen. Dann geht es in den nach hinten befindlichen großen Raum. Hier findet die erste Vernehmung statt. Sie beginnt damit, dass ein SA-Mann (SA = „Sturmabteilung") auf dem Wege nach dem Zimmer durch Tritte die nötige Vorarbeit leistet. Im Zimmer selbst wird man von mehreren jungen Leuten sofort mit Schlägen empfangen. Hat die Vernehmung nicht den gewünschten Erfolg, geht es in das von SA-Leuten als Folterkammer bezeichnete Zimmer.
Kaum, dass die erste große „Säuberungswelle" vorbei war, wurden „Miesmacher" und „Kritiker" verfolgt. Planmäßig zu neuen Terroraktionen präsentierte die „Reichsregierung" die entsprechenden juristischen „Rechtfertigungen", so Weihnachten 1934 das „Gesetz gegen heimtückische Angriffe auf Staat und Partei", wonach kritische Äußerungen gegenüber Staat und NS-Partei unter Strafe – mit Einschluss der Todesstrafe – zu stellen waren.
Mit Kriegsbeginn wurde dann auch noch das Abhören ausländischer Sender ausdrücklich verboten. Diese neuen „Rechtsgrundlagen" machten aus politischen Gegnern Straftäter.

Henning Timpke, zitiert nach: Bundeszentrale für Politische Bildung. Leben im Dritten Reich, Bonn 1981, S. 19 (leicht verändert)

Das nationalsozialistische System ist auf die totale Vereinnahmung des Menschen hin angelegt. Es gilt das Motto „Wer nicht für uns ist, ist gegen uns".

50 090 © Erich Schmidt Verlag

Konzentrationslager
In den NS-Konzentrationslagern sterben 7 Mio. Menschen durch Entkräftung, Hunger, Seuchen, Folterungen und Giftgas.

Jeder, der sich kritisch gegenüber dem neuen System äußert, wird entweder ins Gefängnis oder in eines der ab 1933 überall in Deutschland entstehenden **Konzentrationslager** gebracht. Dort werden die Häftlinge brutal misshandelt und müssen hart arbeiten, sodass viele an Überanstrengung, Unterernährung oder den Folgen der Folterung sterben.

Putsch
Politischer Umsturz oder Umsturzversuch. Im Falle Röhm gibt es dafür keine stichhaltigen Anhaltspunkte.

Auch in den eigenen Reihen macht Hitlers Terror nicht halt. Ernst Röhm, Stabschef der SA, möchte die SA zum Kern einer neuen deutschen Wehrmacht formen. Hitler dagegen fürchtet den Konflikt mit der Reichswehr und löst das Problem auf seine Weise. Am 30. Juni 1934 werden Röhm und andere missliebige Personen, unter dem Vorwand, einen **Putsch** geplant zu haben, verhaftet und zum größten Teil ohne Gerichtsverfahren erschossen.

SS
Gegründet als Hitlers persönliche Schutzstaffel; zuständig u.a. für die Konzentrationslager.

Am 3. Juli beschließt die Reichsregierung ein Gesetz, in dem die Verhaftungen und Morde nachträglich als „rechtmäßige Maßnahmen der Staatsnotwehr" legalisiert werden. Hitler selbst bezeichnet sich vor dem zum Zustimmungsorgan abgestuften Reichstag als „des deutschen Volkes oberster Gerichtsherr". Hauptstützen des nationalsozialistischen Terrorsystems sind von nun an **SS** (Schutzstaffel), **Gestapo** (Geheime Staatspolizei) und **SD** (Sicherheitsdienst). Die Angst vor Verhaftung und Terror macht die Menschen stumm. Keiner weiß, ob er seinem Nachbarn, seinem Freund, seinem Kollegen im Betrieb noch trauen kann. Denunziationen (Meldungen bei Polizei oder Partei) sind an der Tagesordnung und helfen mit, das Regime zu festigen.

Das Terrorregime des NS-Staats richtet sich insbesondere gegen diejenigen Menschen, die nach der nationalsozialistischen Rassenlehre nicht als „Arier" einzustufen sind. Die Rassentheoretiker stützen sich bei ihren Behauptungen auf den englischen Biologen **Charles Darwin** (1809–1882), der davon ausgeht, dass die verschiedenen Tierarten durch natürliche Auslese entstanden sind, indem sich stets die Starken gegen die Schwachen durchsetzten. Überträgt man diese Vorstellung in unzulässiger Weise auf die Menschen, so kann damit die Unterdrückung schwacher und benachteiligter Völker und sozialer Schichten als natürlich begründet werden (Sozialdarwinismus).

Rassenlehre
Versuch, die angebliche Überlegenheit der „wertvollen" arischen Rasse gegenüber anderer Nationen zu begründen.

Die **Rassenlehre** der Nationalsozialisten dient in den Jahren 1933 bis 1945 als Rechtfertigung für die Verfolgung aller „minderwertigen" Menschen, insbesondere der Juden.
Sie dient außerdem dazu, den Deutschen das Gefühl zu geben, besser zu sein als die Angehörigen anderer Völker, um damit die Überlegenheit und Herrschaft über andere Nationen zu begründen. Auch in schlechten Zeiten soll sich jeder Deutsche als Teil der großen Volksgemeinschaft empfinden. Die Juden dagegen werden als „Sündenböcke" hingestellt und für alles Unheil und Unrecht verantwortlich gemacht.
Der Rassenwahn der Nationalsozialisten richtet sich auch gegen körperlich und geistig Behinderte und Menschen mit Erbkrankheiten. Sie werden aus „rassehygienischen" Gründen in „Heilanstalten" eingeliefert und umgebracht. Das Programm zur „Vernichtung unwerten Lebens" zeigt, wie wenig Achtung Hitler und seine Anhänger vor dem Leben und der Würde des Menschen haben.

Boykott (engl.)
Systematische Ächtung durch wirtschaftliche Kampfmaßnahmen. Benannt nach einem geächteten englischen Gutsverwalter namens C. Boykott.

Schon kurz nach der Machtübernahme rufen die Nationalsozialisten zum **Boykott** jüdischer Geschäfte, Arzt- und Rechtsanwaltspraxen auf. Wer sich dem Boykottaufruf widersetzt, setzt sich der Gefahr eigener Verfolgung aus.

1. April 1933: Boykott jüdischer Geschäfte

Nach und nach wird der Freiheitsbereich der jüdischen Mitbürgerinnen und Mitbürger eingeengt. Grundlage für ihre Ausschaltung aus dem öffentlichen Leben (u. a. Teilnahmeverbot an sportlichen oder kulturellen Veranstaltungen, Ausschluss aus Vereinen, Besuchsverbot von Gaststätten) und die Aberkennung des Wahlrechts ist das **„Reichsbürgergesetz"**. Jüdische Kinder und Jugendliche müssen die öffentlichen Schulen verlassen. Durch Berufsverbote und Zwangsenteignungen verliert die jüdische Bevölkerung die wirtschaftliche Grundlage. Ein weiteres Gesetz verbietet sexuelle Kontakte und die Eheschließung zwischen Juden und „Ariern". Zuwiderhandlungen werden mit Zuchthaus bestraft.
Am 7. November 1938 erschießt der siebzehnjährige Herzel Grynszpan einen deutschen Botschaftsangestellten in Paris. In ohnmächtiger Wut will er sich damit an den deutschen Behörden für die menschenunwürdige Behandlung seiner jüdischen Eltern rächen. Die nationalsozialistische Führung nimmt das Attentat zum Vorwand, um in der Nacht vom 9./10. November 1938 im gesamten Reichsgebiet eine Welle der Gewalt gegen jüdische Familien, ihren Besitz, kulturelle Einrichtungen und Synagogen zu entfachen. Die Propaganda spricht vom „spontanen Volkszorn".

„Spontaner Volkszorn"
Schutzbehauptung der nationalsozialistischen Führung, um die gezielten SA-Aktionen gegenüber dem Ausland zu verschleiern.

Nach 1938 verschärft der NS-Staat die Zwangsmaßnahmen gegen die jüdische Bevölkerung. Zunächst müssen die jüdischen Gemeinschaften eine „Sühneleistung" in Höhe von einer Milliarde Reichsmark erbringen. Für die Schäden haben die Betroffenen selbst aufzukommen, etwaige Versicherungsleistungen werden beschlagnahmt. Ab 1939 erfolgen Wohnungskündigungen. Die Familien müssen in „Judenhäusern" zusammenziehen. Eine nochmalige Verschlechterung der Lebenssituation bringt der Ausbruch des Zweiten Weltkrieges mit sich; die Flucht aus Deutschland ist nicht mehr möglich, ab 1941 wird das Tragen eines Judensterns zur Pflicht. Im gleichen Jahr fangen die „Evakuierungen" zur „Aussiedlung im Osten"an. Das systematische Morden in den Vernichtungslagern beginnt.

Nicht nur der jüdische Bevölkerungsteil ist Diskriminierung, Verfolgung und Tötung ausgesetzt. Ebenso müssen Sinti und Roma, Zeugen Jehovas und Homosexuelle unter dem staatlichen Terror leiden.

2.3 Politischer Extremismus in der Demokratie

Politischer Extremismus – Was ist das eigentlich?

Kurz gesagt: ein Angriff auf die freiheitliche demokratische Grundordnung. Das Bundesverfassungsgericht hat die wesentlichen Elemente dieser freiheitlichen demokratischen Grundordnung beschrieben: Damit ist eine Ordnung gemeint, die unter Ausschluss jeglicher Gewalt- und Willkürherrschaft eine rechtsstaatliche Herrschaftsordnung auf der Grundlage der Selbstbestimmung des Volkes nach dem Willen der jeweiligen Mehrheit und der Freiheit und Gleichheit darstellt. Hierzu gehören insbesondere die Achtung vor den im Grundgesetz konkretisierten Menschenrechten, die Volkssouveränität, die Gewaltenteilung, die Verantwortlichkeit der Regierung, die Gesetzmäßigkeit der Verwaltung, die Unabhängigkeit der Gerichte, das Mehrparteienprinzip und die Chancengleichheit für alle politischen Parteien mit dem Recht auf verfassungsmäßige Bildung und Ausübung einer Opposition. [...]

Extremismus äußert sich sowohl in Einstellungen, Meinungen und Ideologien als auch in politisch bestimmten, zielgerichteten Verhaltensweisen, bis hin zu terroristischen Angriffen. In der Sprache der Gesetzgebung werden solche Verhaltensweisen „verfassungsfeindliche Bestrebungen" genannt. [...]

vgl. Bayerisches Staatsministerium des Inneren, abgerufen unter: www.stmi.bayern.de/sus/verfassungsschutz/index.php [23.12.2013]

Der jährlich erscheinende **Verfassungsschutzbericht** gibt einen Überblick über die gefährlichen Aktivitäten gegen die freiheitlich-demokratische Grundordnung (FDGO), die sowohl von **Links**- und **Rechtsextremisten** als auch islamistischen Extremisten ausgehen.

Schon 1952 hat das **Bundesverfassungsgericht** festgehalten, worauf die FDGO beruht. Es sind diese folgenden Basiselemente: Menschenrechte, Volkssouveränität, Gewaltenteilung, Verantwortlichkeit der Regierung, Gesetzmäßigkeit der Verwaltung, Unabhängigkeit der Gerichte, Mehrparteienprinzip, Chancengleichheit der Parteien und Oppositionsfreiheit.

Die gegenseitige Gewaltbereitschaft von Rechts- und Linksextremismus ist eine Dauererscheinung. Gewaltbereite Linksextremisten richten ihre Aktionen gegen Vertreter des „Repressionsapparates" (insb. Polizeikräfte) und gegen die Bundeswehr. Im Zusammenhang mit dem Rechtsextremismus ist 2011 die Existenz der rechtsterroristischen Gruppierungen „Nationalsozialistischer Untergrund" (NSU) bekannt geworden, dem zahlreiche Morde vornehmlich an türkischen Mitbürger zur Last gelegt werden.

Der Begriff „Extremismus" beruht auf der Vorstellung eines Halbkreises. In der Mitte spielt sich das politische Geschehen nach demokratischen Grundsätzen ab, an dem linken und rechten Rand gelten diese Grundsätze hingegen nicht mehr. Dementsprechend ist von **Links- und Rechtsextremismus** die Rede.
Statt der demokratischen Meinungsvielfalt gelten an den Rändern nur einheitliche und fest gefügte Meinungsbilder und Erklärungsmuster. Deren Vertreter lehnen die demokratischen Grundsätze ab, weil sie darin den Grund für gesellschaftlich unbefriedigende Zustände sehen. Sie glauben vielmehr, dass die ganze Gesellschaft in einen Idealzustand versetzt werden könnte, wenn alle Gesellschaftsmitglieder sich ihren Überzeugungen anschlössen. Bei der Durchsetzung dieses Zieles sind einige Anhänger des links- und rechtsextremen Gedankengutes auch bereit, Gewaltmittel einzusetzen.

Demokratie

Linksextremismus ist ein Sammelbegriff für die Aktivitäten aller Gruppen, die in dem demokratisch und marktwirtschaftlich organisierten Staat ein Unterdrückungssystem zugunsten der Wohlhabenden (Kapitalisten) sehen. Stattdessen wollen sie eine Ordnung errichten, in der alle Staatsbürgerinnen und Staatsbürger gleichen Einfluss und Bedeutung haben und in der Unter- und Überordnung aufgehoben sind. Das Prinzip der sozialen Gleichheit wird verabsolutiert, die realen Umsetzungsschwierigkeiten werden ausgeblendet. Der Kommunismus, als eine Hauptströmung des Linksextremismus, bezeichnet diesen Zustand als „klassenlose Gesellschaft".

Unter **Rechtsextremismus** (S. 177) ist eine spezielle antidemokratische politische Richtung zu verstehen, die durch nationalistische und/oder rassistische Gesinnung gekennzeichnet ist. Die Anhänger rechtsextremistischer Strömungen wollen einen – nach dem Führerprinzip geleiteten – starken Staat. Sie überhöhen die Bedeutung der eigenen Nation (aggressiver Nationalismus) und sind gegenüber Ausländern zumeist feindlich eingestellt. Trotzdem sollte man Fremdenfeindlichkeit und die Diskriminierung von Minderheiten nicht als reines Randgruppenphänomen sehen. Oft reichen diese Einstellungen bis in die Mitte der Gesellschaft hinein. Im nationalsozialistischen Deutschland sind diese Merkmale die Grundlagen der offiziellen Politik.

Verfassungsschutzbericht 2012 – Freistaat Thüringen
Mitglieder/Anhänger
Rechtsextremisten:

NPD	**330**
Neonazis	**350**
Sonstige	**280**
Linksextremisten:	
Parteien (DKP u.a.)	**310**
Gewaltbereite	**130**

Islamismus/Ausländerextremismus
Keine festgefügten Strukturen in Thüringen; lose Anhängerschaft (u.a. Salafisten), ca. 100 Personen

Fakten nach dem Verfassungsschutzbericht, Freistaat Thüringen 2012, S. 18, 75 und 107, www.thueringen.de/imperial/md/content/verfassungsschutz/bericht_2012.pdf [15.05.2014]

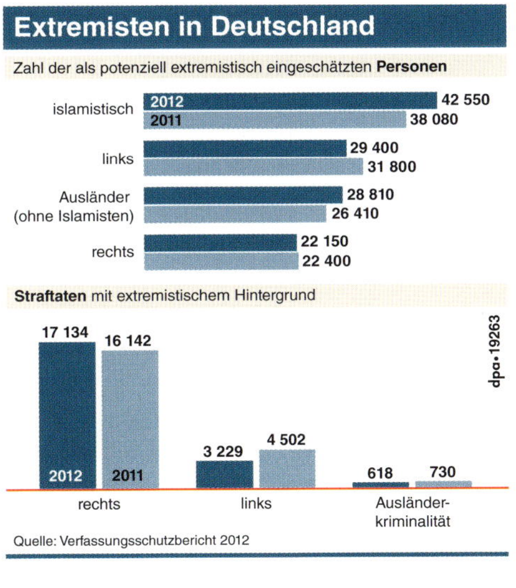

Links- und rechtsextremistische Strömungen sind grundsätzlich eine Gefahr für die demokratische Ordnung, weil sie die Meinungs-, Entscheidungs- und Handlungsfreiheit der Staatsbürgerinnen und Staatsbürger nicht akzeptieren wollen. Sie wollen die Menschen notfalls „zu ihrem Glück zwingen". Links- und Rechtsextremisten unterscheiden sich fundamental in den gedanklichen Ansätzen und stehen sich deshalb feindlich gegenüber. Ihre Handlungsweisen und Methoden sind jedoch identisch, denn die demokratischen Freiheitsrechte wollen Links- wie Rechtsextremisten gleichermaßen beseitigen. Zwischen „linker" und „rechter" Gewalt gibt es keinen Unterschied.

Zusammenfassung

Kommunismus und **Nationalsozialismus** sind die Grundlagen für zwei totalitäre Herrschaftssysteme im 20. Jahrhundert. Beide Systeme verlangen die totale Unterordnung der Beherrschten und unterbinden mit dem staatlichen Machtapparat die Ausübung individueller Freiheitsrechte. Stalin, Generalsekretär der Kommunistischen Partei der Sowjetunion (KPdSU), errichtet ab 1925 mithilfe einer treu ergebenen Geheimpolizei und einer willfährigen Justiz eine Alleinherrschaft. Zwangskollektivierung in der Landwirtschaft, strengste Disziplinierung der Arbeiterschaft und Zwangsverschleppungen zwingen die Menschen in die Abhängigkeit des Systems. Auch dem nationalsozialistischen System sind die Menschen schutzlos ausgeliefert. Das System verfolgt insbesondere diejenigen Menschen, die nach der nationalsozialistischen Rassenlehre nicht als „Arier" anerkannt sind. Die Verfolgung gipfelt im Massenmord in den Vernichtungslagern.

Trotz dieser Gewalttaten sind Kommunismus und Nationalsozialismus immer noch Orientierungsgrundlage für den **politischen Extremismus in der Bundesrepublik Deutschland**. Links- und rechtsextremistische Strömungen stellen eine Gefahr für die demokratische Ordnung dar, weil sie die Meinungs-, Entscheidungs- und Handlungsfreiheit der Staatsbürgerinnen und Staatsbürger nicht akzeptieren wollen.

Zur Wiederholung

1. Unterscheiden Sie Kommunismus und Nationalsozialismus in Bezug auf die jeweiligen ideologischen Grundlagen.
2. Beschreiben Sie die kommunistische Gewaltherrschaft unter Stalin.
3. Nennen Sie Gründe für die Bezeichnung „nationalsozialistische Gewaltherrschaft".
4. Worauf stützt sich die nationalsozialistische Rassenlehre?
5. Welche Konsequenzen hat die nationalsozialistische Rassenlehre für die jüdischen Mitbürgerinnen und Mitbürger?
6. Wann gilt eine Organisation als „verfassungsfeindlich"?
7. Definieren Sie den Begriff „Politischer Extremismus" mit eigenen Worten.
8. Linksextremismus – Rechtsextremismus: Wo sind die Gemeinsamkeiten und wo die Unterschiede?

Handlungsimpulse

1. Beschaffen Sie sich vom Bundesamt für Verfassungsschutz Informationsmaterial über die verschiedenen Formen des politischen Extremismus und werten Sie diese Informationen aus. (Link: www.verfassungsschutz.de)
2. Rufen Sie den Verfassungsschutzbericht des Freistaates Thüringen auf (www.verfassungsschutz.thueringen.de) und verschaffen Sie sich genauere Kenntnisse über Rechts- bzw. Linksextremismus in Thüringen.

3 Konflikte und Krieg

Es gehört zu den bitteren Erfahrungen der Menschheit, dass Konflikte oftmals mit Gewalt ausgetragen werden. Konflikte entstehen zumeist aus wirtschaftlichen, psychologischen, religiösen und nationalistischen bzw. rassistischen Ursachen. Das trifft auch für das 20. Jahrhundert zu:

- wirtschaftliche Ursachen, z. B. Sicherung wirtschaftlicher Vorteile wie Bodenschätze, Verkehrswege oder wirtschaftliche Vorherrschaft über andere Staaten oder Gruppen im eigenen Land, ungerechte Verteilung von Gütern, Vorherrschaft über strategisch wichtige Positionen (Meerengen, Gebirgshöhen)
- psychologische Ursachen, z. B. gegenseitiges Misstrauen, Vorurteile und Feindbilder gegenüber Angehörigen anderer Gruppen, Angst vor dem Verlust der eigenen Machtposition
- religiöse Ursachen, z. B. unterschiedliche Glaubensrichtungen, Rivalität zwischen Kirchen und Religionsgemeinschaften, Vormachtstellung der eigenen Religion
- nationalistische bzw. rassistische Ursachen, z. B. Überbetonung und Verherrlichung der eigenen Nation, Herabsetzung und Diskriminierung anderer Völker

Sobald Konflikte mit Waffengewalt „gelöst" werden sollen, herrscht Krieg. Das dann stets negative Ergebnis lautet Zerstörung und menschliches Leid. Zumeist birgt eine kriegerische Auseinandersetzung in sich schon den Keim für das folgende Blutvergießen.

Frieden

Das 20. Jahrhundert – Ein Jahrhundert voller Kriege	
1904/05	Russisch-Japanischer Krieg
1914–1918	Erster Weltkrieg
1920/21	Polnisch-Sowjetischer Krieg
1921–1923	Griechisch-Türkischer Krieg
1939–1945	Zweiter Weltkrieg
1946–1954	Französischer Indochinakrieg
1956	Suezkrieg
1964–1975	Vietnamkrieg
1980–1988	Erster Golfkrieg
1990/91	Zweiter Golfkrieg
1991–1995	Jugoslawienkriege

Aufgrund der neuen technischen Möglichkeiten erreichen die Kriege des 20. Jahrhunderts ein bis dahin unbekanntes Ausmaß an Zerstörung und Todesopfern. Erstmalig dehnen sich innerhalb eines bestimmten Zeitraumes kriegerische Handlungen über die ganze Welt aus.

3.1 Der Erste Weltkrieg – Die Urkatastrophe des 20. Jahrhunderts

Sarajevo
Hauptstadt von Bosnien-Herzegowina
Bis 1878 ist S. Hauptstadt der osmanischen (türkischen) Provinz Bosnien. Wegen des Zerfalls des osmanischen (türkischen) Reiches übernimmt ab 1878 Österreich-Ungarn vertragsgemäß die Verwaltung dieses Gebiets und gliedert es 1908 – vertragswidrig – dem eigenen Staatsgebiet ein. Das erzeugt erhebliche Spannungen mit der einheimischen Bevölkerung und dem Nachbarstaat Serbien.

BERLINER MORGENPOST

20 Pfennig

Nr. 175. Montag, 29. Juni 1914. 17. Jahrg.

Der österreichische Thronfolger und seine Gattin ermordet.

Die beiden Attentate.

Die Nachricht vom Attentat in Sarajevo

Das Attentat von Sarajevo auf Franz Ferdinand, den österreichischen Thronfolger, und seine Frau löst in ganz Europa Bestürzung aus. Die verhafteten Attentäter haben Verbindung zu einer serbischen Geheimorganisation, die den Plan eines großserbischen Reiches auf Kosten der Donaumonarchie Österreich-Ungarn verfolgt. Die Regierung der Donaumonarchie sieht in dem Attentat eine willkommene Gelegenheit, die serbischen Großmachtpläne durch eine militärische Strafaktion gegen das Land zu bremsen. Das will Russland, das sich als Beschützer Serbiens und aller slawischen Völker darstellt, nicht hinnehmen. Russland steht seinerseits mit Frankreich und Großbritannien in enger Verbindung („Entente").

Wettrüsten	**1913**
(Ausgaben in Millionen Mark)	
Frankreich	**1 327**
Russland	**2 050**
Großbritannien	**1 491**
Deutschland	**2 111**
Österreich-Ungarn	**720**

Heinz-Gerd Ries: Schnellkurs Deutsche Geschichte, DuMont, Köln 2005, S. 135

Österreich-Ungarn ist mit dem deutschen Kaiserreich verbündet („Mittelmächte"). Die deutsche Regierung sichert der Donaumonarchie jede Unterstützung zu, hegt aber insgeheim den Plan, bei dieser Gelegenheit gegen Russland und Frankreich militärisch vorzugehen. Während des Juli 1914 laufen intensive diplomatische Bemühungen, um die entstandene Krise („Julikrise") zu meistern. Sie scheitern, weil ein echter Friedenswille fehlt. Zwei hochgerüstete Machtblöcke – Russland/Frankreich/Großbritannien einerseits, Österreich-Ungarn/Deutschland andererseits – stehen sich gegenüber. Die militärischen Kräfte wollen die kriegerische Auseinandersetzung.

Obwohl Serbien zuletzt noch auf ein sehr knapp bemessenes und demütigendes Ultimatum aus Wien (Hauptstadt der Donaumonarchie) weitgehend eingeht, ist der Weg in den Krieg unumkehrbar. Am 28. Juli 1914 erklärt Österreich-Ungarn Serbien den Krieg. Daraufhin mobilisiert Russland seine Truppen, woraufhin die deutsche Reichsregierung wenige Tage danach Russland und Frankreich die Kriegserklärung übergibt. Kurz danach marschieren deutsche Truppen in das neutrale Belgien ein, was Großbritannien zur Kriegserklärung gegenüber dem Deutschen Reich veranlasst.

Insofern ist die übliche Redeweise – der Krieg ist „ausgebrochen" – irreführend. Kriege sind kein Naturereignis, das über die Menschen ohne menschliche Beteiligung hereinbricht. Kriege haben Ursachen und sind stets ein Mittel, egoistische Ziele von mächtigen Personen zu erreichen. Denen kommt es jedoch darauf an, die Gegenseite als den Angreifer darzustellen. So auch im Falle des Ersten Weltkrieges. Der Ausspruch des deutschen Kaisers, Wilhelm II., zum Kriegsbeginn – „Mitten im Frieden überfällt uns der Feind" – entspricht somit nicht der Wahrheit. Immerhin erfüllt der Ausspruch die beabsichtigte Wirkung. Viele Menschen, insbesondere die

Angehörigen der bürgerlich-städtischen Schicht, jubeln und begrüßen den Krieg wie ein faszinierendes Abenteuer. Arbeiter und Bauern halten sich eher zurück. Auf den Jubel folgt sehr bald Ernüchterung. Die Opfer zahlen des Ersten Weltkrieges sind gewaltig.

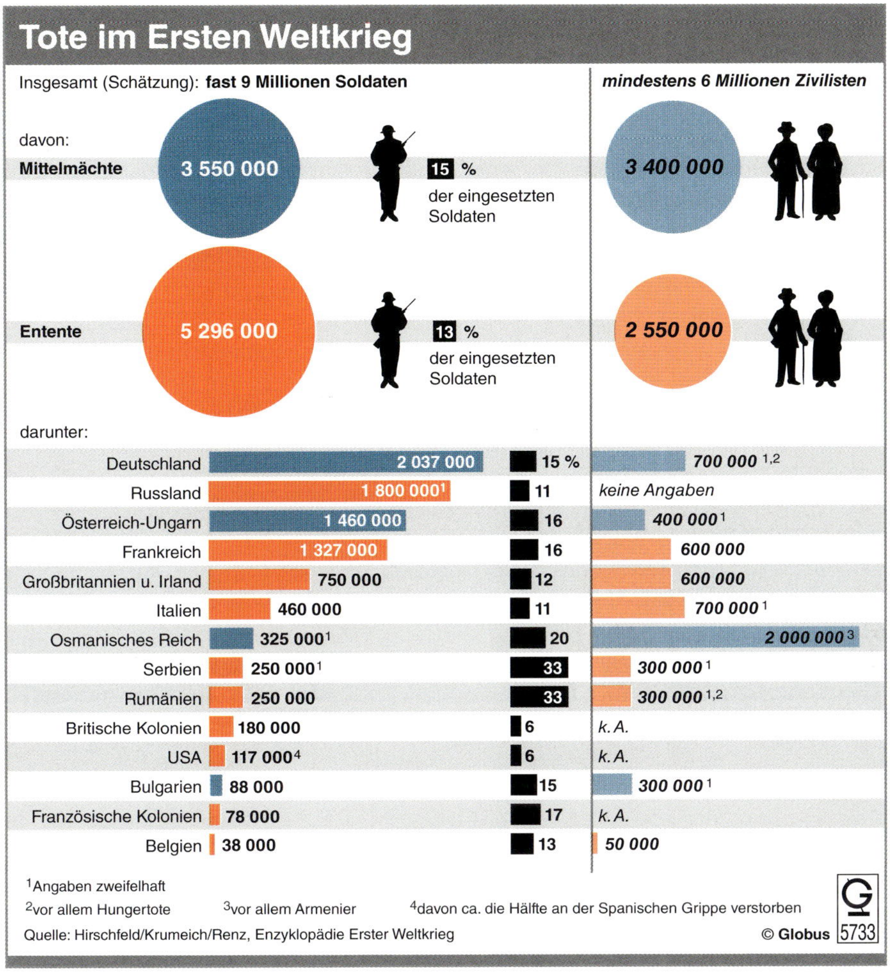

3.2 Lösungsansätze für eine friedliche Welt

Völkerbund Schwachstellen: USA sind kein Mitglied, Mitgliedschaft der UdSSR nur von 1934–1939; jedes Mitgliedsland hat das Vetorecht

Nach dem Ersten Weltkrieg – der „Urkatastrophe des 20. Jahrhunderts" – gründen die Siegermächte und 13 neutrale Länder den **Völkerbund**. Die Staaten wollen die kriegerische Gewaltanwendung als Mittel zur Durchsetzung eigener Interessen aus der Weltpolitik verbannen. Außerdem verpflichten sie sich zur wirtschaftlichen und kulturellen Zusammenarbeit. Deutschland wird 1926 in den Völkerbund aufgenommen. Es bleibt jedoch bei der guten Absicht. Dem Völkerbund fehlen die geeigneten Mittel, um wirksam gegen aggressive Nationen vorzugehen. Bald gilt die Organisation als „Debattierklub ohne Zähne". Folglich kann der Völkerbund auch den Ausbruch des Zweiten Weltkrieges nicht verhindern.

Internationalisierung

gebräuchliche Abkürzungen:
VN = Vereinte Nationen
UN = United Nations
UNO = United Nations Organization

Der **Zweite Weltkrieg** fordert nach Schätzungen zwischen 55 und 62 Millionen Tote. Rund 20 Millionen Menschen müssen aus ihrer Heimat fliehen, das Ausmaß der Vernichtung an wirtschaftlichen und kulturellen Gütern ist unermesslich. Angesichts dieser massiven Kriegsfolgen unternehmen 51 Staaten einen neuen Versuch zur Errichtung einer stabilen Friedensordnung. Unmittelbar nach Kriegsende (1945) werden in San Francisco die **Vereinten Nationen** (United Nations: UN) gegründet. Die Staaten verpflichten sich gemäß UN-Charta (Gründungsurkunde), den Frieden zwischen den Völkern der Welt zu sichern, Streitigkeiten friedlich zu regeln und die Menschenrechte zu fördern. Alle damit zusammenhängenden Probleme werden in der Generalversammlung behandelt. Dort sind alle Mitgliedstaaten vertreten. Jedes Land hat eine Stimme, gleichgültig wie groß oder bedeutend es ist. Beschlüsse müssen mit Zweidrittelmehrheit gefasst werden.

Ein weiteres bedeutendes Gremium der Vereinten Nationen ist der **Sicherheitsrat**, auch Weltsicherheitsrat genannt. Der Sicherheitsrat soll wie ein geschäftsführender Vorstand, „ein schnelles und wirkungsvolles Handeln" der UN garantieren. Laut Charta trägt dieses Organ die „Hauptverantwortung für die Wahrung des Weltfriedens und der internationalen Sicherheit". Insofern sind die Beschlüsse verbindlich, ihre Durchsetzung kann erzwungen werden, nötigenfalls auch mit militärischen Mitteln (S. 244).
Der Sicherheitsrat setzt sich aus fünf ständigen Mitgliedern (USA, Russland, VR China, Großbritannien und Frankreich) und zehn nicht ständigen Mitgliedern zusammen. Allgemein brauchen Beschlüsse die Zustimmung von neun Mitgliedern (einschließlich sämtlicher ständiger Mitglieder).

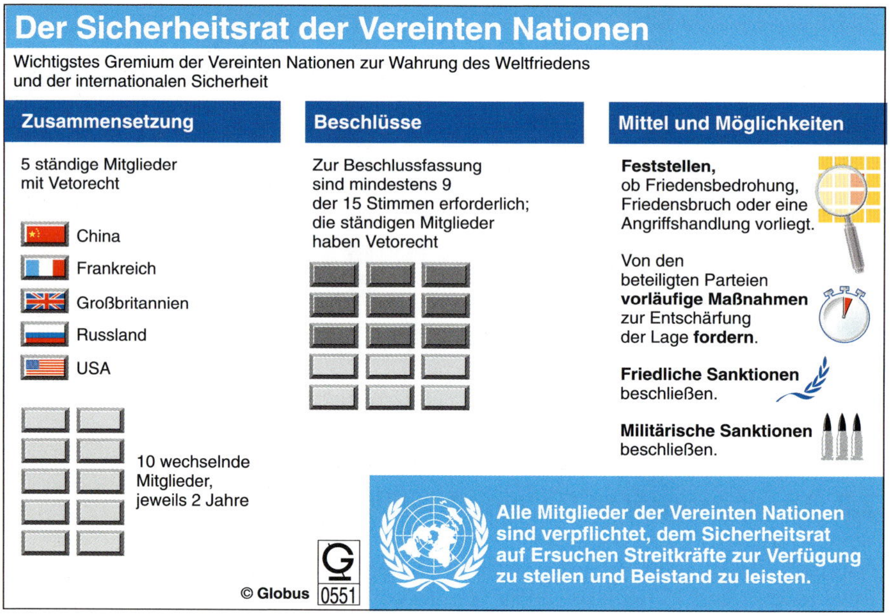

Mit der 1993 erfolgten Einrichtung des **Kriegsverbrechertribunals** in Den Haag/Niederlande hat der UNO-Sicherheitsrat eine neue Aufgabe übernommen. Der Gerichtshof zieht Personen zur Verantwortung, die während der Jugoslawienkriege (1991–1995) gegen die Menschenrechte verstoßen haben. Die Höchststrafe ist lebenslanger Freiheitsentzug.

Aus der Konferenz für Sicherheit und Zusammenarbeit in Europa (KSZE) entsteht ab 1975 eine weitere Institution für Friedenssicherung, die heute den Namen **Organisation für Sicherheit und Zusammenarbeit in Europa** (OSZE) trägt. In der „Schlussakte von Helsinki" verpflichten sich 33 europäische Staaten sowie die USA und Kanada zur gegenseitigen Achtung der Souveränität, zum Gewaltverzicht und zur Einhaltung der Menschenrechte. Heute gehören der Organisation 57 Staaten an.

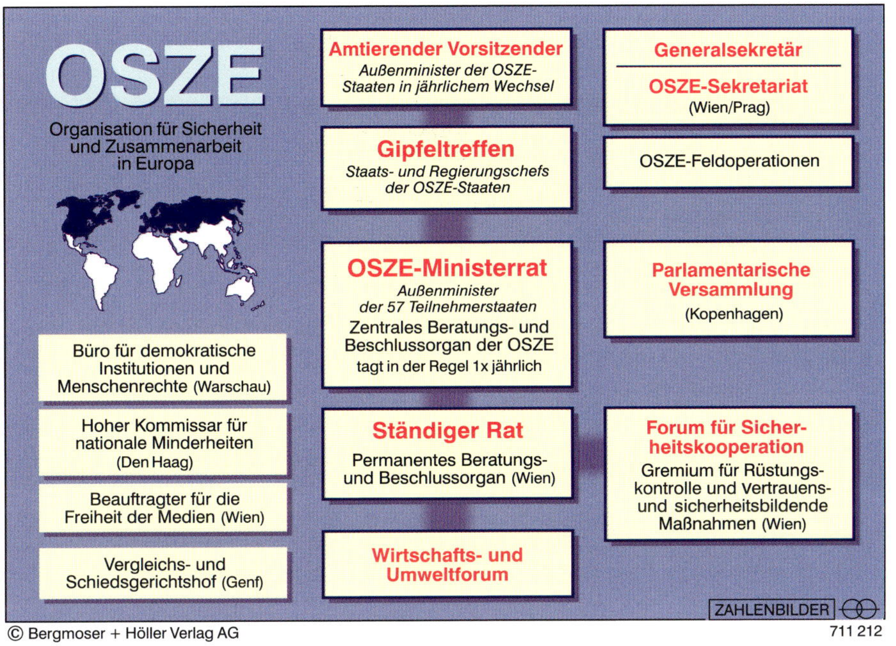

 711 212

[...] Die OSZE verwaltet nicht Sicherheit. Sie ist auch kein Technischer Überwachungsverein, der die sogenannte europäische Sicherheitsarchitektur auf Verschleiß und Schäden fortlaufend nach Plan überprüft. Die OSZE ist in den neunziger Jahren zu einer Institution geworden, die eher einem Serviceunternehmen in der Art der Freiwilligen Feuerwehr oder eines Reinigungsdienstes mit verschiedenen Leistungsangeboten ähnelt. Die Zentrale besteht aus einem relativ kleinen Stab; dazu gehören das Wiener Sekretariat nebst dem dortigen Beauftragten für die Freiheit der Medien, das Warschauer Büro für Demokratische Institutionen und Menschenrechte und der Den Haager Hohe Kommissar für nationale Minderheiten. Diese sind eher Gutachter, die sich die Probleme ansehen, wenn ihnen Warnungen zukommen oder sie gerufen werden, und die dann nicht nur darüber berichten, sondern auch – soweit es ihr Auftrag und ihre Kräfte erlauben – provisorisch helfen.

Internationaler Strafgerichtshof (IStGH)
2012 erlässt der IStGH sein erstes Urteil und verurteilt den ehemaligen kongolesischen Milizenführer Lubanga wegen Rekrutierung von Kindersoldaten zu 14 Jahren Haft. 2013 wird Laurent Gbagbo, der ehemalige Präsident der Elfenbeinküste, wegen „indirekter Mittäterschaft an Verbrechen gegen die Menschlichkeit" vor Gericht gestellt.

OSZE
Sitz in Wien
Aufgaben: Militärische Vertrauensbildung, Konfliktverhütung, Krisenmanagement, Durchsetzung von Menschen- und Bürgerrechten
www.osce.org

Der kleine Stab, der von den Vertretern der Anteilseigner (dem Ständigen Rat der Staatenvertreter) zeitlich begrenzt angestellt und mit ad-hoc-Aufgaben betraut ist, wird grundsätzlich nur auf Abruf tätig, indem er abhängig von den zugebilligten Mitteln weiteres Personal rekrutiert und an Brandherde sendet.
Drohen größere Schäden oder ist gar schon ein großer Schaden entstanden, dann versuchen die Vertreter der Anteilseigner mit der OSZE das Ärgste noch dadurch zu verhüten, dass sie längerfristig Helfer und Aufsichtskräfte in die sogenannten Missionen entsenden.

Kurt P. Tudyka: Das OSZE-Handbuch, 2. Auflage, Leske + Budrich, Opladen 2002, S. 15

3.3 Partnerschaft statt Abschreckung

NATO (North Atlantic Treaty Organization, deutsch: Nordatlantikpakt), 1949 gegründet, versteht sich nicht nur als Verteidigungspakt, sondern als ein politisches und kulturelles Bündnis mit gemeinsamen Wertvorstellungen über eine freiheitliche Demokratie. Die NATO will die Freiheit und Sicherheit ihrer Mitglieder mit politischen und militärischen Mitteln im Einklang mit den Grundsätzen der UN-Charta gewährleisten und die Sicherheit Nordamerikas mit der Sicherheit Europas verknüpfen.

Frank Neumann, in: Gesellschaft und Staat – Lexikon der Politik, 9. Auflage, Vahlen, München 1995, S. 564

NATO
Sitz in Brüssel, derzeit 28 Mitgliedstaaten

Friedenserhaltende Einsätze:
1995: Bosnien (Sfor)
1999: Kosovo (Kfor)

www.nato.int

Die **NATO** entsteht vor dem Hintergrund des **Ost-West-Konflikts** (Kalter Krieg, S. 192) als Sicherungsmaßnahme gegen den Expansionsdrang der Sowjetunion. Im Nordatlantikvertrag wird dieses Ziel jedoch nicht ausdrücklich genannt.
Nach dem Ende des Zweiten Weltkrieges dehnt sich der Machtbereich der Sowjetunion weit nach Westen aus. Die osteuropäischen Staaten und Ostdeutschland sind politisch, wirtschaftlich und militärisch von der Sowjetunion abhängig. Frankreich und Großbritannien fürchten sich vor der weiteren Machtausdehnung des ehemaligen Verbündeten. Sie fordern Sicherheitsgarantien von den USA. Statt einer einseitigen Garantie durch die USA kommt es zur Gründung einer internationalen Organisation – der NATO. Gemäß Gründungsvertrag ist demnach ein Angriff auf eines der Bündnismitglieder als ein Angriff auf alle Mitglieder des Bündnisses zu werten.

Unter Führung der Sowjetunion entsteht mit dem **Warschauer Pakt** ein gegnerisches Bündnissystem. Die Strategie der NATO beruht zunächst auf Abschreckung des Gegners. Die Führung der NATO gibt unmissverständlich zu verstehen, dass ein Angriff durch Truppen des Warschauer Paktes sofort massive Vergeltungsschläge zur Folge hätte („flexible Antwort"). Beide Organisationen legen ein gewaltiges Arsenal an Atomwaffen und Trägerraketen an.

Ab 1967 ändert die NATO ihre Strategie. Auf der Grundlage der Abschreckungs-Strategie bietet sie Verhandlungen an (NATO-Doppelbeschluss). Eine völlig veränderte Situation ergibt sich sodann aus der Auflösung der Sowjetunion und des Warschauer Paktes (1991).

Für die NATO entfällt der eigentliche Auftrag: der Schutz vor sowjetisch-kommunistischer Gewaltanwendung. Die Strategie der „flexiblen Antwort" wird durch die Strategie der **Kooperation** ersetzt.

Gesprächsbereitschaft und Zusammenarbeit mit allen Staaten Osteuropas sowie Krisenmanagement und Kriegsverhütung sind die bestimmenden Faktoren der neuen NATO-Strategie. 1994 bietet die NATO den Staaten Osteuropas eine **„Partnerschaft für den Frieden"** an. Ein besonderes Abkommen mit Russland legt Regeln für einen dauernden militärischen Informationsaustausch und die Zusammenarbeit bei internationalen humanitären Einsätzen und Friedensmissionen fest. Dieses Abkommen wird im Mai 1997 durch eine „Gründungsakte" verstärkt. In diesem Dokument bekräftigen die NATO und Russland, sich nicht mehr als Gegner zu betrachten. Zudem stimmt Russland indirekt einer Osterweiterung der NATO zu. Im Dezember 1997 unterzeichnen die NATO-Außenminister die Beitrittsprotokolle der ehemaligen Ostblockstaaten Polen, Ungarn und Tschechien.

Im Zuge der Jugoslawienkriege wächst der NATO eine neue Aufgabe zu. ab 1992 übernimmt die Organisation **„Out-of-area"**-Einsätze, d. h. Maßnahmen mit militärischen Mitteln außerhalb des NATO-Territoriums. Auftraggeber ist der UN-Sicherheitsrat. Die Bundeswehr, als Teil der NATO, wird in diese Strategie einbezogen, nachdem das Bundesverfassungsgericht zugestimmt hat.

Zur aktuellen NATO-Strategie siehe S. 246

Zusammenfassung

Konflikte entstehen zumeist aus wirtschaftlichen, psychologischen, religiösen und nationalistischen bzw. rassistischen Ursachen. Wenn Konflikte mit Gewalt ausgetragen werden, herrscht Krieg. Das 20. Jahrhundert ist von Kriegen durchzogen. Als „Urkatastrophe" dieses Jahrhunderts wird der Erste Weltkrieg bezeichnet. Er erfasst die gesamte Welt und zeigt in erschreckender Weise, welche Zerstörungen angesichts der Technisierung der Kämpfe möglich sind.

Der Auslöser, nicht die Ursache, des Ersten Weltkriegs ist das Attentat auf den österreichischen Thronfolger in Sarajevo. Das Ereignis wirkt wie der Funke im Pulverfass, der das angespannte Verhältnis zwischen den beiden hochgerüsteten Machtblöcken Deutschland/Österreich und Russland/Frankreich/Großbritannien zur Entladung bringt. Diplomatische Bemühungen zwecks Kriegsvermeidung scheitern an den Interessen kriegswilliger Entscheidungsträger.

Nach dem Ersten Weltkrieg gründen die Siegermächte und 13 neutrale Staaten den **Völkerbund**. Die Durchsetzung eigener Interessen mit kriegerischer Gewaltanwendung soll unterbunden werden. Der Völkerbund scheitert jedoch, weil ihm die geeigneten Mittel fehlen, um gegen Aggressionen vorzugehen.
Nach dem Zweiten Weltkrieg soll die Organisation der **Vereinten Nationen** (United Nations) einen dauerhaften Frieden herbeiführen. Der Sicherheitsrat, dem fünf ständige und zehn nicht ständige Mitglieder angehören, verfügt über das Recht, Zwangsmaßnahmen zur Friedenswahrung anzuordnen.
Im europäischen Raum formiert sich die **Organisation für Sicherheit und Zusammenarbeit in Europa** (OSZE). Die 57 Mitgliedsländer verpflichten sich zum Gewaltverzicht und zur Einhaltung der Menschenrechte.
Die Epoche nach dem Zweiten Weltkrieg ist gekennzeichnet durch den **Ost-West-Konflikt** (Kalten Krieg) zwischen den Großmächten USA und Sowjetunion. Die jeweiligen Militärbündnisse NATO und Warschauer Pakt bedrohen sich gegenseitig und erzielen damit eine Abschreckungswirkung. Nach dem Zusammenbruch der Sowjetunion und der Aufhebung des Warschauer Paktes ändert sich die NATO-Strategie: Statt Abschreckung **Kooperation** und **„Partnerschaft für den Frieden"**.
Nach der Aufhebung des Ost-West-Konflikts ergeben sich für die NATO neue Aufgaben, in welche auch die Bundeswehr eingebunden ist.

Zur Wiederholung

1. Nennen Sie Konfliktursachen, die zum Krieg führen können.
2. Begründen Sie, dass die Aussage „Die Ursache des Ersten Weltkriegs war das Attentat in Sarajevo" zu kurz greift.
3. Erklären Sie, worin der hauptsächliche Unterschied zwischen dem Völkerbund und den Vereinten Nationen besteht.
4. Nennen Sie die Aufgaben der Generalversammlung und des UN-Sicherheitsrates.
5. Wozu ist das Kriegsverbrechertribunal eingerichtet worden?
6. Beschreiben Sie die Entstehung der OSZE.
7. Stellen Sie dar, welche strategischen Phasen die NATO seit ihrer Gründung durchlaufen hat.
8. Inwiefern stellt das Ende des Ost-West-Konflikts die NATO vor neue Aufgaben?

Handlungsimpulse

Beschaffen Sie sich mithilfe von jährlich neu aufgelegten Aktualitätenlexika (z.B. Der neue Fischer Weltalmanach – Zahlen, Daten, Fakten) oder des Internets weitere Informationen über die Vereinten Nationen. Die Informationen können gruppenweise ausgewertet werden.
Z.B.: Wie ist die UNO organisiert? Welche Friedensmissionen werden derzeit durchgeführt? Mit welchen aktuellen Problemen hat sich die UNO derzeit auseinanderzusetzen?

Europäische Integrationspolitik

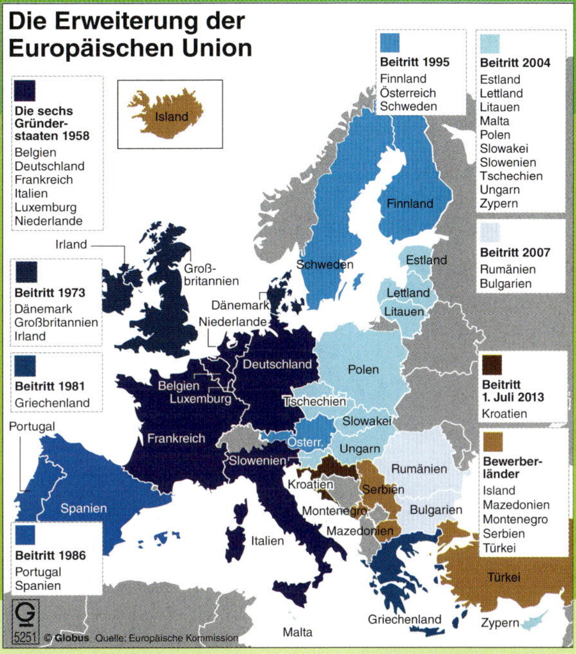

1 Die Entstehung der Europäischen Union (EU)

Winston Churchill 1946:

Wir müssen etwas wie die Vereinigten Staaten von Europa schaffen. Nur so können Hunderte von Millionen schwer arbeitender Menschen wieder die einfachen Freuden und Hoffnungen zurückgewinnen, die das Leben lebenswert machen. Was wir benötigen, ist der Entschluss von Hunderten von Millionen Männern und Frauen, Recht statt Unrecht zu tun und als Lohn Segen statt Fluch zu ernten.

R.S. Churchill, The Sinews of Peace. Post-War Speeches by W.S.Churchill, Cambridge 1949, S. 198f, zitiert nach der deutschen Übersetzung des Auswärtigen Amtes aus Gasteyger, Curt: Europa von der Spaltung zur Einigung, Darstellung und Dokumentation 1945-2000, vollst. überarb. Neuaufl., Bundeszentrale für Politische Bildung: Bonn 2001, S. 43f.

Europäische Kriege: 1600–1945
Der Dreißigjährige Krieg von 1618–1648 zerstört weite Teile Deutschlands, in manchen Gebieten überlebt nur ein Drittel der Bevölkerung.

Kämpfe um die französische Vorherrschaft in Europa 1667–1697

Der Spanische Erbfolgekrieg von 1700–1713 verwickelt England, Frankreich, Österreich und andere in Auseinandersetzungen.

Der Siebenjährige Krieg von 1756–1763 (England, Preußen, Frankreich, Russland, Österreich)

Die Napoleonischen Kriege von 1800–1814. Fast alle europäischen Völker werden dadurch in Mitleidenschaft gezogen.

Erster Weltkrieg von 1914–1918, etwa 9 Millionen Kriegstote und 20 Millionen Verwundete.

Zweiter Weltkrieg von 1939–1945, etwa 55 Millionen Kriegstote, rund 12 Millionen Deutsche verlieren ihre Heimat.

Die Forderung nach europäischer Einigung wurde vor allem mit folgenden Argumenten begründet:

- Das vom Zweiten Weltkrieg wirtschaftlich zerstörte Europa kann den wirtschaftlichen Wiederaufbau nur leisten, wenn die Staaten zusammenarbeiten.
- Ein vereintes Europa soll den Nationalismus abbauen und damit künftige Kriege verhindern helfen.
- Der sich verschärfende Ost-West-Konflikt verstärkt in Westeuropa auch das Bedürfnis nach militärischer Zusammenarbeit, um eine befürchtete kommunistische Machterweiterung zu verhindern.

Den ersten Versuch einer europäischen Einigung bildet die Gründung des Europarats in Straßburg im Jahre 1949. Die Bundesrepublik tritt ihm 1951 bei. Nach Auflösung des Warschauer Pakts erfolgt die Aufnahme der Staaten Ost- und Mitteleuropas, sodass dem Europarat heute 47 Mitgliedstaaten angehören.

Die Hoffnungen der Mitgliedstaaten durch die Errichtung des Europarats die europäische Einigung kurzfristig zu verwirklichen, erfüllen sich jedoch nicht. Seine Beschlüsse sind für die Mitgliedstaaten lediglich Empfehlungen und daher für ihre Regierungen nicht bindend.

Schon bald schlagen Belgien, die Bundesrepublik Deutschland, Frankreich, Italien, Luxemburg und die Niederlande einen anderen Weg ein: Anstatt die Vereinigen Staaten von Europa auf einen Schlag zu schaffen, wollen sie die europäische Integration durch eine Politik der kleinen Schritte allmählich voranbringen, indem sie sich auf eine engere Zusammenarbeit in überschaubaren Teilbereichen der Politik verständigen.

Flaggen der EU-Mitgliedstaaten

1951: EGKS
Europäische Gemeinschaft für Kohle und Stahl

1957: EWG
Europäische Wirtschaftsgemeinschaft

1957: Euratom
Europäische Atomgemeinschaft

1. Juli 1967
Zusammenschluss der drei Gemeinschaften zur Europäischen Gemeinschaft (EG)

1968
Vollendung der Zollunion: Abschaffung der Binnenzölle, gemeinsamer Außenzoll

10. Juni 1979
Erste Direktwahl zum Europäischen Parlament

Februar 1992
Vertrag von Maastricht: Gründung der Europäischen Union, Festlegung des Zeitplans und der Bedingungen für die Einführung des Euro

Januar 1993
Verwirklichung des Binnenmarktes

November 1993
Inkrafttreten des Maastrichter Vertrags: Beginn der politischen Union (EU)

Oktober 1997
Vertrag von Amsterdam: Vorbereitung der EU-Osterweiterung

Januar 1999
Einstieg in die Währungsunion nach festgelegtem Fahrplan und Kriterien

Dezember 2000
Gipfeltreffen in Nizza: Schaffung der institutionellen Grundlagen für die erweiterte EU

Januar 2002
Der Euro ist alleiniges Zahlungsmittel in den Teilnehmerstaaten der Währungsunion

März 2002 bis Juli 2003
Arbeitsphase des Verfassungskonvents zur Ausarbeitung eines Verfassungsentwurfs

Dezember 2003
Brüsseler Gipfeltreffen der Staats- und Regierungschefs zur europäischen Verfassung scheitert

Mai 2004
Osterweiterung der EU: Aufnahme von zehn neuen Mitgliedern

Juni 2004
EU-Gipfel in Brüssel einigt sich auf einen Verfassungsvertrag

Juni 2005
EU-Gipfel beschließt Aussetzen des Ratifizierungsprozesses nach Abstimmungsniederlagen in Frankreich und den Niederlanden

1. Januar 2007
Erweiterung der EU um Bulgarien und Rumänien

Dezember 2007
Vertrag von Lissabon: Reformvertrag zum EU-Verfassungsentwurf

1. Juli 2013
Beitritt von Kroatien

2 Aufbau und Aufgaben der EU

2.1 So funktioniert die EU

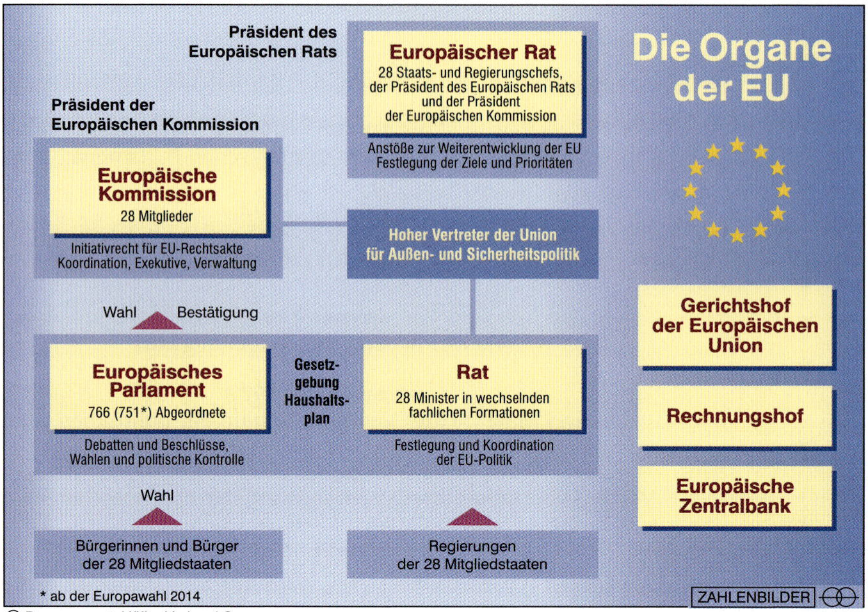

 714 028

Qualifizierte Mehrheit
Für eine qualifizierte Mehrheit sind knapp drei Viertel der Stimmen erforderlich. Das Abstimmungsergebnis muss außerdem die Mehrheit der EU-Staaten und auf Antrag eines Mitglieds mindestens 62 % der Bevölkerung repräsentieren.

Kommunalwahlen
Seit 1996 kann jeder Wahlberechtigte in der EU dort an Kommunalwahlen teilnehmen, wo er wohnt, auch in anderen Mitgliedstaaten der EU.

Mit dem Vertrag von Nizza wird die institutionelle Grundlage für ein Europa der 28 geschaffen. Zentrales Entscheidungsorgan ist nach wie vor der **Rat der Europäischen Union** (früher Ministerrat). Er setzt sich aus den 28 jeweils zuständigen Fachministern der Regierungen der Mitgliedstaaten zusammen. Um Beschlüsse zu fassen, ist in den meisten Fällen eine qualifizierte Mehrheit vorgesehen. Die vom Rat der Europäischen Union verabschiedeten Richtlinien sind für die Mitgliedstaaten verbindlich und müssen von den nationalen Parlamenten in nationales Recht umgesetzt werden.
Neben den Ministern treffen sich die Regierungschefs der EU-Staaten und die jeweiligen Präsidenten von Kommission und Parlament zweimal pro Jahr im **Europäischen Rat**, um Grundsatzentscheidungen zu treffen und neue Impulse zu geben. Der Europäische Rat hat aber keine Gesetzgebungskompetenz.
Die **Kommission** besteht aus 28 Mitgliedern (ein Kommissar je Mitgliedstaat), die von den Regierungen der Mitgliedstaaten bestellt werden. Sie erarbeitet Gesetzesvorschläge und führt die Beschlüsse des Rats der Europäischen Union aus.
Der **Europäische Gerichtshof** besteht aus 28 Richtern und acht Generalstaatsanwälten. Er soll die Gemeinschaftsverträge auslegen und für eine einheitliche Anwendung des Gemeinschaftsrechts sorgen. Die Entscheidungen des Europäischen Gerichtshofs sind für die EU-Mitglieder verbindlich.
Die 736 Abgeordneten des **Europäischen Parlaments** werden von den Bürgerinnen und Bürgern der EU-Mitgliedstaaten für fünf Jahre gewählt. Obwohl das Europäische Parlament noch nicht die Aufgaben und Rechte eines nationalen Parlaments hat, hat es seine Stellung in den letzten Jahren deutlich stärken können.

Seit 1993 (Inkrafttreten des Maastrichter Vertrags) gibt es z. B. für Verbraucherschutz und Gesundheitswesen ein neues **Mitentscheidungsverfahren**. Lehnt das Parlament in diesen Bereichen einen Beschluss des Ministerrats ab und kommt es trotz eines Vermittlungsverfahrens nicht zu einer Einigung, ist der Beschluss gescheitert. Eine Gesetzgebung gegen das Parlament ist hier also nicht mehr möglich.
Ohne Zustimmung des Parlaments kann der Haushalt der EU nicht in Kraft treten. Durch die Kontrolle über die Ausgaben kann das Parlament ansatzweise eigene politische Akzente setzen. Seit Inkrafttreten des Maastrichter Vertrags ist die Zustimmung des Parlaments auch für die Verabschiedung von Beitrittsverhandlungen und die Umsetzung der Währungsunion erforderlich.
Seit Januar 1995 können Kommissare erst nach einer Anhörung durch das Parlament benannt werden. Außerdem braucht die Kommission als ganze die Zustimmung des Parlaments, bevor sie ihre Arbeit aufnehmen kann.
Im Laufe der Zeit wurden dem Europaparlament deutlich mehr Mitspracherechte eingeräumt, Gesetzentwürfe dürfen nach wie vor nur von der Kommission eingebracht werden.
Die Europäische Union ist zwar kein Staat, sie kann aber in einigen Bereichen der Politik Rechtsakte erlassen, die in den Mitgliedstaaten dann geltendes Recht werden.

Rechtsakte der Union

Verordnungen gelten unmittelbar in jedem Mitgliedstaat. Sie sind einzelstaatlichen Gesetzen vergleichbar.

Richtlinien gelten für die Mitgliedstaaten. Sie sind verbindlich im Ziel, überlassen den Einzelstaaten die Umsetzung in nationales Recht.

Entscheidungen sind für diejenigen verbindlich, die genannt werden, z. B. eine Regierung oder ein Unternehmen.

Empfehlungen sind Stellungnahmen, sie sind nicht verbindlich.

Vom Verfassungsvertrag zum Reformvertrag

Die Europäische Union hat sich in vielen kleineren und größeren Schritten über mehr als 50 Jahre entwickelt. Mit dem näherrückenden Beitritt der osteuropäischen Staaten wird auch die Forderung nach einer neuen Grundlage laut. Daher wird im Dezember 2001 ein **Europäischer Konvent** (Regierungsversammlung) zur Ausarbeitung von Reformen einberufen, der im März 2002 seine Arbeit aufnimmt. Im Juli 2003 einigen sich die Mitglieder des Verfassungskonvents auf einen **Verfassungsentwurf**. Die Gründungsverträge der EU sehen vor, dass Reformvorschläge von einer Regierungskonferenz, der Vertreter aller EU-Staaten angehören, geprüft und beschlossen werden müssen. Aufgrund zahlreicher Streitpunkte, wie der Zusammensetzung der Kommission, der Stimmengewichtung im **Ministerrat**, der Anzahl der Sitze der einzelnen Mitgliedstaaten im EU-Parlament und der Ausweitung des Einstimmigkeitsprinzips wird der **Verfassungsvertrag** erst im Juni 2004 verabschiedet. Damit der Verfassungsvertrag in Kraft treten kann, ist jedoch noch eine **Ratifizierung** in jedem einzelnen Mitgliedstaat erforderlich. In der Bundesrepublik stimmen **Bundestag** und **Bundesrat** mit **Zwei-Drittel-Mehrheit** zu. In zahlreichen Mitgliedsländern finden **Referenden** (**Volksbefragungen**) statt. Nachdem der Verfassungsentwurf durch die Bevölkerung Frankreichs und der Niederlanden abgelehnt wird, wird das Abstimmungsverfahren ausgesetzt. Die Staats- und Regierungschefs vereinbaren, einen neuen Entwurf auszuarbeiten.
Nach schwierigen Verhandlungen zwischen den Mitgliedstaaten unterzeichnen die Staats- und Regierungschefs der EU-Staaten am 13. Dezember 2007 den **Vertrag von Lissabon**. Dieser EU-Reformvertrag soll für mehr Demokratie und Transparenz sorgen sowie die Entscheidungsprozesse in der EU straffen. So werden die Mitspracherechte des Parlaments gestärkt und es wird weniger Politikbereiche geben, in denen die Einstimmigkeit im Ministerrat erforderlich ist. Bisher haben kleine EU-Länder mit wenig Einwohnern verhältnismäßig viel Macht im Ministerrat. Dies wird durch das System der **doppelten Mehrheit** geändert. Die doppelte Mehrheit ist dann erreicht, wenn 55 % der Mitgliedstaaten, die gemeinsam 65 % der EU-Bevölkerung repräsentieren, zustimmen. Außerdem sieht der Vertrag von Lissabon erstmals die Möglichkeit des Austritts eines Mitgliedstaates aus der Union vor.

Aufgrund sechs vorliegender Klagen hat das Bundesverfassungsgericht den Vertrag von Lissabon geprüft und im Juni 2009 seine grundsätzliche Verfassungsmäßigkeit bestätigt.

Die meisten EU-Staaten haben den Vertrag ratifiziert. Die Iren, die ihn im Jahr 2008 in einem Referendum abgelehnt haben, stimmten im Oktober 2009 nach kleineren Änderungen am Vertragstext zu. Danach ratifizieren auch alle restlichen Staaten den Vertrag.

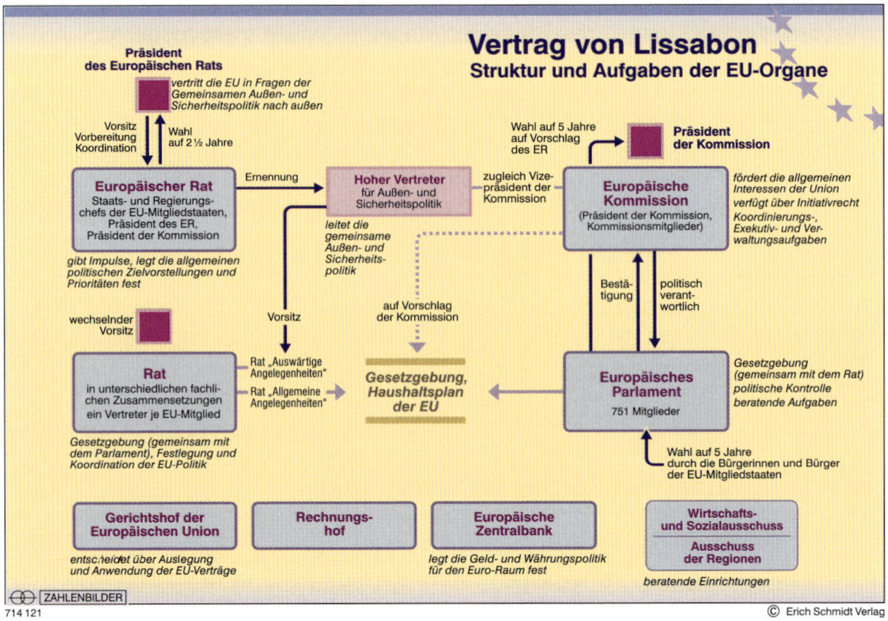

2.2 So finanziert sich die EU

Da die EU kein Staat ist, kann sie nicht direkt Steuern und Abgaben erheben. Um jedoch ihre vielfältigen Aufgaben verwirklichen zu können, benötigt die Union Finanzmittel, die ihr aus verschiedenen Quellen zufließen. In ihrem Haushaltsplan legt sie fest, wofür das Geld ausgegeben wird.

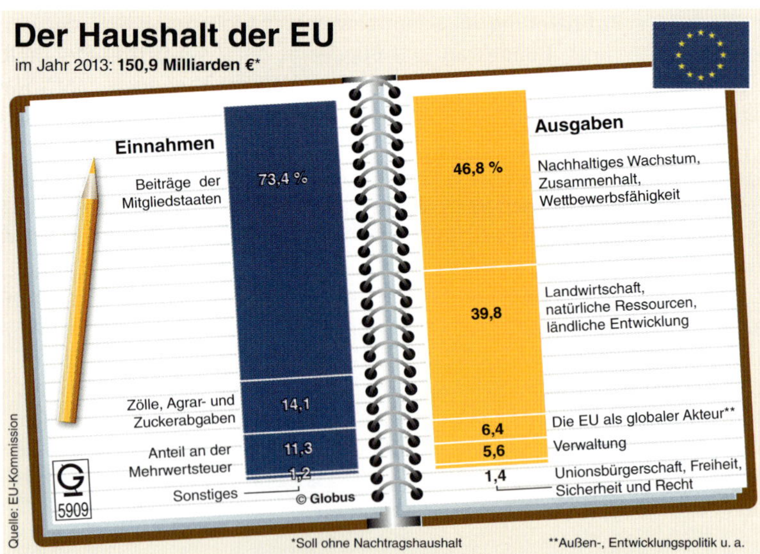

Der größte Teil der Ausgaben wird für die **gemeinsame Agrarpolitik** und die **Struktur- und Regionalpolitik** verwandt. Trotz Reformen in der gemeinsamen Agrarpolitik verschlingen die Ausgleichszahlungen an die Bauern und die Subvention von Lagerbeständen enorme Summen. Die 1992 beschlossene Agrarreform zeigt dennoch Wirkung: Die Überschüsse sind zurückgegangen und eine umweltverträgliche landwirtschaftliche Produktion setzt sich allmählich durch.

Innerhalb der EU gibt es große Unterschiede hinsichtlich der wirtschaftlichen Leistungsfähigkeit und des Lebensstandards. Die Strukturfonds unterstützen Projekte und Regionen in benachteiligten Regionen der EU. Der Regionalfonds, der Europäische Sozialfonds, der Landwirtschaftsfonds und der Fischereifonds sollen eine Angleichung der Lebensverhältnisse vorantreiben und ein „Europa der zwei Klassen" verhindern.

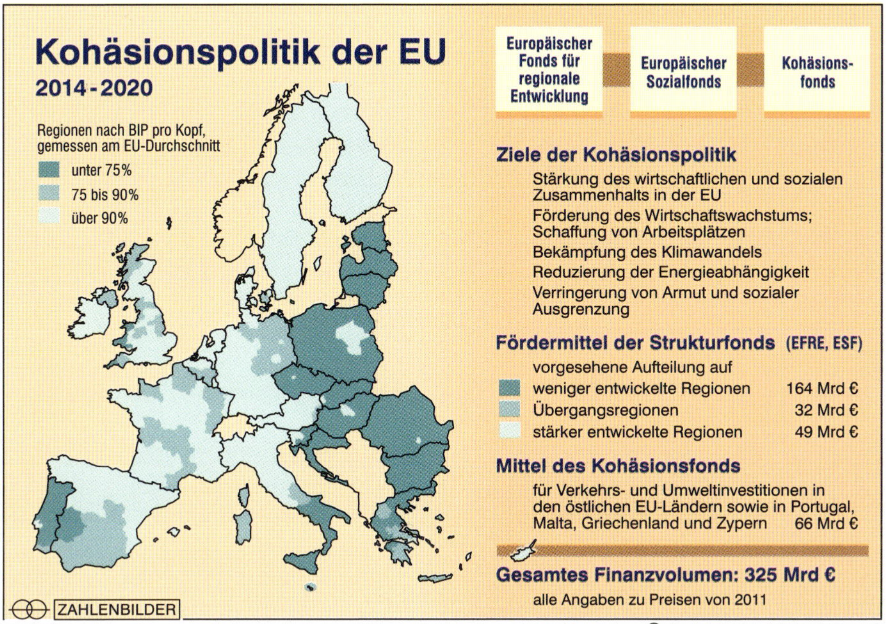

725 368 © Bergmoser + Höller Verlag AG

Spirale der Wirtschaftskraft

Bruttoinlandsprodukt je Einwohner 2012 EU-Durchschnitt = 100

Luxemburg	**272**
Irland	**130**
Niederlande	**129**
Österreich	**131**
Dänemark	**125**
Schweden	**129**
Belgien	**119**
Großbritannien	**110**
Finnland	**115**
Deutschland	**122**
Frankreich	**108**
Spanien	**97**
Italien	**99**
Griechenland	**75**
Zypern	**91**
Slowenien	**82**
Tschechien	**79**
Malta	**86**
Portugal	**75**
Estland	**69**
Ungarn	**66**
Slowakei	**75**
Litauen	**70**
Lettland	**62**
Polen	**66**
Rumänien	**49**
Bulgarien	**47**

eurostat Pressemitteilung 09/2013

Zusammenfassung

Nachdem die Einigungsbemühungen der Europäer nach dem Ersten Weltkrieg gescheitert waren, gewinnt die Idee einer europäischen Einigung nach den Erfahrungen des Zweiten Weltkrieges erneut an Bedeutung. Von ihr erhofft man sich einen schnelleren **wirtschaftlichen Wiederaufbau**, eine **politische Stärkung** und einen Beitrag zur **Friedenssicherung** in Europa. Es stellt sich jedoch bald heraus, dass dieses Ziel aufgrund unterschiedlicher Auffassungen kaum erreichbar ist. Daher schließen sich zunächst die sechs europäischen Staaten Belgien, Bundesrepublik Deutschland, Frankreich, Italien, Luxemburg und Niederlande zusammen und vereinbaren auf einzelnen Teilgebieten eine gemeinsame Politik.
Montanunion, **Euratom** und **EWG** bilden die Vorläufer der Europäischen Gemeinschaft (EG), deren Ziel die Schaffung eines geeinten Europa ist.
In den folgenden Jahren werden trotz zahlreicher Verzögerungen und Rückschläge wichtige Schritte in Richtung eines vereinten Europa unternommen. So erhöht sich die Zahl der Mitgliedstaaten von sechs Gründungsstaaten auf mittlerweile 28.

Am weitesten fortgeschritten ist die Einigung Europas auf wirtschaftlichem Gebiet. Die **Zölle** sind bereits abgeschafft, der **Binnenmarkt** ist seit dem 1. Januar 1993 realisiert, und mit Inkrafttreten des **Maastrichter Vertrags** am 1. November 1993 ist aus der Europäischen Gemeinschaft die **Europäische Union** geworden. Einen weiteren Meilenstein im europäischen Integrationsprozess stellt die Einführung einer gemeinsamen Währung, des **Euro**, ab 1. Januar 2002 dar.

Um ihre Ziele erreichen zu können, benötigt die EU gemeinsame Organe, die für alle Mitglieder verbindliche Entscheidungen treffen können. Der **Vertrag von Nizza** ist ein wichtiger Schritt zur **Reformierung** der Organe im Hinblick auf mehr **Demokratisierung** und die bevorstehende Erweiterung.
Im März 2002 nimmt der **Verfassungskonvent** seine Arbeit auf und präsentiert im Juli 2003 einen Verfassungsentwurf. Im Juni 2004 einigen sich die Staats- und Regierungschefs auf einen **Verfassungsvertrag**, der neben der Arbeitsweise auch die gemeinsamen Ziele und Werte der Union festschreibt.

Die Ablehnung des Verfassungsvertrags durch Volksabstimmungen in Frankreich und den Niederlanden führt dazu, dass das Abstimmungsverfahren ausgesetzt wird. Der sich anschließende **Reformprozess** führt zum **Vertrag von Lissabon**, der im Dezember 2007 von den Staats- und Regierungschefs der EU unterzeichnet wird. Er soll die Union in die Lage versetzten, die zukünftigen Herausforderungen bewältigen zu können. Dieser **Reformvertrag** trägt nicht mehr den Namen Verfassung und verzichtet bewusst auf Symbole wie eine Europa-Flagge und eine Europa-Hymne, um der Skepsis vieler Bürger gegenüber einem „Superstaat Europa" entgegenzuwirken.

Zur Finanzierung ihrer Aufgaben hat die EU einen eigenen Haushalt, der seine Einnahmen vor allem aus **Zöllen** und **Abgaben auf Güter aus Nicht-EU-Ländern**, **Mehrwertsteuereinnahmen** und dem Anteil am **Bruttosozialprodukt** der einzelnen Staaten bezieht.

Den größten Anteil im EU-Haushalt beansprucht die **europäische Regionalpolitik**, die sich um einen Ausgleich zwischen den weniger entwickelten und den wohlhabenderen Regionen Europas bemüht.

Der zweitgrößte Anteil der Ausgaben wird trotz erfolgreicher Reformen für den gemeinsamen Agrarmarkt benötigt.

Zur Wiederholung

1. Welche wirtschaftlichen und politischen Ursachen beschleunigten die europäischen Einigungsbemühungen nach dem Zweiten Weltkrieg?
2. Beschreiben Sie die Entwicklung der EU von ihren Anfängen bis zur Gegenwart.
3. Erläutern Sie die Funktionsweise der EU.
4. Skizzieren Sie die wichtigsten Veränderungen, die mit dem Reformvertrag von Lissabon verbunden sind.

Handlungsimpulse

1. Finden Sie Ursachen für das Scheitern des Verfassungsvertrags aus dem Jahr 2004.
2. Bereiten Sie eine Umfrage unter Mitschülern und/oder an Ihrem Wohnort hinsichtlich der Kenntnisse der Bedeutung des Vertrags von Lissabon und dem Stand der Integration allgemein vor.
3. Stellen Sie sich vor, Sie führen eine Diskussion mit einem Europa-Skeptiker. Mit welchen Argumenten verdeutlichen Sie ihm
   a) die Notwendigkeit einer gemeinsamen vertraglichen Grundlage der Union;
   b) dass die EU mit dem Reformvertrag ein Stück weit demokratischer wird?

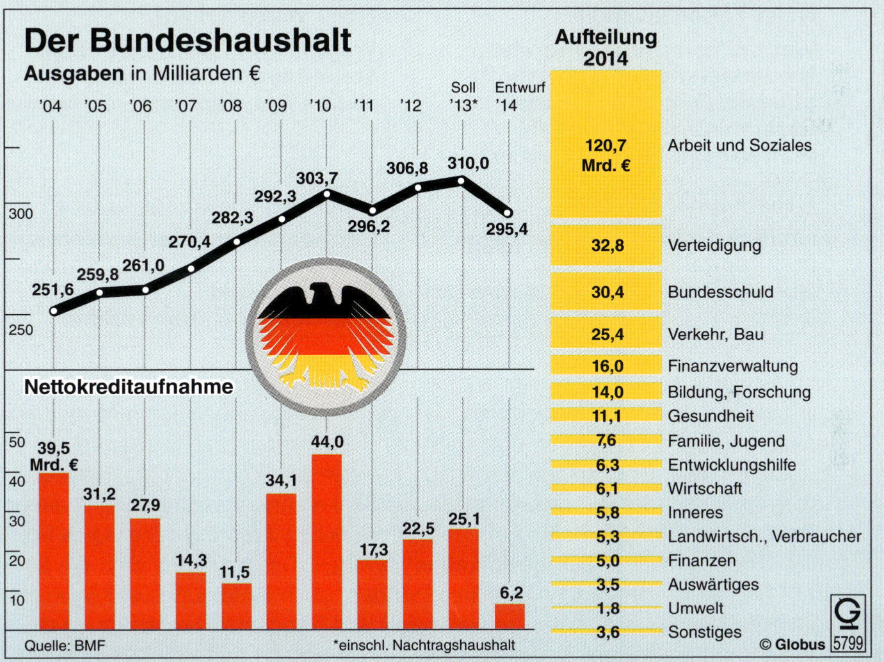

4. Beschreiben Sie die Schwerpunkte der Strukturpolitik der EU und versuchen Sie, eine Begründung für diese Schwerpunkte zu finden.
5. Glauben Sie, dass das Wohlstandsgefälle innerhalb der EU den Integrationsprozess bremst?

3 Vom Binnenmarkt zum Europa der 28

Schengener Abkommen (1995)
Alle EU-Staaten außer Großbritannien und Irland haben das Abkommen unterzeichnet. Hinzu kommen die Nicht-EU-Staaten Island, Norwegen und die Schweiz.
Das Abkommen beinhaltet den Abbau der Kontrollen an den gemeinsamen Grenzen und die Einführung des freien Waren- und Dienstleistungsverkehrs sowie strengere Kontrollen der Außengrenzen.

EU-Handelsbande
So viele Exporte in Mrd. € gehen in die EU Partnerländer (2009):

Frankreich	**81,9**
Niederlande	**54,1**
Großbritannien	**53,2**
Italien	**51,1**
Österreich	**48,2**

Eigene Zusammenstellung nach Zahlen vom Statistischen Bundesamt

3.1 Die Verwirklichung des Binnenmarktes

Schon der Gründungsvertrag der Europäischen Wirtschaftsgemeinschaft von 1957 sieht die Errichtung eines alle Mitglieder umfassenden **gemeinsamen Marktes** vor, der innerhalb einer Frist von zwölf Jahren verwirklicht sein soll. Dennoch können sich die EU-Mitgliedstaaten erst 1985 darauf einigen, bis Ende 1992 einen **einheitlichen Wirtschaftsraum** zu schaffen.
Ausgangspunkt dieser neu gewachsenen Entschlossenheit ist die Erkenntnis, dass die EU endlich die Möglichkeiten eines gemeinsamen Marktes voll ausschöpfen muss, wenn sie in Zukunft noch in der Lage sein will, mit den Handelsimperien auf dieser Welt zu konkurrieren. Zwar gelingt es nicht, das ehrgeizige Projekt bis zu Beginn des Jahres 1993 zu vollenden, aber in den folgenden Jahren werden zahlreiche Maßnahmen zur **Harmonisierung** (Angleichung) der unterschiedlichen **Vorschriften** und **Normen** in den einzelnen Staaten umgesetzt. Dabei werden im Zuge der Harmonisierung strengere nationale Vorschriften durch großzügigere EU-Vorschriften verwässert.

Die vier Freiheiten im Binnenmarkt

Freier Personenverkehr: **Wegfall von Grenzkontrollen, Niederlassungs- und Beschäftigungsfreiheit für EU-Bürger, Harmonisierung der Asyl-, Waffen- und Drogengesetze**	**Freier Warenverkehr:** **Wegfall von Grenzkontrollen, Steuerharmonisierung, gegenseitige Anerkennung von Normen**
Freier Kapitalverkehr: **Größere Freizügigkeit für Geld- und Kapitalbewegungen, Liberalisierung des Wertpapierverkehrs**	**Freier Dienstleistungsverkehr:** **Harmonisierung der Banken- und Versicherungsaufsicht, Öffnung der Transport- und Telekommunikationsmärkte**

Mit der Verwirklichung des Binnenmarktes eröffnen sich für die Bürger der EU auch ganz neue berufliche Perspektiven. Mit den EU-Regelungen für eine gemeinsame Anerkennung von Diplomen und sonstigen Qualifikationsnachweisen ist ein Berufszugang im gesamten EU-Gebiet möglich. In vielen Bereichen, wie im Hotel- und Gaststättengewerbe, der Tourismusbranche, bei Banken und Versicherungen werden Mitarbeiterinnen und Mitarbeiter gefragt sein, die neben ihren fachlichen Qualifikationen über eine sogenannte **Euroqualifikation** verfügen. Das bedeutet, dass die Bewerber nicht nur die Landessprache sprechen, sondern auch Einfühlungsvermögen in andere Mentalitäten und Kulturen sowie Sozial- und Handlungskompetenz im jeweiligen Land mitbringen sollten. Zahlreiche Institutionen bieten berufliche Bildungs- und Qualifikationsprogramme an, mit dem Ziel, durch Auslandsaufenthalte die Berufschancen zu verbessern.

Internationalisierung

3.2 Der Vertrag von Maastricht und die Einführung der Währungsunion

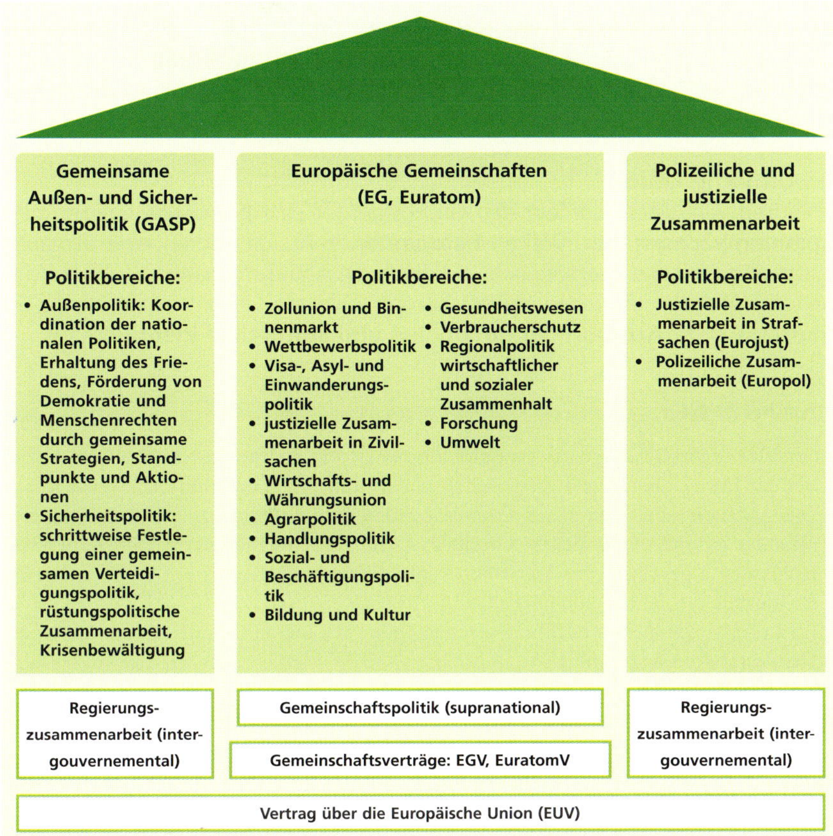

Behilflich bei der Arbeitsplatzsuche im Ausland ist die Zentrale Stelle für Arbeitsvermittlung Postfach 170545 60079 Frankfurt

Die Entstehung des Vertrags über die Europäische Union (Vertrag von Maastricht)

- **09./10.12.1991:** Der Europäische Rat beschließt das Vertragswerk auf seinem Gipfeltreffen in Maastricht (NL).
- **07.02.1992:** Unterzeichnung durch die Außen– und Finanzminister
- **1992/93:** Ratifizierung des Vertrags durch die nationalen Parlamente
- **01.11.1993** Der Vertrag von Maastricht tritt in Kraft.

Demokratie

Der Vertrag über die Europäische Union bedeutet einen wichtigen Schritt vorwärts im europäischen Einigungsprozess. Der Unionsvertrag umfasst mehrere Einzelverträge. Das erste Element des Vertragswerks ist die Fortentwicklung des bisher gültigen EWG-Vertrags (jetzt: EG-Vertrag) durch die Bestimmungen über die Errichtung der **Wirtschafts- und Währungsunion** sowie die Einführung einer **Unionsbürgerschaft**. Die beiden anderen Teile stellen eine grundlegende Erweiterung des Tätigkeitsbereichs der Gemeinschaft dar, indem neben der Wirtschafts- und Währungspolitik auch die **Außen- und Sicherheitspolitik** sowie die **Innen- und Rechtspolitik** der Mitglieder stärker koordiniert werden sollen. So wird aus der Europäischen Gemeinschaft die Europäische Union.

Die wichtigsten Bestimmungen im Rahmen der Europäischen Gemeinschaft betreffen die weitere Vollendung des Binnenmarktes und die Schaffung der Wirtschafts- und Währungsunion. Am Ende einer mehrjährigen Annäherungsphase steht im Jahre 2002 die Einführung einer gemeinsamen Währung mit dem Namen **Euro**.

Gemeinsame Innen- und Rechtspolitk

Auch in diesem Bereich zeigt sich, wie schwierig es ist, einzelne Staaten zu einer einheitlichen Position zu bringen. So gibt es nach wie vor nicht die dringend notwendige **einheitliche Asylpolitik** und trotz drückender gemeinsamer Probleme wie Drogen- und Menschenhandel, Schleuserkriminalität etc. ist eine europäische Polizeibehörde mit wirklichen Kompetenzen noch nicht realisiert. Im Vertrag von Lissabon ist vorgesehen, die gemeinsame Innen- und Rechtspolitik weitestgehend auf die supranationale Ebene zu überführen.

Subsidiarität bedeutet, dass die Europäische Union nur dann tätig werden darf, wenn Aufgaben oder Probleme von den Mitgliedstaaten nicht ausreichend bewältigt werden können.

Die politische Union

Der Vertrag von Maastricht legt den Grundstein für eine **politische Union**, die ein **Zusammenwachsen der Völker Europas** anstrebt, das durch eine allmähliche Angleichung der Lebensverhältnisse und durch die Abtretung nationaler Hoheitsrechte an europäische Institutionen erreicht werden soll. Dabei gilt der Grundsatz der **Subsidiarität** und die **Achtung der nationalen und kulturellen Identität.**

Artikel 23 GG

(1) Zur Verwirklichung eines vereinten Europas wirkt die Bundesrepublik Deutschland bei der Entwicklung der Europäischen Union mit, die demokratischen, rechtsstaatlichen, sozialen und föderativen Grundsätze und dem Grundsatz der Subsidiarität verpflichtet ist und einen diesem Grundgesetz im Wesentlichen vergleichbaren Grundrechtsschutz gewährleistet. Der Bund kann hierzu durch Gesetz mit Zustimmung des Bundesrates Hoheitsrechte übertragen [...]
(2) In Angelegenheiten der Europäischen Union wirken der Bundestag und durch den Bundesrat die Länder mit [...]

Gemeinsame Außen- und Sicherheitspolitik (GASP)

In der Außen- und Sicherheitspolitik bewegt sich die Europäische Union auf einem Feld der Politik, wo eine Kompetenzübertragung den meisten Mitgliedstaaten besonders schwer fällt. Immerhin sind außen- und sicherheitspolitische Entscheidungsfreiheit wesentliche Merkmale der Souveränität eines Staates. Seit Maastricht gibt es eine neue und engere Form der Zusammenarbeit: die gemeinsame Aktion der GASP. Der Rat der Europäischen Union beschließt **einstimmig**, ob eine Angelegenheit der Außen- und Sicherheitspolitik Gegenstand einer **gemeinsamen Aktion** werden soll.

In den vergangenen Jahren gibt es verschiedene gemeinsame Aktionen, z. B. zur Unterstützung des Friedensprozesses im Nahen Osten, Minenräumung im ehemaligen Jugoslawien, Entsendung von Gerichtsexperten in den Kosovo zur Aufklärung von Massenmorden und zur Verhängung von Sanktionen (Strafmaßnahmen) gegen die Taliban in Afghanistan.

Mit dem Vertrag von Nizza (2003) findet eine Erweiterung der GASP-Bestimmungen zur **Europäischen Sicherheits- und Verteidigungspolitik** (ESVP) statt. Zu den neuen Aufgaben gehören die Beteiligung an friedenserhaltenden Maßnahmen, Kampfeinsätzen und humanitären Aufgaben sowie Rettungseinsätzen.

Neben Auslandseinsätzen in Bosnien-Herzegowina und Mazedonien sind Georgien, die Palästinensergebiete und einige Länder Afrikas Einsatzschwerpunkte im Rahmen der ESVP.

3.3 Die Osterweiterung der EU

Am 1. Mai 2004 erlebt die EU ihre größte **Erweiterungsrunde**. Acht mittel- und osteuropäische Staaten sowie Malta und Zypern treten ihr bei und vergrößern die Bevölkerungszahl der Europäischen Union um 75 Millionen auf rund 450 Millionen. Nach der **Aufnahme Bulgariens** und **Rumäniens** im Jahr 2007 und dem **Beitritt Kroatiens** im Jahr 2013 leben heute über eine halbe Milliarde Menschen in der Europäischen Union.
Damit ist der Erweiterungsprozess jedoch noch nicht beendet. Die Türkei und Mazedonien sind offizielle Beitrittskandidaten. Serbien, Montenegro und der Kosovo streben ebenfalls einen Beitritt zur EU an. Es wird allerdings noch einige Jahre dauern, bis sie die Voraussetzungen erfüllen.
Die neuen Mitgliedstaaten haben bereits in den 1990er- Jahren ihre Beitrittsanträge gestellt. Der Antrag der Türkei läuft schon seit 1987. Voraussetzung für den Beitritt ist die Erfüllung bestimmter Kriterien, der **„Kopenhagener Kriterien"**:

Die Erweiterung der EU
Kroatiens Beitritt 01.07.2013
Bewerberländer:
Island
Mazedonien
Serbien
Türkei

- Bereitschaft zur Übernahme aller Rechte und Pflichten, die sich aus einer Mitgliedschaft ergeben
- Stabilität der Demokratie, Rechtsstaatlichkeit, Mehrparteiensystem, Wahrung der Menschenrechte, Schutz von Minderheiten
- Funktionsfähige Marktwirtschaft, Fähigkeit, dem Wettbewerb des Binnenmarktes standzuhalten

Da zehn der zwölf Beitrittskandidaten die Bedingungen erfüllen, wird 2002 auf dem Gipfeltreffen in Kopenhagen ihr Beitritt beschlossen. Die zukünftigen Mitgliedstaaten werden in den folgenden Jahren an die EU „herangeführt". Die meisten von ihnen haben durch Volksabstimmungen über ihren Beitritt entschieden.

Demokratie

Wie geht es weiter mit der EU?

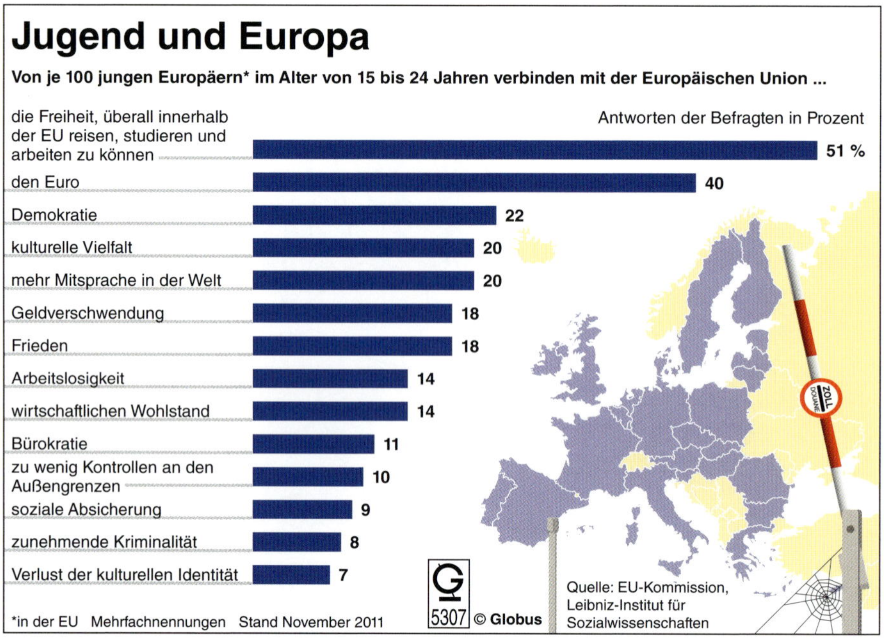

Um ihre Erfolgsgeschichte fortzusetzen, muss die Europäische Union ganz aktuelle Herausforderungen meistern.

Ziele sind ein funktionierendes Zusammenspiel innerhalb der EU, z. B. Erhaltung von Wohlstand und sozialem Schutz, aber auch die Stabilisierung und Integration der sog. Westbalkan-Länder.

Akzeptanz der Bevölkerung: Es sind mehr Menschen für die EU als dagegen. Sie wünschen sich europäische Lösungen im Kampf gegen die Finanzkrise, gegen die negativen Folgen der Globalisierung und Terrorismus.

Bewältigung der Finanzkrise: Die Finanzkrise fordert die EU heraus. Die EU reagiert mit neuen Kontrollmechanismen und vorbeugenden Institutionen, um zukünftige Krisen zu vermeiden. Die Erfolgschancen dieser Strategie sind jedoch unklar.

4 Die globale Bedeutung der EU

Die EU der 28 in der Welt

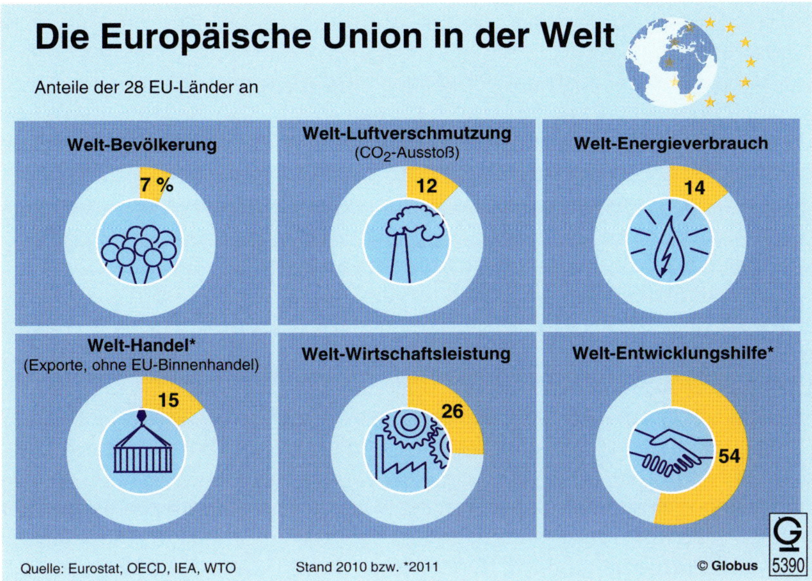

Mit Gründung des Binnenmarktes, der Währungsunion und der Erweiterung auf 28 Mitgliedstaaten ist aus der Europäischen Union ein Kraftzentrum geworden, das mit den Handelsimperien der Welt konkurrieren kann. In einer Zeit enger **wirtschaftlicher Verflechtung** und zunehmender **Globalisierung** ist der Einzelstaat nicht mehr in der Lage, diesen Herausforderungen zu begegnen.

Globalisierung: zunehmende weltweite wirtschaftliche und soziale Verflechtung

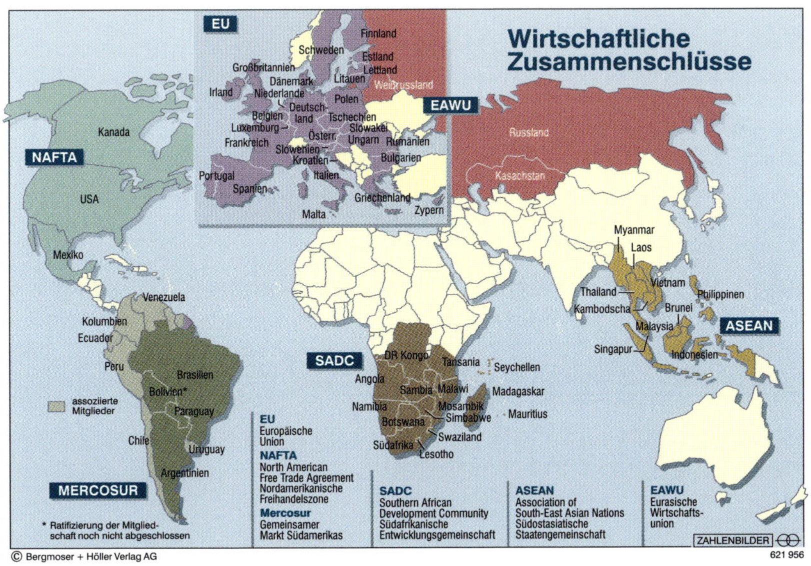

„Dieses Europa ist auf dem Globus relativ klein. Es kann in der wirtschaftlichen, geistigen und politischen Konkurrenz anderen gegenüber nur bestehen, wenn es sich zusammenschließt. Die Europäische Union hat die Mitgliedstaaten immerhin fünf Jahrzehnte vor einem Krieg bewahrt."

ehem. Bundespräsident Prof. Dr. Roman Herzog

Zusammenfassung

Mit der Verwirklichung des **Binnenmarktes** 1993 ist die **Europäische Integration** ein großes Stück vorangekommen. Die Freiheit von Personen-, Waren-, Kapital- und Dienstleistungsverkehr eröffnet den Bürgern Europas neue Chancen und Herausforderungen. Neben der Harmonisierung zahlreicher unterschiedlicher Normen und Regelungen innerhalb der Union werden von den Arbeitnehmern neue Qualifikationen erwartet.

Die im **Vertrag von Maastricht** vorgesehene **Währungsunion** wird mit der endgültigen Einführung des **Euro** im Jahr 2002 verwirklicht. Die Bereiche **gemeinsame Rechts- und Innenpolitik** sowie die **gemeinsame Außen- und Sicherheitspolitik** sind trotz Fortschritten noch immer stark von einzelstaatlichen Interessen geprägt, was eine einheitliche Vorgehensweise erschwert. Um der Angst vor Verlust nationaler Souveränität entgegenzuwirken, wurde im Vertrag das Prinzip der Subsidiarität verankert.

Nach Erfüllung der geforderten **Beitrittskriterien** treten am 1. Mai 2004 zehn neue Mitgliedstaaten, am 1. Januar 2007 Bulgarien und Rumänien und 1. Juli 2013 Kroatien der EU bei. Damit gewinnt sie nicht nur an politischem und wirtschaftlichem Gewicht, sondern sieht sich auch mit grundlegenden Fragen hinsichtlich neuer Beitrittskandidaten konfrontiert.

Die Verwirklichung des Binnenmarktes ist die einzig mögliche Antwort auf eine Welt der wirtschaftlichen Zusammenschlüsse und zunehmende **Globalisierung**. Der Einzelstaat ist nicht mehr in der Lage, diesen Herausforderungen gerecht zu werden.

Durch ihre enorme Wirtschaftskraft hat die EU auch eine **globale politische Verantwortung**, wie ihr Einsatz in Krisenregionen der Welt im Rahmen der **Gemeinsamen Außen- und Sicherheitspolitik (GASP) bzw. der Europäischen Sicherheits- und Verteidigungspolitik (ESVP)** zeigt.

Zur Wiederholung

1. Welche Chancen und Risiken sehen Sie in der Verwirklichung des Binnenmarktes?
2. Nennen Sie fünf „Euroqualifikationen" und begründen Sie, warum gerade diese wichtig sind.
3. Welche politischen und wirtschaftlichen Kriterien müssen die Beitrittskandidaten erfüllen?

Handlungsimpulse

1. Diskutieren Sie Gründe, die für, und Gründe, die gegen einen Beitritt der Türkei sprechen.
2. Wo liegen Ihrer Meinung nach die zukünftigen Grenzen der EU?
   Welche Länder sollten unbedingt und welche auf gar keinen Fall der Union angehören? Begründen Sie Ihre Meinung.
3. Informieren Sie sich, in welchen Ländern der Euro offizielles Zahlungsmittel ist.
4. Interviewen Sie Betriebe in Ihrer Umgebung im Hinblick auf den Handel mit EU-Ländern. Haben diese eher Vor- oder eher Nachteile durch die Osterweiterung erfahren? Stellen Sie die Ergebnisse in einem Rollenspiel vor.
5. Entwickeln Sie ein Europa-Quiz: Setzen Sie sich in Kleingruppen zusammen und formulieren Sie fünf (evtl. mehr, je nach Klassenstärke) Fragen zur Geschichte, Kultur, Geografie, Politik und zum Sport Europas.

Globalisierung – Chancen und Probleme

Die Globalisierung macht mit der Zeit aus allen Staaten der Erde eine Kombi-Nation.

Ernst Ferstl: Gedankenwege, Brockmeyer Verlag, Bochum 2009

Vielleicht vergisst man zu schnell, dass Globalisierung nicht nur bedeutet, Märkte zu teilen, sondern auch Probleme.

Winfried Schäfer: Was macht eigentlich ... Winfried Schäfer, in: Stern Nr. 26/2008, S. 154

Globalisierung ist die weltweite Vernetzung von Nationen in allen Bereichen (z. B. Politik, Wirtschaft, Kommunikation und Kultur). Dies geschieht sowohl zwischen Individuen als auch zwischen Organisationen, Unternehmen, Gesellschaften und Staaten.
Die Globalisierung wurde vor allem durch die Fortschritte in den Kommunikations- und Transporttechniken angetrieben.

Institut für Interkulturelle Kompetenz und Didaktik: Globalisierung – Definition: Weltweite Vernetzung von Nationen, abgerufen unter www.ikud.de/Globalisierung.html [23.12.2013]

1 Mehr Chancen als Probleme?

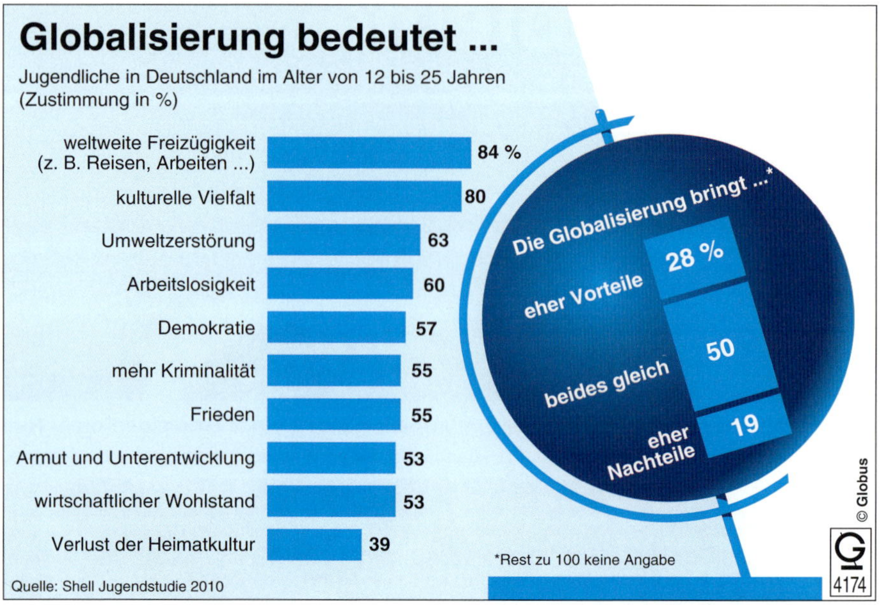

Internationalisierung

Für die Jugendlichen in Deutschland ist die Globalisierung kein Schreckgespenst. Mehr Befragte im Alter von 12 bis 25 Jahren sehen in ihr eher Vorteile (28 %) als Nachteile (19 %). 50 % sind der Meinung, dass sich Vor- und Nachteile die Waage halten. Das geht aus der 16. Jugendstudie, die der deutsche Ableger des globalen Mineralölkonzerns Shell 2010 veröffentlichte, hervor. Die befragten Jugendlichen, die schon von der Globalisierung gehört haben, verbinden mit ihr vor allem weltweite Freizügigkeit, zum Beispiel bei Reisen oder Arbeiten. Weitere Aspekte sind kulturelle Vielfalt, Demokratie, Frieden und wirtschaftlicher Wohlstand. Als negative Folgen der Globalisierung werden Umweltzerstörung, Arbeitslosigkeit, steigende Kriminalität, Armut und Unterentwicklung sowie Verlust der Heimatkultur gesehen (siehe Grafik oben).

In seiner ursprünglichen Bedeutung bezieht sich der Begriff der **Globalisierung** auf die weltweite Verflechtung der Märkte. Kaum ein Land ist dazu fähig, alle benötigten Güter selbst herzustellen; kein Unternehmen darf sich darauf verlassen, dass es für die eigenen Produkte keine internationale Konkurrenz gibt. Die Befürworter der Globalisierung sehen in der Zunahme des internationalen Handels eine Chance für den Wohlstand in allen Ländern. Neue Arbeitsplätze würden entstehen und der technische Fortschritt würde auch die ärmeren Länder dieser Welt erreichen. Darüber hinaus wird behauptet, dass durch den internationalen Handel der Demokratiegedanke in Länder getragen würde, die bisher kein demokratisches System hatten.

Tatsächlich hat sich zusammen mit der Ausweitung des intensiven weltweiten Handels auch die internationale Arbeitsteilung entwickelt. Grundsätzlich werden Güter oder einzelne Teile dort gefertigt, wo sie am kostengünstigsten hergestellt werden können.

Erkennbare Nutznießer dieses Prozesses sind zunächst die Konsumenten in den Industriestaaten. Ihnen bietet sich z. B. die Chance, Nahrungsmittel und Kleidungsstücke zu verhältnismäßig geringen Preisen zu erwerben. Ob auch die Menschen in den zumeist ärmeren Ländern, die diese Waren erzeugen, profitieren, ist nicht sicher. Der Warenaustausch nach den Bedingungen des **Fairen Handels** ist noch die Ausnahme.

Fairer Handel (englisch Fair Trade) Ist ein kontrollierter Handel, bei dem den Erzeugern festgelegte Mindestpreise bezahlt werden, die über dem üblichen Weltmarktpreis liegen. Die Produktion erfolgt unter menschenwürdigen Bedingungen. 2011 wurden in Deutschland für 477 Millionen Euro fair gehandelte Produkte gekauft.

Wir müssen nur wollen

Der Einsturz einer Kleiderfabrik in Bangladesch hat Hunderte Todesopfer gefordert. […] Wie nach früheren, ähnlich tragischen Unglücken wird die Frage nach den Schuldigen gestellt. Sind es die Kunden, die T-Shirts für 2,50 € kaufen? Sind es die Unternehmen, die die Niedriglöhne in Südostasien gnadenlos ausnutzen? Oder sind es Regierungen wie die in Bangladesch, denen es nicht gelingen will, Gesetzesverstöße zu Brandschutz und Arbeitsnormen zu ahnden und die Löhne zu erhöhen?

Das Problem ist komplex, eine einfache Lösung gibt es nicht. Natürlich hat der Kunde durch sein Einkaufsverhalten Macht. Doch oft ist es mit dem Verantwortungsbewusstsein nicht so weit her. Die schrecklichen Bilder und die guten Vorsätze sind schnell wieder vergessen. Zu verlockend sind die Billigangebote in den Fußgängerzonen und Kaufhäusern. […]

Bedienen die Unternehmen also nur die Nachfrage nach billiger Kleidung? […] Seit jeher wird Kleidung dort produziert, wo es billig ist. Bangladesch ist derzeit in dieser Hinsicht nicht zu toppen. Das Land ist nach China der zweitgrößte Exporteur von Kleidung. Der gesetzliche Mindestlohn […] liegt bei umgerechnet 30 € im Monat, laut Statistischem Bundesamt liegt der Einkaufspreis einer Jeans aus Bangladesch in Deutschland bei knapp sieben Euro. Das Land ist von seiner Textilindustrie abhängig. Sie steht für 75 % der Exporterlöse und gibt 3,5 Millionen Menschen Arbeit – vor allem Frauen, die häufig die ganze Familie ernähren. […]

Die Textilketten sperren sich dagegen, einen Existenzlohn zu zahlen, von dem eine asiatische Arbeiterin eine Familie ernähren kann. […] Selbst wenn man den Monatslohn in Bangladesch nur verdoppeln würde, würde ein Kleidungsstück lediglich um zwölf Cent teurer […] Das liegt daran, dass der Anteil der Lohnkosten gerade ein bis drei % des Endverkaufspreises ausmacht. Der Löwenanteil geht für Ladenmiete und Werbung sowie Lohnkosten in Deutschland drauf. […] Eine Ausrede der Textilketten ist, dass sie nicht gewährleisten können, das höhere Preise auch in Form höherer Löhnen bei den Arbeitern ankommen. […]

Stattdessen schieben die Unternehmen lieber den nationalen Regierungen die Verantwortung zu. Hier sind allerdings kaum Fortschritte zu erwarten: Die Regierung in Bangladesch befürchtet, dass steigende Löhne zu einer Abwanderung der Produktion führen könnte. […]

Jutta Maier: Wir müssen nur wollen, in: Frankfurter Rundschau, 30.04.2013, S. 2

Die großen Lohnunterschiede zwischen den Industrieländern und der übrigen Welt bringen es auch mit sich, dass Arbeitsplätze in den Industrieländern verloren gehen. Um Lohnkosten einzusparen wird die Fertigung auch höherwertiger Güter ins kostengünstigere Ausland verlagert. Sofern dann in der heimischen Wirtschaft keine Ersatzarbeitsplätze zur Verfügung stehen, ist Arbeitslosigkeit die Folge.

2 Neue Herausforderungen und alte Probleme

Frieden

Heute ist mit Globalisierung jedoch nicht nur eine wirtschaftliche Verflechtung gemeint. Auch in der Politik und im Freizeitbereich (u. a. Kultur, Sport) ist von Globalisierung die Rede. So wie es heute kaum noch ein Wirtschaftsleben ohne internationale Abhängigkeiten gibt, kann heute kaum noch ein Staat unabhängig von anderen handeln. Somit bietet sich die Chance, dass politische Entscheidungen einzelner Staaten nur in Abstimmung mit anderen Staaten oder Staatengemeinschaften erfolgen. Dadurch könnte einer friedlichen Entwicklung der Weg geebnet werden. Zudem kann sich heute kein Land dieser Welt der internationalen Beobachtung entziehen. So besteht auch eine geringe Hoffnung darauf, dass durch Druck von außen, Menschenrechtsverletzungen bekannt und bestraft werden (S. 180).

In kultureller Hinsicht ist auch das Zusammenwachsen der Weltregionen unverkennbar. Fast mühelos lernen wir somit fremde Kulturen kennen, können Teile daraus, die uns besonders gefallen, in unseren Alltag übernehmen. Im Gegenzug können andere Völker bei unserem kulturellen Angebot zugreifen. Allerdings ruft diese Entwicklung bei vielen Menschen auch Ängste hervor. Sie wehren sich gegen die kulturelle Vielfalt durch eine – zum Teil aggressive – Abwehrhaltung.

Erst die schnellen Kommunikationsverbindungen, wie sie vor allem das **Internet** (S. 97) bereitstellt, haben die Globalisierung möglich gemacht. Zudem werden die Reisemöglichkeiten immer kürzer und komfortabler. Praktisch ist jeder Mensch dieser Erde in kurzer Zeit erreichbar

Durch die zunehmende Verflechtung der Weltregionen im Rahmen der Globalisierung ergeben sich aber auch neue Herausforderungen und Probleme. Zu nennen sind hier hauptsächlich der **internationale Terrorismus, Umweltprobleme und** das **Hungerproblem** in der Welt.

Fundamentalisten sehen sich als Verteidiger der Glaubensgrundlagen und wenden sich demzufolge fanatisch und oftmals gewaltbereit gegen alles, was diese Fundamente aufzulösen scheint. Fundamentalisten treten in allen Glaubensrichtungen auf.

2.1 Internationaler Terrorismus

New York, 11. September 2001: Schlagartig verändert sich die Sicherheitslage in der Welt – warum?

Die Zerstörung des World Trade Centers in New York am 11. September 2001 steht am Beginn einer neuen weltweiten Bedrohung. Islamische **Fundamentalisten** versuchen mit terroristischen Aktionen auf das von ihnen erkannte Problem aufmerksam zu machen: die zunehmende Beeinträchtigung der islamischen Welt und des islamischen Glaubens durch wirtschaftliche und politische Machtinteressen westlicher Staaten. Die USA reagieren sofort. Sie betrachten sich von da ab als im Kriegszustand befindlich – mit allen Konsequenzen.

11. September 2001: Terroristen entführen amerikanische Passagiermaschinen und lenken sie in Kamikazeangriffen auf das New Yorker World Trade Center und auf das US-Verteidigungsministerium in Washington. US-Präsident Bush spricht von einer „nationalen Tragödie" und kündigt Vergeltung an. Die US-Streitkräfte werden in höchste Alarmbereitschaft versetzt.
12. September 2001: Der UN-Sicherheitsrat [siehe S. 210] verurteilt die Terroranschläge und fordert die Bestrafung der Drahtzieher. Die NATO [siehe S. 212] verkündet den Verteidigungsfall. Demnach wird der Angriff auf die USA als ein Angriff gegen alle Mitglieder des Bündnisses gesehen.
13. September 2001: Der deutsche Regierung nennt den Terrorangriff eine „Kriegserklärung an die gesamte zivilisierte Welt" und sichert den USA uneingeschränkte Solidarität zu.
15. September 2001: Die USA rüsten zum **Krieg gegen den internationalen Terrorismus** („war on terrorism"). Der US-Kongress (Parlament der USA) ermächtigt Präsident Bush, auf die Angriffe mit militärischer Gewalt zu reagieren. Bush spricht von einem „langen Feldzug" und erklärt den Kampf gegen den internationalen Terrorismus zum „ersten Krieg im 21. Jahrhundert".
16. September 2001: Die USA nehmen Afghanistan ins Visier. Erste Vergeltungsschläge sollen das Taliban-Regime treffen, das dem Islamisten Osama bin Laden Gastrecht gewährt. Die USA sehen in ihm, dem vermuteten Anführer des Terrornetzwerkes Al-Qaida, den Hauptverdächtigen der Terroranschläge auf New York und Washington.

Zusammengestellt aus IAP-Dienst Sicherheitspolitik Nr. 10/2001 (S. 4), 11 (S. 4), 12 (S. 6)

Taliban
(arabisch: „Student") bezeichnet eine Gruppe streng islamischer Fanatiker. 1997 übernimmt sie die Macht in Afghanistan

Al-Qaida
(arabisch: die Basis) weltweit operierendes Terrornetzwerk islamischer Fundamentalisten. Die Aktionen, zumeist von Selbstmordattentätern ausgeführt, richten sich gegen (westliche) Ausländer, aber auch gegen missliebige arabische Regierungen.

Trotz des militärischen Erfolgs gegen die Taliban in Afghanistan und der späteren Tötung von Osama bin Laden in Pakistan ist es bis heute nicht gelungen, den internationalen Terrorismus zu besiegen. Die militärischen Maßnahmen erfordern weiterhin personelle Opfer – auch unter der Zivilbevölkerung in den Einsatzgebieten – und einen hohen finanziellen Aufwand.

Terrorismus ist keine neue gesellschaftliche Erscheinung. Üblicherweise wird Terrorismus mit extremistischen Denken von Menschen in Verbindung gebracht, welche die vorhanden Verhältnisse (politisch, wirtschaftlich, sozial u. a.) gewaltsam verändern wollen. Sie misstrauen den üblichen Mitteln der Problembewältigung und Konfliktlösung. Terroristen nehmen bei ihren Aktionen auf Unbeteiligte kein Rücksicht. Eine theoretische Begründung des Gewalteinsatzes haben Terroristen im 19. und 20. Jahrhundert in den Ideen des Russen M. A. Bakuin (1814–1876) gefunden, der „direkte Aktionen" für angebracht hält, um die Gesellschaft zu verändern.

Islamistische Terroranschläge
2008 Islamabad (Pakistan)
2009 Mumbai (Indien)
2010 Kampala (Uganda)
2012 Marrakesch (Marokko)
2013 Boston (USA)

Somit war bis zum 11. September 2001 davon auszugehen, dass die Aktionen der Terroristen auf abgrenzbare Ziele ausgerichtet sind und räumlich überschaubar bleiben. Beim **internationalen Terrorismus** ist das nicht mehr der Fall. Konkrete Forderungen sind hier nicht mehr zu erkennen. Sie handeln aufgrund einer diffusen (unscharfen) Ideologie, z. B. eines fanatischen Islamismus, der von dem eigentlichen islamischen Glauben weit entfernt ist. Bei den terroristischen Aktionen sollen nicht einzelne Personen getroffen, sondern möglichst viele Menschen getötet werden, um Unsicherheit und Angst unter der Bevölkerung zu verbreiten. Die damit verbundene umfangreiche Berichterstattung der Medien kommt dieser Absicht sehr entgegen.

Vereitelter Terroranschlag in Bonn
Im Dezember 2012 wurde im Hauptbahnhof Bonn eine Sprengladung noch rechtzeitig entdeckt. Im Falle der Explosion hätte es ca. 200 Tote gegeben.

Da die Terroristen aber in einer offenen militärischen Auseinandersetzung hoffnungslos unterlegen wären, bedienen sie sich besonderer Mittel des Kampfes: Entführungen, Sprengstoffanschläge und (Selbstmord-) Attentate. Anders als beispielsweise bei zwischenstaatlichen Kriegen ist bei terroristischen Anschlägen die Zerstörung, die Zahl der Toten oder der Zusammenbruch der Versorgung für die Terroristen nicht so wichtig wie die Verbreitung von Angst und Schrecken. Um dies zu erreichen, setzen die Terroristen auch auf die Wirkung der weltweiten Berichterstattung, die regelmäßig auf die Anschläge folgt. Für den Einsatz von Gewalt ohne Rücksicht auf zivile Opfer wird der Terrorismus weltweit geächtet.

Bundeszentrale für politische Bildung: Kriegsdefinitionen, 01.10.2011, abgerufen unter http: //www.bpb.de/gesellschaft/medien/130582/kriegsdefinitionen [18.02.2013]

Der internationale Terrorismus wäre ohne die **Globalisierung** nicht möglich. Die weltweite Vernetzung durch schnelle Verkehrswege und Internet ermöglicht es, Planung, Vorbereitung und Ausführung von Anschlägen schnell und dezentral durchzuführen. Insofern ist die Abwehr des internationalen Terrorismus nicht nur eine Aufgabe der nationalen **Sicherheitspolitik**, sondern der ganzen Staatengemeinschaft.

Zerstörter Bus nach Bombenanschlag in London, 2005

2.2 Umweltprobleme

Globaler Wasserverbrauch und Nahrungsmittelproduktion
Der Weltwasserbericht geht von einer Zunahme der Nahrungsmittelproduktion bis 2050 um 70 % aus. Dadurch erhöht sich der Wasserverbrauch in der Landwirtschaft um 20 %. Zunehmend sind die Grundwasserreserven in Gefahr.

Globale Umwelttrends ...	und ihre Folgen
Ansteigender Rohstoffverbrauch	Verlust von Ressourcen → evtl. klimatische Auswirkungen (Abholzung)
Hoher Energieverbrauch	Freisetzung von Treibhausgasen → Treibhauseffekt, globale Erwärmung
Hoher Wasserverbrauch	Eingeschränkte Verfügbarkeit von Wasser → Wanderungsbewegungen → massiver Zuzug in städtische Regionen → Verschärfung ökologischer Probleme (u. a. Abfallbeseitigung, Wasserversorgung) oder → Verteilungskonflikte ggf. mit Waffeneinsatz
Unterbrechung natürlicher Kreisläufe	Abnehmende Ertragskraft der Böden → Wanderungsbewegungen → Verschärfung ökologischer Probleme (u. a. Abfallbeseitigung, Wasserversorgung) oder → Verteilungskonflikte ggf. mit Waffeneinsatz

Angesichts der ungeheuren und attraktiv angebotenen Produktflut verschwindet das Bewusstsein, dass hierfür aus der Natur Materialien bereitgestellt werden müssen, die nicht in jedem Fall unbegrenzt zur Verfügung stehen. Diese Materialien in Form von Rohstoffen und Energie sind **Umweltgüter** (natürliche Ressourcen) für die heute und zukünftig lebenden Menschen. Bedenkenloser Verbrauch der vorhandenen Ressourcen heißt, dass nachfolgenden Generationen das Leben erschwert, wenn nicht sogar unmöglich gemacht wird.

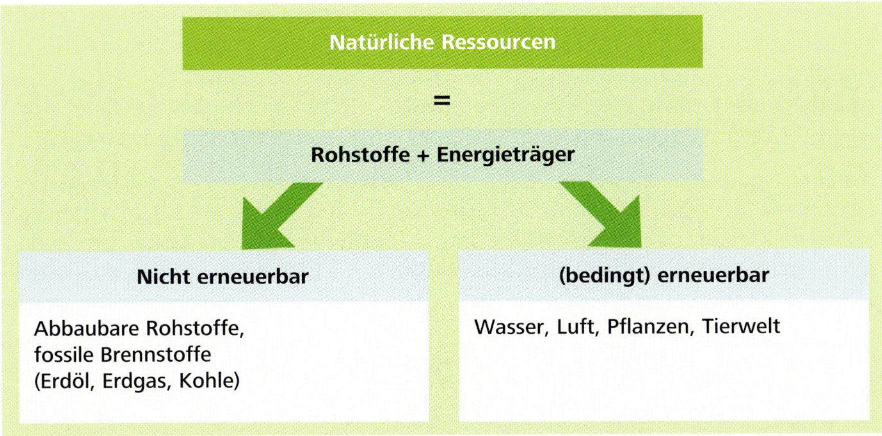

Es ist deshalb durchaus verständlich, dass im Zeichen der Globalisierung die Menschen in den Ländern der Dritten Welt auch an diesem Wohlstand teilhaben möchten und dem Lebensstil in den wohlhabenden Ländern nacheifern. Um in Zukunft ernsthafte Konflikte zwischen Arm und Reich zu vermeiden, muss der Globalisierungsprozess allen Menschen zugute kommen. Wenn dies aber mit solch hohem Ressourcenverbrauch wie bisher geschieht, ist die Umwelt überfordert. Es muss deshalb das Bestreben vor allem der Industriestaaten sein, den bisher erreichten Wohlstand mit geringerem Ressourceneinsatz zu sichern.

Schon heute wird deutlich, dass der **Energiehunger** aufstrebender Länder wie China, Indien und Brasilien (Schwellenländer) die Nachfrage für Rohstoffe und die Energieträger Erdöl und Erdgas massiv verstärkt. Die Reserven bisher genutzter Lagerstätten sind nicht unerschöpflich und neue Abbaugebiete größeren Umfangs sind nicht in Sicht oder nur mit hohem finanziellen Aufwand erschließbar. Die internationale Gemeinschaft ist vor eine fast unlösbare Aufgabe gestellt.

Ressourcenkonflikte
„Konflikte entstehen dort, wo Ressourcen knapp werden. Und auch da, wo ein Reichtum an Ressourcen große Einnahmen verspricht. Sie können aber auch gemeinsam gelöst werden – und zu mehr Wachstum führen."

Solveig Richter: Ressourcenkonflikt, abgerufen unter www.bpb.de/internationales/weltweit/innerstaatliche-konflikte/76755/ressourcenkonflikte [23.12.2013]

Der problematische Ressourcenverbrauch betrifft auch den Bereich der **erneuerbaren Ressourcen**. Grundsätzlich gelten Pflanzen und somit die Waldbestände als erneuerbar, wenn sie nicht übernutzt oder vernichtet werden. Negative Beispiele hierfür sind die Ausbeutung der **Regenwälder** und der **Ozeane**.

Alle zwei Sekunden verschwindet ein Stück Regenwald in der Größe eines Fußballfeldes. Gemessen an Fußballfeldern gehen allein im Amazonasgebiet zwischen Januar und März 2012 ca. 38800 Einheiten verloren. Jährlich wird weltweit eine Fläche in der vierfachen Größe Belgiens im Regenwald abgeholzt. Das Basisjahr 1950 zugrunde gelegt, ist inzwischen mehr als die Hälfte des weltweiten Regenwaldes zerstört worden. Und das Tempo der Zerstörung nimmt zu.

Neben der Verknappung der Ressourcen ist der **Klimawandel** eine zweite große globale Herausforderung. Die Emission (Ausstoß) an Kohlendioxid (CO_2) und anderer Treibhausgase (Methan, Stickstoffoxide, FCKW u.a.) ist die – mittlerweile unbestrittene – Ursache für die globale Erwärmung infolge des **Treibhauseffekts**. Die Gase lassen wie das Glas eines Treibhauses das direkte kurzwellige Sonnenlicht zwar ungehindert passieren, bewirken aber, dass die von der Erdoberfläche abgestrahlte langwellige Wärmestrahlung zu einem Gutteil nicht in die Atmosphäre entweicht, sondern auf die Erde reflektiert wird. Dabei handelt es sich zunächst um einen ganz natürlichen Vorgang, der aber durch die massive Verbrennung von fossilen Stoffen (Kohle, Gas, Öl) durch Kraftwerke, Industrie, Verkehr und Haushalte zunehmend aus dem Gleichgewicht gerät.

Daneben verursacht der rasant wachsende **Luftverkehr** im steigenden Maße CO_2-Emissionen (Ausstoß), zumal die in großen Höhen ausgestoßenen Schadstoffe zwei- bis viermal schädlicher für das Klima sind als entsprechende Emissionen am Boden. Nach Schätzungen von Fachleuten sind etwa 5 % der globalen Erwärmung dem Luftverkehr zuzuschreiben. Wenn auch der Kraftstoffverbrauch bei neueren Flugzeugen pro Passagier und Kilometer unter dem von Autos liegt, so wird dieser Vorteil durch die erheblich weiteren Strecken wieder aufgehoben. Beispielsweise sind bei einem Flug von Frankfurt nach New York die CO_2-Emissionen genauso hoch wie bei einem Mittelklasse-Pkw mit einer jährlichen Fahrleistung von 12 000 km. Gelingt es nicht, die Emissionen von Treibhausgasen zu verringern, werden die Durchschnittstemperaturen weltweit bis zum Jahre 2050 zwischen 1 und 3 °C ansteigen. Und das mit massiven Folgen für die Umwelt!

Luftverkehr in/von Deutschland

Deutschland
2000 44 Mio.
2011 49 Mio

Europa-Passagiere
2000 74 Mio.
2011 117 Mio.

Interkontinental
2000 25 Mio.
2011 33 Mio,

Deutscher Bundestag, 05/2012, abgerufen unter http://www.bundestag.de/presse/hib/2012_05/2012_247/04.html [03.01.2014]

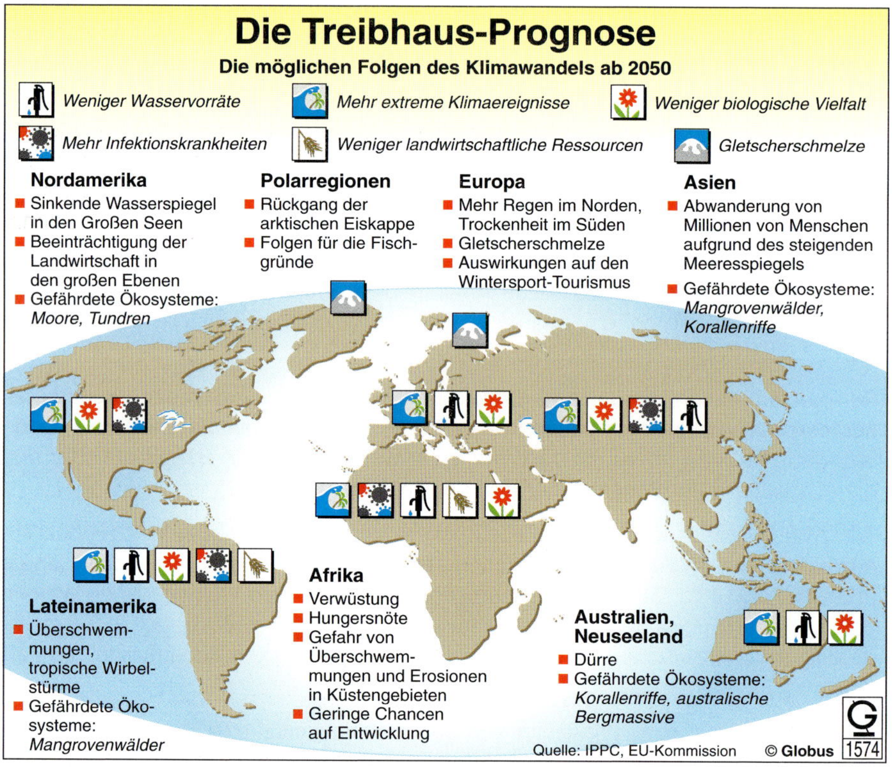

2.3 Hunger in der Welt

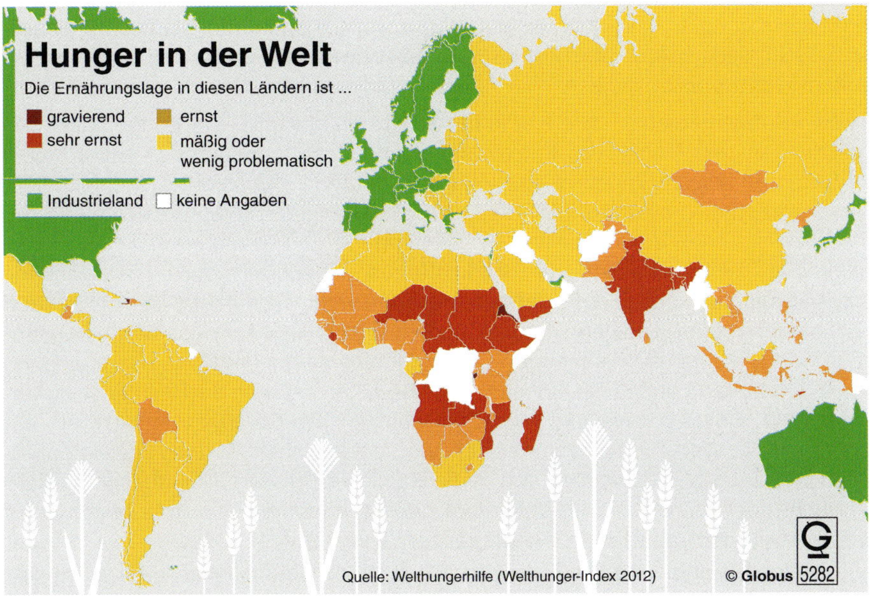

Der Welthunger-Index setzt sich zusammen aus dem Anteil der Unterernährten in einem Land, dem Anteil der untergewichtigen Kinder unter fünf Jahren sowie den Anteil der Kinder, die vor dem fünften Lebensjahr sterben. Afrika südlich der Sahara und Südasien stehen am schlechtesten da, die größten Fortschritte bei der Bekämpfung des Hungers gibt es in Südostasien sowie Lateinamerika.

Brot und Bomben

Zahlen und Fakten zur Welternährung

842 Millionen Menschen weltweit hungern laut einer Erhebung für den Zeitraum 2011–2013. Das bilanziert die UN-Organisation für Ernährung und Landwirtschaft (FAO) in ihrem jüngsten Report.

827 Millionen der hungernden Menschen leben laut FAO in Entwicklungsländern, vor allem im südlichen Asien (295 Millionen) und im südlichen Afrika (223 Millionen). Den größten Fortschritt bei der Bekämpfung chronischer Unterernährung erzielte Südostasien. Dort sank der Anteil der Hungernden an der Bevölkerung von rund 30 auf 10 %. Im südlichen Asien und in Afrika südlich der Sahara stieg ihr Anteil dagegen noch weiter an.

60 bis 80 % des verfügbaren Einkommens geben Menschen in den ärmsten Ländern für Nahrung aus. In den meisten Industriestaaten belaufen sich die Ausgaben für Essen auf 10 bis 20 % des Einkommens. Steigen die Preise für Mais, Reis und Weizen, trifft das Konsumenten in Entwicklungsländern besonders stark. [...]

20 % weniger Fleischkonsum in den Industrieländern hätte spürbare Auswirkungen auf die Agrarpreise und die Ernährungssicherung armer Menschen in Entwicklungsländern. [...]

1 Billion Dollar – abgerundet – haben die G8-Staaten nach Angaben des Stockholmer Friedensforschungsinstituts Sipri im vergangenen Jahr für Militär und Rüstung ausgegeben. Zur Bekämpfung des weltweiten Hungers würden nach Angaben der britischen Fachzeitschrift The Lancet 9,6 Milliarden Dollar benötigt. [...]

tos, in: Frankfurter Rundschau, 12./13.10.2013, S. 13 (gekürzt)

G8-Staaten
Die Mitglieder – Deutschland, Frankreich, Großbritannien, Italien, Japan, Kanada, USA und Russland – betrachten sich als führende Industriestaaten. Mindestens einmal jährlich treffen sich die Staats- und Regierungschefs an wechselnden Orten, um über wirtschaftliche und politische Probleme zu beraten.

Das Recht, vor Hunger geschützt zu sein, gehört ebenso wie die Rechte auf Arbeit, Bildung und Gesundheit zu den wichtigsten **sozialen Menschenrechten**, wie sie in dem Internationalen Pakt über wirtschaftliche, soziale und kulturelle Rechte (Sozialpakt) 1966 niedergelegt sind. Die damals bekundeten Absichten sind bis heute bei Weitem nicht erreicht worden.

Frieden

In vielen Hungergebieten – wie z. B. in der Sahelzone in Afrika – leiden die Menschen zusätzlich an den Folgen des Klimawandels und unter andauernden bewaffneten Konflikten. In erschreckender Weise wird dort deutlich, wie stark die Problemfelder Menschenrechte, Umwelt und Frieden zusammenhängen. Die Verschlechterung der Anbaubedingungen durch Trockenheit, Versteppung und Naturkatastrophen ist vorwiegend auf klimatische Einflüsse zurückzuführen, die ihrerseits durch die allgemeine Erderwärmung bedingt sind. Bewaffnete Konflikte verhindern häufig die Aussaat und Ernte der lebensnotwendigen Produkte. Zudem setzen diese Konflikte Flüchtlingsströme in Gang, die den aufnehmenden Ländern Probleme bei der Nahrungsversorgung bereiten, weil dann neben der einheimischen Bevölkerung auch die Flüchtlinge zu versorgen sind. Einige verzweifelte Menschen nehmen alle Gefahren auf sich, um auf abenteuerliche Weise Europa zu erreichen, wo sie sich Sicherheit und Arbeitsmöglichkeiten versprechen. Sie begeben sich in die Hand skrupelloser „Fluchthelfer". Sofern die Flucht über das Mittelmeer überhaupt gelingt, endet die versuchte **Migration** in den Auffanglagern an Europas Außengrenzen.

Dürreverlust
10 Mio. Hektar Ackerland gehen jährlich wegen Dürre verloren.
bb: Eine Milliarde in Not, in: Focus 38/2011

Bewaffnete Konflikte, in denen es fast zwangsläufig zu schweren **Menschenrechtsverletzungen**, z. B. Misshandlungen, Vergewaltigungen, Folterungen, Zwangsrekrutierungen („Kindersoldaten"), kommt, sind der eigentliche Hemmschuh für die Verwirklichung sozialer Rechte. Würden die finanziellen Mittel, die regelmäßig für den Kauf von Munition und Waffensystemen aufgebracht werden, der wirtschaftlichen, sozialen und kulturellen Entwicklung zufließen, so könnte der Hunger besiegt werden.

Rüstungsexporte in Entwicklungsländer geben den bewaffneten Konflikten immer wieder neue Nahrung. Daran beteiligen sich auch demokratische Länder, die öffentlich für die Menschenrechte eintreten.

Waffen aus aller Welt schüren die Gewalt im Kongo

Mord, Vergewaltigung, Plünderung und Entführung sind in der Demokratischen Republik Kongo an der Tagesordnung. Ein […] Bericht von Amnesty International zeigt, wie Waffen aus aller Welt diese Gewalt zusätzlich schüren. […]
Der Bericht zeigt an aktuellen Beispielen, dass sowohl kongolesische Sicherheitskräfte als auch bewaffnete Gruppierungen dank der leichten Verfügbarkeit von Waffen und Munition im Kongo immer wieder schwere Menschenrechtsverletzungen begehen. „Das ohnehin vielfach gebrochene Embargo wurde 2008 sogar gelockert", erklärt ein Rüstungsexperte. „Seither kann die kongolesische Regierung fast ungehindert Waffen und Munition für Armee und Polizei importieren. Die Waffen werden aber nicht so markiert, registriert und gelagert, dass ihr Endverbleib gesichert werden könnte. Deshalb gelangen weiterhin große Mengen Waffen und Munition an Milizen, die vor allem im Osten des Landes die Bevölkerung terrorisieren." […]
Das Großteil der in den Kongo gelieferten Waffen stammt aus China, Ägypten, Südafrika, der Ukraine und den USA. In den meisten […] Fällen wurden die Waffenlieferungen von den zuständigen Regierungen bewilligt, obwohl das große Risiko bestand, dass sie für schwere Menschenrechtsverletzungen oder Kriegsverbrechen verwendet werden.

amnesty international: Waffen aus aller Welt schüren die Gewalt im Kongo, 12.06.2012, abgerufen unter www.amnesty.de/2012/6/12/waffen-aus-aller-welt-schueren-die-gewalt-im-kongo [23.12.2013]

Zusammenfassung

In seiner ursprünglichen Bedeutung bezieht sich der Begriff **Globalisierung** auf die weltweite Verflechtung der Märkte. Positiv betrachtet bedeutet Globalisierung eine internationale Arbeitsteilung mit der Chance auf Wohlstand für alle Menschen. Diese Erwartung hat sich bis heute noch nicht erfüllt. Die Menschen in den Industrieländern können z. B. Nahrungsmittel und Textilien preisgünstig erwerben, müssen aber befürchten, dass durch Produktionsverlagerungen an kostengünstigere Standorte Arbeitsplätze verloren gehen. Die Menschen außerhalb der Industrieländer arbeiten meistens zu geringen Löhnen und unter schlechten Bedingungen.

Die Globalisierung wirkt sich auch im politischen und kulturellen Bereich aus. Durch die internationale Verflechtung könnten sich positive Effekte hinsichtlich der Demokratisierung, der Einhaltung der Menschenrechte und der Friedenserhaltung ergeben. In kultureller Hinsicht ist das Zusammenwachsen unverkennbar, was bei vielen Menschen allerdings auch Abwehrhaltungen auslöst.

Durch die zunehmende Verflechtung der Weltregionen im Rahmen der Globalisierung ergeben sich aber auch neue Herausforderungen und Probleme. Zu nennen sind hier hauptsächlich der **internationale Terrorismus, Umweltprobleme** und das **Hungerproblem** in der Welt.

Mit dem Terrorangriff islamischer Fundamentalisten auf die USA im Jahr 2001 beginnt der Kampf gegen den **internationalen Terrorismus**, der bis heute noch nicht abgeschlossen ist. Die Terroristen handeln auf der Grundlage einer unscharfen Ideologie. Ihre Aktionen sollen möglichst viele Menschen treffen, um Unsicherheit und Angst unter der Bevölkerung zu verbreiten.

Umweltprobleme ergeben sich aus globalen Umwelttrends (ansteigender Rohstoff-, Energie- und Wasserverbrauch) und die damit verbundene Umweltschädigung. Die Umweltgüter (Ressourcen) werden knapp, die zunehmende Emission an Treibhausgasen treibt den Klimawandel mit vielen Negativfolgen voran.

Fast 1 Milliarde Menschen leiden beständig **Hunger**. Es wird ihnen somit vorenthalten, was im Sozialpakt der Vereinten Nationen niedergelegt ist. In vielen Hungergebieten leiden die Menschen unter den Auswirkungen des Klimawandels, aber auch unter bewaffneten Konflikten. Rüstungsexporte in diese Problemzonen verfestigen die Konflikte.

Zur Wiederholung

1. Wie beurteilen Jugendliche die Folgen der Globalisierung?
2. Stellen Sie Vor- und Nachteile der internationalen Arbeitsteilung dar.
3. Nennen Sie positive Auswirkungen, die in politischer und kultureller Hinsicht von der Globalisierung erwartet werden.
4. Begründen Sie, weshalb Globalisierung ohne schnelle Kommunikationsverbindungen (z. B. Internet) nicht möglich wäre.
5. Kennzeichnen Sie die Merkmale des internationalen Terrorismus.
6. Erläutern Sie, weshalb der „Kampf gegen den internationalen Terrorismus" eine globale Auseinandersetzung darstellt.
7. Zeigen Sie die Gefahren auf, die sich aus derzeitigen Umwelttrends ergeben.
8. Inwiefern besteht ein Zusammenhang zwischen Energieverbrauch und Klimawandel?
9. In welchen Ländern ist das Hunger-Problem laut Welthunger-Index „gravierend"?
10. Stellen Sie dar, welche Folgen das Hungerproblem in einigen Teilen des Welt für die betroffenen Menschen hat.

Handlungsimpulse

1. Führen Sie anhand der Befragungsergebnisse auf S. 232 eine eigene Befragung in Ihrer Klasse (Ihrer Schule) durch. Vergleichen, dokumentieren und interpretieren Sie das Ergebnis.
2. Sammeln Sie während einer Woche aus der Tageszeitung alle Nachrichten über Afghanistan und Pakistan. Kommentieren und bewerten Sie diese Meldungen im Hinblick auf die Bekämpfung des internationalen Terrorismus und eine stabile Friedensordnung in diesen Ländern.
3. Entwerfen Sie ein Schaubild, das Ihre Mitschülerinnen und Mitschüler auf die Notwendigkeit eines schonenden Umgangs mit den Naturressourcen aufmerksam machen soll. Dazu stehen Ihnen neben dem Lehrbuchtext folgende Angaben zur Verfügung:

Die Weltbevölkerung scheint in den nächsten zwei Jahrzehnten schneller zu wachsen, als der Energieverbrauch steigen wird. Ursache dafür ist, dass der Bevölkerungszuwachs in den Entwicklungsländern stattfindet, die ein niedrigeres Pro-Kopf-Einkommen haben und dadurch begründet einen niedrigeren Energieverbrauch. Die langfristig zunehmende Nachfrage nach Energie durch die Bevölkerungsentwicklung bewirkt aber, dass längerfristig zusätzliche Ressourcen erschlossen werden müssen, die nur zu höheren Energiepreisen gewinnbar sind. [...] Der Weltenergieverbrauch wird absolut steigen, jedoch der Zunahme der Weltbevölkerung hinterherhinken. Ein Beitrag zur Linderung dieser Problematik besteht in der Erhöhung der Energieeffizienz und der Förderung der Energieeinsparung in den Industrieländern. Könnte dort die Marge von 20 % Einsparung pro Kopf in den nächsten zwei Jahrzehnten erreicht werden, würde dies zu einer Verlangsamung des Weltenergieverbrauchsanstiegs beitragen [...] Der Nachholbedarf der Entwicklungsländer ließe sich besser decken.

Hermann-Josef Wagner: Was sind die Energien des 21. Jahrhunderts? Originalausgabe, Fischer Taschenbuch Verlag, Frankfurt a. M. 2007, S. 88

4. Führen Sie eine Diskussionsrunde zum Hungerproblem durch. Folgende Grundpositionen sind denkbar:
   - Das Hungerproblem ist naturbedingt und insofern unlösbar!
   - Das Hungerproblem hat menschliche Ursachen und könnte deshalb beseitigt werden!

   Arbeiten Sie weitere Grundpositionen heraus.

3 Institutionen und neue Strategien der Friedenssicherung

Was heißt Frieden?

Frieden ist allgemein definiert als ein heilsamer Zustand der Stille oder Ruhe, als die Abwesenheit von Störung oder Beunruhigung und besonders von Krieg. [...] Frieden ist im heutigen Sprachgebrauch der allgemeine Zustand zwischen Menschen, sozialen Gruppen oder Staaten, in dem bestehende Konflikte in rechtlich festgelegten Normen ohne Gewalt ausgetragen werden. Der Begriff bezeichnet einen Zustand in der Beziehung zwischen Völkern und Staaten, der den Krieg zur Durchsetzung von Politik ausschließt.

Wikipedia, die freie Enzyklopädie (Hrsg.): Frieden, abgerufen unter unter http://de.wikipedia.org/wiki/Frieden [14.08.2013]

Am Ende des Dreißigjährigen Krieges entsteht im Zusammenhang mit dem Westfälischen Frieden (1648) die Idee des Völkerrechts. Danach ist Friede ein Zustand nichtkriegerischer Beziehungen zwischen zwei Ländern. Für die Formel **Friede = Nichtkrieg** wird später die Bezeichnung **negativer Friede** gebräuchlich. Leider schließt diese Formulierung nicht aus, dass bis in die Neuzeit hinein Krieg vielfach als Fortsetzung der Politik mit anderen Mitteln, also als etwas Selbstverständliches angesehen wird.

Die moderne Friedens- und Zukunftsforschung verwendet inzwischen einen sehr viel umfassenderen Friedensbegriff und spricht von dem **positiven Frieden**, der als Ziel erreicht werden soll. Darunter versteht man einen Zustand, in dem folgende Bedingungen erfüllt sind: gewaltfreie Lösung von Konflikten, soziale Gerechtigkeit, Wohlstand für alle Menschen, Verwirklichung von Freiheit und Demokratie, Achtung der Menschenwürde und sorgsamer Umgang mit der Natur. Der Zustand positiven Friedens erfüllt ein Höchstmaß an Sicherheit für die Menschen und erbringt eine hohe Friedensdividende.

Die **Globalisierung** wird oft und heftig kritisiert; viele Menschen fühlen sich dadurch sogar in ihrer wirtschaftlichen und kulturellen Existenz bedroht. Es gibt jedoch auch Anzeichen dafür, dass Globalisierung tendenziell zu einem weltweiten Friedensprozess beitragen könnte. Aufgrund neuerer Untersuchungen vertreten Friedensforscher die These, dass Länder, deren Wirtschaft in die Globalisierung erfolgreich eingebunden ist, seltener in kriegerische Konflikte verwickelt sind als ärmere und wirtschaftlich eher abgeschottete Nationen.

Das Völkerrecht ist eine überstaatliche Rechtsordnung, durch die die Beziehungen zwischen den Völkerrechtssubjekten (Staaten und internationale Organisationen) auf der Grundlage der Gleichrangigkeit geregelt werden. Es kommt durch Verträge (Abkommen, Konventionen, Pakte etc.) zustande. Im Gegensatz zum einzelstaatlichen Recht kann das Völkerrecht nicht von einer zentralen Gewalt durchgesetzt werden.

Friedensdividende: Finanzmittel, die durch den möglich gewordenen Verzicht auf Militärausgaben für andere Zwecke, z. B. Bildung, Soziales, frei werden.

Friedensforschung: Eine Forschungsrichtung, welche die Voraussetzungen und Folgen von Friede und „Friedlosigkeit" und von gewaltfrei bzw. gewaltsam ausgetragenen Konflikten untersucht.

Handel bringt Waffen zum Schweigen

In Ländern, die kaum Außenhandel trieben, war ein militärischer Konflikt in der Zeit von 1950 bis 1992 dreimal wahrscheinlicher als zwischen relativ offenen Volkswirtschaften. [...]

Ganz trennen lässt sich der friedensstiftende Effekt der Globalisierung freilich nicht von den Segnungen der Demokratie. Oftmals geht beides Hand in Hand. Länder, in denen Export und Import florieren, haben zumeist einen hohen Wohlstand oder sie sind auf dem Weg dahin. In wohlhabenden Staaten wiederum hält sich die Demokratie stabiler als in Entwicklungsländern. Gleichwohl machen ökonomische Fortschritte auch ohne den Umweg über die Demokratie tendenziell friedliebend.

Informationsdienst des Instituts der deutschen Wirtschaft Köln (iwd), Nr. 51/52/2005, S. 8 (Auszug)

3.1 Die Vereinten Nationen als Friedensmanager

Demokratie

Charta der Vereinten Nationen

(vom 26. Juni 1945, in der Fassung vom 20.12.1965 mit allen Änderungen)

WIR, DIE VÖLKER DER VEREINTEN NATIONEN – FEST ENTSCHLOSSEN,
künftige Geschlechter vor der Geißel des Krieges zu bewahren, die zweimal zu unseren Lebzeiten unsagbares Leid über die Menschheit gebracht hat, unseren Glauben an die Grundrechte des Menschen, an Würde und Wert der menschlichen Persönlichkeit, an die Gleichberechtigung von Mann und Frau sowie von allen Nationen, ob groß oder klein, erneut zu bekräftigen, Bedingungen zu schaffen, unter denen Gerechtigkeit und die Achtung vor den Verpflichtungen aus Verträgen und anderen Quellen des Völkerrechts gewahrt werden können, den sozialen Fortschritt und einen besseren Lebensstandard in größerer Freiheit zu fördern [...].

Günther Unser: Die UNO, 7. Auflage, Deutscher Taschenbuch Verlag, München 2004, S. 407

Alles das, was eine umfassende und tragfähige Friedensordnung verlangt, ist bereits in der Präambel der UN-Charta niedergelegt. Durch die Verabschiedung der **Allgemeinen Erklärung der Menschenrechte** (vgl. S. 169) am 10. Dezember 1948 durch die Generalversammlung wird das in der Charta zum Ausdruck gebrachte Menschenrechtsbekenntnis im Einzelnen ausformuliert. Dieser Zusammenhang verdeutlicht: Ohne die Wahrung der Menschenrechte ist der stabile Zustand nicht zu erreichen, der als Voraussetzung für einen dauerhaften positiven Frieden unerlässlich ist.
Doch am Anfang des 21. Jahrhunderts befindet sich die Welt immer noch weit entfernt von der Absichtserklärung in der Charta. Das friedliche Zusammenleben auf der Grundlage allgemein akzeptierter und gültiger Rechte ist eher Ausnahme als Regel. Die Menschenrechte werden weltweit noch nicht in ausreichendem Maß anerkannt und nicht alle Menschen genießen das Recht auf Schutz, wie es in der Charta der Vereinten Nationen verankert ist.

UN-Friedensmissionen
In 15 Friedenssicherungseinsätzen sind 77 000 Soldaten („Blauhelme"), 12 500 Polizisten, 1 800 Militärbeobachter und 5 100 Zivilexperten aus 120 Staaten im Einsatz. Die stärksten Truppenkontingente kommen aus Pakistan, Indien, Äthiopien und Bangladesh. (Stand 2013)
Der neue Fischer Weltalmanach 1949–2014, Frankfurt a. M. 2014, S. 580

Das Bestreben, nationale und internationale Konflikte mit Waffengewalt zu „lösen", ist weit verbreitet. Bei konsequenter Beachtung der UN-Charta und der Menschenrechte müssten diese Gewaltlösungen ausscheiden, weil dadurch stets Menschenleben gefährdet sind.
Es ist deshalb verständlich, dass die Vereinten Nationen bei den mit militärischer Hilfe (Blauhelmtruppen) durchgeführten Friedensmissionen (peace-keeping-operations) grundsätzlich sehr zurückhaltend vorgegangen sind. Anfänglich erfolgt der Truppeneinsatz nur mit Zustimmung der Konfliktparteien und der Waffeneinsatz dient lediglich der Selbstverteidigung. Mittlerweile hat sich die Praxis geändert. Die aktuellen Herausforderungen durch den **internationalen Terrorismus** und die zunehmende Brutalität bei regionalen Konflikten haben diesen **Strategiewandel** herbeigeführt.
Die Friedensmissionen finden auch unter Anwendung von Waffengewalt und auch ohne Zustimmung der Konfliktparteien statt. Letzteres ist besonders dann der Fall, wenn es um Völkermord, schwerste Kriegsverbrechen und Verbrechen gegen die Menschlichkeit geht. Eine Regierung, die solche Verbrechen zulässt, kann sich nicht auf die Ausrede „innere Angelegenheit" berufen. Sie muss mit dem Eingreifen der UNO rechnen.

Manchmal ist Gewalt das letzte Mittel
Ein Interview mit Friedensforscher Matthias Dembinski

[...] Interviewer: Inwieweit haben die Terroranschläge vom 11. September 2001 Friedensforschung und Friedensbewegung verändert?
Dembinski: Mit dem Phänomen zerfallender Staaten und den Terroranschlägen liegen grundsätzlich neue Fragen auf dem Tisch. Früher hatten wir es wesentlich mit zwischenstaatlichen Konflikten zu tun oder zumindest mit klar identifizierbaren Konfliktparteien, deren militärische Operationen einem politischen Programm folgten. Inzwischen gibt es Hinweise, dass sich Kriege in ihrem Charakter verändern, dass es eine Privatisierung von Gewalt gibt, dass politische Führungen die Kontrolle über die Gewaltakteure verlieren und für einige der Konfliktparteien der Krieg zum Selbstzweck wird.
Diese Phänomene erfordern beispielsweise eine Neubewertung des robusten Peacekeeping – der Friedenssicherung mit militärischen Mitteln. Mit den Terroranschlägen vom 11. September sind wir mit ganz neuen Gewaltformen konfrontiert. [...]
Die Schwierigkeiten fangen mit dem weitgehenden Fehlen eines ansprechbaren Gegenübers an und hören nicht bei der Frage auf, ob es überhaupt hinreichende Gemeinsamkeiten für Verständigung gibt. [...]

Steffen Hebestreit, Matthias Dembinski: Manchmal ist Gewalt das letzte Mittel, in: Frankfurter Rundschau, 12.04.2006, S. 25 (Auszug)

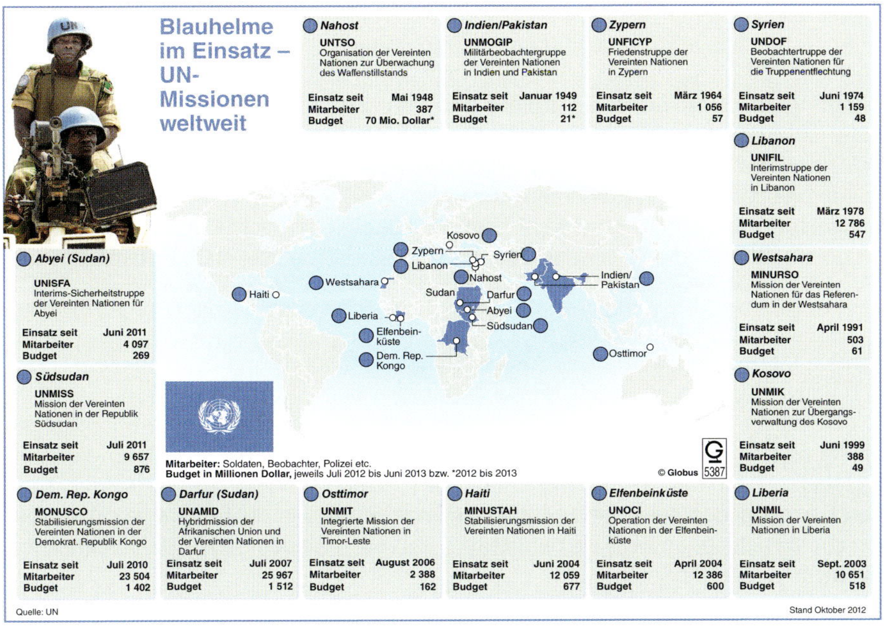

Demokratie

Allerdings muss beachtet werden, dass militärisches Vorgehen immer die Gefahr neuen Leids für die Zivilbevölkerung in sich birgt. Noch problematischer als das „robuste peace-keeping" ist in den Augen von Friedensaktivisten die massive militärische Intervention für „gute Ziele" ohne eine Beauftragung durch den UN-Sicherheitsrat. Verharmlosend wird dann von sogenannten **„Kollateralschäden"** gesprochen.

Kollateral (lat. seitlich)
Kollateralschäden sind demzufolge Schäden, die sich „seitlich" der Kriegshandlungen ereignen, aber zwangsläufig in Kauf genommen werden müssen. Der Ausdruck kam während der Jugoslawienkriege auf und soll auf den Zuhörer verharmlosend wirken.

> Carl Friedrich von Weizsäcker: „Man kann zwar Gewalt durch Gewalt eindämmen, man wird aber immer die Folgen zu tragen haben, dass man sich dem Prinzip, das man bekämpfte, unterworfen hat. Die Meinung, man könne gewissermaßen zum letzten Mal Gewalt anwenden und – wenn die Gewalt für das Gute ausgeübt wird – danach werde dann das Gute herrschen und nicht die Gewalt, ist einer der gefährlichsten Irrtümer und eine der Hauptquellen mörderischer Kriege".
>
> *Zitiert nach Carl Schwoerer Immer friedlich, in: Frankfurter Rundschau, 12.04.2006, S. 23*

Weizsäcker, Carl Friedrich Frhr. von,
Physiker und Philosoph. *1912
Veröffentlichung u.a.: Kriegsfolgen und Kriegsverhütung (1971)

Die Verantwortung für eine friedlichere Welt läuft auf die Vereinten Nationen zu. Bislang sind der Organisation als Streitschlichter und Konfliktmanager enge Grenzen gesetzt. Durch geeignete Reformen muss der Aktionsrahmen dieses **kollektiven Sicherheitssystems** den gegenwärtigen Bedingungen angepasst werden. Bereits 2004 hat der UN-Generalsekretär eine Sonderkommision eingesetzt, die Lösungsvorschläge für „Bedrohungen, Herausforderungen und Wandel" erarbeiten sollte. In ihrem Abschlussbericht ist die Kommission zu folgenden Ergebnissen gekommen:

- Hinsichtlich Völkermord, „ethnischer Säuberungen" und schwerster Menschenrechtsverletzungen gibt es eine **kollektive Verantwortung** der Staatengemeinschaft zum Eingreifen.
- Der UN-Sicherheitsrat soll auch bei Bedrohungen zuständig sein, denen Menschen angesichts terroristischer Gewaltakte, Staatsverfall und Bürgerkrieg ausgeliefert sind.

„Ethnische Säuberungen"
Zynische Bezeichnung für die Vertreibung von ganzen Volksgruppen

- Friedenssicherung erfordert eine konsequente vorbeugende Bekämpfung von Ursachen. Insbesondere sind damit die Gefahren gemeint, die von der Armut ausgehen.

Nichtregierungsorganisationen
Bezeichnung für einflussreiche private Träger u.a. in den Bereichen Menschenrechte, Entwicklungshilfe, Umweltschutz (z.B. amnesty international, Greenpeace).

Es ist fraglich, ob die bisherige Struktur der UN und dort insbesondere des Sicherheitsrates (S. 210) genügt, um diese Aufgaben anpacken zu können. Bislang entziehen sich die ständigen Mitglieder des Sicherheitsrats allen Reformvorstellungen. Zudem werden die Vereinten Nationen auf die intensive Mitwirkung von **Nichtregierungsorganisationen** (NRO) angewiesen sein. Sie könnten einerseits Gestaltungsvorschläge unterbreiten und andererseits Überwachungslücken schließen, wo die staatlichen Institutionen versagen.

Eine weitere Unterstützung für die Vereinten Nationen ist der im Januar 2003 eingerichtete **Internationale Strafgerichtshof**. Diese Institution ist mit den Vereinten Nationen durch einen Kooperationsvertrag verbunden. Damit ist der Weg frei für weltweite gerichtliche Verfolgung von Kriegsverbrechen, Völkermord und Verbrechen gegen die Menschlichkeit. Das Weltgericht soll nur dann tätig werden, wenn sich die Strafverfolgungsbehörden der jeweils zuständigen Staaten weigern oder nicht fähig sind, den Prozess gegen die Täter zu führen. Allerdings melden die USA gegen das Weltgericht Vorbehalte an, weil sie befürchten, dass auch Klagen gegen US-Soldaten vorgebracht werden könnten.

3.2 Die neue NATO-Strategie

Mit Beginn des neuen Jahrhunderts wird das Bündnis erweitert. Im Frühjahr 2004 kommen weitere Länder aus dem ehemaligen kommunistischen Lager hinzu: Bulgarien, Estland, Lettland, Litauen, Rumänien, Slowakei und Slowenien. Ab 2009 sind Albanien und Kroatien am Bündnis beteiligt. Georgien, die Ukraine und Mazedonien gelten als Beitrittskandidaten.

Doch nicht alle NATO-Partner sind mit der schnellen Erweiterung des Bündnisses einverstanden. Sie befürchten neue Schwierigkeiten mit Russland, das die ausgreifende Osterweiterung mit Argwohn beobachtet. Zudem wird das Verhältnis zu Russland durch die amerikanischen Pläne eines Raketenschutzschildes in Polen und Tschechien belastet. Nach amerikanischer Darstellung soll der Raketenschutz vor Überraschungsangriffen durch die heimlichen Atommächte Iran und Nordkorea schützen. Russland sieht darin jedoch einen Akt des Misstrauens und setzt verärgert den **Vertrag über die Konventionellen Streitkräfte** (KSE-Vertrag) außer Kraft. Ende 2010 treffen sich die Staats- und Regierungschefs der 28 Mitgliedsstaaten der NATO in Lissabon und beschließen eine neues – anspruchsvolles – strategisches Konzept.

Als Kernaufgabe wird die Wahrung der Freiheit und der Sicherheit der Mitgliedstaaten mit politischen und militärischen Mitteln in den drei Bereichen kollektive Verteidigung (*collective defence*), Krisenmanagement (*cricis management*) und kooperative Sicherheit (*cooperative security*) genannt. [...] Verteidigung und Abschreckung [...] sind dabei Kernelemente der Strategie. Es wird [...] unmissverständlich formuliert, dass die NATO, solange Nuklearwaffen existieren, eine nukleare Allianz bleibt. [...]
Unter anderem werden dazu auch der Aufbau eines Raketenabwehrsystems, die Fähigkeit zur Verteidigung gegen chemische, biologische, [...] nukleare und Cyberangriffe sowie die Fähigkeit zur Terrorismusbekämpfung und dem Schutz der kritischen Energieinfrastruktur angekündigt.
Krisenmanagement: Aus Krisen und Konflikten außerhalb des Bündnissystems können sich nach Einschätzung der NATO direkte Bedrohungen für die Sicherheit der Allianz ergeben. Daher will sich die Allianz „wenn möglich und erforderlich engagieren, um Krisen zu verhüten und zu managen" [...].
Kooperative Sicherheit: Neben den Bereichen Rüstungskontrolle, Abrüstung und Nichtverbreitung sowie dem Bekenntnis zur grundsätzlichen Bereitschaft zur Aufnahme neuer Mitglieder wird insbesondere dem Bereich Partnerschaften breiter Raum eingeräumt. Durch eine enge Zusammenarbeit mit der EU, den Vereinten Nationen (UNO) sowie Nichtregierungsorganisationen will die NATO einen vernetzten Sicherheitsapparat (*comprehensive approach*) fördern, der für die Bewältigung neuer Herausforderungen als unabdingbar betrachtet wird. [...] Besondere Erwähnung findet Russland, dem eine echte strategische Partnerschaft sowie die Kooperation bei Fragen des gemeinsamen Interesses wie etwa Raketenabwehr, Terrorismus-, Drogen- und Pirateriebekämpfung angeboten wird. [...]

Johannes Varwick: Das neue strategische Konzept der NATO, in: Aus Politik und Zeitgeschichte, 50/2010, S. 27 f.

Worterklärungen:
Nukleare Allianz = ein Bündnis, das sich auf Atomwaffen stützt; Cyberangriffe = Angriffe auf Computer aus dem Internet; Energieinfrastruktur = Energieversorgung

Die Angriffe aus dem Internet häufen sich und verursachen immer höhere Schäden. In der NATO wird deshalb darüber diskutiert, ob Cyberangriffe zukünftig wie militärische Angriffe zu werten sind und notfalls mit militärischen Maßnahmen beantwortet werden sollten. Besonders die USA sehen sich herausgefordert, wenn Hacker in besonders sensible Systeme einbrechen. Auch die Bundeswehr – als Teil der NATO – hat sich mit diesem Problem auseinanderzusetzen.

Cyberangriffe
„Die IT-Bedrohung als Phänomen der Gegenwart ist inzwischen auf NATO-Ebene wie ebenso nachrichtendienstlich und wissenschaftlich breit dokumentiert und erstreckt sich vom Eindringen in das Pentagon über die Umprogrammierung chinesischer Satelliten bis zur Steuerung von Kernkraftwerken."
IAP-Dienst, 3/2011, S. 1

CYBER-WAR .... TRUPPE IM WANDEL

3.3 Europäische Verteidigungs- und Friedenspolitik

Friedensnobelpreis für EU
2012 erhält die EU den Friedensnobelpreis mit der Begründung, die EU habe in Europa den Konflikt durch das Recht ersetzt.

Die Europäische Union bemüht sich seit Jahren auch außerhalb der eigenen Grenzen um die Verhinderung und Entschärfung von Konflikten. Gemeinsam mit Russland, den USA und den Vereinten Nationen ist die EU Mitglied des Nahost-Quartetts. Sie finanziert Projekte zur Schaffung von Arbeitsplätzen vor allem für junge Menschen. Zur Gemeinsamen Sicherheits- und Verteidigungspolitik (GSVP) gehören eine Reihe von zivilen und militärischen Einsätzen in Krisenregionen.

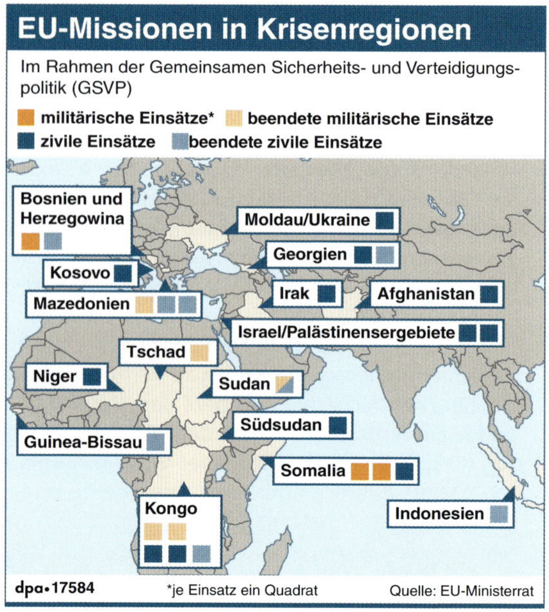

Anders als die OSZE (S. 211), die über keine militärischen Machtmittel verfügt, kann die **Gemeinsame Sicherheits- und Verteidigungspolitik** (GSVP) der **Europäischen Union (EU)** auf die nationalen Sicherheitskräfte zurückgreifen. Die GSVP ist ein Bestandteil der **Gemeinsamen Außen- und Sicherheitspolitik (GASP)** der EU, für die u.a. folgende Zielsetzung gilt:

- Wahrung der Unversehrtheit und der Sicherheit der Union im Einklang mit den Grundsätzen der Vereinten Nationen
- Stärkung der Sicherheit der Union
- Wahrung des Friedens und Stärkung der internationalen Sicherheit

Frieden

Als Geburtsstunde der GSVP gilt der Europäische Rat von Köln im Juni 1999. Die dort verabschiedete Erklärung zur Stärkung der Gemeinsamen Sicherheits- und Verteidigungspolitik stellt fest: „Wir [...] wollen entschlossen dafür eintreten, dass die EU ihre Rolle auf der internationalen Bühne uneingeschränkt wahrnimmt. Hierzu beabsichtigen wir, der EU die notwendigen Mittel und Fähigkeiten an Hand zu geben, damit sie ihrer Verantwortung im Zusammenhang mit einer GSVP gerecht werden kann."
Die GVSP soll die Handlungsfähigkeit der EU auf dem Gebiet der GASP steigern. Da Krisen und Konflikte weder allein noch vorrangig mit militärischen Mitteln nachhaltig verhindert oder dauerhaft eingehegt werden können, verfolgt die EU einen umfassenden Ansatz aus zivilem und militärischem Krisenmanagement. Der parallele Aufbau ziviler und militärischer Fähigkeiten ist ein Markenzeichen und eine besondere Stärke der GSVP. Die vorrangige Verantwortung des Sicherheitsrats der Vereinten Nationen für die Aufrechterhaltung des internationalen Friedens und der Sicherheit wird anerkannt.

Ernst-Christoph Meier, Klaus-Michael Nelte, Walter Huhn: Wörterbuch zur Sicherheitspolitik, 7. Auflage, Mittler Verlag, Hamburg 2008, S. 129

Der Auslöser für verstärkte sicherheitspolitische Aktivitäten der **Europäischen Union** (EU) waren die Jugoslawienkriege in den neunziger Jahren. Europa musste die NATO um Hilfe bitten. Damals wurde die Handlungsunfähigkeit der **Europäischen Union** (EU) bemängelt. Spötter nannten die EU einen ökonomischen Riesen, aber einen militärischen Zwerg. Dieses Defizit sollte durch den Aufbau der GVSP beseitigt werden.

Vier Jahre nach der Kölner Erklärung beschließt der **Europäische Rat** (S. 218) die **Europäische Sicherheitsstrategie**. Als Hauptbedrohungen für Europa werden Terrorismus (S. 234), Verbreitung von Massenvernichtungswaffen, regionale Konflikte, gescheiterte Staaten und organisierte Kriminalität gekennzeichnet. Die EU-Staaten verpflichten sich, für militärische Operationen binnen 60 Tagen Bodentruppen bis zu 60 000 Soldaten sowie die dazu erforderlichen See- und Luftstreitkräfte bereit zu stellen. Sofortige Reaktionen sollen mithilfe sogenannter EU-Battlegroups in der Größenordnung bis zu 1 500 Mann innerhalb von 10–15 Tagen möglich sein. Für zivile Zwecke stellen die EU-Staaten bis zu 5 000 Personen (Beobachter, Polizisten u. a.) zur Verfügung. Die Aufstellung einer eigenen EU-Armee ist jedoch nicht vorgesehen. Zudem werden keine militärischen Operationen erfolgen, falls die NATO bereits beteiligt ist. Inzwischen konnten im kleineren Umfang bereits zwölf GVSP-Operationen militärischer und ziviler Art abgeschlossen werden; 16 Operationen sind noch im Gange.

Gescheiterter Staat
Bezeichnung für einen Staat, der seine grundlegenden Funktionen (z. B. Verwaltung, Sicherheit für die Bewohner, Infrastruktur, Sozialmaßnahmen) nicht mehr erfüllen kann.

3.4 Das Engagement der Bundeswehr

Hat zunächst die Landesverteidigung im Vordergrund gestanden, so kommen ab den 1990er-Jahren internationale Aufgaben hinzu. Grundlage hierfür ist die Entscheidung des Bundesverfassungsgerichts (BVerfG) für **Out-of-area-Einsätze** (S. 213) der Bundeswehr im Rahmen der NATO. Allerdings weist das BVerfG im Zusammenhang mit dieser Entscheidung ausdrücklich auf die rechtliche Grundlage der Bundeswehr als „**Parlamentsheer**“ hin. Unter dieser Einschränkung kann die Bundeswehr weltweit auf Krisen und Konflikte reagieren, z. B. aufgrund einer Ermächtigung durch die Vereinten Nationen.

Parlamentsheer
Die Auslandseinsätze der Bundeswehr müssen durch Mehrheitsbeschluss vom Bundestag genehmigt werden.

Das 2006 vom Verteidigungsministerium herausgegebene Weißbuch zur Sicherheitspolitik Deutschlands und zur Bundeswehr fasst den Umfang des erweiterten Auftrags und die sich daraus ergebenden Aufgaben zusammen.

Die Bundeswehr ist Instrument einer umfassend angelegten, vorausschauenden Sicherheits- und Verteidigungspolitik. Sie hat den Auftrag,
- die außenpolitische Handlungsfähigkeit zu sichern,
- einen Beitrag zur Stabilität im europäischen und globalen Rahmen zu leisten,
- die nationale Sicherheit und Verteidigung zu gewährleisten,
- zur Verteidigung der Verbündeten beizutragen,
- die multinationale Zusammenarbeit und Integration zu fördern.

Die Aufgaben der Bundeswehr leiten sich aus ihrem verfassungsrechtlichen Auftrag sowie den Werten, Zielen und Interessen der deutschen Sicherheits- und Verteidigungspolitik ab:
- internationale Konfliktverhütung und Krisenbewältigung einschließlich des Kampfes gegen den internationalen Terrorismus,
- Unterstützung von Bündnispartnern,
- Schutz Deutschlands und seiner Bürgerinnen und Bürger,

Demokratie

- Rettung und Evakuierung,
- Partnerschaft und Kooperation,
- unterstützende Hilfsleistungen (Amtshilfe, Hilfe bei Naturkatastrophen und besonders schweren Unglücksfällen).

Bundesminister der Verteidigung: Weißbuch 2006 zur Sicherheitspolitik Deutschlands und zur Zukunft der Bundeswehr (Zusammenfassung), Berlin 2006, S. 8

Aufgrund des neuen Auftragssituation werden der Bundeswehr mehrere Einsatzgebiete zugewiesen. Im Januar 2004 erklärt der amtierende Verteidigungsminister: „Mögliches Einsatzgebiet für die Bundeswehr ist die ganze Welt." Im Februar 2012 werden 330 Soldatinnen und Soldaten in das Krisengebiet Mali in Westafrika entsandt.

Berlin warnt: Mali-Einsatz ist gefährlich

Zunächst einmal sind die beiden Mandate zur Entsendung von bis zu 330 Bundeswehrsoldaten in das westafrikanische Krisengebiet auf ein Jahr befristet. Um es genau zu machen: bis zum 28. Februar 2014. Das ist in solchen Fällen üblich. [...] Teil eins der Mission – die Unterstützung des Kampfeinsatzes französischer und afrikanischer Truppen gegen Islamisten mit Transport- und Tankflugzeugen – könnte in diesem Zeitraum durchaus abgeschlossen werden. Teil zwei jedoch – die Ausbildung der malischen Armee, wie von der Europäischen Union beschlossen – dürfte deutlich länger dauern.

Insgesamt befinden sich rund 6000 Soldatinnen und Soldaten in Auslandseinsätzen der UN, der NATO und der EU.

- Türkei: Auf Bitten der türkischen Regierung beteiligen sich 304 Soldaten der Bundeswehr an der NATO-Operation „Active Fence" im Grenzgebiet zu Syrien.
- Afghanistan/Usbekistan: 4135 Soldaten sind Teil der internationalen Sicherheits- und Aufbautruppe ISAF mit Schwerpunkt im Norden Afghanistans.
- Kosovo: 754 Soldaten sollen als Teil der von der NATO geführten internationalen Kfor-Truppe die Unabhängigkeit des Kosovos sichern.
- Horn von Afrika: Im Rahmen der EU-Mission „Atalanta" schützen 327 Marinesoldaten am Horn von Afrika Schifffahrtsrouten vor somalischen Piraten.
- Libanon: 163 Marinesoldaten sind im Unifil-Einsatz zur Absicherung der Küstengewässer. Sie sollen vor allem Waffenschmuggel verhindern.
- Mittelmeerraum: Die NATO-Mission „Active Endeavour" dient der Überwachung und Terrorismusabwehr im Mittelmeer. 218 Soldaten sind beteiligt.
- Südsudan: 15 Soldaten sind Teil der internationalen Mission für Friedenssicherung und Aufbau des neuen Staates Südsudan.
- Sudan: Die internationale Unamid-Mission überwacht den Waffenstillstand zwischen Regierungstruppen und Rebellen. 13 deutsche Soldaten sind beteiligt.
- Uganda: Zwölf Militärberater sind Teil der EU-Ausbildungsmission zur Stabilisierung Somalias.
- Demokratische Republik Kongo: Drei Berater unterstützen die Reform des Sicherheitssektors.
- Deutschland: 41 Angehörige hat der Sanitätsdienst mit Basis in Deutschland für internationale flugmedizinische Notfalleinsätze.

Michael Fischer, Christoph Sator: Berlin warnt: Mali-Einsatz ist gefährlich, in: Rhein-Zeitung, 20.02 2012, S. 4

ISAF
International Security Assistance Force (eng.) = Internationale Sicherheitsunterstützungstruppe

KFOR
Kosovo Force (engl.)= Militärische Formation unter NATO-Führung im Kosovo. Wurde nach der Beendigung des Kosovokrieges aufgestellt.

3.5 Globale Umweltpolitik

Der „Erdgipfel" von Rio de Janeiro – die offizielle Bezeichnung lautet **„Konferenz der Vereinten Nationen zu Umwelt und Entwicklung"** – fand im Juni 1992 statt. Die Vertretungen von 178 Staaten erörterten alle wesentlichen Punkte der Umweltpolitik. Sie verfassten zwei Konventionen – **Klima-Konvention** und Konvention zur Erhaltung der biologischen Vielfalt –, beschlossen die Errichtung einer Kommission für **nachhaltige Entwicklung** und schufen die Grundlagen für eine neue weltweite Zusammenarbeit in der Umweltpolitik.

Nachhaltige Entwicklung
(engl. = sustainable development) steht für eine prinzipielle Neuorientierung des Wirtschaftens mit Naturgütern. Ökologie und Ökonomie sollen in Übereinstimmung gebracht werden.

Das **Nachhaltigkeitsprinzip** stammt ursprünglich aus der Forstwirtschaft und bedeutet dort, dass der jährliche Holzeinschlag nicht größer sein soll als die nachwachsende Holzmenge. Im übertragenen Sinne verlangt dieses Prinzip einen umsichtigen und sparsamen Umgang mit Ressourcen in Verbindung mit möglichst geringer Schadstoffbelastung. Ziel der nachhaltigen Entwicklung ist die Sicherung der Lebensgrundlage für Gegenwart und Zukunft.
So einleuchtend das Prinzip auch klingt, so schwer ist es offenbar in der Praxis umzusetzen, weil allen Beteiligten ein hohes Maß von Einsicht und Kompromissfähigkeit abverlangt wird.

20 Jahre nach dem Erdgipfel in Rio findet dort im Mai 2012 die Nachfolgekonferenz „**Rio+ 20**" (UN-Konferenz über nachhaltige Entwicklung) statt. 50 000 Konferenzteilnehmer, darunter über 100 Regierungschefs, wollen konkrete Ziele für ein Nachhaltigkeitsprogramm vereinbaren. Doch die Abschlusserklärung, die bereits vor (!) Beginn der Konferenz geschrieben war, fällt enttäuschend aus.

Dünne Bilanz – die Ergebnisse des UN-Nachhaltigkeitsgipfels im Überblick

Das UN-Umweltprogramm Unep soll mit freiwilliger Mitgliedschaft und freiwilligen Beiträgen der UN-Mitglieder aufgewertet werden – aber keine reguläre UN-Sonderorganisation werden. „Green Economy", das Konzept für eine nachhaltige Wirtschaft, soll eine Entscheidungsmöglichkeit sein, einen Fahrplan gibt es nicht. Der Schutz der Meere macht auch kaum Fortschritte: Überfischung, Übersäuerung und Verschmutzung werden allgemein beklagt und Gegenmaßnahmen gefordert. Ein Abkommen zum Schutz der Artenvielfalt ist nicht in Sicht.

Joachim Wille: Der schöne Flop von Rio, in: Frankfurter Rundschau, 23./24.06.2012, S. 7

Internationalisierung

Der Umweltschutz ist eine Aufgabe des Staates und der Völkergemeinschaft sowie jedes einzelnen Menschen. Die staatlichen Aufgaben werden im Rahmen der nationalen Umweltpolitik bearbeitet unter Beachtung internationaler Abmachungen. Dabei geht es vorrangig um den Klimaschutz, den Ressourceneinsatz und die Abfallbewältigung.

Beispiel Klimaschutz:
Im Zusammenhang mit dem „Erdgipfel" in Rio fand 1997 in der japanischen Stadt Kyoto eine Klimakonferenz statt. Ziel war es, die Erderwärmung zu begrenzen. In dem Kyoto-Protokoll verpflichteten sich die meisten Industriestaaten, den CO_2-Ausstoß bis 2012 um durchschnittlich 5 Prozent unter das Niveau von 1990 zu senken, was nicht erreicht worden ist. Die USA, Australien, China, Indien und Brasilien haben das Protokoll nicht unterzeichnet. Sie befürchteten wirtschaftliche Nachteile und Arbeitslosigkeit bei einer verbindlichen Festlegung auf Klimaschutzziele. Deutschland hat das Kyoto-Protokoll eingehalten. Bis 2010 ist sogar eine Verringerung des CO_2-Ausstoßes um 25 % gegenüber 1990 erreicht worden. Dieses Ergebnis soll in den nächsten Jahren stufenweise verbessert werden. Bis 2050 soll der CO_2-Ausstoß gegenüber 1990 um 80 % sinken.

Im Gegensatz zu den Anstrengungen der nationalen deutschen Umweltpolitik ist es der internationalen Staatengemeinschaft bisher noch nicht gelungen, einen verbindlichen **Weltklimavertrag** abzuschließen. Seit der Rio-Konferenz hat es eine Reihe von sogenannten **Klimagipfeln** gegeben, bei denen sich die Delegierten fast aller Staaten um die Fortschreibung des Kyoto-Protokolls bemüht haben. Der letzte Klimagipfel hat in Doha, der Hauptstadt des Wüstenstaates Katar, stattgefunden. Da das Kyoto-Protokoll Ende 2012 auslaufen sollte, musste dringend eine Nachfolgeregelung (Kyoto II) getroffen werden.

Weltklimakonferenz 2014
Die nächste Weltklimakonferenz wird 2014 in Lima stattfinden.

Daho-Paket hält Erderwärmung nicht auf – Konferenzpräsident peitscht Minimalkompromiss im Alleingang durch – Umweltverbände sind enttäuscht

Doha. Mit Mühe und Not wurde ein Scheitern beim UN-Klimagipfel in Doha abgewendet. Die Weltgemeinschaft kann sich trotz einer rasanten Erderwärmung nicht zu stärkeren Anstrengungen für mehr Klimaschutz aufraffen. Die knapp 200 Staaten beschlossen zwar nach zweiwöchigen Verhandlungen, das Ende des Jahres auslaufende Kyoto-Protokoll über den Ausstoß von Treibhausgasen in Industrieländern bis 2020 zu verlängern. Allerdings legten sie keine schärferen Vorgaben für die Reduzierung von CO_2-Emissionen fest. Zudem machen nur noch die 27 EU-Staaten und zehn weitere Länder bei der Verlängerung des bisher einzigen bindenden Abkommens zur Minderung von Treibhausgasausstößen mit.
Umweltschützer und führende Klimaforscher kritisierten den Minimalkompromiss und warnten vor zu großen Temperaturanstiegen. In einem bisher einmaligen Akt bei einem UN-Klimagipfel setzte Katar das Kompromisspaket im Hauruck-Verfahren durch.

Nach zähem Ringen entschied der Konferenzpräsident quasi im Alleingang, dass das Kyoto-Protokoll verlängert werden soll. Zudem winkte er vage Finanzzusagen für vom Klimawandel stark betroffene Staaten und einen Arbeitsplan für den ab 2020 geplanten Weltklimavertrag durch. So konnte ein Scheitern vermieden werden. Was die anderen knapp 160 Staaten, die sich nicht wie die Kyoto-II-Staaten zur Minderung der CO_2-Emissionen verpflichten, in den nächsten Jahren tun, bleibt weitgehend unklar.

Georg Ismar, Simone Humml: Doha Paket hält Erderwärmung nicht auf, in: Westerwälder Zeitung, 10.12.2012, S. 4

CO_2-Anstieg nach Regionen in Mio. t

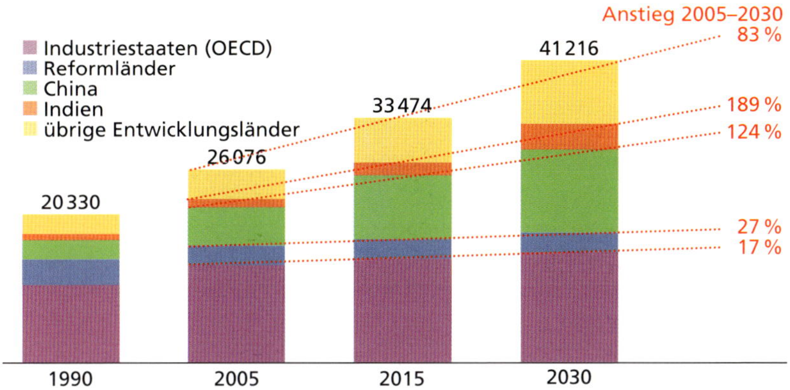

Der Fischer Weltalmanach 2009, Frankfurt am Main, Fischer Taschenbuch Verlag, 2008, S. 714

Zusammenfassung

Frieden wird zum einen als **negativer Frieden** verstanden. Das bedeutet: Es herrscht kein Krieg. Die moderne Friedensforschung spricht hingegen von **positivem Frieden**, wenn folgende Bedingungen erfüllt sind: gewaltfreie Lösung von Konflikten, soziale Gerechtigkeit, Wohlstand für alle Menschen, Verwirklichung von Freiheit und Demokratie, Achtung der Menschenwürde und sorgsamer Umgang mit der Natur. Es gibt eine These, wonach **Globalisierung** friedensstiftende Effekte auslöst.

Die Charta der Vereinten Nationen und die Allgemeine Erklärung der Menschenrechte sind Bezugspunkte einer **umfassenden Friedenspolitik** zur Erreichung des positiven Friedens. Diesem Ziel sind die **Friedensmissionen** der Vereinten Nationen unterstellt, allerdings erweist es sich angesichts der aktuellen Sicherheitslage immer schwieriger, ohne Gewaltanwendung auszukommen. Grundsätzlich bergen massive militärische Interventionen zwecks Konfliktregelung das Risiko des Fehlschlags in sich, indem Gewaltanwendung neue Gewalt hervorbringt. Die **Vereinten Nationen** tragen hier eine große Verantwortung, die jedoch ohne organisatorische Reformen auf Dauer nicht durchzuhalten sein wird.

Nach dem Jahr 2000 nimmt die **NATO** neue Mitgliedsstaaten aus dem ehemaligen sowjetischen Machtbereich auf. Die Osterweiterung der NATO stößt bei Russland auf Skepsis, zumal ein Raketenschutzschild in Polen und Tschechien geplant ist. Im Jahre 2010 beschließt die NATO ein neues strategisches Konzept auf der Basis von kollektiver

Verteidigung, gemeinsamem Krisenmanagement und kooperativer Sicherheit. Verteidigung und (atomare) Abschreckung bleiben Kernelemente der Strategie. Als neue Verteidigungsaufgaben werden die Abwehr von Cyberangriffen und der Schutz der Energieinfrastruktur genannt. Die Allianz bekennt sich zur engen Zusammenarbeit mit der EU, den Vereinten Nationen und Nichtregierungsorganisationen. Russland wird eine erweiterte Partnerschaft angeboten.

Die **Europäische Union (EU)** bemüht sich seit Jahren auch außerhalb der eigenen Grenzen um die Verhinderung und Entschärfung von Konflikten im Rahmen der **Gemeinsamen Sicherheits- und Verteidigungspolitik (GSVP).** Partner sind die Vereinten Nationen, USA und Russland. Die GSVP ist ein Teil der **Gemeinsamen Außen- und Sicherheitspolitik (GASP).** Auslöser für die verstärkten sicherheitspolitischen Aktivitäten der EU waren die Erfahrungen in den Jugoslawienkriegen in den neunziger Jahren. Damals war die EU auf Hilfe von außen angewiesen. Als Hauptbedrohungen für Europa werden Terrorismus, Verbreitung von Massenvernichtungswaffen, regionale Konflikte, gescheiterte Staaten und die organisierte Kriminalität angesehen. Innerhalb von zwei Wochen können EU-Battlegroups zusammengestellt werden.

Die **Bundeswehr** ist ein Teil der europäischen und internationalen Sicherheitskooperation, nachdem das Bundesverfassungsgericht (BVerfG) Auslandseinsätze – **out-of-area-Einsätze** – als mit dem Grundgesetz vereinbar erklärt hat. Dennoch müssen Auslandseinsätze vom Bundestag mehrheitlich beschlossen werden. Die Bundeswehr gilt somit als **Parlamentsheer**. Derzeit befinden sich 6000 Soldatinnen und Soldaten in Auslandseinsätzen.

Angesichts der Gefahren, die von der Umweltzerstörung und dem Klimawandel ausgehen, ist eine **globale Umweltpolitik** erforderlich. Einen Ansatz hierzu hat 1992 der **„Erdgipfel"** in Rio de Janeiro geboten. 178 Teilnehmerstaaten verfassten die Klima-Konvention und bekannten sich zum **Nachhaltigkeitsprinzip**. Die konkrete Umsetzung ließ zu wünschen übrig. Die 2012 durchgeführte Nachfolgekonferenz – **Rio+20** – hat keinen Durchbruch zugunsten einer konsequenten globalen Umweltpolitik erbracht. Ein wesentlicher Baustein dieser einheitlichen Politik wäre ein **Weltklimavertrag**, der die Grenzen des CO_2-Ausstoßes verbindlich festlegen würde. Bislang gilt noch das **Kyoto-Protokoll** von 1997, dem sich aber wichtige Industriestaaten, u.a. die USA, nicht unterzogen haben.

Zur Wiederholung

1. Unterscheiden Sie: negativer Friede – positiver Friede.
2. Beschreiben Sie die Aufgaben der Vereinten Nationen im Zusammenhang mit der Friedenssicherung.
3. Zeigen Sie die Problematik des sogenannten „robusten peace-keepings" auf.
4. Erläutern Sie die Ergebnisse einer UN-Sonderkommission zu den Themen „Bedrohungen, Herausforderungen und Wandel".
5. Welche Bedeutung haben der Internationale Gerichtshof und Nichtregierungsorganisationen für die Vereinten Nationen?
6. Nennen Sie die Hauptelemente des neuen strategischen Konzepts der NATO.
7. Skizzieren Sie die militärischen und zivilen Möglichkeiten, die der Gemeinsamen Sicherheits- und Verteidigungspolitik (GSVP) zur Verfügung stehen.

8. Fassen Sie den Auftrag und die Aufgaben der Bundeswehr zusammen.
9. Erklären Sie den Begriff „Parlamentsarmee".
10. Welche Bedeutung hat das Urteil des Bundesverfassungsgericht zum „out-of-area-Einsatz" für die Auslandseinsätze der Bundeswehr?
11. Begründen Sie die Notwendigkeit einer globalen Umweltpolitik.
12. Beurteilen Sie die eingeleiteten Maßnahmen zur Stabilisierung des Weltklimas.

Handlungsimpulse

1. Beschaffen Sie sich mithilfe von jährlich neu aufgelegten Aktualitätenlexika (z. B. Der neue Fischer Weltalmanach) weitere Informationen über die Vereinten Nationen. Die Informationen können gruppenweise ausgewertet werden.
   z. B.:
   - Wie ist die UNO organisiert?
   - Welche Friedensmissionen werden derzeit durchgeführt?
   - Für welche Aufgaben unterhält die UNO Unterorganisationen?
   - Welche UN- und UN-nahen Organisationen haben ihren Hauptsitz in Deutschland?
   - Das Finanzierungsproblem der UNO
   - Mit welchen aktuellen Problemen hat sich die UNO derzeit auseinanderzusetzen?
2. Verschaffen Sie sich mithilfe des Internets einen Überblick über weltweit aktive Nichtregierungsorganisationen in den Bereichen Friedenssicherung und Umweltschutz.
3. Fertigen Sie ein Poster an, das die Notwendigkeit einer globalen Umweltpolitik verdeutlicht.

4 Entwicklungspolitik

Globalisierung

Zur Entwicklungspolitik gehören alle politischen Aktivitäten und staatlichen Maßnahmen, welche den Aufbau, die technische und soziale Entwicklung der sogenannten Entwicklungsländer fördern. Grundsätzlich hat die Entwicklungspolitik das Ziel, die Lebensverhältnisse der Menschen in diesen Ländern zu verbessern. Ein wichtiger Teil der Entwicklungspolitik ist die Entwicklungshilfe. Damit ist die Unterstützung der reichen Industriestaaten (der „Geberländer") für die Entwicklungsländer gemeint. Zur Entwicklungspolitik gehören aber auch die Politik und die Maßnahmen dieser Länder (der „Nehmerländer") selbst, um ihrer Bevölkerung zu helfen. Dazu zählen zum Beispiel die Versorgung mit Nahrungsmitteln, die Einrichtung von Schulen, der Bau von Brunnen und Straßen sowie der Aufbau von Wirtschaft und Technik. Entwicklungspolitik sollte nicht nur den einseitigen wirtschaftlichen Zielen der „Geberländer" dienen oder den Interessen von privaten oder staatlichen Entwicklungshilfeorganisationen untergeordnet werden. Sie sollte den armen Ländern die Möglichkeit geben, dass sie sich künftig aus eigener Kraft weiter entwickeln können.

Gerd Schneider, Christiane Toyka-Seid: Das junge Politik-Lexikon von www.hanisauland.de, Bonn: Bundeszentrale für politische Bildung 2013, abgerufen unter http://www.bpb.de/nachschlagen/lexika/das-junge-politik-lexikon/161047/entwicklungspolitik [17.08.2013]

4.1 Das Wohlstandsgefälle

Ungleichheit

Der Wohlstand auf unserer Erde ist ungleich verteilt. Den obersten 10 % der erwachsenen Weltbevölkerung gehören nach einer Studie der Vereinten Nationen rund 85 % des **Weltvermögens** (Netto-Haushaltsvermögen), der unteren Hälfte nur 1 %. 90 % des weltweiten Reichtums befinden sich in Nordamerika, Europa und im asiatisch-pazifischen Raum (Japan, Australien).

Verwandte Begriffe
Für die Gesamtheit der „Entwicklungsländer" wird auch häufig der Begriff „Dritte Welt" verwendet. Hierbei wird nochmals eine sprachliche Unterscheidung vorgenommen in „Schwellenländer" (Länder an der „Schwelle" zum Industrieland) und „Vierte Welt" (Länder mit sehr geringen Entwicklungschancen).

Etwa eine Milliarde Menschen muss pro Tag mit einer Kaufkraft von weniger als einem US-Dollar auskommen (**„absolute Armut"**), während die 500 reichsten Frauen und Männer gemeinsam ein größeres **Einkommen** als die ärmsten 416 Millionen haben. Das Durchschnittseinkommen in den **Entwicklungsländern** betrug um 1900 ein Viertel von dem in den Industrieländern. Inzwischen liegt das Verhältnis bei 1 zu 30.

Für den Begriff „Entwicklungsländer", der in Deutschland seit den 1950er-Jahren verwendet wird, gibt es keine einheitliche Definition. Die Mehrzahl dieser Staaten weist jedoch gemeinsame Merkmale auf:

- eine schlechte Versorgung großer Gruppen der Bevölkerung mit Nahrungsmitteln, dadurch Unterernährung und Hunger
- ein niedriges Pro-Kopf-Einkommen,
- keine oder nur eine mangelhafte Gesundheitsversorgung, eine hohe Kindersterblichkeitsrate und eine geringe Lebenserwartung
- mangelhafte Bildungsmöglichkeiten, eine hohe Analphabetenquote
- hohe Arbeitslosigkeit, ein insgesamt niedriger Lebensstandard, eine oft extrem ungleiche Verteilung der vorhandenen Güter [...]

Bundesministerium für wirtschaftliche Zusammenarbeit und Entwicklung: Entwicklungsland, abgerufen unter www.bmz.de/de/service/glossar/E/entwicklungsland.html [23.12.2013]

Das Problem der Armut

Die Armut hat im wesentlichen drei Ursachen.

Ursachen der Armut		
Kolonialzeit und gegenwärtige Welthandelsbedingungen	**Hohes Bevölkerungswachstum und fehlende Bildungsmöglichkeiten**	**Rüstungsausgaben und gewaltsam ausgetragene Konflikte**

Bis in die Mitte der 1960er-Jahre sind die meisten Entwicklungsländer noch Kolonien. Einerseits dienen sie ihren „Mutterländern", den europäischen Kolonialstaaten, wie England, Frankreich, Spanien und Portugal als Lieferanten für billige Rohstoffe. Andererseits sind sie Abnehmer industrieller Produkte aus den Industriestaaten. Bewusst geplante **Monokulturen** machen diese Länder oft bis zum heutigen Tag von der Nachfrage auf dem Weltmarkt und den dort ausgehandelten Preisen abhängig. Leicht fühlen sich diese Länder deshalb als Verlierer der Globalisierung.

Monokultur
Anbau einer einzigen Nutzpflanze (z. B. Kaffee, Kakao, Bananen, Baumwolle) auf großen Flächen; Plantagenwirtschaft

Ein weiteres Erbe der Kolonialzeit sind die Konflikte zwischen verschiedenen Nationalitäten Afrikas, Asiens und Lateinamerikas. Als die Kolonialherren im 19. Jahrhundert Gebiete für ihre Kolonien abstecken, zerstören sie natürliche Grenzen und lange gewachsene gesellschaftliche Strukturen. Ganze **Volksgruppen** werden willkürlich durch Staatsgrenzen auseinandergerissen, andere in neu entstandenen Kolonialgebieten zusammengefasst, obwohl sie nie zuvor etwas miteinander zu tun gehabt haben. Einige der heute gewaltsam ausgetragenen Konflikte haben darin ihre Ursache.

Dritte Welt
Sammelbezeichnung für die wenig entwickelten Staaten Afrikas, Asiens, Süd- und Mittelamerikas, der Karibik und Ozeaniens. Der Begriff wurde in einer Zeit geprägt, in der strikt zwischen den modernen, demokratischen Industriestaaten (Erste Welt), den sozialistischen Industriestaaten (Zweite Welt), der Dritten und (gelegentlich) einer Vierten Welt (der ärmsten, ohne ausländische Hilfe nicht überlebensfähigen Staaten) unterschieden wurde. [Anm. der Red.: Heute spricht man meist eher von „Entwicklungsländern".]

Klaus Schubert, Martina Klein: Das Politiklexikon, 3. Auflage, Verlag Dietz Nachf., Bonn 2003, S. 80

Karikatur „Ressourcen in Afrika" von Wolfgang Ammer

Die ehemaligen Kolonien sind auf den Export ihrer Rohstoffe angewiesen und müssen umgekehrt Fertigprodukte aus den Industrieländern kaufen. Da viele von ihnen nur ein Hauptprodukt haben, sind sie sehr stark von den Weltmarktpreisen für Rohstoffe abhängig. Sinken die **Rohstoffpreise**, was in den letzten Jahren der Fall gewesen ist, wirkt sich dies verheerend auf ihre Deviseneinnahmen aus. Umgekehrt steigen die Preise für Fertigprodukte aus den Industrieländern.

Ungleichheit

Um ihre Importe bezahlen zu können, müssen die Entwicklungsländer entweder Schulden machen oder mehr exportieren. Die Ausweitung der Exportwirtschaft führt in vielen Fällen zu einer Verarmung der Landbevölkerung, die ihren bescheidenen Anbau für den Eigenbedarf aufgeben muss und oft in die Slums der Städte zieht. Dies wiederum führt zu einer Erhöhung der Nahrungsmittelimporte. Der so entstehende Kreislauf erhöht die **Verschuldung der Entwicklungsländer** und verschärft ihre sozialen Probleme.

Korruption
Ausnutzen einer Machtposition für einen persönlichen Vorteil

Ungerechte Einkommensverteilung, **Korruption** und Bevorzugung von Führungseliten in den Großstädten erschweren die Entwicklung in vielen Entwicklungsländern. Während vor allem die Landbevölkerung in größter Armut lebt, gibt es in den Zentren eine meist sehr kleine Führungsschicht aus Wirtschaft, Verwaltung und Militär, die in großem Wohlstand lebt und von der jeweiligen Regierung geschützt wird.

Während die Bevölkerung in den Industriestaaten eher abnimmt, verzeichnen die meisten Länder Asiens, Afrikas und Lateinamerikas ein starkes **Bevölkerungswachstum**. Gründe für den Zuwachs sind vor allem die verbesserte medizinische Versorgung und der damit verbundene Rückgang der Kindersterblichkeit. Die Hälfte der Menschen in diesen Ländern ist jünger als 20 Jahre. In den Industrieländern dagegen ist etwa die Hälfte älter als 36 Jahre alt – mit steigender Tendenz.

Erwartungen an die UN
Durchschnittliche Kinderzahl je Frau
Heute 2,5 Kinder
2100 2 Kinder

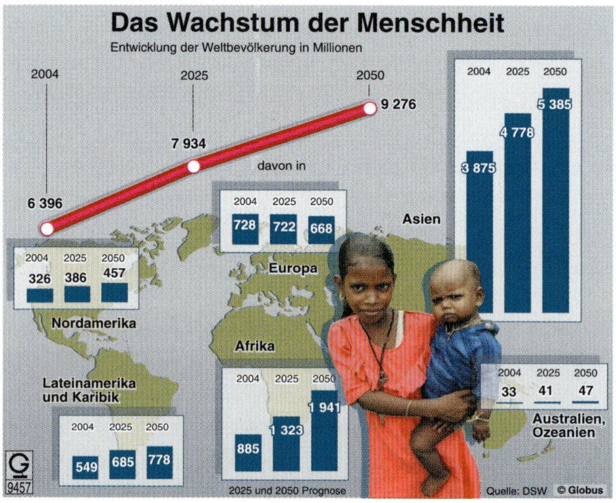

Diese Entwicklung im Süden führt dazu, dass heute doppelt so viele Menschen ernährt werden müssen wie noch 1960. Die Anstrengungen, die Nahrungsmittelproduktion zu erhöhen, führen in vielen Ländern, insbesondere in Afrika, kaum zu einer Verbesserung der Ernährungslage.

Für die Familien in diesen Ländern sind viele Kinder aber lebensnotwendig, solange es keine soziale Absicherung durch den Staat gibt. Viele afrikanische Kinder verdienen oft schon mit sechs Jahren mehr als sie zum Leben benötigen. Sie helfen mit, ihre Familie zu ernähren.

Militärausgaben
Veränderungen 2011 im Vergleich zu 2010

Welt	**+ 0,3 %**
Asien	**+ 2,4 %**
Nahost	**+ 4,6 %**
Afrika	**+ 8,6 %**

Eigene Zusammenstellung, Zahlen nach Sipri

Allerdings darf die **Übervölkerung** nicht allein für die Armut verantwortlich gemacht werden. Wie wichtig in diesem Zusammenhang eine bessere **Bildungspolitik** ist, zeigt sich an Ländern, die sich auch um schulische und berufliche Qualifikation von Frauen bemühen, mit dem Ergebnis, dass hier weniger Kinder geboren werden.

Trotz hoher Staatsschulden sind in vielen Entwicklungsländern die **Rüstungsausgaben** verhältnismäßig hoch. Die Nutznießer sind wiederum die Industriestaaten, vor allem die EU-Staaten, Russland und die USA. Die Militarisierung hat verschiedene Gründe:

- Die Armee stellt für diese Länder oft ein Symbol ihrer Unabhängigkeit und Selbstständigkeit dar.
- Die gewaltsame Trennung von der Kolonialmacht hat in diesen Staaten zu einem erhöhten Sicherheitsbedürfnis geführt.

- Viele Regierungen der Entwicklungsländer können sich durch Putschversuche und Bürgerkriege nur mithilfe des Militärs an der Macht halten.

In vielen Entwicklungsländern führen gewaltsam ausgetragene Konflikte zwischen der staatlichen Militärmacht und opponierenden Gruppen, die sich oftmals als „Befreiungsarmeen" bezeichnen, zu massiven Flüchtlingsbewegungen. Die ohnehin geringe Existenzgrundlage geht verloren, die Armut verfestigt sich; ohne internationale Hilfe müssten die meisten Flüchtlinge verhungern.

4.2 Entwicklungspartnerschaft

Seit dem Ende des Zweiten Weltkrieges bemüht sich die Weltgemeinschaft, das globale Wohlstandsgefälle abzumildern. Nicht nur aus moralischen Erwägungen, sondern auch aus der Einsicht heraus, dass Verhältnisse, die als ungerecht empfunden werden, Spannungen auslösen, die nicht selten in Terror, Krieg und Bürgerkrieg umschlagen. Wer in Frieden und Sicherheit leben will, so die Auffassung der Vereinten Nationen, der muss sich für Gerechtigkeit, Wohlstand, Demokratie und eine gesunde Umwelt auf dem gesamten Globus einsetzen. Zur Jahrtausendwende haben sich deshalb die UN-Mitgliedsstaaten verpflichtet (**Millenniumserklärung**), bis 2015 die folgenden Ziele (**„Millennium Development Goals"**, kurz „MDGs") zu erreichen:

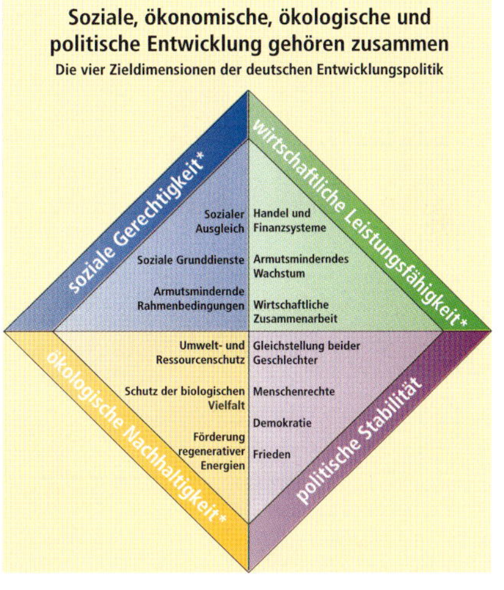

Orientierungsrahmen für den Lernbereich Globale Entwicklung im Rahmen einer Bildung für nachhaltige Entwicklung. Ergebnis eines gemeinsamen Projekts der Kultusministerkonferenz und des Bundesministeriums für wirtschaftliche Zusammenarbeit und Entwicklung (BMZ) Bonn, Juni 2007

Internationalisierung

Ausgaben für Entwicklungshilfe 2012

	Mrd. Dollar
USA	**30**
Deutschland	**14**

Ziel 1: Die Zahl der unter Hunger und Armut leidenden Menschen halbieren!
Ziel 2: Allen Kindern eine Grundschulausbildung ermöglichen!
Ziel 3: Die Gleichstellung der Frauen fördern!
Ziel 4: Die Kindersterblichkeit verringern!
Ziel 5: Die Gesundheit der Mütter verbessern!
Ziel 6: HIV/AIDS, Malaria und andere übertragbare Krankheiten bekämpfen!
Ziel 7: Den Schutz der Umwelt verbessern!
Ziel 8: Eine weltweite Entwicklungspartnerschaft aufbauen!
Ob diese Ziele insgesamt erreicht werden, ist sehr fraglich.

Rettungsmaßnahmen für Kinder
Häufige Todesursache in Entwicklungsländern: Lungenentzündung, Durchfall und Malaria sowie Geburts-Komplikationen

Wirkungsvolle Gegenmaßnahmen:
- **Impfungen**
- **Imprägnierte Moskitonetze**
- **Verbesserte Geburtshilfe**

Desertifikation
Fortschreitende Wüstenbildung, die durch Klimawandel und menschliche Aktivitäten herbeigeführt wird. Jedes Jahr verliert die Erde dadurch momentan etwa 12 Millionen Hektar fruchtbaren Bodens (entspricht etwa der Ackerfläche Deutschlands).

Hinsichtlich des 1. Zieles zeichnen sich nur geringe Fortschritte ab. Halberfolge gibt es in Lateinamerika und in Nordafrika. Weiterhin völlig unbefriedigend ist die Situation in der Sahelzone in Afrika. Die Zielerreichung wird entscheidend davon abhängen, ob es gelingt, den Menschen in den betroffenen Regionen zu einer menschenwürdigen und angemessen bezahlten Arbeit zu verhelfen. Leichte Verbesserungen gibt es mit Blick Ziel 2. Jedoch sind es immer noch fast 80 Millionen Kinder – vorwiegend in Afrika – die keine Schule besuchen können. Hierbei fallen auch die Benachteiligungen auf, die sich aufgrund von Geschlecht, Volksgruppenzugehörigkeit, Einkommen, Sprache oder individuellen Behinderungen ergeben. Damit hängt auch zusammen, dass die Erreichung von Ziel 3 nach wie vor fast unerreichbar scheint. Die Benachteiligung von Mädchen und Frauen ist traditionell stark verankert, nur ganz allmählich steigt der Fraueneinfluss im öffentlichen Leben. So liegt der Frauenanteil an Parlamentssitzen in Afrika und Asien nur bei 10 %. Erfolge sind jedoch auf dem Weg zu Ziel 4 zu verzeichnen.

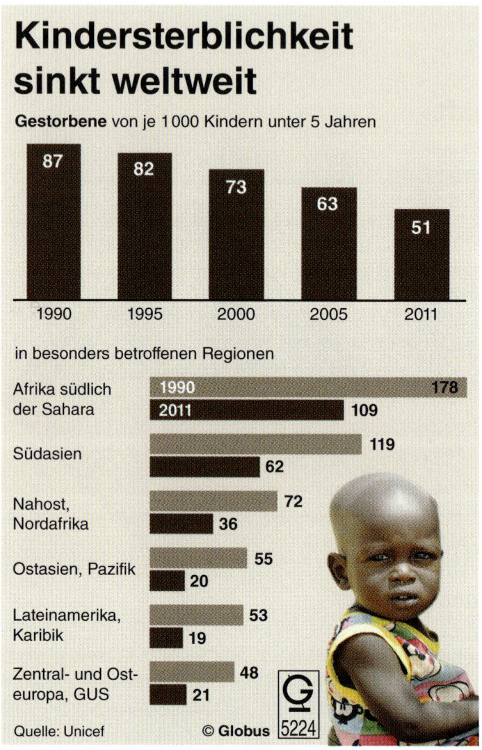

Bei Ziel 5 sind bisher die geringsten Fortschritte erzielt worden. Jedes Jahr sterben mehr als eine halbe Million Frauen und Mädchen an Komplikationen während der Schwangerschaft oder infolge der Entbindung. Ziel 6 ist die Staatengemeinschaft insofern näher gekommen, als es einen verbesserten Zugang zu wirkungsvollen Medikamenten gibt. Fortschritte sind insbesondere bei der Malariabekämpfung und der Eindämmung der Tuberkulose erzielt worden.

Bei der Sicherung der ökologischen Nachhaltigkeit liegen unterschiedliche Zwischenresultate vor. Das Prinzip der nachhaltigen Entwicklung ist inzwischen fester Bestandteil vieler einzelstaatlicher Programme. Auch die Erkenntnis, dass der Ressourcenschutz unerlässlich ist, gelangt stärker ins öffentliche Bewusstsein, doch ist es bisher noch nicht gelungen, den Anstieg der Treibhausmissionen, des Bodenverlustes und die zunehmende Desertifikation zu bremsen. Insgesamt ist das Problem des Klimawandels nicht entschlossen genug angegangen worden.

Noch sehr viel zu tun gibt es bei der Verwirklichung von Ziel 8. Einer ehrlichen weltweiten Entwicklungspartnerschaft stehen nach wie vor Handelsschranken und die Macht der einseitig orientierten Kapitalmärkte entgegen. Die Industrieländer haben noch keine energischen Schritte in Richtung auf Gerechtigkeit und Solidarität in der globalisierten Marktwirtschaft unternommen. Eigene Sorgen der Industrieländer drängen den Entwicklungsgedanken sogar zurück.

Weniger Geld für Entwicklungshilfe – Deutschland und andere Industriestaaten kürzen Ausgaben

Die Industriestaaten haben ihre Ausgaben für die Entwicklungshilfe das zweite Jahr in Folge zurückgefahren. Wie die Organisation für wirtschaftliche Zusammenarbeit (OECD) mitteilte, sank die Hilfe der größten Geberländer 2012 um etwa vier Prozent. [...] Im Gegensatz zu den meisten EU-Gebern habe Deutschland seinen Beitrag mit knapp 14 Milliarden US-Dollar relativ stabil gehalten. [...] EU-weit meldete die OECD einen Rückgang um 7,3 %. Die 15 beteiligten EU-Länder zahlten zusammen 63,8 Milliarden Dollar. Die heftigsten Einschnitte gab es in Spanien mit einem Minus von fast 50 % und Italien (minus 35 %). Einen Hauptgrund für den Rückgang der Hilfe sieht die OECD in der Finanzkrise und den Sparbemühungen vieler Länder. Der Generalsekretär der OECD zeigte sich zudem besorgt, dass Geld aus Entwicklungshilfe immer stärker in Länder mit mittleren Einkommen fließt. „2015 ist das Jahr, in dem wir die Millenniumsziele erreicht haben sollten", erklärte er. „Und je näher wir diesem Datum kommen, umso mehr hoffe ich, das sich der Trend weg von den ärmsten Ländern umkehren wird." Das von den Vereinten Nationen gesetzte Ziel, bis 2015 0,7 % des Bruttonationaleinkommens für Entwicklungszusammenarbeit bereitzustellen, erreichen bisher nur Dänemark, Luxemburg, die Niederlande, Norwegen und Schweden.

epd: Weniger Geld für Entwicklungshilfe, in: Frankfurter Rundschau, 06.04.2013, S. 14

OECD
Organisation für wirtschaftliche Zusammenarbeit und Entwicklung 34 Mitglieder; Sitz in Paris, 2 500 Mitarbeiter

Bruttonationaleinkommen
Summe der innerhalb eines Jahres von allen Bewohnern eines Staates (Inländer) erwirtschafteten Einkommen. 2012 betrug das B. in Deutschland 2 706 Mrd. €. Zum Vergleich: Kongo: 30 Mio. Einwohner 2011: 17 Mrd. Dollar

Hilfszahlungen sind wichtig, aber sie sind nicht der einzige Hebel für eine erfolgreiche Entwicklungspolitik. Hier hat ein **Umdenken** eingesetzt. Der alte Glaube, die armen Länder seien arm, weil ihnen Kapital fehle, wird von vielen Experten mittlerweile als Täuschung gewertet. Der Schlüssel zu einer erfolgreichen Entwicklung liege vielmehr bei den nationalen Eliten, also bei jenen führenden Politikern, Unternehmern, Beamten usw., die die Entwicklung im Lande steuern. **„Good Governance"**, eine gute, korrekte Regierungsführung, sei die wichtigste Voraussetzung dafür, dass ausländische Hilfe überhaupt etwas bewirken könne. Die nationale Good Governance müsse eingebunden sein in eine **„Global Governance"**, d. h. in eine Welt(ordnungs)politik, bei der nationale Regierungen, internationale Organisationen, Nichtregierungsorganisationen, weltweit tätige Unternehmen, Gewerkschaften und die Wissenschaften gleichermaßen nach den Prinzipien Freiheit, Gleichheit, Solidarität, Toleranz und Achtung vor der Natur handeln.

Auch nach dem Jahr 2015 werden folgende Politikfelder Priorität haben: die Bekämpfung von Armut und Hunger, die Stiftung von Frieden sowie der Einsatz für die Menschenrechte, die Überlebensfähigkeit unseres Planeten und eine nachhaltige, menschenwürdige Globalisierung, bei der alle Staaten darauf verzichten, ihren Wohlstand auf Kosten anderer zu sichern und eine nichtaggressive Koexistenz bevorzugen.

Uwe Hitz: Die Millenniumsentwicklungsziele – Eine gemischte Bilanz, in: APuZ, 10/2010, S. 8

Koexistenz
Friedliches Zusammenleben verschiedener gesellschaftlicher Systeme

Zusammenfassung

Zur **Entwicklungspolitik** gehören alle politischen Aktivitäten und staatlichen Maßnahmen, welche den Aufbau, die technische und soziale Entwicklung der sogenannten Entwicklungsländer fördern.
Zu den Merkmalen der Entwicklungsländer gehören u.a. eine schlechte Versorgung der Bevölkerung mit Nahrungsmitteln, ein niedriges Pro-Kopf-Einkommen, mangelhafte Bildungsmöglichkeiten und hohe Arbeitslosigkeit.
Der Wohlstand auf unserer Erde ist ungleich verteilt. Der obersten 10 % der Weltbevölkerung gehören 85 % des Weltvermögens. Eine Milliarde Menschen muss täglich mit weniger als einem US-Dollar auskommen **(absolute Armut)**.
Die **Armut** in den Entwicklungsländern hat verschiedene Ursachen: Kolonialzeit und gegenwärtige Welthandelsbedingungen, hohes Bevölkerungswachstum, Rüstungsausgaben und gewaltsam ausgetragene Konflikte.
Seit dem Ende des Zweiten Weltkriegs bemüht sich die Weltgemeinschaft, das globale Wohlstandsgefälle abzumildern. Zur Jahrtausendwende haben sich die UN-Mitgliedstaaten in der **Millenniumserklärung** verpflichtet bis 2015 die Lebensbedingungen in den Entwicklungsländern entscheidend zu verbessern. Zu den acht Zielen der Erklärung gehören u.a. die Zahl der unter Hunger und Armut leidenden Menschen zu halbieren, den Schutz der Umwelt zu verbessern und eine weltweite Entwicklungspartnerschaft aufzubauen. Eine gegenwärtige Bestandsaufnahme zeigt teilweise Fortschritte, lässt an der Zielerreichung bis 2015 jedoch zweifeln.
Angesichts eigener Probleme haben einige Industriestaaten ihre Leistungen für die Entwicklungshilfe verringert. Eine wirkungsvolle Entwicklungspolitik hängt jedoch nicht nur von Geldleistungen ab, sondern muss von verantwortungsvollen Regierungen in den Entwicklungsländern **(Good Govenance)** und von einer Weltordnungspolitik **(Global Governance),** der allgemein verbindliche Werte wie Freiheit, Solidarität und Achtung vor der Natur zugrunde liegen, getragen werden.

Zur Wiederholung

1. Erläutern Sie, was mit „Wohlstandsgefälle" in der Welt gemeint ist.
2. Nennen Sie Merkmale, die für Entwicklungsländer im Allgemeinen zutreffen.
3. Beschreiben Sie die Ursachen der Armut in den Entwicklungsländern.
4. Weshalb sind in einigen Entwicklungsländern trotz hoher Staatsverschuldung die Militärausgaben verhältnismäßig hoch?
5. Fassen Sie die Millenniumsziele der Vereinten Nationen mit eigenen Worten zusammen.
6. Beurteilen Sie, ob die Millenniumsziele bis zum Zieldatum 2015 erreicht werden können.
7. Inwiefern behindern die globale Finanzkrise und die Einsparbemühungen in einigen Geberländern die Zahlungen für die Entwicklungshilfe?
8. Begründen Sie, weshalb erfolgreiche Entwicklungspolitik nicht nur von Geldzahlungen der Industrieländer abhängt.

Handlungsimpulse

1. Bereiten Sie in der Klasse eine Diskussion zum Thema „Brauchen wir eine Entwicklungspolitik?" vor.
   (Arbeitshilfe: Denkbar sind drei Ausgangspositionen: Entwicklungspolitik ist notwendig, weil ...; Entwicklungspolitik ist überflüssig, weil ...; Entwicklungspolitik ist richtig, aber ...)
2. Internetrecherche: Bilden Sie zwei Arbeitsgruppen und geben Sie folgende Stichwörter in eine Suchmaschine ein: „Entwicklungspolitik" und „Dritte-Welt-Organisationen Thüringen".
   Rufen Sie die neueren Eintragungen (inkl. 2011) auf, bewerten Sie diese und berichten Sie über Ihre Recherche.

Stichwortverzeichnis

Bildquellenverzeichnis

aboutpixel.de: S. 140.1
akg-images: S. 92.1, 92.2, 121.1
Ari (Michael Reichel), Thüringer Landtag: S. 115.2
BAT Freizeit-Forschungsinstitut: S. 57.5
Bergmoser + Höller Verlag AG, Aachen: S. 77.1, 107.1, 108.1, 122.1, 124.1, 128.1, 130.2, 132.1, 133.1, 145.2, 151.2, 160.1, 171.1, 185.1, 190.1, 201.1, 211.1, 218.1, 220.1, 221.1, 229.2
Bildarchiv Preußischer Kulturbesitz, Berlin: S. 185.2, 191.1
BilderBox.com: S. 41.1, 52.1,
Bundesministerium für Familie, Senioren, Frauen und Jugend: S. 20.1
Bundesregierung: S. 126.2, 133.2
Bündnis 90/Die Grünen: S. 148.5, 152.3
CDU/CSU: S. 130.1, 148.3, 152.1
Deutscher Bundestag: S. 115.1, 123.1
Die Linke: S. 148.4, 152.2
dpa Picture-Alliance GmbH, Frankfurt: S. 53.1 (Sueddeutsche Zeitung Photo), 64.1, 65.1, 66.1, 90.1 (akg-images), 90.2 (akg-images), 131.1, 138.1, 145.1, 234.1, 236.1, 259.1
dpa Infografik GmbH, Hamburg: S. 11.1, 17.2, 18.1, 19.1, 49.1, 50.1, 58.1, 62.1, 68.1, 70.2, 79.1, 81.1, 83.1, 84.3, 101, 102.1, 111.1, 116.1, 119.1, 127.1, 129.1, 134.1, 141.2, 146.1, 151.1, 163.1, 164.1, 205.1, 209.1, 210.1, 215.2, 220.2, 223.1, 228.1, 228.2, 229.1, 232.1, 238.1, 239.1, 245.1, 248.1, 258.1, 260.1
Europäische Union: S. 7.1, 13.1, 54.2, 167.1, 173.1, 215.1, 215.3, 216.1, 225.1,
FDP-Bundespartei Pressestelle, Berlin: S. 148.2, 152.4
Fotolia Deutschland GmbH, Berlin: S. 8.4, 106.1 (Yuri Arcurs), 29.1 (bilderbox), 68.2 (Ademoeller), 68.3 (Tomasz Pawlowski), 69.1 (Thomas Näther), 103.1 (heigri), 143.1 (Winfried Eckl), 118.1 (roadrunner), 139,1 (Monkey Business), 141.1 (Daniel Fleck)
IAB, Grafik Zeitbild: S. 80.1
imu Infografik, Duisburg: S. 23.1
Institut der deutschen Wirtschaft, Köln: S. 87.1
Interfoto, München: S. 183.1-4, 184.1
Heiko Kleinschmidt, Thüringer Allgemeine: S. 179.1
MEV Verlag, Augsburg: S. 8.2, 8.3, 12.1-3, 15.1, 17.1, 25.1, 25.2, 27.1, 32.1, 32.2, 33.1, 40.1, 40.2, 57.1-4, 58.2, 66.2, 67.1, 69.2, 70.1, 84.1, 84.2, 90.3, 90.4, 95.1, 95.3, 95.4, 96.1, 116.2, 153.1, 231.1, 251.1
NATO Photo: S. 213.1
S. Fischer Verlag GmbH, Frankfurt am Main: S. 174.1, 253.1
Siemens-Pressebild, München: S. 95.2
schule-ohne-rassismus.org, Berlin: S. 178.1
SPD: S. 148.1, 152.2
Süddeutsche Zeitung Photo: S. 187.1, 193.1, 200.1, 203.1
Thüringer Landtag: S. 136.1, 136.2, 137.1
Ullstein Bild (Archiv Gerstenberg), Berlin: S. 188.1, 208.1

Zeichnungen/Karikaturen:
Wolfgang Ammer: S. 246.2
Mikolas Buttkai/Bildungsverlag EINS, Köln: S. 48.1
Peter Leger (Künstler), Haus der Geschichte, Bonn: S. 26.1
Burkhard Mohr, Königswinter: S. 109.1, 142.1, 159.1, 227.1
Thomas Plaßmann, Essen: S. 102.1, 247.1
Heiko Sakurai, Köln: S. 7.2
Klaus Stuttmann, Berlin: S. 165.1
Götz Wiedenroth, www.wiedenroth-karikatur.de: S. 255.1
Jupp Wolter (Künstler), Haus der Geschichte, Bonn: S. 126.1